Das Buch

»Die Natur hat die Frauenzimmer so geschaffen, daß sie nicht nach Prinzipien, sondern nach Empfindungen handeln«, meinte Lichtenberg — nicht als erster und nicht als letzter. Die Amerikanerin Carol Gilligan war es, die in den achtziger Jahren mit ihrer These von der weiblichen Moral eine erneute Diskussion über dieses Thema ausgelöst hat. Dabei geht es im Kern um die Fragen, ob zwei moralische Perspektiven mit Geltungsanspruch, die eine gerechtigkeitsorientiert, die andere fürsorgend, nebeneinander bestehen können, und ob eine geschlechtsspezifische Zuordnung als männer- beziehungsweise frauentypisch haltbar ist. Gertrud Nunner-Winkler hat hier wichtige philosophische und soziologische Texte zur Begründung der konträren Positionen zusammengestellt. Sie selbst ist der Ansicht, daß es keine geschlechtsspezifische, sondern nur eine kontextbezogene moralische Urteilsbildung gibt, zu der der jeweils betroffene Mensch neigt — ob Mann oder Frau.

Die Herausgeberin

Dr. Gertrud Nunner-Winkler studierte Soziologie an den Universitäten München, Hull (U.K.), FU Berlin und Chicago. Von 1971 bis 1981 arbeitete sie als wissenschaftliche Mitarbeiterin am Max-Planck-Institut zur Erforschung der Lebensbedingungen der technisch-wissenschaftlichen Welt, seit 1981 am Max-Planck-Institut für Psychologische Forschung in München. Ihr Schwerpunkt: die Entwicklung moralischer Motivation. Veröffentlichungen u.a.: ›Chancengleichheit und individuelle Förderung. Eine Analyse der Ziele und Konsequenzen moderner Bildungspolitik‹; ›Zur Bestimmung der Moral‹ (1986, Hrsg. zus. mit W. Edelstein); ›Moral und Person‹ (1993, Hrsg. zus. mit W. Edelstein und G. Noam).

Weibliche Moral
Die Kontroverse um eine
geschlechtsspezifische Ethik

Herausgegeben von Gertrud Nunner-Winkler

Deutscher
Taschenbuch
Verlag

März 1995
Deutscher Taschenbuch Verlag GmbH & Co. KG, München
© 1991 Campus Verlag, Frankfurt a. Main (ISBN 3-593-34338-X)
Umschlagtypographie: Celestino Piatti
Umschlaggestaltung: Dieter Brumshagen, unter Verwendung eines Motivs aus
Botticellis ›Verleumdung des Apelles‹
Satz: Norbert Czermak, Geisenhausen
Druck und Bindung: C. H. Beck'sche Buchdruckerei, Nördlingen
Printed in Germany · ISBN 3-423-04647-3

Inhalt

3. Alternative Deutungen

Teil II: Philosophische Kontroversen

1. Die zwei Moralen — Neuer Wein in alten Schläuchen

2. Fürsorglichkeit — Gerechtigkeit
a) Postulate

b) Anwendungsprobleme

3. Das Prinzipielle — das Konkrete

Zur Einführung:
Die These von den zwei Moralen

Gertrud Nunner-Winkler

Können die Frauen überhaupt gerecht sein, wenn sie so gewohnt
sind zu lieben?
Friedrich Nietzsche

Gerechtigkeit ist mehr die männliche, Menschenliebe mehr die
weibliche Tugend.
Arthur Schopenhauer

Die Natur hat die Frauenzimmer so geschaffen, daß sie nicht nach
Prinzipien, sondern nach Empfindung handeln sollen.
Georg C. Lichtenberg

Nicht uninteressant scheint es mir, daß jedes Zeitalter genau dasjenige
der Frau abspricht, was ihm das Wertvollste war oder ist. Dem mittelalterlichen Christentum fehlte an ihr die Fähigkeit zum rechten Glauben:
an der Frage, ob das Weib überhaupt eine Seele hat, entzündete sich der
Streit der Gelehrten. Heute, wo die Seele kein wertvoller Besitz mehr
ist, wird sie *nur* dem Weib zugeschoben.
Christa Wolf

Gilligans These von den Zwei Moralen hat — weit über den Rahmen innerwis-
senschaftlicher Diskurse hinaus — eine intensive Diskussion ausgelöst, in der
breite Zustimmung und heftige Kritik unversöhnt nebeneinander stehen.
Nicht zuletzt dürfte sich die starke Resonanz ihrer Thesen der Tatsache verdanken, daß in dieser Debatte wissenschaftliche Ergebnisse sich unmittelbar
auf das Alltagsleben zurückbeziehen lassen, sofern sie sich eignen, lebens-
weltliche Erfahrungen zu deuten, Kritik zu legitimieren und Positionen auch
in politischen Auseinandersetzungen zu untermauern.

Worum geht es bei der These von den Zwei Moralen? Ausgangspunkt waren empirisch fundierte Rekonstruktionen der Entwicklung der moralischen
Urteilsfähigkeit. Anknüpfend an Piaget (1954) hat Kohlberg (vgl. u.a. 1974,
1981, 1984[1]) auf der Grundlage von Antworten auf hypothetische moralische
Dilemmata ein Stadienschema entworfen, das entwicklungsabhängige Veränderungen im Verständnis von Moral nachzeichnet. In dieser Theorietradition
wird das Kind nicht als passives Objekt von Erziehungs- (oder gar Indoktrina-

tions-)bemühungen gesehen, vielmehr konstruiert es aktiv — in ständiger Auseinandersetzung mit der sozialen Umwelt und vorfindlichen kulturellen Traditionen — sein eigenes Verständnis der dem menschlichen Zusammenleben
zugrundeliegenden Regelstrukturen und erweitert und vertieft so sein Verständnis der Kriterien für gut und böse. Nach Kohlberg begreift das Kind zunächst auf praekonventionellem Niveau (bis ca. 10-11 Jahre) Moral rein in-
strumentalistisch: gut ist, was belohnt, schlecht, was bestraft wird (Stufe 1),
bzw. gut ist, was mir und gelegentlich auch anderen nutzt (Stufe 2).[2] Auf kon-
ventionellem Niveau, das das für die meisten Erwachsenen typische moralische Argumentationsniveau darstellt, gilt als gut, was in der eigenen Bezugs-
gruppe (Stufe 3) bzw. in der eigenen Gesellschaft (Stufe 4) als gut angesehen
wird. Auf postkonventionellem Niveau (Stufen 5 und 6) schließlich ist gut die
Orientierung an selbstgewählten universalistischen Prinzipien wie Gleichheit, Gerechtigkeit und Achtung vor der Würde der Person.

Diese Stufenabfolge deutet Kohlberg als Entwicklungslogik: universell
werden alle Stufen — ohne daß ein Überspringen möglich wäre — in gleicher
Reihenfolge durchlaufen, wobei höhere Stufen vorauslaufende integrieren.
Höhere Stufen — und dies ist der für Entwicklungslogiken zentrale Anspruch
— sind »besser«, in dem Sinne, daß sie angemessenere Lösungen für moralische Konflikte ermöglichen. Diese These stützt sich auf zwei Argumentationen: Zum einen bedeutet die Abfolge der Stufen eine zunehmende Erweiterung der im Urteil berücksichtigten potentiell Betroffenen: Stufe 1 formuliert
die Perspektive des isolierten Aktors (gut ist, wofür *ich* belohnt werde), Stufe 2
die einer Dyade (gut ist, was *mir* und gelegentlich auch *dir* nutzt), Stufe 3 die
einer Kleingruppe, Stufe 4 die der Gesellschaft (gut ist, was in meiner *Gruppe,
Gesellschaft* als gut gilt); auf postkonventionellem Niveau wird die Menschheit
insgesamt oder auch alle Vernunftwesen einbezogen (gut ist, was die unparteiliche Zustimmung *aller* — auch nur potentiell — Betroffenen finden könnte).
Da Moral gerade durch Unparteilichkeit definiert ist[3], folgt, daß Lösungen für
Konflikte dann besser sind, wenn sie die Interessen aller (und eben nicht nur
derer, die zufällig zur eigenen Primärgruppe oder Nation gehören), die von
der Regelung direkt oder indirekt, unmittelbar oder langfristig (z.B. künftige
Generationen) betroffen sind, zu berücksichtigen suchen. Zum anderen läßt
sich der Entwicklungsablauf auch als Abfolge unterschiedlicher inhaltlicher
Fokussierungen beschreiben: Auf jeder Stufe wird — mit einer gewissen Aus-
schließlichkeit — je einer der in einem moralischen Konflikt relevanten Situationsaspekte thematisiert: auf präkonventionellem Niveau Handlungsfolgen,
auf Stufe 3 Intentionen, auf Stufe 4 die faktische Geltung herrschender Nor-

men; erst auf dem höchsten Niveau können diese Aspekte so integriert und ausbalanciert werden, daß differenzierte und ausgewogene moralische Urteile möglich werden. Konkret: Erst auf höheren Stufen werden Regeln flexibel gehandhabt, d.h. rechtfertigbare von illegitimen Ausnahmen angemessen unterschieden, Intentionen bei der Straf- und Schuldzuweisung angemessen berücksichtigt und Legalität und Legitimität klar unterschieden.

In diesem theoretischen Interpretationszusammenhang mußte die Beobachtung von Carol Gilligan, einer Mitarbeiterin von Kohlberg (vgl. u.a. Kohlberg & Gilligan, 1971), daß die Antworten von Frauen häufiger der Stufe 3, die von Männern hingegen häufiger der Stufe 4 zugeordnet wurden, brisant — ja anstößig — erscheinen. Schien dies doch zu bedeuten, daß Frauen als moralisch »unterentwickelt« zu gelten hätten. Betrachtet man nun diese moralische »Unterentwicklung« in concreto, so zeigt sich, daß es auch um inhaltliche Unterschiede in der Akzentuierung moralischer Orientierungen geht. Kohlberg (1981, S. 409ff.) nämlich charakterisiert die Stufen 3 und 4 wie folgt:

Stufe 3: »Richtig ist, die Erwartungen von Menschen, die einem nahestehen, oder die Erwartungen, die an bestimmte Rolleninhaber (z.B. Sohn, Schwester, Freund) gerichtet sind, zu erfüllen. Gut zu sein ist wichtig. Es bedeutet, gute Absichten zu haben, Anteil an anderen zu nehmen; es bedeutet auch, wechselseitige Beziehungen aufrechtzuerhalten, Vertrauen, Loyalität, Respekt und Dankbarkeit zu bewahren«.

Stufe 4: »Richtig ist, Pflichten, die man übernommen hat, zu erfüllen; Gesetze sind zu befolgen, außer in dem Extremfall einer Kollision mit anderen festgelegten sozialen Pflichten und Rechten. Richtig ist es auch, einen Beitrag zur Gesellschaft, zur Gruppe oder zur Institution zu leisten«.

Damit ist die Ausgangskonstellation für die Diskussion um eine weibliche Moral benannt: Empirisch schienen zwei moralische Orientierungsmuster gefunden. Das eine zentrierte auf persönliche Anteilnahme in zwischenmenschlichen Beziehungen, das andere auf Pflichterfüllung in Institutionen; das erste wurde eher von Frauen, das zweite eher von Männern präferiert. Zugleich — und dies macht die Brisanz aus — galt das erste als vorauslaufende und damit weniger entwickelte Stufe der moralischen Urteilsfähigkeit.

Auf diese Ausgangslage, den empirischen Befund geschlechtsspezifischer Unterschiede in den moralischen Argumentationen und dessen theoretischer Deutung, gab es zwei theoriestrategische Reaktionen: die eine bestand darin, die Differenzen in den beiden moralischen Orientierungen durch Unterschiede im Inhalt der moralischen Konfliktsituationen, d.h. durch Unterschiede in spezifischen *Anwendungsbereichen,* die andere, sie durch individuelle oder gruppenspezifische Unterschiede in der Zugangsweise zu moralischen Konflikten, d.h. durch Unterschiede in *Persönlichkeitsmerkmalen* zu erklären.

Den ersten Weg wählte Norma Haan (1977, 1978). Sie unterschied zwischen einer interpersonellen Moral, die sich auf die Regelung zwischenmenschlicher Konflikte im Nahbereich (face-to-face-Interaktion) bezieht und einer »öffentlichen« Moral, bei der es um konsensfähige Regelungen von Interessenkonflikten auf der Makroebene geht, und erarbeitete ein eigenes Stufenmodell der Entwicklung einer interpersonellen Moral. Die theoretischen Implikationen von Norma Haans Ansatz seien kurz expliziert: Die Entwicklung der moralischen Urteilsfähigkeit bzw. der Fähigkeit, Moral auf reale Konflikte anzuwenden, wird in Analogie zum Aufbau domänespezifischen Expertenwissens[4] konzeptualisiert. Beide »bereichsspezifischen« Moralen gelten als gleichermaßen notwendig: Schließlich spielt sich das soziale Leben in der Moderne im Nahbereich und in sozialen Organisationen ab. Innerhalb jeder der beiden moralischen Orientierungen gibt es Entwicklungsstufen, d.h. ein mehr oder weniger angemessenes Verständnis der im jeweiligen Anwendungsbereich relevanten Aspekte[5], und damit ist — abhängig vom Kontext des in Frage stehenden moralischen Konflikts — jeweils eine der beiden Orientierungen sachlich angemessener. Jeder Mensch kann im Prinzip in beiden Bereichen ein Expertenwissen aufbauen; ob dies gelingt, wird von seinen, natürlich auch sozialstrukturell vermittelten, Chancen abhängen, einschlägige Erfahrungen zu sammeln. Gäbe es nun in unserer Gesellschaft tatsächlich eine Präferenz von Frauen für die »interpersonelle«, von Männern für die »öffentliche« Moral, so bedeutete dies nicht eine moralische Abqualifizierung von Frauen, sondern ein in unserer Kultur typischerweise geschlechtsspezifisch erworbenes Expertentum, das »untypische« Merkmalskombinationen (d.h. Männer mit hoher interpersoneller Sensibilität oder Frauen mit hohem Verständnis für gesamtgesellschaftliche Konsequenzen unterschiedlicher Konfliktlösungsmodi) nicht ausschließt. Und schließlich ist prinzipiell eine Ausdifferenzierung weiterer Domänen denkbar.

Gilligan (1977, 1982 [dt. 1984], 1984, 1986a,b,c, 1987; Gilligan/Belenky, 1980; Gilligan/Wiggins, 1987) wählte einen anderen Weg. Sie reformulierte die beiden, bei Kohlberg hierarchisch aufeinander aufbauenden Moralstufen als Typologie, in der empirische und ethiktheoretische Momente verkoppelt sind: Es gibt — so ihre These — zwei moralische Orientierungen, die eher weibliche Fürsorglichkeitsmoral und die eher männliche Gerechtigkeitsmoral. Die beiden Moralen unterscheiden sich in inhaltlicher und formaler Hinsicht: *Inhaltlich* geht es bei der Fürsorglichkeitsmoral um Verantwortlichkeit und Fürsorge für andere, d.h. darum, Leid für andere zu vermeiden, zu verhindern, zu lindern, bei der Gerechtigkeitsmoral hingegen um die Wahrung von Rechten und die Erfüllung von Pflichten. *Formal* gesehen ist die Fürsorglichkeitsmoral kontextsensitiv und flexibel, d.h. Konfliktlösungen sind stets an den je konkreten Situationsumständen und zu erwartenden Folgelasten orientiert; die Gerechtigkeitsmoral hingegen ist rigide an der exakten Einhaltung situationsunabhängig vorweg abstrakt und allgemein festgelegter Rechte und Pflichten orientiert. Gilligans Konstruktion geschlechtsspezifischer Moralorientierungen hat zwei Implikationen: zum einen ist unterstellt, vorfindliche moralische Orientierungen ließen sich auf eine Zweiertypologie reduzieren, wobei Rigidität und Gerechtigkeitsorientierung bzw. Flexibilität und Fürsorglichkeitsorientierung jeweils eine unauflösliche Verbindung eingegangen sind. Zum anderen muß angenommen werden, daß es einen universellen Entwicklungsmechanismus gibt, der die Verknüpfung von Geschlechtszugehörigkeit und Moralorientierung erklärt.[6]

Diese beiden Implikationen von Gilligans Position will ich im folgenden kurz diskutieren. Zunächst zur These der zwei Moralen. Diese erfährt im Rahmen ethiktheoretischer Diskussionen eine Stützung in der Tatsache, daß die beiden Moralen eine gewisse Affinität zu je einer der beiden dominanten Ethiktraditionen – der utilitaristischen und der deontologischen – aufweisen (vgl. Höffe, 1986). Dennoch ist nicht zu übersehen, daß es im Hinblick auf die beiden zentralen Dimensionen (Rigidität versus Flexibilität und Gerechtigkeit versus Fürsorglichkeit) Nuancierungen und Zwischenpositionen gibt. So etwa werden in der Frage »Flexibilität versus Rigidität«, die ich als Frage nach der Zulässigkeit von Ausnahmen von den sogenannten negativen Pflichten (die das Unterlassen von Handlungen, die andere schädigen, gebieten und – als bloße Unterlassung – jederzeit gegenüber jedermann eingehalten werden können) interpretiere, drei unterschiedliche Positionen vertreten:

1. Strikte Regelorientierung: Ausnahmen von negativen Pflichten sind unter gar keinen Umständen zulässig. Dies ist Kants deontologische Position.
2. Flexible Regelorientierung: Unter bestimmten Bedingungen sind Ausnahmen zulässig, d.h. moralische Regeln gelten nur prima facie (vgl. Ross, 1930). Als Prüfkriterium für die Zulässigkeit von Ausnahmen hat Gert (1973) das Kriterium »öffentlicher Befürwortung« (public advocacy) entwickelt. Günther (1988) hat die Einführung von alle Situationsmerkmale berücksichtigenden und nach dem Kriterium lebensformspezifischer Angemessenheit prüfenden Anwendungsdiskursen vorgeschlagen.

3. »Ausnahmen« von negativen »Pflichten« sind jederzeit möglich, da es bei
   Moral nicht um Pflichterfüllung, sondern um die Maximierung/Minimie-
   rung der Gesamtsumme von Glück/Leid (in die jeder einzelne gleichbe-
   rechtigt eingeordnet wird) geht. Dies ist die utilitaristische Position. So etwa plädiert Singer für die Zulässigkeit der Tötung eines schwerbehinderten
   Säuglings: »Sofern der Tod eines geschädigten Säuglings zur Geburt eines
   anderen Kindes mit besseren Aussichten auf ein glücklicheres Leben führt,
   dann ist die Gesamtsumme des Glücks größer, wenn der behinderte Säugling getötet wird«. (Singer, 1984, S. 183)

Die Dimension Rechte versus Fürsorglichkeit betrifft die Frage nach dem
Grad der Verbindlichkeit von positiven Pflichten d.h. von Pflichten, die etwas
zu tun gebieten, bei denen also aufgrund der prinzipiellen Begrenztheit aller
Ressourcen (Zeit, Geld, Fähigkeit zur Anteilnahme) Entscheidungen zu treffen sind, wem, wann, wieviel zu gewähren ist. Auch in dieser Frage gibt es unterschiedliche Positionen:

1. Positive Pflichten haben prinzipiell den gleichen Rang wie negative Pflichten. Dies ist die Position utilitaristischer Ethiken. Wenn nämlich allein die
   Konsequenzen zählen, so verliert die Unterscheidung von negativen und
   positiven Pflichten, d.h. die Unterscheidung zwischen Tun und Unterlassen, ihre moralische Relevanz. »Zum Beispiel kann die Unterlassung, einem an Lungenentzündung erkrankten Kind Antibiotika zu geben, Konsequenzen haben, die nicht weniger fatal sind, als wenn ihm eine tödliche
   Injektion verabreicht würde«. (Singer, 1984, S. 200) Aus dieser Perspektive
   folgt die strikte Verbindlichkeit auch weiter positiver Pflichten. So stellt
   Singer denn auch angesichts der Tatsache, daß wir Armut in der Dritten
   Welt zulassen, fest: »Falls grundsätzlich kein Unterschied zwischen Sterbenlassen und Töten besteht, scheint es fast, daß wir alle Mörder sind.«
   (Ebd., S. 220, Abdruck in diesem Band)
2. Allgemeine positive Pflichten (»Übe Wohltätigkeit!«) sind verbindlich —
   jedoch stellt ihre Übertretung nicht (wie die negativer Pflichten) »Ver-
   schuldung« dar, sondern ist bloß »moralischer Unwert«. Dies ist Kants Position: Bei den (weiten) positiven (Tugend-)Pflichten sind (anders als bei
   den negativen Pflichten) Ausnahmen zulässig im Falle eines Konflikts mit
   einer spezifischen positiven Pflicht (z.B. die Einschränkung der allgemeinen Pflicht zur Nächstenliebe durch die spezifische Pflicht der Elternlie-
   be), bzw. mit Pflichten gegen sich selbst (Selbstvervollkommnung), denn:

»Aufopferung der eigenen Glückseligkeit« kann nicht geboten sein, da diese, zum allgemeinen Gesetz erhoben, »eine in sich selbst widerstreitende Maxime« darstellen würde (1979, S. 524).

3. Strikt verbindlich sind nur negative und spezifisch festgelegte oder institutionell definierte positive Pflichten (z.B. übernommene Verpflichtungen erfüllen, in akuter Notsituation Hilfe leisten). Die Erfüllung allgemeiner (weiter) positiver Pflichten hingegen ist zwar moralisch preiswürdig, aber nicht verbindlich. So etwa hierarchisiert Gert explizit moralische Regeln, i.e. negative (»Unterlasse Schädigung!«) und spezifische positive Pflichten (»Do your duty!«), moralische Ideale (»Verhindere Schädigung!«) und utilitaristische Ideale (»Tue Gutes!«) nach dem Grad ihrer abnehmenden Verbindlichkeit. Diese Position dürfte in etwa dem modernen alltagsweltlichen Selbstverständnis von der verbindlichen Geltung allein einer Minimalmoral entsprechen, wobei weitergehendes moralisches Engagement (das dann als Erfüllung »supererogatorischer«, d.h. das Geschuldete übersteigender, Pflichten bezeichnet wird) als individuell wählbares »persönliches Projekt« (vgl. Williams, 1976) verstanden wird.

Schließlich sieht man, daß in den vorfindlichen ethischen Debatten keineswegs die unterstellte feste Verkoppelung von Gerechtigkeitsorientierung und Rigidität einerseits, Fürsorglichkeitsorientierung und kontextsensitiver Flexibilität andererseits festzustellen ist. Kant etwa, dessen Position in der Frage der Zulässigkeit von Ausnahmen von negativen Pflichten als besonders rigide gelten dürfte, schreibt den positiven Pflichten (der Fürsorglichkeit für andere) moralische Verbindlichkeit zu. Die moderne Position einer »Minimalmoral« hingegen erweist sich zwar, was Ausnahmen anlangt, als sehr flexibel; die allgemeinen positiven Pflichten hingegen entläßt sie aus dem Bereich universeller Verpflichtung und rechnet sie der Sphäre des Supererogatorischen zu.

Die zweite Implikation von Gilligans Position ist die Annahme einer Koppelung inhaltlicher Moralorientierungen an die Geschlechtszugehörigkeit. Diese Annahme engt den Bereich möglicher Erklärungen für den Erwerb moralischer Überzeugungen drastisch ein. In Frage kommen nur Erklärungen, die auf universell an das Geschlecht gebundene Faktoren rekurrieren. Dazu zählen biologische Unterschiede, etwa im Gehirnaufbau (z.B. die Lateralisierungshypothese, nach der Frauen eine geringere Fähigkeit hätten, emotionale und analytische Zugangsweisen zur Realität zu separieren), im Hormonhaushalt (männliche Hormone erhöhen die Aggressivität, was als Basis einer erhöhten Neigung, eigene Rechte durchzusetzen, gesehen werden kann), oder bezüglich der Gebärfähigkeit und eingeschränkten Reproduktionsfähigkeit der Frau (die eine erhöhte Fürsorglichkeit gegenüber einem je konkreten Kind motivieren könne, vgl. Held, 1987). Dazu zählen aber auch soziale Faktoren wie das universelle sozialstrukturelle Arrangement, nach dem Frauen als erste Bezugspersonen für Neugeborene fungieren. Dies — so die von Chodorow (1978) ausgearbeitete und von Gilligan in ihren späteren Arbeiten übernommene These — befördere den Aufbau eines beziehungsorientierten Selbst bei Mädchen, eines auf Abgrenzung bedachten »autonomen« Selbst bei Jungen.

Ausgeschlossen sind in dieser Theoriestrategie jedoch solche Erklärungsmuster für den Erwerb moralischer Orientierungen, die geschlechtsunabhängige, nur kontingent an Geschlecht gekoppelte oder aber im Lebenslauf sich verändernde Faktoren heranziehen. Bei den geschlechtsunabhängigen Einflußfaktoren auf moralische Orientierungen wäre etwa an Unterschiede im elterlichen Sozialisationsverhalten zu denken, die an spezifische kulturelle Traditionen, an Schicht- oder Religionszugehörigkeit gebunden sein mögen. So ist durchaus vorstellbar, daß in traditionalen Kulturen, in religiös orientierten Kreisen oder auch im klassischen Unterschichtsmilieu eine extensivere Fürsorglichkeitsorientierung vermittelt wird als etwa in hochindividualisierten, konkurrenzorientierten, urbanen Angestelltensubkulturen. Zu den nur kontingent (d.h. historisch oder kulturspezifisch) an das Geschlecht gebundenen Faktoren zählen etwa Unterschiede in der Chance zur Teilhabe an gesellschaftlich ausdifferenzierten Teilsystemen wie Bildungssystem, Berufswelt, Familiensystem, wobei ein Zusammenhang zwischen der Vielfalt an Erfahrungen in bürokratischen Organisationen bzw. im Verwandtschaftssystem und eine stärkere Betonung von Gerechtigkeits- bzw. Fürsorglichkeitsgesichtspunkten plausibel wäre. Des weiteren aber muß man auch von selbstgesteuerten Lernprozessen des Subjekts ausgehen, die durch individuelle biographische Erfahrungen vermittelt sind. Ein Beispiel hierfür ist etwa die unterschiedliche Intensität von Krisenverläufen, wobei Krisen eine gewisse Befreiung von vorgegebenen sozialen Erwartungen, also etwa auch von typisierten Geschlechtsrollenerwartungen, implizieren (vgl. Döbert & Nunner-Winkler, 1975; Nunner-Winkler, in diesem Band; Siegert/Chapman, 1987).

Wie diese Überlegungen zeigen, stellt Gilligans These von den »zwei Moralen« eine Reduktion dar: eine Reduktion im Hinblick auf die Vielfalt möglicher moralischer Orientierungen und eine Reduktion im Hinblick auf die Vielfalt möglicher Faktoren, die im Prozeß des Erwerbs einer moralischen Orientierung eine Rolle spielen. Ein Blick in die tradierten ethik-theoretischen Debatten zeigt, daß es — unterhalb eines allgemeinsten, den Bereich der Moral definierenden Unparteilichkeitsprinzips — mehrere unterschiedliche moralische Orientierungen gibt: In jeder der beiden von Gilligan herausgearbeiteten Dimensionen Gerechtigkeit versus Fürsorglichkeit und Rigidität versus Kontextsensitivität liegen mehr als zwei Positionen vor, und weitere werden durch unterschiedliche Kombinationsmöglichkeiten erzeugt. Und ein Blick in sozialisationstheoretische Forschungen zeigt, daß der Erwerb moralischer Orientierungen über eine Vielfalt von Faktoren vermittelt ist, die den potentiellen Einfluß geschlechtsgebundener Einflußfaktoren überlagern, neutralisieren, verstärken oder auch umkehren können.

Der vorliegende Band versucht im Hinblick auf beide Fragen: die Frage nach der Art der moralischen Orientierung und die Frage nach Einflußfaktoren im Erwerbsprozeß, die tatsächliche Komplexität der von Gilligan aufgeworfenen Probleme — wenigstens ansatzweise — sichtbar zu machen. Ziel der Auswahl der Beiträge war es, die Spannweite unterschiedlicher ethiktheoretischer Positionen und empirischer Forschungen zu dokumentieren.[7] Diese Vorgehensweise hat zur Folge, daß an die Stelle einer klaren und einfach strukturierten These offene, zum Teil vielleicht auch unversöhnbare, philosophische Kontroversen und strittige, zum Teil aber vielleicht durch weitere Forschungen aufklärbare, Deutungen empirischer Daten treten. Im einzelnen ist der Band wie folgt aufgebaut:

Einleitend wird — auf der Basis eher von soziologischen als biologischen Erklärungsprinzipien — die Frage diskutiert, was denn überhaupt männlich — weiblich bedeute. Der erste Beitrag von *Benderly* erläutert den ursprünglichen evolutionstheoretischen Vorteil von Bisexualität und gibt sodann plastische Beispiele aus dem Tierreich für eine soziale Determination geschlechtsspezifischer Verhaltensweisen, ja gar von Geschlechtszugehörigkeit überhaupt. Der zweite Beitrag von *Butler* diskutiert die anti-essentialistischen Thesen von Simone de Beauvoir (»Man kommt nicht als Frau auf die Welt — man wird eine«), von Monika Wittig (»Sex ist mythenhafte Konstruktion, ist politische Kategorie«) und Foucault (»Binäre Codierung ist eine Restriktion, die es zu transzendieren gilt«) und konfrontiert sie mit marxistischen (»Die gesellschaftliche Konstitution des Subjekts bedeutet eine Einschränkung der freien Wählbarkeit des Geschlechts«) und psychoanalytischen (»Die Überwindung präödipaler Ambiguität ist Bedingung von Kultur«) Einwänden.

Der folgende *erste Hauptteil* wendet sich sodann der empirischen Debatte zu: Gibt es Unterschiede in den moralischen Orientierungen von Männern und Frauen, und wenn ja, wie sind sie zu erklären? Eröffnet wird er durch einen neueren Aufsatz von *Gilligan*. Darin erläutert sie zunächst Gerechtigkeits-

und Fürsorglichkeitsorientierung als zwei gleichermaßen notwendige, einander jedoch ausschließende Perspektiven, berichtet sodann über Untersuchungen, die geschlechtsspezifische Affinitäten zu den beiden moralischen Orientierungen belegen, und führt diese auf frühkindlich erworbene Unterschiede in der Selbstauffassung zurück. Die beiden folgenden Aufsätze formulieren eine immanente, insbesondere auch methodische Kritik an Gilligans Forschungsarbeiten. Unter Rekurs auf die Originalinterviews wirft *Nails* Gilligan vor, einseitig hypothesenbestätigend aus dem vorhandenen Material zu zitieren. Damit spricht sie ein zentrales Problem an: die mangelnde Transparenz von Gilligans Datenbasis, die es erschwert oder gar unmöglich macht, die empirische Haltbarkeit ihrer Schlußfolgerungen zu überprüfen. *Walker* berichtet sodann die Ergebnisse einer Sekundäranalyse von 79 Untersuchungen zur moralischen Urteilsfähigkeit männlicher und weiblicher Befragter. Die meisten Untersuchungen fanden weder in der Kindheit noch in der Adoleszenz oder im Erwachsenenalter Geschlechtsunterschiede im Niveau der moralischen Urteilsfähigkeit. Wurden Unterschiede berichtet, so waren diese geringfügig; Unterschiede im Erwachsenenalter verschwanden, wenn Bildungsniveau und Berufstätigkeit kontrolliert wurden. Dieses Ergebnis wirft erhebliche Zweifel an der These geschlechtsspezifischer Moralpräferenzen auf. Dies gilt auch dann, wenn Gilligan sich in ihrer Replik (1986d) darauf beruft, nicht Differenzen im Niveau, sondern in der inhaltlichen Ausrichtung moralischer Urteile zu thematisieren, denn — wie oben gezeigt — entsprechen die Niveauunterschiede auch Unterschieden in der inhaltlichen Argumentation (Fürsorge auf Stufe 3, Orientierung an Rechten und Gesetzen auf Stufe 4).[8] Stärker auf diese inhaltlichen Unterschiede bezogen sind die beiden folgenden Beiträge von *Döbert* und *Nunner-Winkler*, die u.a. Daten aus einer gemeinsam durchgeführten Untersuchung vorstellen. Dabei zeigt sich: Kontextsensitivität scheint von persönlicher Betroffenheit, nicht aber von der Geschlechtszugehörigkeit abhängig; die Orientierung an Rechten und Pflichten statt an Bedürfnissen und Verantwortlichkeiten scheint stärker von Rollendefinitionen und subkulturellen Normierungen als von der Geschlechtszugehörigkeit bestimmt.

Die berichteten Befunde müssen als gewichtiger Einwand gegen die deskriptive These geschlechtsspezifischer Moralorientierungen gelten — auch wenn diese These eine hohe alltagsweltliche Plausibilität genießt und — wie Döberts eindrucksvolle Analyse vorauslaufender Realitätsdeutungen und Theoriekonstruktionen zeigt — lange schon genossen hat. Damit ergeben sich allerdings auch Konsequenzen für mögliche Kausalerklärungen zum Erwerb moralischer Orientierungen. Universalistische Erklärungen (wie Gilligans Rekurs auf Unterschiede im frühkindlichen Selbstaufbau oder Döberts Verweis auf biologische Unterschiede, die er allerdings nur zur Erklärung von Performanzunterschieden heranzieht) verlieren, differentielle Erklärungen (wie Nunner-Winklers Verweis auf kulturspezifische Normierungen oder individuelle Unterschiede in biographischen Krisenerfahrungen, oder *Hardings* Analyse der Bedeutung einer Macht- bzw. Ohnmachtposition in Herrschaftsstrukturen, vgl. dazu auch Döbert, 1980) gewinnen, so scheint es, an Überzeugungskraft.

Der *zweite* — eher philosophisch orientierte — *Hauptteil* wird durch *Shers* Beitrag eingeleitet, der Verknüpfungspunkte zwischen der modernen Debatte um geschlechtsspezifische Moralen und tradierten philosophischen Kontroversen nachzeichnet. Sodann werden unterschiedliche Positionen in bezug auf die beiden zentralen Fragen dokumentiert: die Frage nach der Verbindlichkeit positiver Pflichten (d.h. die Frage nach dem Status von Fürsorglichkeit in der Moral) sowie die Frage nach der Zulässigkeit von Ausnahmen von negativen Pflichten (d.h. die Frage nach Rigidität bzw. Kontextsensitivität). In drei kurzen philosophischen Texten wird zunächst *Fürsorglichkeit* bzw. Wohlwollen als grundlegendes Moralprinzip postuliert. *Frankena* setzt Wohlwollen und Gerechtigkeit als gleich ursprüngliche und bedeutsame Prinzipien einer einheitlichen Moral. *Jonas* expliziert sodann Verantwortlichkeit als aus Macht folgende Verpflichtung, für Anvertrautes zu sorgen. Modell ist dabei die Eltern-Kind-Beziehung, für die das wechselseitige Verhältnis von Abhängigkeit und Fürsorglichkeit konstitutiv ist (wie dies auch Gilligan für die Mutter-Kind-Beziehung annimmt). Dieses Modell generalisiert Jonas dann über den partikularistisch organisierten Familienverband hinaus auf staatliches Handeln und fordert normativ, was (etwa nach Hardings Analyse) empirisch eher unwahrscheinlich ist: aus Macht geborene Fürsorglichkeit. Dieses Problem, daß spontan und unmittelbar erfahrene Verantwortlichkeit und Fürsorglichkeit auf partikularistische Kontexte begrenzt bleibt, greift *Habermas* explizit auf. An der individualistischen bürgerlichen Ethik kritisiert er, sie habe die Einsicht, daß Subjekte nur durch Verhältnisse reziproker Anerkennung individuiert werden können, verloren, und fordert, partikularistisch begrenztes Wohlwollen zu einer familiale und nationale Bindungen transzendierenden Solidarität zu generalisieren. In allen drei Konzeptionen ist also die moralische Bedeutsamkeit von Fürsorglichkeit, Wohlwollen, Solidarität unstrittig. Kontrovers hingegen ist und bleibt die Anwendungsseite, d.h. die Frage nach dem Grad der Verbindlichkeit der Forderungen, die aus diesem zunächst nur abstrakt postulierten Grundsatz abzuleiten sind. Die beiden folgenden Beiträge geben unterschiedliche Antworten auf diese Frage. In einem engagierten Plädoyer klagt *Singer* die moralische Verantwortlichkeit der Reichen und Satten für Hunger und Leid in der Dritten Welt ein: Untätigkeit ist nicht Mangel an Verdienstlichkeit, sie ist moralische Schuld.[9] Mit dieser (über-)fordernden Position kontrastiert *Heyds* Modell einer Minimalmoral, in der, was bei Singer als allgemein verbindliche Pflicht gilt, als supererogatorische Handlung konstruiert wird. Diese ist preiswürdig; es ist aber das Recht des Individuums, sein Leben, seine Ressourcen für die Verfolgung außermoralischer Ziele einzusetzen, solange er nur andere nicht schädigt; durch die selbstbestimmte Wahl seiner moralischen oder außermoralischen Lebensprojekte gewinnt das Subjekt Individualität. Die Einschränkung der Verbindlichkeit positiver Pflichten wird doppelt begründet: Einmal ist moralisches »Virtuosentum« — wie mönchisches Leben — keine verallgemeinerbare Lebensform; zum anderen will, wer ein exemplarisches Leben führt, dies als autonome Wahl begreifen. Damit ist Autonomie als Wert unterstellt — ein Gesichtspunkt, den *Hill* gegen Gilligans defizitäre Bestimmung von Autonomie (als Mangel an sozialer Bezogenheit) herausarbeitet. Hill betont die Unverzichtbarkeit von Autonomie als Unparteilichkeit, als Recht auf persönliche Entscheidungsfreiheit und als Ziel individuierender Bildungsprozesse. Im folgenden Beitrag geht es erneut um das Problem der Spezifizierung positiver Pflichten. Gegen Kohlbergs mißverstandenen Universalismus, der Moral allein auf universalistisch geltende Regeln eingrenzte, aber auch gegen Gilligans vage Allzuständigkeit für jegliches Leid in dieser Welt begründet *Hoff Sommers* besondere Verpflichtungen gegenüber Personen, mit denen der Handelnde persönlich verbunden ist (vgl. dazu auch Stocker, 1987). Am Beispiel der alternden Eltern geschuldeten Fürsorge argumentiert sie, daß die Teilhabe an tradierten Institutionen als Analogon zu einem implizit gegebenen Versprechen verstanden werden muß, das zu halten moralische Pflicht ist.

In den nächsten drei Beiträgen geht es um die Frage Rigidität versus Kontextsensitivität, konkret: um die Frage nach der *Zulässigkeit von Ausnahmen* von negativen Pflichten. *Kant* eröffnet die Diskussion mit der (rigiden) These, strikte Pflichten (hier: die der Wahrhaftigkeit) ließen unter keinen Umständen (hier: auch nicht, wenn eine Notlüge Leben zu retten erlaubte) Ausnahmen zu. *Gert* modifiziert diese Position: Regeln gelten nur prima facie; Ausnahmen sind moralisch rechtfertigbar, wenn durch die Befolgung einer Regel ein größerer Schaden für andere erzeugt wird als durch ihre Übertretung (wobei — wie Kants Position zeigt — Individuen bei dieser Frage der Güterabwägung legitimerweise untereinander differieren können, vgl. Nunner-Winkler, 1986). Kant und Gert teilen die Vorstellung von Moral als explizitem Regelsystem, das keine oder nur klar eingrenzbare Ausnahmen zuläßt. *Stuart Hampshire* bestreitet zwar nicht — wie der (Handlungs-)Utilitarismus — den Regelcharakter von Moral überhaupt, so doch dessen Explizitheit. Er begreift moralisches Handeln in Analogie zu der quasi spontanen (weil internalisierten) und reflexiv kaum mehr einholbaren Selbstverständlichkeit, mit der soziale Konventionen oder auch Sprachregeln befolgt werden. Da jede reale Situation unter so vielen unterschiedlichen Beschreibungen gefaßt werden kann, muß die Vorstellung, sie ließe sich je eindeutig unter explizite Regeln subsumieren, so fehlgehen wie die Versuche, Computerprogramme für Übersetzungen zu entwickeln. Moralische Konflikte lassen sich nur in der Form narrativer Erzählungen entfalten.[10]

Das Insgesamt der vorgelegten Beiträge erweist Gilligans These von den zwei Moralen als differenzierungsbedürftig. Die philosophischen Texte zeigen, daß es selbst im Rahmen einer universalistischen Ethik bei Fragen der Anwendung — und sowohl die Frage nach Rigidität versus Kontextbezug als auch die Frage nach dem Grad der Verbindlichkeit positiver Pflichten sind Anwendungsfragen — mehr als nur zwei kontrastierende Positionen gibt. Die empirischen Forschungen belegen, daß eine eindeutige Zuordnung von Moralorientierungen und Geschlecht nicht haltbar ist. Diese Einwände jedoch entwerten Gilligans Arbeiten nicht: Mit ihrer provokanten These von den zwei Moralen hat sie das Forschungsfeld — innerhalb dessen der vorliegende Band einige Differenzierungen anzubringen sucht — überhaupt erst in anschlußfähiger Form eröffnet. Ihre Arbeiten bestätigen Luhmanns Feststellung, daß in der Wissenschaft Einseitigkeiten oder Irrtümer oft produktiver sind als (triviale) Wahrheiten (1986, S. 154). Auch über das Wissenschaftssystem hinaus haben Gilligans Arbeiten Bedeutung gewonnen: Nicht zuletzt hat sie mit dazu beigetragen, daß für Fragen der Moral, die in einer Reihe moderner Debatten (etwa um Schwangerschaftsabbruch, Euthanasie, Gentechnologie etc.) zentral sind, ein breites öffentliches Interesse geweckt wurde. So haben Gilligans Arbeiten wissenschaftlich und politisch Anstöße gegeben, produktive Kontroversen ausgelöst und die Chancen zu vertieften Einsichten und weiterführenden Erkenntnissen eröffnet.

Anmerkungen

1 In Kohlberg 1981, S. 423-428 findet sich eine Bibliographie der Kohlbergschen Arbeiten.

2 Diese Deutung des frühkindlichen Moralverständnisses ist umstritten. Turiel (1983) wies nach, daß Kinder schon früh ein genuines Verständnis der intrinsischen Geltung moralischer Normen besitzen. Die Altruismusforschung belegte durch Beobachtungen in der natürlichen Umwelt, daß Kinder schon früh spontan helfen, trösten, teilen — ohne eigenen Nutzen daraus zu ziehen (vgl. Eisenberg 1982, 1986). Auch Keller/Edelstein (1986) fanden in ihren hypothetischen Freundschaftsdilemmata altruistisch orientierte Überlegungen, und sie sowie Döbert (1987) konstruierten aus diesen Befunden das Bild des kleinen Kindes als moralisch kompetenten Aktor. Nunner-Winkler/Sodian (1988) zeigten jedoch, daß Kinder trotz ihres intrinsischen Regelverständnisses erwarten, daß ein hypothetischer Protagonist, der moralische Regeln, die er kennt und angemessen versteht, übertritt, sich wohl fühlen werde — weil er eigene Bedürfnisse befriedigt hat. Dieses Ergebnis kann als Indiz dafür interpretiert werden, daß der moralische Lernprozeß in zwei Stufen abläuft: Zunächst wird ein angemessenes kognitives Regelverständnis erworben, aber es dauert Jahre, bevor moralische Motivation, d.h. die Bereitschaft, das als richtig Erkannte auch im Handeln durchzuhalten, aufgebaut wird (vgl. Nunner-Winkler, 1989).

3 Dieser Universalisierungs- und Unparteilichkeitsgedanke ist ja gerade der gemeinsame Sinn der unterschiedlichen Varianten, in denen Philosophen in der Moderne das Prüfkriterium für gut und böse formulieren: sei es Kants (1962) Kategorischer Imperativ: ich kann wollen, daß die Maxime meines Handelns zum allgemeinen Gesetz würde; sei es Rawls' (1971) Modell einer Entscheidung in der Ursprungssituation unter dem Schleier der Unwissenheit: jeder könnte zustimmen, auch wenn er nicht wüßte, welche Rolle er faktisch innehätte; sei es Apels (1988) und Habermas' (1983) Theorie vom herrschaftsfreien Diskurs: jeder würde unter der Bedingung, er habe gleiches Rederecht und es zählte allein die Kraft des besseren Argumentes, frei zustimmen.

4 Zum vor allem im Bereich der Gedächtnis- und Intelligenzforschung entwickelten Expertenparadigma vgl. u.a. Chi/Glaser/Rees (1982); Voss/Greene/Post/Penner (1983); Fiske/Kinder/Larter (1983); Larkin/Dermott/Simon/Simon (1980); Voss/Fincher-Kiefer/Greene/Post (1986).

5 Vgl. etwa die von Tapp/Kohlberg (1971) vorgelegte Analyse der Entwicklung des Verständnisses von Gesetzen (von unveränderlichen objektiven Gegebenheiten, deren Übertretung immer unrecht ist, bis hin zu einem Verständnis von Gesetzen als im Interesse der öffentlichen Wohlfahrt von Menschen entwickelten Regeln, deren Legitimität nach universalistischen, moralischen Prinzipien zu beurteilen ist) bzw. die von Selman (1979, 1984) erarbeiteten Stufen im Verständnis von Freundschaft (Freund ist, wer physisch nahe ist und ein attraktives Spielzeug besitzt/mit dem ich persönliche Geheimnisse austauschen kann/dem ich wechselseitig Bedürfnisse sowohl nach Autonomie wie Abhängigkeit zugestehen kann).

6 In neueren Arbeiten hat Gilligan ihre These von der Zuordnung der beiden Moralen zu den Geschlechtern abgeschwächt und als spontane geschlechtsspezifische
Präferenz für jeweils eine der beiden (einander ergänzenden, aber simultan inkom-
patiblen) Perspektiven reformuliert (vgl. ihren Beitrag in diesem Band). In meiner
folgenden Diskussion trage ich dieser Differenzierung nicht explizit Rechnung,
da es mir — unabhängig von der Person Gilligans — um eine (möglichst einfache
und durchsichtige) Darlegung der Implikationen einer bestimmten (im übrigen
auch heute noch faktisch weithin vertretenen) theoretischen Position geht. Je stärker Gilligan von ihrer ursprünglichen Position abrückt, desto weniger treffen die
von mir im folgenden explizierten Annahmen für ihren Ansatz zu.

7 Wichtig für die Zusammenstellungen des vorliegenden Brandes war insbesondere
der von Kittay/Meyers (1987) herausgegebene Sammelband »Women and moral
theory«. Aus der mittlerweile fast unübersehbaren Fülle von Publikationen zu Gilligans Thesen möchte ich — ohne Anspruch auf Vollständigkeit — noch auf einige
besonders informative oder weiterführende Arbeiten verweisen. Direkt — zum
Teil kritisch, zum Teil affirmativ — auf die Debatte bezogen sind die Arbeiten von
Broughton (1983); Haug (1985); Friedman (1986); Flanagan/Jackson (1987); Gildemeister (1988); Althof/Garz (1988); Maihofer (1988), Blum (1988); Pollitt-Gerlach (1989). In einem eher mittelbaren Zusammenhang stehen Arbeiten, die das
Anliegen von Gilligan (etwa die Kontextuierung von Moral) weiter vorantreiben,
die moraltheoretischen Grundlagen diskutieren oder die Diskussion historisch
oder sozialstrukturell situieren, vgl. etwa Haug (1983); Buchanan (1987); Benhabib (1987); Schreiner (1987); Jauch (1989).

8 Diese inhaltliche Orientierungsdifferenz hat auch Eckensberger/Reinshagen
(1980) dazu bewogen, die moralische Entwicklung nicht wie Kohlberg als bloß linearen Komplexitätsfortschritt, sondern vielmehr als Spirale zu rekonstruieren, in
der typologische mit entwicklungsabhängigen Differenzen integriert sind.

9 Vgl. auch McKinsey (1981).

10 Ähnliche Vorstellungen fundieren auch die in der Ethnomethodologie vorgetra-
gene Kritik am soziologischen Normbegriff, vgl. u.a. Wieder/Zimmerman (1976).
Eine konkrete Illustration der Hamsphireschen Auffassung findet sich in Nuß-
baums (1985) Analyse eines literarischen Textes, in dem eine Tochter ihren alternden Vater um eines Mannes willen zwar verläßt, aber in einer Weise, die beiden ihre Liebe zueinander zu erfahren und auszudrücken erlaubt. Nußbaum zeigt, daß
Moral immer mehr ist als die bloße Anwendung abstrakter Regeln auf konkrete Situationen — Moral erweist sich in der sensiblen Kreativität individueller Problem-
lösungen und ähnelt darin der Kunst eher als der Technik.

Literatur

Althof, W./Garz, D. (September 1988). Sind Frauen die besseren Menschen? *Psychologie Heute*, 58-65.

Apel, K.O. (1988). *Diskurs und Verantwortung. Das Problem des Übergangs zur postkonventionellen Moral.* Frankfurt a.M.

Benhabib, S. (1987). The generalized and the concrete other: The Kohlberg-Gilligan controversy and feminist theory. In S. Benhabib/D. Cornell (Eds.), *Feminism as critique. Essays on the politics of gender in late-capitalist societies.* Padstow: T.J. Press Ltd.

Blum, L.A. (1988). Gilligan and Kohlberg: Implications for moral theory. *Ethics, 98,* 472-491.

Broughton, J.M. (1983). Women's rationality and men's virtues: A critique of gender dualism in Gilligan's theory of moral development. *Social Research, 50 (3),* 597-642.

Buchanan, A. (1987). Justice and charity. *Ethics, 97 (3),* 558-575.

Chi, M.T.H./Glaser, R./Rees, E. (1982). Expertise in problem solving. In R.J. Sternberg (Ed.), *Advances in the psychology of human intelligence* (Vol. 1, S. 7-75). Hillsdale, NJ: Erlbaum.

Chodorow, N. (1978). *The reproduction of mothering.* Berkeley: University of California Press. (Dt.: Das Erbe der Mütter. Psychoanalyse und Soziologie der Mütterlichkeit, München, 1985).

Döbert, R. (1980). Was mir am wenigsten weh tut, dafür entscheid' ich mich dann auch. In *Kursbuch 60,* Berlin.

— (1987). Horizonte der an Kohlberg orientierten Moralforschung. *Zeitschrift für Pädagogik, 33,* 491-511.

Döbert, R./Nunner-Winkler, G. (1975). *Adoleszenzkrise und Identitätsbildung.* Frankfurt.

Eckensberger, L.H./Reinshagen, H. (1980). Kohlbergs Stufentheorie der Entwicklung des Moralischen Urteils: Ein Versuch ihrer Reinterpretation im Bezugsrahmen handlungstheoretischer Konzepte. In L.H. Eckensberger/R.K. Silbereisen (Hg.), *Entwicklung sozialer Kognitionen: Modelle, Theorien, Methoden, Anwendung* (S. 65-131). Stuttgart.

Eisenberg-Berg, N. (1982). The development of reasoning regarding prosocial behavior. In N. Eisenberg-Berg (Ed.), *The development of prosocial behavior* (S. 219-249). New York: Academic Press.

— (1986). *Altruistic emotion, cognition, and behavior.* Hillsdale, NJ: Erlbaum.

Fiske, S.T./Kinder, D.R./Larter, W.M. (1983). The novice and the expert: Knowledge-based strategies in political cognition. *Journal of Experimental Social Psychology, 19,* 381-400.

Flanagan, O./Jackson, K. (1987). Justice, care, and gender: The Kohlberg-Gilligan debate revisited. *Ethics, 97,* 622-637.

Friedman, M. (1986). Care and context in moral reasoning. *Mosaic Monographs No. 1.*

Gert, B. (1973). *The moral rules. A new rational foundation for morality.* New York: Harper & Row. (Dt.: Die moralischen Regeln. Eine neue rationale Begründung der Moral. Frankfurt a.M. 1988).

Gildemeister, R. (1988). Geschlechtsspezifische Sozialisation. Neuere Beiträge und Perspektiven zur Entstehung des »weiblichen Sozialcharakters«. *Soziale Welt, 4,* 486-503.

Gilligan, C. (1977). In a different voice: Women's conceptions of self and of morality. *Harvard Educational Review, 47 (4),* 481-517.

— (Oktober 1982). Gibt es eine weibliche Moral? *Psychologie Heute,* 21-34.

— (1982). *In a different voice: Psychological theory and women's development.* Cambridge: Harvard University Press. (Dt.: Die andere Stimme. Lebenskonflikte und Moral der Frau. München 1984).

— (1986a). Exit-voice dilemmas in adolescent development. In A. Foxley/M.S. McPherson/G. O'Donnell (Eds.), *Development, democracy, and the art of trespassing: Essays in honor of Albert O. Hirschman* (S. 283-300). Notre Dame: University of Notre Dame Press.

— (1986b). Remapping the moral domain: New images of the self in relationship. In T.C. Heller/M. Sosna/D.E. Wellbery (Eds.), *Reconstructing Individualism. Autonomy, Individuality, and the Self in Western Thought* (S. 237-252). Stanford, CA: Stanford University Press.

— (1986c). Remapping development: The power of divergent data. In L. Cirillo/S. Wapner (Eds.), *Value presuppositions in theories of human development* (S. 37-53). Hillsdale, NJ: Erlbaum.

— (1986d). Reply by Carol Gilligan. *Signs, 11,* 68-74.

— (1987). Adolescent development reconsidered. In C.E. Irwin, Jr. (Ed.), *Adolescent social behavior and health. New directions for child development* (Vol. 37, S. 63-92). San Francisco: Jossey-Bass.

Gilligan, C./Belenky, M.F. (1980). A naturalistic study of abortion decisions. In R. Selman/R. Yando (Eds.), *Clinical-Developmental Psychology.* New Directions for Child Development, Nr. 7. San Francisco: Jossey-Bass.

Gilligan, C./Wiggins, G. (1987). The origins of morality in early childhood relationships. In J. Kagan/S. Lamb (Eds.), *The emergence of morality in young children* (S. 277-305). Chicago: The University of Chicago Press.

Günther, K. (1988). *Der Sinn für Angemessenheit. Anwendungsdiskurse in Moral und Recht.* Frankfurt a.M..

Haan, N. (1977). *A manual for interpersonal morality.* Berkeley: Institute of Human Development, University of California.

— (1978). Two moralities in action contexts: Relationships to thought, ego regulation, and development. *Journal of Personality and Social Psychology, 36,* 286-305.

Habermas, J. (1983). *Moralbewußtsein und kommunikatives Handeln.* Frankfurt a.M.

— (1985). *Der philosophische Diskurs der Moderne. Zwölf Vorlesungen.* Frankfurt a.M.

Haug, F. (1983). Die Moral ist zweigeschlechtlich wie der Mensch. Zur Theorie weiblicher Vergesellschaftung. In C. Opitz (Hg.), *Weiblichkeit oder Feminismus* (S. 95-122). Konstanz.

— (1985). Rezension zu C. Gilligan's »Die andere Stimme«. *Das Argument, 149,* 113-114.

Held, V. (1987). Feminism and moral theory. In E.F. Kittay/D.T. Meyers (Eds.), *Women and moral theory* (S. 111-128). Totowa, NJ: Rowman & Littlefield.

Höffe, O. (1986). Autonomie und Verallgemeinerung als Moralprinzipien. Eine Auseinandersetzung mit Kohlberg, dem Utilitarismus und der Diskursethik. In F. Oser/R. Fatke/O. Höffe (Hg.), *Transformation und Entwicklung* (S. 56-86). Frankfurt a.M.

Jauch, U.P. (1989). Männliches Sittengesetz — weibliche Sitz-Samkeit: Geschlechterdifferenz und Tugendwandel im 18. Jahrhundert. In H.J. Braun (Hg.), *Ethische Perspektiven: »Wandel der Tugenden«* (Bd. 15, S. 155-168). Zürich: Zürcher Hochschulforum.

Kant, I. (1962). *Grundlegung zur Metaphysik der Sitten.* Hamburg.

— (1979). *Die Metaphysik der Sitten.* Frankfurt.

Keller, M./Edelstein, W. (1986). Beziehungsverständnis und moralische Reflexion. Eine entwicklungspsychologische Untersuchung. In W. Edelstein/G. Nunner-Winkler (Hg.), *Zur Bestimmung der Moral* (S. 321-346). Frankfurt.

Kittay, E.F./Meyers, D.T. (Eds.) (1987). *Women and moral theory.* Totowa, NJ: Rowman & Littlefield.

Kohlberg, L. (1974). Stufe und Sequenz: Sozialisation unter dem Aspekt der kognitiven Entwicklung. In L. Kohlberg (Hg.), *Zur kognitiven Entwicklung des Kindes* (S. 7-255). Frankfurt a.M.

— (1981). *Essays on moral development: Vol. 1. The philosophy of moral development.* San Francisco: Harper & Row.

— (1984). *Essays on moral development. Vol. 2. The psychology of moral development.* San Francisco: Harper & Row.

Kohlberg, L./Gilligan, C. (1971). The adolescent as a philosopher: The discovery of the self in a post-conventional world. *Daedalus, 100,* 1051-1086.

Larkin, J./McDermott, J./Simon, D.P./Simon, H.A. (1980). Expert and novice performance in solving physics problems. *Science, 208,* 1335-1342.

Luhmann, N. (1986). *Ökologische Kommunikation. Kann die moderne Gesellschaft sich auf soziologische Gefährdungen einstellen?* Opladen.

Maihofer, A. (1988). Ansätze zur Kritik des moralischen Universalismus. Zur moraltheoretischen Diskussion um Gilligans Thesen zu einer »weiblichen« Moralauffassung. *Feministische Studien, 1,* 32-52.

McKinsey, M. (1981). Obligations to the starving. *NOUS, 15,* 309-323.

Nunner-Winkler, G. (1986). Ein Plädoyer für einen eingeschränkten Universalismus. In W. Edelstein/G. Nunner-Winkler (Hg.), *Zur Bestimmung der Moral* (S. 126-144). Frankfurt a.M.

— (1989). Wissen und Wollen. Ein Beitrag zur frühkindlichen Moralentwicklung. In A. Honneth/Th. McCarthy/C. Offe/A. Wellmer (Hg.), *Zwischenbetrachtungen. Im Prozeß der Aufklärung* (S. 574-600). Frankfurt a.M.

Nunner-Winkler, G./Sodian, B. (1988). Children's understanding of moral emotions. *Child Development, 59,* 1323-1338.

Nussbaum, M. (1985). Finely aware and richly responsible: Moral attention and the moral task of literature. *The Journal of Philosophy, 82,* 516-529.

Piaget, J. (1954). *Das moralische Urteil beim Kinde.* Zürich.

Pollitt-Gerlach, G. (1989). Gerechtigkeit und Partnerschaft — Frauen zwischen Familie und Beruf. In G. Lind/G. Pollitt-Gerlach (Hg.), *Moral in »unmoralischer« Zeit. Zu einer partnerschaftlichen Ethik in Erziehung und Gesellschaft* (S. 55-73). Heidelberg.

Rawls, J. (1971). *A theory of justice*. London/Oxford/N.Y.: Oxford University Press. (Dt.: Eine Theorie der Gerechtigkeit, Frankfurt, 1975).

Ross, W.D. (1930). *The right and the good*. Oxford: The Clarendon Press.

Schreiner, G. (1987). Die Herausforderung durch die »andere Stimme«. *Zeitschrift für Pädagogik, 33*, 237-246.

Selman, R.L. (1979). *Assessing interpersonal understanding: An interview and scoring manual in five parts* (Unpubl. Paper). Boston: Harvard-Judge Baker Social Reasoning Project.

— (1984). *Zur Entwicklung interpersonalen Verstehens*. Frankfurt a.M.

Siegert, M.T./Chapman, M. (1987). Identitätstransformationen im Erwachsenenalter. In H.P. Frey/K. Haußer (Hg.), *Identität. Entwicklungen psychologischer und soziologischer Forschung* (S. 139-150). Stuttgart.

Singer, P. (1984). *Praktische Ethik*. Stuttgart. (Original: Practical ethics. Cambridge: Cambridge University Press, 1979).

Stocker, M. (1987). Duty and friendship. Toward a synthesis of Gilligan's contrastive moral concepts. In E.F. Kittay/D.T. Meyers (Eds.), *Women and moral theory* (S. 56-68). Totowa, NJ: Rowman & Littlefield.

Tapp, J.L./Kohlberg, L. (1971). Developing senses of law and legal justice. *Journal of Social Issues, 27 (2)*, 65-91.

Turiel, E. (1983). *The development of social knowledge. Morality and convention*. Cambridge: Cambridge University Press.

Voss, J.F./Fincher-Kiefer, R.H./Greene, T.R./Post, T.A. (1986). Individual differences in performance: The contrastive approach to knowledge. In R.J. Sternberg (Ed.), *Advances in the psychology of human intelligence* (Vol. 3). Hillsdale, NJ: Erlbaum.

Voss, J.F./Greene, T.R./Post, T.A./Penner, B.C. (1983). Problem-solving skill in the social sciences. In G.H. Bower (Ed.), *The Psychology of Learning and Motivation* (Vol. 17, S. 165-213). New York: Academic Press.

Wieder, D.L./Zimmerman, D.H. (1976). Regeln im Erklärungsprozeß, Wissenschaftliche und ethno-wissenschaftliche Soziologie. In E. Weingarten/F. Sack/J. Schenkein (Hg.), *Ethnomethodologie. Beiträge zu einer Soziologie des Alltagshandelns* (S. 105-129). Frankfurt a.M.

Williams, B. (1976). Persons, character and morality. In A.O. Rorty (Ed.), *The identities of persons* (S. 197-216). Berkeley: University of California Press.

Einleitung
Männlich — weiblich

Warum gibt es den Geschlechtsunterschied?

Beryl Lieff Benderly

Die kurze Antwort heißt, daß niemand das so genau weiß.

In den dreizehn Jahrzehnten seit Darwin haben Wissenschaftler zwar eine Menge langer Antworten von sich gegeben und dafür sich durch Fachdisziplinen und Theorien geschlängelt und Argumente und Fakten zusammengestrickt, aber immer blieben am Ende doch Fragen offen. Wir haben erst noch einen überzeugenden Grund dafür zu finden, weshalb so viele Arten sich in einer so außerordentlich aufwendigen und komplizierten Weise reproduzieren.

Wir hatten uns an den Gedanken gewöhnt, daß wir Bescheid wüßten, aber selbst vor Darwin befriedigte die übliche Antwort nicht so ganz. Die Schöpfungsgeschichte berichtet, daß Gott Eva schuf, um Adam Gesellschaft zu geben. Das ist zwar ein Argument für eine andere Person, aber nicht für eine Person einer anderen *Sorte.* Selbstverständlich sorgte der Herr auch dafür, daß das erste Paar fruchtbar sei und sich mehre; aber der Schöpfer eines ganzen Universums aus dem Nichts, der Gestalter dieses exquisiten Differenzierungsmechanismus, war doch gewiß imstande, das viel weniger anspruchsvolle Problem zu lösen, Geschöpfe zu entwerfen, die einfach ihre eigenen Kopien ausstoßen. Mehr noch, eine derart erfinderische und mächtige Gottheit dürfte wohl kaum der Hilfe ihrer eigenen Geschöpfe bedurft haben.

Graham Bell, der das Problem gründlich erforscht hat, findet das alles höchst frustrierend: »Sex wäre einfach nur eine Kuriosität«, schreibt er, »wenn er nicht unter Tieren und Pflanzen so weit verbreitet wäre.« Nach seinem Eindruck aber tut's fast jeder, angefangen bei den Viechern, die am Grund des Ozeans kriechen oder ständig in einsamen Felsspalten hausen, bis herauf zu und einschließlich uns. Als ob das nicht schon erstaunlich genug wäre, tun wir es auch alle noch in ungefähr der gleichen Weise; unsere Chromosomensätze teilen sich und ordnen sich in einer elaboraten Gavotte zu Teilsätzen, die sich schließlich mit anderen Teilsätzen verbinden. Es endet damit, daß am Schluß jedes Chromosom einen neuen Partner hat und jeder Nachkomme dieselbe Chromosomenzahl wie seine Eltern. »Die Kombination von Knifflichkeit und Uniformität«, sinniert Bell (1982, 26), »macht es unmöglich, die Sexualität anders zu deuten als ein höchst anpassungsfähiges Merkmal, das von der Selektion präzise herausmodelliert worden ist, um in der Ökonomie einer Vielzahl von Arten eine Funktion von zentraler Wichtigkeit zu erfüllen.« Das einzig Ärgerliche daran ist, daß er nicht weiß, was das für eine Funktion sein könnte.

Um die Angelegenheit noch komplizierter zu machen, meint Bell, daß jede vernünftige Erörterung deutlich zwischen Sex, Geschlechtlichkeit und Reproduktion unterscheiden müsse, weil jedes von ihnen in der Welt des Winzigkleinen getrennt vorkommt, wo die Geschlechtlichkeit zuerst in Erscheinung getreten ist. Unter »Sex« versteht er die genetische Rekombination, das Getanze und Geschiebe der Chromosomen; unter Geschlechtlichkeit die Unterscheidung zwischen dem Männlichen und dem Weiblichen, wo es sie gibt, was nicht überall der Fall ist; unter »Reproduktion« die Entstehung neuer Individuen.

Bei Lebewesen wie uns gehören die drei zusammen wie der sprichwörtliche Topf und Deckel. Aber zunächst entwickelten sie sich nicht in großen, komplexen, vielzelligen Lebewesen, wie wir es sind. Um sich zu vermehren, muß ein einfaches Lebewesen nur eine vollständige Kopie seiner Chromosomen mit ausreichendem Protoplasma für den Start ins Leben zusammenpacken. Die Fähigkeit, diese Kopien herzustellen, ist in die spiralige Struktur der DNA, den Trägerstoff der Gene, eingebaut. Tausende winziger Arten stoßen einfach einen zweiten Satz ab, umgeben ihn mit etwas Protoplasma und teilen, zweigen oder werfen ein komplettes zweites Selbst von sich los.

Wirkliche sexuelle Fortpflanzung verlangt noch etwas mehr — nämlich den Kniff, haploide Zellen (Gameten genannt) herzustellen, die die Hälfte der normalen Chromosomenzahl enthalten (je eine von jedem Paar). Sex in diesem Sinne verlangt jedoch keinen Partner. Die ersten sexuellen Wesen praktizierten, was die Evolutionsgenetiker Automixis nennen: sie kombinieren zwei ihrer eigenen haploiden Zellen. Irgendwie waren sie auf ein Verfahren gekommen, das bei nur geringem Zusatzaufwand einen nützlichen Vorteil bietet: nämlich eine vielfältigere Nachkommenschaft, als sie das bloße Ausstanzen von Kopien je würde hervorbringen können. Der nächste Schritt in der Evolution, Amphimixis, involviert Sex, aber noch nicht Gegengeschlechtlichkeit. Zwei getrennte Individuen kombinieren ihre haploiden Zellen. Aber es gibt da kein Ei, kein Spermium, nichts Männliches, nichts Weibliches; jeder schüttet einfach nur strukturell identische Zellen in das umgebende Meer aus.

Zur Gegengeschlechtlichkeit gelangen wir tatsächlich erst, wenn wir zu Lebewesen kommen, die genügend komplex und genügend auf Sex festgelegt sind, um ein Stück Spezialisierung sowohl zu benötigen als auch sich leisten zu können. Ein Elternteil, der weibliche, baut, indem er einen Nahrungsvorrat anhäuft, eine etwas größere, aber auch längerlebige Gamete auf. Der andere Elternteil, der männliche, produziert eine abgespeckte Version, die aber dazu ausgerüstet ist, ein langsames, schwerfälliges bewegliches Ziel zur Strecke zu bringen. Weil es mehr in jede Zelle hineinpackt, produziert das weibliche Wesen zwar weniger, dafür aber haltbarere Zellen; das männliche bleibt bei seiner hochtourigen Produktion des Sparmodells.

Gegengeschlechtlichkeit hat demnach sowohl große Vorzüge als auch erhebliche Nachteile. Sie läßt eine äußerst komplexe und hochgradig variable Nachkommenschaft zu, der eine Zeitspanne des Schutzes zugute kommt, die sie für einen guten Start braucht. Andererseits verkürzt sie die Menge der Nachkommen um wenigstens die Hälfte jener Zahl, die jeder Elternteil hervorbringen könnte, wenn er keinen Partner benötigte. Selbst hinter den bei Amphimixis möglichen Zahlen bleibt sie zurück. Statt daß jeder so schnell Junge herausbuttert, wie er die dafür nötige Nahrung aufnehmen kann, muß nun eine ganze Gruppe, nämlich die männliche, die meisten ihrer Gameten in einer vergeblichen Jagd auf die plötzlich selteneren Eier verschwenden.

Genau das ist es, was Generationen von Wissenschaftlern so in Verlegenheit gebracht hat: Worin liegt eigentlich der Vorteil einer so aufwendigen Reproduktion? Das Arrangement, das Darwin ein »Meisterwerk der Natur« genannt hat, scheint einen sehr hohen Preis zu kosten. Andererseits stimmen alle in dem einen Punkt überein, daß es einen Vorteil dabei geben muß. Die Logik der nach-darwinischen Biologie verlangt, daß Veränderungen in der grundsätzlichen Ökonomie des Lebens nur auftreten, wenn sie irgendeinen Vorteil im Kampf ums Weitermachen einbringen.

Daß dies so ist, ist das grundlegende Postulat der Evolutionstheorie und folglich eine Aussage über die Art und Weise, wie's auf der Welt zugeht. Frommen Ignoranten zum Trotz gibt es an diesem Verständnis davon, wie das Leben auf diesem Planeten funktioniert, nichts »Theoretisches«. Seine Faktizität ruht auf einer gigantischen Masse von stimmigem Beweismaterial aus Wissensgebieten, die so weit auseinander liegen wie die Geologie, die Anatomie und die Biochemie.

In einfachsten Worten ausgedrückt, besagt die Theorie der Evolution: Eigenschaften lebendiger Dinge wandeln sich auf Grund natürlicher Prozesse, welche die Verteilung von Genen in Populationen verändern. Eine ganze Reihe von Prozessen, in erster Linie die natürliche Selektion, könnte dafür verantwortlich sein. Organische Evolution betrifft nur Eigenschaften, die Individuen haben und durch ihre Gene weitergeben können. So wurde, um ein einfaches und bekanntes Beispiel zu nennen, eine Population englischer Falter immer dunkler, als man in der Nachbarschaft immer mehr Fabriken hochzog. Vor dem Hintergrund des neuen Schmutzfilms, der sich über die Stadt legte, wurden hell gefärbte Falter zu einer leichten Beute für Vögel, während die dunkleren sich aufs angenehmste getarnt erlebten. Natürlicherweise wuchs deshalb der Anteil dunkler Gene.

Dementsprechend können wir Veränderungen in der Reproduktion nur erklären, wenn wir herausfinden, was den Anteil der für Sexualität und Gegengeschlechtlichkeit zuständigen Gene in gegebenen Populationen ansteigen ließ. Wir kennen viele Gründe, derentwegen diese Veränderung nicht eingetreten ist. Beispielsweise geschah es nicht deshalb, um so die Grundlagen für fortgeschrittenere Wesen als wir selbst zu legen. An unserem Beispiel wird deutlich, daß natürliche Selektion willkürlich und kapriziös ist. Eine großangelegte Gebäudereinigungsaktion in der Stadt hätte durchaus einen helleren Falter hervorgebracht haben können. Evolution treibt nicht auf irgendein bestimmtes Ziel hin; sie hat keinen inneren Drang danach, »höhere« Lebensformen zu schaffen oder eine Art zu »verbessern«. Zweitens findet Veränderung nicht deshalb statt, um neue Eigenschaften hervorzubringen. Selektion kann nur unter Eigenschaften auswählen, die bereits vorhanden sind. Und schließlich gibt es Veränderungen nicht, damit einer Art geholfen werde. Die Selektion arbeitet an Individuen, nur selten an ganzen Populationen, nämlich nur dann, wenn in ihnen alle das Merkmal haben, das gerade ausselektiert wird. Individuen leben oder sterben, Individuen vermehren sich oder nicht, Individuen sorgen für das Überleben ihrer Nachkommen oder lassen es bleiben. Die Evolution geschieht nicht »zugunsten einer Art«. Mehr noch, sie ereignet sich nicht »wegen« irgendeines Zweckes, genausowenig wie die Schwerkraft deshalb existiert, »damit« das Mobiliar nicht in den Weltraum davonfliegt.

Im Grunde hat die Evolution dies zur Folge: Mit der Zeit — und in einer Umgebung, die sich nicht allzu drastisch verändert — entstehen aus dem Zusammenwirken von Genetik und Selektion Lebewesen, die einigermaßen effizient am Leben bleiben und sich entsprechend auch reproduzieren.

Genau wie aber hilft Sex dabei? (Wir beginnen mit Sex, weil der ein noch schwierigeres Rätsel ist als die Gegengeschlechtlichkeit.) Die Falter am Zaun geben einen wichtigen Hinweis: Einige überlebten, weil sie eine Farbe hatten, die sich als unerwartet nützlich erwies. Eltern mit nur einer einzigen Sorte Nachkommenschaft setzen alle ihre Gene auf nur eine einzige Karte der Evolution.

Eine Anzahl unterschiedlicher Sorten zu produzieren bedeutet andererseits, daß jeder Nachkomme eine unterschiedliche Kombination elterlicher Gene mitbekommt. Ein Erzeuger, der Apomixis praktiziert — also nicht haploide Zellen herstellt, sondern nur intakte Kopien seiner eigenen Gene weitergibt —, kann keine Vielfalt hervorbringen. Er kann nicht einmal Nachkommen schaffen, in denen all die Varianz vorkommt, die theoretisch aus seiner eigenen Gen-Ausstattung möglich wäre, weil seine Gene so nie in neuen Kombinationen auftreten können: Rezessive, die auf Dauer mit Dominanten verbunden sind, können beispielsweise dabei nie zum Ausdruck kommen.

Automixe Lebewesen, die ihre eigenen haploiden Zellen zu verschiedenartigen Kombinationen zusammenbringen, können immerhin ein bescheidenes Maß an Diversität erzeugen. Lang verborgene Rezessive können zu gelebten Eigenschaften werden. Es werden dabei aber mehr der Nachkommen sterben, weil tödliche oder unerwünschte Rezessive Individuen hervorbringen, die nicht überleben können (Genetiker nennen das eine »Inzucht-Depression«.)

Amphimixe — bei denen sich haploide Zellen zweier Eltern verbinden — sind die wirklichen Könner der Vielfalt, freilich auch die größten Verschwender ihrer reproduktiven Ressourcen. Hier steckt also die wirklich harte Nuß: Als die ersten amphimiktischen Eltern ihre Gameten in die große weite Welt hinausschickten, damit sie dort Partner fänden, war diese Welt schon angefüllt mit seit langem anwesenden, sich selbst befruchtenden (parthogenen) Wettbewerbern, die an Nahrung und Licht in sich aufnahmen, was das Urmeer hergab. Unsere Neuankömmlinge konnten nur überleben, wenn sie ihren Anteil den geübteren Gegenspielern abrangen. Vorrang gewinnen konnten sie nur, wenn sie *mehr* als ihren Anteil an sich brachten. Im Rückblick wissen wir, daß sie dabei erfolgreich waren. Die Frage ist: Wie?

In anderen Worten, genau wie überwältigten sie Rivalen, die ihnen an Zahl bei weitem überlegen waren? Was den parthogenetischen Lebewesen an Vielfalt abging, machten sie mehr als wett durch die schiere Menge an Nachwuchs, den sie billig und unermüdlich ausstoßen konnten. In dieser Hinsicht konnte sie nichts schlagen, nicht einmal die sich selbst befruchtenden Automikten, die ja pro Nachkomme zwei reproduktive Zellen produzieren muß-

ten, verglichen mit der einen der Apomikten. Die Amphimikten hatten sich
überdies dem gewaltigen Nachteil zu stellen, daß sie einen Fortpflanzungspartner brauchten; selbst heute noch gehen Millionen menschlicher Sper-
mien zugrunde für jedes einzelne, aus dem mal wirklich ein Baby wird.

Ganz offenkundig konnte sich Sex nur in einer Situation behaupten, in der
seine Vorteile bei weitem seine riesigen Nachteile überwogen. Und damit
wird das Problem deutlich, über das sich ganze Generationen von Theoreti-
kern den Kopf zerbrochen haben: Welche Kombination von Umständen
könnte wohl lange genug zugunsten solcher Vorzüge gewirkt haben, um das
neue System angesichts von effizienteren Wettbewerbern durchzusetzen?
»Biologie ist nicht Physik«, darauf macht uns Bell aufmerksam; »unsere Abstraktionen dürfen sich nicht auf unterstellte Universalien beziehen, sondern
müssen vielmehr ganz genau auf die seltsamen Details dessen zugeschnitten
sein, was, aus einer Unendlichkeit von Möglichkeiten heraus, sich tatsächlich
entwickelt hat«. (1982, 391)

Einige lange geschätzte Möglichkeiten können wir rasch beiseite tun. Was
immer Ihr Biologielehrer Ihnen in der Oberstufe gesagt hat, Sex hat sich weder um des letztendlich Guten irgendeiner Art willen entwickelt noch, um
Lebewesen auf eine ungewisse Zukunft vorzubereiten. Wir können auch die
Vorstellung beiseite tun, daß das Neukombinieren, weil es mehr Heterozygo-
ten produziert, einer Population die Möglichkeit gibt, unerwünschte Rezessive loszuwerden. Es stimmt, daß Automixis — die früheste Form des Sex — dies
am raschesten geschehen läßt. Aber die Art stößt schlechte Gene nur dadurch
ab, daß sie sich von den Individuen trennt, die sie in sich haben; es ist einfach
ein anderer Ausdruck für eine höhere Todesrate.

Selbstverständlich entstehen bei der Kombination von Gameten auch ho-
mozygote Träger der besten Gene. Haben diese herausragenden Exemplare
aber so große Nachkommenzahlen produzieren können, um so die anderen
Verluste auszugleichen? Wahrscheinlich nicht, weil nämlich ein solch gewaltiger Vorteil eine sehr nachdrückliche Selektion zu ihren Gunsten impliziert,
und das impliziert wiederum einen radikalen Wandel in der Umwelt, gerade
als sie auf der Szene erschienen. Solche radikalen Veränderungen treten aber
nicht häufig genug auf, um zu erklären, warum Sexualität derart weit verbreitet ist. Danach müßte der Sex, statt die Welt zu überschwemmen, viel eher
einfach ausgestorben sein.

Wie Bell jedoch betont, würde schon eine geringfügige Variation bei irgendeiner der Lebensbedingungen — bei der Temperatur oder der in das Wasser
eindringenden Lichtmenge oder den an einer bestimmten Stelle zusammen-

treffenden chemischen Substanzen oder bei der Anzahl anderer Lebewesen in nächster Nähe oder der Stärke der Strömung — für ein Etwas einen sehr erheblichen Unterschied ausmachen, falls es nur klein genug ist. Wenn wir uns die Welt aus dem Blickwinkel eines winzigen Lebewesens vorstellen, das im Ozean schwimmt, in dem die Verhältnisse auf sehr kurze Distanz variieren, können wir zu verstehen beginnen, wieso es einen wirklichen Vorteil bedeuten konnte, eine variable Nachkommenschaft zu haben — solange die Nachteile der Sexualität nicht zu groß waren. Und auf dieser Ebene sind sie nicht zu groß; der Erzeuger kombiniert ja nur zwei seiner eigenen haploiden Zellen.

Jetzt steht also dieses kleine Lebewesen im Wettbewerb mit anderen, die ihm ziemlich ähnlich sind, ausgenommen, daß die anderen sich durch Klonung fortpflanzen; ganze Populationen bestehen aus absolut identischen Individuen. Wo immer die asexuellen Klone am besten angepaßt sind, bekommen die sexuellen Individuen keinen Fuß auf die Erde; als Gruppe — und in der Mehrzahl der Fälle als Individuen — sind die sexuellen Lebewesen weniger gut angepaßt. In einer variablen Umwelt aber sind solche idealen Orte selten und viel gefragt. Dort stehen alle identischen Klon-Geschwister miteinander im Wettbewerb.

An Stellen jedoch, die für die Klone weniger anziehend sind, hat die sexuelle Nachkommenschaft die Chance, den einen oder anderen Genossen auf den Weg zu schicken, der besser dieser Umwelt angepaßt ist als jeder, den die Klone hervorbringen können. Und die sexuellen Lebewesen müssen nicht so verbissen sich mit ihren eigenen Geschwistern auseinandersetzen, die für diese spezielle Nische nicht gleichermaßen ideal ausgestattet sind.

Wenn die sexuellen Lebewesen in einer solchen Umgebung einigermaßen kostengünstig und kontinuierlich variantenreich Nachwuchs in großer Zahl produzieren können — und kleine Automikte können das ausgesprochen gut —, dann ist es vorstellbar und mathematisch demonstrierbar, daß sie die Reproduktionskraft eines asexuellen Wettbewerbers übertreffen können. Die Klone haben nur einen einzigen Schuß bei der Anpassung an eine neue Umgebung. Die sexuellen Arten können demgegenüber womöglich endlos viele Varianten produzieren, bis einige von ihnen endlich ins Schwarze treffen.

Und auf diese Weise hat, wie der an der vordersten Linie der Forschung tätige George Williams aufzeigt, die sexuelle Reproduktion einen selektiven Vorteil für sehr fruchtbare Lebewesen. Ironischerweise schließt das aber uns Säugetiere keineswegs ein. Unsere Zahlen kommen nie in die Nähe von Größenordnungen, wo wir unsere theoretische Fähigkeit ausschöpfen, zahllose Nachkommen mit gewissen Verschiedenheiten hervorzubringen.

Tatsächlich ist es so, daß große, langsame Fortpflanzer mit Geschlechtsdifferenzierung so große Nachteile haben, daß wir bald jedem direkten Wettbewerber unterlägen, der sich weniger aufwendig fortpflanzen könnte.

Weshalb bleiben wir dann aber sexuelle Wesen? Weil die Evolution nur unter den variablen Merkmalen von aktiv reproduzierenden Lebewesen auswählt. Und das Vorhandensein von Sexualität ist niemals ein variables Merkmal bei den in der Fortpflanzung aktiven Mitgliedern sexueller Arten. Jedes Säugetier, jeder Vogel, jedes Insekt und jeder Fisch muß über Sexualität verfügen, um überhaupt erst sich fortzupflanzen, weshalb es für unsereinen absolut keine Chance gibt, die Fähigkeit zu entwickeln, sich asexuell zu reproduzieren.

Von daher stellen sich die Vorteile von Sex und Geschlechtsdifferenzierung für Lebewesen, wie wir es sind, keineswegs als etwas Rätselhaftes heraus. Das Mysterium entstand einfach nur deshalb, weil wir die falsche Frage gestellt haben und nach etwas Ausschau hielten, was es nicht gibt — und niemals gegeben hat. Wir großen Lebewesen sind nicht deshalb sexuelle Wesen, weil Sexualität *uns* Vorteile einbringt. Wir sind nur die Nachkommen sehr weit zurückliegender, mikroskopisch kleiner Vorfahren, die Sexualität als etwas für *sich* derart Vorteilhaftes empfanden, daß sie die Option verloren, sich jemals wieder auf irgendeine andere Weise fortzupflanzen.

Uns gab es demnach nicht einmal als einen Schimmer im Auge der Evolution, als Sexualität zum erstenmal auftrat. Und doch gelang es sexuellen Arten, allüberall zahllose Nischen zu besetzen. Zu irgendeinem Zeitpunkt verfielen einige auf die Idee, der Gamete ein Verpflegungspaket anzuheften, und erfanden dabei das Ei. Übrigens verbesserte dieses CARE-Paket auch die Chancen der Reproduktion jener Gamete, die sich mit dem Ei vereinigte.

Wo es zuvor nur eine einzige erfolgreiche Strategie gegeben hatte — so viel wie möglich Gameten herauszuschießen —, gab es von nun an zwei. Ein Möchtegern-Erzeuger konnte entweder nach dem alten Verfahren weitermachen und das Äquivalent von Sperma erzeugen oder statt dessen einige wenige von den viel besser ausgerüsteten Eiern neuen Stils produzieren. In dem neuen System war jede einzelne Gamete teurer, weshalb die Eierproduzenten mit ihren Genen nur auf entsprechend weniger Karten setzen konnten. Allerdings dürften die dank der bordeigenen Verpflegung erhöhten Überlebenschancen die Karten auf der Hand doch so verbessert haben, daß daraus in vielen, vielen Umwelten ein aussichtsreiches Spiel wurde.

Die hervorragenden Wissenschaftler, die diese Theorie ausgearbeitet haben, dachten selbstverständlich nicht daran, daß winzige Würmchen oder Einzeller mit bestenfalls einem Tüpfelchen neuraler Substanz ihre Aussichten analysieren und eine bewußte Wahl treffen. Viele Arbeiten über die Evolution scheinen genau solche ausgetüftelten Urteile seitens der unintelligentesten Lebewesen auf der Welt zu implizieren — oder vielleicht von deren völlig empfindungslosen Genen. Was die Autoren aber wirklich damit meinen, ist, daß einige Lebewesen sich so verhalten, wie es sich als vorteilhaft herausstellt, und daß es ihnen dann auch gelingt, ihre Gene weiterzugeben. Und falls ihre Entscheidung für diese Verhaltensweise überhaupt an ihren Genen liegt, dann werden künftige Generationen tendenziell die gleiche Wahl treffen; ist sie vorteilhaft genug, dann kann es geschehen, daß diese Wahl zur Vorherrschaft gelangt.

Dieser ziemlich unordentliche und kostspielige Prozeß von Fehlstarts und hoher Sterblichkeit ist das, was seriöse Evolutionsforscher im Sinn haben, wenn sie Formulierungen verwenden wie »die optimale Strategie verfolgen«. Sie können gar nichts anderes damit meinen, weil sie wissen, daß es bei den meisten Arten eine Ausnahme ist, wenn sie überhaupt Abkömmlinge hinterlassen, die sich vermehren. Nur Pflanzen stellen neue Nahrung her; jeder andere Organismus auf der Erde überlebt dadurch, daß er irgendeines Nachkommen verzehrt. Aber Evolutionstheoretiker erforschen nicht den täglichen Überlebenskampf individueller Organismen; sie denken über die Verteilung von Genen in ganzen Populationen nach. Und sie denken in der Weise eines Mathematikers darüber nach und benutzen eine spezielle verbale Kurzschrift, wenn sie über ihre Ergebnisse berichten. In dieser Sprache beziehen sich Begriffe wie »Strategie« und »Antwort« auf mathematische Abstraktionen, nicht auf etwaige Motive von Pflanzen und Tieren.

Unsere zwei hauptsächlichen Strategien funktionieren jedoch nicht ohne die dazu passenden Taktiken. Man bedenke nur, was alles dem Unternehmen entgegensteht, einen Fortpflanzungspartner zu finden, wenn man einfach nur seine Gameten im umgebenden Wasser verteilt. Wenn es viele Partner derselben Art in der Nähe gibt, dürfte es das Günstigste sein, so viel Sperma loszulassen, wie es denn geht, weil die Chancen, einigermaßen bald auf einen Partner zu stoßen, ziemlich gut stehen. Das ist, es versteht sich von selbst, die männliche Vorgehensweise: ein Schrotschuß mit dem billigsten Zeug, was es gibt. Wenn man aber weiter von seinen Genossen entfernt lebt, sind Gameten gefragt, die eine Zeitlang überleben können; da macht dann das weibliche Verfahren Sinn, ein Freßpaketchen mitzugeben. Individuen, die nicht in einheitlichen Umwelten leben und über ihren Aufenthaltsort kaum selbst bestimmen können, haben eindeutig die besten Aussichten, ihre Gene weiterzugeben, wenn sie die Verhältnisse richtig einschätzen und sich entsprechend verhalten.

Schauen wir uns nun die vorsichtigen Nematoden an, eine Art kleiner, unsegmentierter Würmer, die ohne ein bestimmtes Geschlecht ins Leben treten und in die Welt hinausgehen, um als Parasiten auf Insekten und Pflanzen ihr Glück zu machen. Dabei kommen sie bald zu dem, was aus der Wurmperspektive unter Geschlecht zu verstehen ist, und das bedeutet, daß sie sich auf die eine oder die andere Weise den Bauch füllen. Eine männliche Nematode kommt mit ziemlich wenig Nahrung aus, weil die Herstellung von Sperma nicht viel Energie verlangt. Eine weibliche braucht demgegenüber eine Menge Kalorien, um sie in ihre Eier zu packen; sie muß größer sein und braucht also eine bessere Nahrungsversorgung. Deshalb geht es dort, wo ein heißer Wettbewerb um Nahrungsmittel herrscht, einem Wurm besser, der ein Männchen ist. Folglich steht ein noch ungeformtes Jungtier, das es unter eine Masse seiner Artgenossen verschlagen hat, vor einer Entscheidung. »Es kann«, so schreiben die Biologen Eric Charnov und James Bull (1977, 829), »ein durchschnittliches Männchen oder ein unterdurchschnittliches Weibchen werden.« Nematoden lösen also das Nahrungsproblem auf elegante Weise: Jene, die sich in einem ganzen Schwarm zurechtfinden müssen, werden männlich, während solche mit leichteren Lebensbedingungen sich für die luxuriösere Strategie des Weiblichen entscheiden.

Dieser strategische Wurm ist keineswegs allein in seiner Abwarten-und-Teetrinken-Haltung zur Frage des Geschlechts. Bonellia, ein wirbelloses Meerestier, hat ebenfalls große Weibchen und kleine Männchen, aber nur die Männchen sind Parasiten, die schamlos und wortwörtlich auf den Weibchen leben. »Larven, die allein leben, werden Weibchen«, notieren Charnov und Bull, »während jene, die sich an Weibchen anhängen, zu Männchen werden« (ebd.). Die große Eierlegerin sorgt aggressiv für sich selbst; der kleine Spermaproduzent macht die Reise auf ihr mit und ist immer zur Stelle, wenn seine Dienste gebraucht werden.

Dieses Schema eines großen, aggressiven Weibchens und eines kleinen, abhängigen Männchens kommt bei Meerestieren immer wieder vor. In vielen Lebensräumen des Meeres sind die Hauptwettbewerber der Weibchen um Nahrung und andere Ressourcen nicht, wie auf dem Land, die Männchen ihrer eigenen Spezies, sondern andere Weibchen und deren Junge.

Das Amphirion löst dieses Problem sehr geschickt. Es muß auf einer besonderen Art der Seeanemonen leben, welche nur auf weit auseinanderliegenden Korallenriffen vorkommen. Darauf zu warten, daß ein Geschlechtspartner zufällig vorbei kommt, könnte unter solchen Umständen die Vernichtung bedeuten. Wie Hans und Simone Fricke (1977, 330) berichten, stillt ein weibliches Amphirion alle seine reproduktiven Bedürfnisse jedoch dank des eleganten Hilfsmittels, »die Produktion von (rivalisierenden) Weibchen durch aggressive Herrschaft über die Männchen« zu steuern. Amphirione sind Anhänger der Monogamie und leben *en famille,* jedenfalls in gewisser Weise. Ihre sozialen Verbände bestehen aus »einem großen Weibchen, einem einzigen kleinen Männchen und einer unterschiedlichen Zahl noch nicht Erwachsener und Jugendlicher, von denen keiner Nachkomme des erwachsenen Paares ist« (ebd.).

Junge Amphirione — alle beginnen sie ihr Leben als Männchen — verlassen ihre Familie noch im zarten Alter. Die meisten Anemonen sind längst in festen Händen, weshalb sie gewöhnlich sich einem bereits bestehenden Haushalt anschließen müssen, obwohl sie dort durchaus kühl aufgenommen werden. Das größte und älteste Mitglied — es ist immer weiblich — dominiert jeden Verband und attackiert, mit der Unterstützung seines Männchens, jedes kleinere, nieder-rangige Männchen, das aus der Reihe tanzt. Das Beta-Männchen (das zweite Tier in der Gruppe, aber das erste unter den Männchen) schenkt sein besonderes Augenmerk etwaigen Prätentionen des in der Rangordnung nächsten Gamma-Männchens, das, wie alle anderen von niedrigerem Status, durch ständige Mißachtung »psychophysiologisch kastriert« ist. Solange das Paar an der Spitze beieinander bleibt, ändert sich nichts. Wenn aber Alpha stirbt, nimmt das größte der anderen Tiere — im allgemeinen ist das Beta, ihr Partner — sofort ihren Platz ein und wird dabei zu einem Weibchen. Gamma mit seiner langen Leidensgeschichte bekommt nun seinen Lohn als das neue Beta, das einzig sexuell aktive Männchen und jetzt der Geschlechtspartner seiner vormaligen Nemesis. In einem System, das geschickt die Eierproduktion maximiert und eine lückenlose Reihe interessierter Liebhaber bei der Stange hält, »kontrollieren die Weibchen die Erzeugung von anderen Weibchen. Sie begrenzen die Menge der fortpflanzungsaktiven Population und unterdrücken gezielt Männchen, die mögliche Kandidaten für künftige Weibchen darstellen« (ebd.).

Die Transsexualität des Amphirions ist eine Einbahnstraße. Wenn sich zwei Männchen in einsamer Gesellschaft wiederfinden, wird das größere ein Weibchen. Wenn das Schicksal jedoch zwei Weibchen zusammenwirft, dann hat das kleinere keinen Rückweg in die relative Sicherheit der Männlichkeit. Statt dessen verleibt es sich das größere einfach ein.

Bei einem anderen Bewohner des Korallenriffs, *Anthias squamipinnis*, basiert eine ähnliche Vorgehensweise auf der entgegengesetzten Logik. Hier fängt jeder Fisch als Weibchen an. Sozialverbände bestehen aus einem einzigen Männchen und mehreren Weibchen; wenn jenes stirbt, wird aus dem größten Weibchen ein Männchen. Die Verwandlung, schreiben Goy und McEwen (1980, 10), die führenden Leute auf dem Gebiet der Neurologie des Geschlechtsunterschieds, »geschieht überraschend schnell«, wenn man bedenkt, daß sie »die Transformation zum entsprechenden Farbmuster, zur Histologie der Geschlechtsdrüse und zum Verhalten eines normalen Männchens« einschließt. Was aber noch mehr überrascht, ist, daß die anderen Weibchen anscheinend eine vitale Rolle bei der Verwandlung spielen. Bevor noch der menschliche Beobachter irgendein Zeichen erkennen kann, wissen sie, daß es losgeht; sie haben schon begonnen, den Verwandlungskandidaten als Männchen zu behandeln. Nach Douglas Shapiro und Ralf Boulon, *Anthias'* Erforschern, scheint die Verwandlung tatsächlich einen Chor von wenigstens drei erwachsenen Weibchen zu verlangen. In irgendeiner geheimnisvollen Weise regen sie den Ausgeguckten dazu an, in seine neue Rolle zu schlüpfen. Shapiro und Boulon glauben sogar (1982, 73), daß der Peer-Druck selbst irgendwie die Verwandlung verursacht, und zwar über Verbindungen mit »einem bestimmten Wert der Verhaltensinteraktion innerhalb der Gruppe. Wenn der Wert dieses Faktors bei einem Individuum sich über eine kritische Größe hinaus verändert, änderte dieses Individuum sein Geschlecht«.

Die Subtilität und Komplexität der Sexualität bei Amphirion und *Anthias* verweisen auf eine lange evolutionäre Vergangenheit. Uns aber erscheinen sie als Verletzung der eigentlichen Eigenart des Geschlechtsunterschieds, die Dauerhaftigkeit heißt; tatsächlich aber nutzen sie bloß den Vorteil einer nicht vollständigen Spezialisierung aus. Die genetischen Systeme von Fischen bewahren Möglichkeiten auf, die Säugetiere schon vor langer Zeit verloren haben.

Anders als bei uns beinhalten sowohl die X- wie die Y-Chromosome eines Fisches ausreichend Informationen, um ein neues Individuum entstehen zu lassen. Hormonelle Manipulation kann sogar aus einem XY-Fischembryo ein funktionstüchtiges Weibchen machen. Von einem XY-Männchen befruchtet, kann sie den üblichen XY- und XX-Nachwuchs produzieren, aber auch lebensfähige YY-Männchen. Einige Arten, wie der Plattfisch, haben sogar noch mehr Optionen. Ihre drei möglichen Geschlechtsgene bringen fünf Kombinationen hervor: Männchen mit der Kombination XY und YY und Weibchen mit XX, WX und WY. (WW kommt nicht vor, weil nur Weibchen W-Chromosome haben).

Bevor unsere entfernten Vorfahren Geschlechtsunterschiede aufwiesen, hatten sie zu ihrer Fortpflanzung nur eine einzige Version der Chromosomenkopie. Als sich der Geschlechtsunterschied entwickelte, wurden auch Pläne für die zweite Strategie eincodiert, und in einigen Entwicklungslinien geschah es, daß die unterschiedlichen Informationen auf zwei verschiedenen Chromosomenarten in strikter Trennung verteilt wurden. Irgendwo auf dem immens langen Weg, der die Fische von den Säugetieren trennte, müssen unsere Ahnen also viel von der ursprünglich im Y-Chromosom enthaltenen Information verloren haben; X-Chromosome weisen quer durch die Arten und sogar Klassen des Tierreichs sehr viel mehr Ähnlichkeit miteinander auf, als es die Y-Chromosome tun. Unterschiedliche Linien gingen unterschiedlicher Informationen aus ihren Y-Chromosomen verlustig; diese Verluste könnten durchaus koinzidiert haben mit dem Prozeß, der schließlich die Vorfahren der Säuger auf ein von der Befruchtung an unabänderliches Geschlecht festlegte.

Was wir dabei an Flexibilität aufgaben, haben wir mehr als zurückbekommen in der Form der Spezialisierung. Einfache Lebewesen können ihr Geschlecht schnell umwandeln, weil bei ihnen das Geschlecht wenig Einsatz bedeutet. Sowohl die Männlichen wie die Weiblichen stoßen einfach ihre Gameten aus ihrem Körper aus und tun kaum etwas, um ihre Jungen zu schützen und zu versorgen, es sei denn zur Abwehr offensichtlicher Räuber.

Großer und komplexer Nachwuchs jedoch verlangt Zeit und Nahrung und Sicherheit. Und Tiere, die in Umwelten leben, die Größe favorisieren, tun gut daran, größere, aufwendigere Eier zu produzieren, die in Sicherheit zu größeren, komplexeren Jungtieren heranwachsen können. Höhere Kosten pro Einheit implizieren selbstverständlich geringere Stückzahlen; deshalb macht es Sinn, die Investition zu beschützen.

Die Tiere finden höchst verschiedene Lösungen für dieses allgemeine Problem. Seenadel- und Seepferdchen-Väter tragen die befruchteten Eier in einer speziellen Bruttasche herum und ernähren sie durch ein plazentaartiges Anhängsel an den väterlichen Blutkreislauf. Die Väter der Kaiser-Pinguine andererseits hätscheln das einzige Ei ihres Geschlechtspartners tapfer durch den grausamen antarktischen Winter. Die Jungen verbringen die lange Jahreszeit tödlicher Kälte, indem sie innerhalb der Eierschale wachsen; unter keinen Umständen könnte ein kleines Tier genügend Wärme speichern, um zu überleben. Deshalb ist das Ei von einer ansehnlichen Größe; es muß ja die Nahrung für mehrere Monate enthalten. Die Väter benutzen bei ihrer meisterlichen Ausdauerleistung ihre Füße — und eine spezielle, isolierte Tasche direkt darüber —, um das Ei über dem blanken, gefrorenen Untergrund zu balancieren. Allein die väterliche Körperwärme schützt das Junge vor dem Erfrieren.

Diese Strategie jedoch verurteilt die Väter fast zum Verhungern, wenn sie sich, ansonsten ungeschützt, gegen den brutalen Wind zusammendrängen. Der antarktische Winter spendiert ihnen keinerlei Nahrung, und sie überleben bis zum Frühling nur dank des rasch dahinschwindenden Vorrats an Fett, den sie im vorangegangenen Sommer aufgebaut haben. Währenddessen verbringen die Weibchen einen relativ gemäßigten Winter, indem sie sich im Meer versorgen. Im Dienste der Nachwelt müssen sie ihre Geschlechtspartner und Jungen im Stich lassen: Wenn sie ihr Fett beim Überwintern zu Hause an Land verbrauchten, hätten sie nicht die Energie, um im folgenden Sommer ein lebensfähiges Ei zu produzieren.

Wir haben einen Begriff für die selbstlose Hingabe solch kaiserlicher Väter: Mutterliebe. Freilich lassen uns unsere Vorurteile als Säuger so sprechen, die aus der weit zurückliegenden Entscheidung herrühren, unsere Jungen innerhalb des mütterlichen Körpers zu beschützen und zu versorgen. Bei vielen Säugetieren ist in der Tat die Mutter während der Schwangerschaft, Geburt und Aufzucht ganz auf sich selbst gestellt. Es kann sein, daß der Vater nicht mehr als die Hälfte der Gene des Nachwuchses beiträgt; oft macht er der Mutter auch noch die Nahrung streitig. Aber gewisse Männchen sind nicht nur die Väter der Jungen, sondern bemuttern sie zum Teil auch noch.

Ein solcher Tugendbold und, trotz seines Rufes, eben kein herzloser Herzensbrecher, sondern in Wirklichkeit der fürsorglichste Familienvater ist überraschenderweise der Wolf. Wölfe leben mit lebenslangen Geschlechtspartnern in geschlechtsgemischten Rudeln. Jedes Jahr bringt ein weibliches Mitglied eine Anzahl Kleiner zur Welt, die alle Erwachsenen großzuziehen helfen. Die Mutter säugt während einiger Wochen, in denen die anderen sie mit Nahrung versorgen. Sofort nach dem Abstillen nimmt sie ihre wahre Bestimmung als Jägerin wieder auf. Andere Rudelmitglieder machen Babysitting, bringen Nahrung und helfen, den Kleinen die Künste des Jagens beizubringen.

Angehörige der Familie der Hunde wurden anscheinend erst zu »Wölfen«, als sie sich mit dem Homo sapiens verbanden. Männlichen Haushunden ist, wie die Biologin Roberta L. Hall beobachtet (1982, 7), »Fähigkeit, Interesse

oder Übung zur Partnertreue und gemeinsamer Nachwuchspflege« verloren-
gegangen. Vielleicht war es den Menschen, die verläßliche Jagdgenossen
brauchten, die ihre Beute aufzugeben bereit waren, lästig, wenn beide Eltern-
tiere sich um ihren Wurf kümmerten. Vielleicht hat menschliche Hilfestel-
lung die männlichen Tiere zum Teil ersetzt. Wie es auch immer dazu gekommen
sein mag, jedenfalls haben weibliche Haushunde jene Verantwortlichkeiten
allein übernommen, die ihre wilden Vorfahren einstmals mit anderen geteilt
hatten. Das hat die gesamte Ökonomie ihres Lebens drastisch verändert;
Hundemänner und Wolfsfrauen können zusammen zwar immer noch lebensfähige Nachkommen produzieren, aber sie können sie nicht mehr zusammen großziehen. Sie ist nicht jene Nur-Mutter, die er erwartet; er ist nicht
der in der Kinderpflege aktive Vater, den sie braucht.

Und doch, niemand, der eine Hundemutter einmal dabei beobachtet hat,
wie sie einen Wurf austrägt und aufzieht, kann daran zweifeln, daß sie irgendwo tief in ihrem Innern weiß, was sie zu tun hat: einen sicheren Platz für die
Geburt finden und vorbereiten, die Kleinen ganz allein zur Welt bringen, sie
ganz vorsichtig im Maul herumtragen, sie stillen und sauber machen, sie immer eng beisammen halten, sie entwöhnen und dann ohne Bedauern zu ihrem anderen Leben zurückkehren. Sie weiß sogar einigermaßen, wieviele es
von ihnen gibt. Wie kann ein Geschöpf, das viele Versuchsläufe braucht, um
den simplen Zusammenhang zwischen Tischglocke und Essenszeit zu lernen,
diese anspruchsvolle Vorführung schon beim ersten Versuch fehlerlos über
die Runden bekommen? Und wie haben ihre ersten domestizierten Vorfahren sich Verfahrensweisen angeeignet, die so nachdrücklich sich von jenen ihrer wilden Ahnen, der Wölfe, unterscheiden?

Auf einer gewissen Ebene ist die Antwort leicht: Die Selektion — gewiß unterstützt durch menschliches Mitwirken — paßte den Haushund an seine neu-
en Verhältnisse an. Zu behaupten, daß genau die richtige Mutation eingetreten sei, als sie benötigt wurde, verstößt sowohl gegen die Logik wie gegen den
Geist der Evolutionstheorie. Einige Wolfsmütter müssen sich mehr als die
durchschnittlichen um ihre Kleinen gekümmert haben, und einige Wolfsvä-
ter weniger gut. Durch selektive Zucht zugunsten dieser erwünschten Eigenschaften machten menschliche Wesen sie zur Norm in den domestizierten
Aufzuchten.

Auf einer tieferen Ebene freilich weicht diese simple Antwort dem wahren
Sachverhalt nur aus. Wie nämlich kommt die Evolution als ein Prozeß, der
die Verteilung von Genen in Populationen betrifft, dazu, das Verhalten eines
individuellen Organismus zu beeinflussen? Was ist verantwortlich für die

»bemerkenswerte und höchst wirksame Stimmigkeit zwischen dem Verhalten einer Spezies und dem, was ihr abverlangt wird«, die William Redican und David Taub (1981, 248) beeindruckte, als sie viele Tiereltern erforschten? Vielleicht, wie im Falle des Hundes, ist es »Instinkt«, oder, im modischeren Jargon des Computerzeitalters, die »Verdrahtung« im Nervensystem des Tieres. Einige Theoretiker stellen diese Überlegung aber auch in bezug auf menschliches Mutter- und Vaterverhalten an. Trifft es aber auch auf uns zu?

Natürlich könnten gewisse Kategorien unseres Verhaltens durchaus »fest verdrahtet« sein. Wir haben eindeutig eine natürliche Veranlagung zur Sprache, zur symbolhaften Kommunikation (einige von unseren großen Affen-Vettern scheinen davon auch ein bißchen zu haben). Aber es ist nur die *Befähigung*, die eingebaut ist, es sind nicht die unregelmäßigen Verben. Es braucht Jahre, eine Muttersprache in den Griff zu bekommen, und nur wenige Leute vermögen eine zweite Sprache mit muttersprachlicher Flüssigkeit noch nach der Mitte der Kindheit zu erlernen. Und einige gibt's, die niemals so richtig eine Sprache lernen; in der Wildnis aufgewachsene Kinder und stark zurückgebliebene werden aber dadurch nicht weniger menschlich, daß sie nonverbal sind.

Und wenngleich man, was die Gene angeht, eine risikolose Wette abschließen kann, daß ein heute geborenes Baby binnen dreier Jahre fließend sprechen wird, haben wir keine genetischen Mittel, um vorauszusagen, ob das in Bhil oder der Bantusprache oder in Frankfurterisch sein wird. Um das zu bestimmen, müssen wir die Details einer bestimmten Biographie kennen. Sie allein werden enthüllen, warum jemand die Endungs-Rs ausläßt oder Satzstrukturen verwendet, die den Einfluß des auf dem Lande gesprochenen Schwedisch aufweisen.

»Von den Fakten her gibt es«, wie Theodore Schneirla, der bedeutende Erforscher tierischen Verhaltens, bemerkt hat, »keinerlei Rechtfertigung für die Schlußfolgerung, die Anpassungsfähigkeit von solcherart Gruppenverhalten (wie bei Wolfsrudeln mit ihrer Kinderpflege oder bei Menschen, die kreolisches Französisch gebrauchen, oder wie bei Wanderameisen, die als Antwort auf Nahrungsmangel sich in Marsch setzen) sei in irgendeiner Weise ursächlich für das Geschehen auf der Ebene des individuellen Verhaltens, durch das das Gruppenverhalten zustande kommt« (zit. n. Piel 1970, 2). Mit anderen Worten, der Umstand, daß unsere Spezies die Sprache uns *abverlangt*, erklärt nicht, wie wir es lernen, einigermaßen richtig den Konjunktiv zu gebrauchen.

Schneirla macht einen subtilen Unterschied — freilich einen, der für die vor uns liegenden Erörterungen von entscheidender Bedeutung ist — zwischen zwei Bedeutungen eines geläufigen Wortes, nämlich von »angeboren«. Genetiker benutzen es in der Auslegung, daß man Eigenschaften eines Individuums voraussagen kann, wenn man die Verteilung von Eigenschaften in der Elternpopulation kennt; in einer Zweibeiner-Gruppe, die Sprache verwendet, stehen die Chancen gut, daß jedes Neugeborene zwei Beine haben und sprechen lernen wird. Andere Wissenschaftler gebrauchen den Begriff »angeboren«, um damit etwa völlig anderes auszudrücken, was der Tierverhaltensforscher Daniel Lehrman (1970, 22) als »entwicklungsbezogene Beständigkeit« bezeichnet: die Tatsache, daß eine gewisse Eigenschaft »während des Entwicklungsvorgangs für Umwelteinflüsse unzugänglich« ist. In dieser zweiten Bedeutung von Sprache als etwas Angeborenem zu sprechen hieße, daß ein Kind einmal amerikanisches Englisch der mittelatlantischen Spielart sprechen müsse, weil seine Eltern aus Philadelphia stammen.

Ist es aber in irgendeiner Hinsicht vernünftiger, zu sagen, daß elterliches Verhalten, das offenkundig für das Überleben der Spezies ganz entscheidend ist, von tierischen Genen und einer »festen Verdrahtung« herrührt? Evolutionstheoretiker und andere, die mehr von Computern als von Tieren verstehen, meinen oft, daß das der Fall sei. Genaue Beobachter tierischen Verhaltens haben allerdings ihre Zweifel. Berühmte Untersuchungen von Primaten und »Stoff-Müttern« haben gezeigt, daß Tiere, die mütterliche Fürsorge entbehren mußten, selbst zu inkompetenten Müttern wurden.

Selbst so unintelligente Tiere, wie es männliche Enten sind, haben die grundlegendste Fertigkeit für die Reproduktion, nämlich sich einen passenden Geschlechtspartner auszusuchen, erst zu *lernen*. Ein Enterich bevorzugt Weibchen der Art, die ihn aufgezogen hat, selbst wenn es nicht seine eigene ist. Ein Entenweibchen jedoch favorisiert gewöhnlich seine eigene Spezies, gleichgültig, wer es aufgezogen hat.

Für dieses Paradox gibt es eine gute evolutionäre Erklärung. Alle Männchen der Art haben ein glänzendes und unterscheidbares Gefieder; Weibchen können deshalb leicht »verdrahtet« sein, so daß sie nach einem bestimmten Streifen an der Schulter oder Rückenmuster Ausschau halten. Alle erwachsenen Weibchen aber haben ein stumpfes, unbestimmtes, »kryptisches« Gefieder, das schon auf geringe Entfernung schwer zu sehen, geschweige denn zu identifizieren ist. Deshalb können nur die raffinierteren Dinge die Männchen zu genetisch passenden Objekten ihrer Begierde hinführen.

Die Tatsache, daß eine Eigenschaft (wie das Verlangen einer männlichen Ente nach weiblichen Enten) erblich ist, »demonstriert keineswegs, daß *dieselbe* Eigenschaft nicht durch die Umwelt beeinflußt werden kann«, lautet des-

halb Lehrmans Argumentation (ebd.). Als Demonstrationsobjekt B offeriert
er jene alte Freundin aus der Oberschul-Biologie, die Fruchtfliege, *Drosophila
melanogaster,* und eine besondere Mutation, die abnorme Flügel verursacht;
die exakte Konfiguration hängt von der Umgebungstemperatur während des
Wachstums ab. Demnach »können verschiedene Fliegen ein und desselben
Genotyps (d.h. mit identischen Genen) entweder normal fliegen oder
schlecht, oder überhaupt nicht, je nach der Temperatur, bei der sie aufge-
wachsen sind«, bemerkt Lehrman in bezug auf einen weiteren eindeutigen
Fall von Umwelteinflüssen auf eine unter Selektionsgesichtspunkten bedeutsame erbliche Eigenschaft (ebd., 29). Nehmen wir aber mal an, so fährt er fort,
daß die Fliegen mit dieser Mutation zufälligerweise nur innerhalb eines
schmalen Temperaturbereichs lebten. Nun, dann würden Wissenschaftler
eindeutig schließen, daß die Umwelt keinen Einfluß auf die Entwicklung der
Flügel hat, selbst wenn sie es doch hätte. Sie würden nicht die Unzugänglich-
keit des Merkmals für äußere Einflüsse festgestellt haben, sondern nur die Unfähigkeit ihres Experiments, etwas anderes zu erkennen zu geben.

Wir müssen diese Möglichkeit ganz fest in unserem Kopf haben, weil Redican und Taub die Wunder von Verhaltensadaptationen bei Tieren kein bißchen übertreiben. Vögel zeigen eine besonders staunenswerte Vielfalt von
Möglichkeiten, ihre Jungen am Leben zu erhalten. Ein Nest kann von Tieren
des einen oder des anderen Geschlechts, oder beiden zusammen oder auch
von keinem gebaut werden. Die Kuhstare in der Neuen Welt oder die afrikanischen Indigoes bauen überhaupt keines; das Weibchen legt einfach seine
Eier ins Nest unaufmerksamer Nachbarn, die freundlicherweise die jungen
Eindringlinge genauso wie ihre eigenen Jungen aufziehen. Beim Kanarienvogel bauen die Weibchen ein einziges Nest. Das europäische Zaunkönigmänn-
chen baut mehrere Nester, mit denen er vor seiner Angebeteten angibt. Sie
sucht dasjenige aus, worein sie ihre Eier legen wird, aber füttert es zuvor noch
mit einer sanften Lage ihrer eigenen Federn aus.

Mit dem Eierlegen aber beginnt erst die Arbeit der Elternschaft bei den Vö-
geln. Der Embryo muß warm gehalten werden, bis er zum Schlüpfen bereit
ist. Bei Singvögeln, Geflügel und Kolibris brütet das Weibchen die Eier, indem es sich darauf niederläßt. Tauben- und Papageienpaare teilen sich die
Pflicht, wobei das Weibchen die Nachtschicht macht. Sanderlinge legen ihre
Eier in zwei Gelege, und jeder Elternteil bebrütet eines. Nandu- und Odins-
hühnchen-Väter tragen die ganze Verantwortung allein. Der männliche
Busch-Truthahn trägt ebenfalls die Vaterschaft allein, aber er hält es nicht für
seine Pflicht, sich aufs Gelege zu setzen. In einer einzigartigen Vorführung

technologischer Extravaganz optiert er nicht für ein Nest, sondern für eine Zentralheizung. Wenn die Brutzeit herannaht, beginnt er, wie andere Vögel auch, mit dem Sammeln von Grünzeug. Anders als jene aber steckt er seines in einen Komposthaufen. Wenn der zu fermentieren beginnt, prüft er vorsichtig mit seinem Schnabel die Temperatur und stochert und mischt darin herum, bis er meint, daß sie gerade richtig sei. Erst jetzt gestattet er seiner Geschlechtspartnerin, ihre Eier obendrauf zu legen. Dann bedeckt er diese sorgsam mit Sand, und sie zieht von dannen. Bis die Hühnchen schlüpfen, hält er einsame Wacht, kontrolliert die Temperatur seines Haufens und reguliert sie sogar, indem er, je nach Bedarf, Sand dazutut oder wegschafft.

Beim Paarungsverhalten gibt es genauso viele Varianten. Einige Vögel sind treue, lebenslange Monogamisten, andere die wildesten Libertins, die sich so oft und mit so vielen Partnern paaren, wie ihre Laune es ihnen diktiert. Einige Männchen fertigen elaborate Lauben, wo sie versuchen, heiratswillige Weibchen zu verführen. Andere veranstalten gewaltige Herrenparaden, wo sie einherstolzieren, sich brüsten, Kapriolen schlagen und kämpfen, damit eine Dame ein Auge auf sie wirft. Einige kommen mittels ihres prachtvollen Gefieders zum Ziel; andere leben im häuslichen Glück mit Federn von langweiligem Graubraun. Und es ist, wie wir schon gesehen haben, selbst bei eng verwandten Säugetieren so, daß auch sie erstaunlich differierende Wege bei Aufzucht und Kinderpflege einschlagen. Woran aber kann diese gewaltige Vielfalt liegen, die mit zwei einfachen Strategien begann.

»Bei allen sich geschlechtlich vermehrenden Arten und speziell unter Wirbeltieren können«, schreibt der Anthropologe Melvin Konner (1982, 267), »eine Reihe Fakten über Männchen vorausgesagt werden je nach dem Grad, in dem sie sich an der eigentlichen Fürsorge für die Kinder des Weibchens beteiligen oder auch nicht beteiligen.« Monogame Hausväter (von Biologen »paar-treue Arten« genannt), die ihrem Partner für eine Saison oder auf Lebenszeit treu sind, helfen bei der Hausarbeit, die Elternschaft mit sich bringt: sie kümmern sich um die Jungen, füttern sie, gelegentlich kauen sie ihnen sogar die Nahrung vor. Ihr unmodischer Stil paßt zu ihrem hausbackenen Lebenswandel; die Geschlechter ähneln sich in Größe und Erscheinung, und keines von beiden trägt aufwendigen Schmuck. Wie bei den Pinguinen und den Seepferdchen haben gewisse Männchen sogar spezielle Körperteile, die für die Brutpflege ausgelegt sind.

Einige Lebewesen aber sind enthusiastische Playboys (unter dem technischen Begriff kennt man sie als »Turnier-Arten«). Sie bauen keine dauerhaften

Bindungen mit Weibchen auf, sondern sind nur auf »Treffer« aus, wobei gewisse Individuen beachtlich höhere Trefferquoten erzielen als andere. In extremen Fällen, wie zum Beispiel bei See-Elefanten, können die Hälfte, wenn nicht zwei Drittel aller Kopulationen während einer Brunftzeit aufs Konto einer kleinen Gruppe von Spitzenrammlern in der Nachbarschaft kommen. Ihre enttäuschten Rivalen müssen sich damit zufrieden geben, sich übellaunig am Rande des Geschehens herumzutreiben. Man weiß von einem Bullen, der ganz allein während einer sich über vier Brunftzeiten erstreckenden Karriere als Champion mehr als zweihundert Vaterschaften zustande gebracht hat.

Wie es bereits im Namen steckt, stehen die Mitglieder dieser Spezies in einem heißen, sogar gefährlichen Wettbewerb um die Aufmerksamkeit der Weibchen. Rentiere, Bergschafe und Robben halten regelrechte Turniere — mit Rammstößen, Beißen und Kämpfen, bis sich die Sieger herausstellen. Andere Arten kommen mit ästhetischen Mitteln zum selben Ergebnis; bei den Männchen treten spektakuläre Ornamente auf, oder sie veranstalten bühnenreife Vorführungen (Balz genannt), um die Aufmerksamkeit der Damenwelt auf sich zu lenken. Eingehüllt in brillante Federfächer, mit Halskrausen und Flitterzeug wie Philadelphias Komödianten am Neujahrstag, versammeln sie sich an einem Flußufer oder einer bestimmten Baumgruppe. Ihr Publikum, die empfangsbereiten Weibchen, kommen in der Nähe zusammen. Vor diesen anspruchsvollen Kennerinnen tanzen und singen die Männchen und karriolen durch die Luft — je nach der Weise, wie ihre jeweilige Spezies Schönheit und Behendigkeit aufs vorteilhafteste vorführt. Einige Arten zeigen sogar akrobatische Zwei-Mann-Akte. Danach wählen die Weibchen und stellen sich, falls nötig, in Reih und Glied auf, um die Dienste eines besonderen Könners abzuwarten.

An der Heimatfront aber machen weder die Dandies noch die Rauhbeine eine gute Figur; ihr hübsches Gefieder würde vielmehr die hilflosen Jungen gefährden, indem sie Aufmerksamkeit auf das Nest und seinen köstlichen und verletzlichen Inhalt lenkten, während die brütenden Weibchen in ihrem farblosen kryptischen (wörtlich: »versteckten«) Federkleid darauf aus sind, es vor Räubern zu schützen.

Ein herausragendes Merkmal der Turnier-Arten ist tatsächlich, wie sehr unterschiedlich Männchen und Weibchen aussehen. Die Männchen sind oft viel größer als die Weibchen — von doppeltem oder gar dreifachen Gewicht, wie bei den Elefanten-Robben. Sie können auch Zubehör und Beiladungen haben, die den Weibchen fehlen. Das majestätische Geweih des Rentiers, der verschwenderische Schwanz des Pfaus machen nur Sinn als Teil des intensiven jährlichen Wettbewerbs um Kopulationen.

Den Böcken oder Hähnen, die ihre Rivalen mit Kraft oder schönem Schein aus dem Wege schlagen, gelingt es, ihre Gene der nächstfolgenden Generation zu vermachen. Wenn das nur über einige Generationen so weitergeht, geschweige denn über die Tausende in erdgeschichtlicher Zeit, dann favorisiert das Turniersystem offensichtlich jene Merkmale, die für den Wettbewerb den Ausschlag geben: Größe, Gewicht, große Hörner, gewaltige Geweihe, verschwenderisches Federkleid. Darwin nannte den Druck zugunsten eines Wettbewerbsvorteils »sexuelle Selektion« und zog die Schlußfolgerung, daß das eher die Männchen als die Weibchen betrifft. Bei den meisten Arten, vermutet er, kann ein fruchtbares Weibchen so häufig kopulieren, wie es das wünscht, weshalb keines eine um vieles größere Zahl Junge produziert als die anderen. Theoretisch müßte deshalb das Maß an Unterschiedlichkeit zwischen den Geschlechtern bei den sexuell selektierten Merkmalen (also der Unterschied in der Schwanzgröße des Pfauenhahns im Vergleich zur Henne oder der Hörnergröße bei Widder und Mutterschaf oder in der Körpergröße zwischen Bulle und Kuh bei Robben) den Unterschied zwischen ihrer potentiellen Anzahl von Nachwuchs widerspiegeln. Je weniger treu die Männchen, desto größer müßten sie und ihre Geweihe und Muskeln und Schwänze demnach sein.

In den 1970er Jahren, als die Soziobiologie im Vormarsch war, hat ein innovativer junger Theoretiker namens Robert Trivers diese Theorie noch einen Schritt weiter geführt. Er stellte eine Beziehung zwischen dem Grad an sexuellem Dimorphismus — den eindeutigen Unterschieden in Erscheinung, Struktur, Verhalten oder was immer innerhalb einer Art — zu dem her, was er elterliche Investition nannte: dem Prozentsatz vom gesamten reproduktiven Potential eines Individuums, den er oder sie jedem einzelnen Abkömmling zuwendet. Für ein Weibchen, das Monate oder Jahre mit dem Austragen und Aufziehen ihrer wenigen Nachkommen zubringt, geht es, nach Trivers Überlegungen, bei jedem einzelnen um mehr als für ein Männchen, das ein paar Minuten für eine x-beliebige Kopulation aufwendet. Jedes existierende Junge ist ein wirkliches Hindernis für eine weitere Schwangerschaft und Kinderpflege der Mutter; sie käme nicht umhin, einiges an Zeit, an Fürsorge, an Nahrung oder was immer, die sie nun dem Neuankömmling zugute brächte, von dem wegzunehmen, was bisher für die älteren Geschwister verfügbar war. Natürliche Selektion müßte also Mütter favorisieren, die eine vergleichsweise kleine Kinderzahl, mit der sie auf effiziente Weise zu Rande kommen, gut versorgen. Der Vater aber, der nichts zur Versorgung seiner Nachkommenschaft beisteuert, hat nahezu nichts in sie investiert. Ihm steht sie nicht dabei im Wege, ständig weitere zu zeugen. Bei Arten mit Turnierverhalten sollte nach Trivers die Evolution die Gene von Turnier-Männchen bevorzugen, die genau das täten.

Bei paar-treuen Arten kann andererseits der Vater eine erhebliche Rolle fürs Überleben seiner Abkömmlinge spielen. Wenn er sich auf eine einzige Geschlechtspartnerin beschränkt, tut er alle seine Gene in ihr Körbchen; die Zahl seiner potentiellen Nachkommen ist nicht größer als ihre. Deshalb ist es für ihn angebracht, sich dem Schutz seiner Investition zu widmen, sei es durch Bewachung, Fütterung, Herumtragen oder was sonst nötig sein mag.

Dieses außerordentlich elegante und bezwingende, wenn auch ein bißchen zirkelschlüssige Argument hat im vergangenen Jahrzehnt einen gewaltigen Einfluß auf die evolutionäre Gedankenwelt gehabt. Wenn man die Adaptation einer Art als ein nahtloses Ganzes aus Umwelt, Körper und Verhalten betrachtet, ist man schon weit auf dem Wege fortgeschritten, eine immense Zahl kleiner Mysterien zu einem verstehbaren Gesamtphänomen zusammenzubringen. Es basiert freilich auf einem bestimmten Bündel von Annahmen über die Natur und die Mechanik der Evolution und geht direkt in die Soziobiologie über; tatsächlich bildet es einen der wichtigsten Zuflüsse für eine Denkströmung, die sich über die intellektuelle Landschaft ergossen hat.

Später werden wir uns genauer mit den philosophischen und empirischen Komplexitäten der Soziobiologie und ihrer Erklärung von Verhalten beschäftigen. Für jetzt genügt es, daß wir mit Donald Symons, einem der führenden soziobiologischen Autoren auf dem Gebiet der Sexualität, bemerken, daß elterliche Investition »nicht alles ist... Sexuelle Selektion ist auch eine Funktion des Ausmaßes, in dem die besonderen ökologischen und Umweltumstände es einem einzelnen ökonomisch durchführbar machen, eine Vielzahl von Geschlechtspartnern zu monopolisieren oder die Ressourcen, die für die Gewinnung einer Vielheit von Geschlechtspartnern den Ausschlag geben.« (1979, 25)

Anders gesagt: Tiere leben in konkreten Umwelten, nicht in mathematischen Modellen; wir können nicht alles, was sie tun, als ideale Strategien zur Maximierung ihrer Nachkommenschaft erklären. Einige Adaptationen — womöglich sogar selbst die Zweigeschlechtlichkeit — geschahen, weil sich eine Spezies zu weit auf einem Evolutionsast vorgewagt hat, um noch zurück zu können.

Unsere alten Freunde, die See-Elefanten, sind ein ausgezeichnetes Beispiel. Sie verbringen die meiste Zeit ihres Lebens im Meer, aber sie sind in Wirklichkeit Säugetiere, die von auf dem Land lebenden Vorfahren abstammen. Sie haben sich so gut an den Ozean angepaßt, daß sie nicht so einfach zu ihrem Landrattendasein zurückkehren könnten, nachdem sie inzwischen zu derart langsamen und unbeholfenen Gehern geworden sind, daß sie mit landbewohnenden Arten nicht mithalten können. An Land kommen sie nur auf kleinen, geschützten Inseln, die andere Säuger nicht erreichen können. Und doch — vielleicht aber auch, weil sie dieses sichere Terrain haben — paaren sie sich und gebären sie an Land, genauso, wie ihre Vorfahren es taten. Diese alljährlich wiederkehrende Notwendigkeit, sich aufs Festland zu hieven und auf felsigem Untergrund durch die Gegend zu rumpeln, gibt den großen Bullen die Möglichkeit, die Kühe von den kleineren Männchen getrennt zu halten — die dank ihrer Geschwindigkeit und Behendigkeit gewiß gewinnen würden, wenn sie's im Wasser ausfechten könnten. Die Männchen von Säugetierarten, die sich im Meer paaren, sind nicht schwerer als die Weibchen — weil sie nicht an Kämpfen teilnehmen, bei denen es auf Masse ankommt. Das größte lebende Wesen auf der Erde ist der weibliche Blauwal. »Bei Säugetieren«, schließt denn auch Symons, »könnten die Verhältnisse der Umwelt wichtigere Determinanten für die Intensität sexueller Selektion sein, als es die elterliche Investition ist.« (Ebd.)

Selbst wenn aber elterliche Investition nicht alles klarmachen kann, erklärt sie, wie wir bald sehen werden, doch eine Menge, wenn auch nicht genau in jenem Sinne, den Trivers nahelegt. Sie hilft uns, Zweigeschlechtlichkeit und Reproduktion im weitgespannten Rahmen der Gesamtadaptation einer Art zu betrachten, und sie wird uns helfen, ein Element im Blick zu behalten, das entscheidend ist in der Adaptation unserer eigenen Spezies — und einzigartig.

Dieses Kapitel hat mit einer simplen Frage begonnen. Nachdem wir nun das Tierreich durchwandert haben, haben wir noch immer keine Antwort. Wir können Geschlechtlichkeit nicht als notwendige Eigentümlichkeit organischen Lebens erklären. Mit Sicherheit bietet sie keinem lebenden Individuum irgendeinen Vorteil im evolutionsbiologischen Sinn. Sie hat keine bündigen Regeln, die quer durch die Arten gelten. Es gibt ungezählte Weisen, männlich und weiblich zu sein.

Am besten wird es wohl sein, sie als eine der vielen Hinterlassenschaften aus unserer evolutionären Vergangenheit anzusehen wie, unter anderem, die Warmblütigkeit, den gegenüberstehenden Daumen und die Neigung, in

Gruppen zu leben. Jede einzelne Spezies hat solch ein Krabbelbeutel-Erbe —
beispielsweise die Fähigkeit, unter Wasser zu atmen oder sein Gewicht mit einem Schwanz abzustützen oder Klänge mit Bedeutung auszustatten. Und jede Art muß das, was sie hat, nutzen, um ihren Lebensentwurf entsprechend
zu gestalten.

Nun formen die Schranken unserer Körper — die Tatsache, daß wir in zwei
Sorten auftreten, die Tatsache, daß eine Sorte lebende Kinder austrägt — mit
Nachdruck das Leben, das menschliche Wesen führen können. Wir müssen
mit diesen beiden Tatsachen gewiß genauso klarkommen wie jeder Vogel
oder jeder Affe oder jedes Rentier. So wie jene tun wir das jedoch in einer spezifischen Zeit und an einem spezifischen Ort. Und nichts in den physischen
Gegebenheiten, die wir bisher kennengelernt haben — nicht die Arbeitsweise
unserer eigenen Zellen und Hormone, noch die Wirkungsweise der Kräfte der
Evolution —, weist darauf hin, daß es für dieses universelle Problem nur eine
menschliche Lösung gibt, sowenig es eine Hundelösung gibt.

Und noch etwas anderes kommt in die menschliche Gleichung hinein.
Niemand anderes als die Neurologen Goy und McEwen waren es, die mitten
in ihrer Betrachtung der Neurologie des Geschlechts darauf stießen, und es
schien ein unwahrscheinlicher Fund zu sein. Er versaut einige ihrer hübsche-
sten Erklärungen. »Bei einigen sozial hochentwickelten Arten, wie den Menschen«, stellen diese Neurologen fest (1980, 12), »könnte die Kultur die Typen
und Schranken des sexuellen Dimorphismus festlegen. Um das Unglück voll-
zumachen, könnte das einzelne menschliche Wesen gezwungen sein, jene
Dimorphismen durch Erlernen zu erwerben, die, wie beim sein Geschlecht
umkehrenden *Anthias squamipinnis*, das Verhalten seiner oder ihrer Peers
ihm/ihr aufdrängen.«

Dieser seltsame kleine Fisch wird zu einem Männchen, weil es auch seine
Genossinnen so wollen; irgendwo in den Tiefen der fischeigenen Neurologie
und Biochemie gibt es eine Macht, welche das Verhalten den Bedürfnissen
der Gruppe anverwandelt. Und zwei herausragende Biologen sagen, daß es
scheinbar eine Kraft gibt, die dasselbe mit uns macht.

Übersetzt von H. Jochen Bußmann

Literatur

Bell, Graham. *The Masterpiece of Nature: The Evolution and Genetics of Sexuality*. Berkeley: University of California Press, 1982.

Charnov, Eric L./James Bull. »When Is Sex Environmentally Determined?« *Nature*, 222 (28 April 1977) 828-30.

Fricke, Hans/Simone Fricke. »Monogamy and Sex Change by Aggressive Dominance in Coral Reef Fish«. *Nature*, 266 (28 April 1977) 330-32.

Goy, Robert W./Bruce S. McEwen. *Sexual Differentiation of the Brain*. Cambridge, Mass.: MIT Press, 1980.

Hall, Roberta L. »Introduction: Consequences of Sexuality«, in Hall, *Sexual Dimorphism in Homo Sapiens: A Question of Size*. New York: Praeger 1982, 3-10

Konner, Melvin. *The Tangled Wing: Biological Constraints on the Human Spirit*. New York: Holt, Rinehart, and Winston, 1982.

Lehrman, Daniel S. »Semantic and Conceptual Issues in the Nature-Nurture Problem«, in Aronson, Lester R. (Ed.) *Development and Evolution of Behavior*, San Francisco: W. H. Freeman 1970, 17-53

Piel, Gerard. »The Comparative Psychology of T.C. Schneirla«, in Aronson, Lester R. (Ed.) *Development and Evolution of Behavior*, San Francisco: W. H. Freeman 1970, 1-16.

Redican, William K./David Taub. »Male Parental Care in Monkeys and Apes«, in Michael E. Lamb (Ed.). *The Role of the Father in Child Development*. New York: John Wiley and Sons, 1981, 203-258.

Shapiro, Douglas Y./Ralf H. Boulon, Jr. »The Influence of Females on the Initiation of Female-to-Female Sex Change in a Coral Reef Fish«. *Hormones and Behavior*, 16 (1982) 66-75.

Symons, Donald. *The Evolution of Human Sexuality*. New York: Oxford University Press, 1979.

Variationen zum Thema Sex und Geschlecht

Beauvoir, Wittig und Foucault

Judith Butler

»Man kommt nicht als Frau zur Welt, man wird es.«[1] – Beauvoirs mittlerweile berühmte Formulierung behauptet, daß die natürliche Identität nicht mit der Geschlechtsidentität zusammenfällt. Weil das, was wir werden, nicht das ist, was wir bereits sind, ist das Geschlecht *(gender)* vom Sex *(sex)* abgekoppelt; die kulturelle Interpretation geschlechtsspezifischer Attribute wird unterschieden von der Faktizität oder simplen Existenz dieser Attribute selbst. Das Verbum »werden« ist jedoch von einer folgenreichen Ambiguität. Denn wir werden nicht nur kulturell geprägt, sondern in gewissem Sinne prägen wir uns auch selber. Für Beauvoir ist dieses »eine Frau *werden*« ein Bündel von gezielten und aneignenden Handlungen, die allmähliche Aneignung einer Technik zur Erlangung eines kulturell etablierten körperlichen Stils und seiner Bedeutung – oder, in der Terminologie Sartres, ein »Entwurf«. Wenn man »werden« in der Bedeutung von »zielgerichtet erlangen oder verkörpern« liest, so scheint Beauvoirs Diktum die Formel Sartres von Freiheit und Wahl mitzuschleppen. Wenn aber die Geschlechter gewissermaßen gewählt werden, wie ist dann die Definition des Geschlechts als kulturelle Interpretation des natürlichen Geschlechts zu verstehen, d.h. wie ist die kulturelle Prägung, die wir erfahren haben, zu verstehen? Wie kann das Geschlecht zugleich ein Phänomen freier Wahl und kultureller Konstruktion sein?

Beauvoir beansprucht nicht, in *Das andere Geschlecht* eine Theorie der Geschlechtsidentität oder Geschlechtsrollenaneignung ausgearbeitet zu haben. Und doch scheint ihre Formulierung vom Geschlecht als *Entwurf* zu Spekulationen über eine solche Theorie einzuladen. Die französische Feministin Monique Wittig, die den einflußreichen Aufsatz »One is Not Born a Woman« (1978) geschrieben hat, erweitert Beauvoirs Theorie über die ambivalente Natur der Geschlechtsidentität, d.h. über dieses kulturelle Selbst, das wir einerseits werden, andererseits scheinbar immer schon gewesen sind.[2] Die Positionen von Beauvoir und Wittig, obwohl in entscheidenden Punkten verschieden, schlagen beide eine Theorie des Geschlechts vor, mit deren Hilfe die existentielle Doktrin von der freien Wahl in einem kulturellen Sinn verstanden werden kann. Das Geschlecht wird zum korporellen Ort sowohl für bereits vorgefundene als auch für selbst initiierte kulturelle Bedeutungen. Und »Wahl« verweist in diesem Kontext auf einen körperlichen Prozeß der Interpretation innerhalb eines Netzwerks von tief eingegrabenen kulturellen Normen.

Wenn der Körper als kultureller Ort von geschlechtlichen Bedeutungen aufgefaßt wird, wird allerdings unklar, welche Aspekte dieses Körpers natürlich oder frei von kulturellen Prägungen sind. Wie, so läßt sich zugespitzt fragen, können wir jemals den Körper finden, der seiner kulturellen Interpretation vorausgeht? Wenn das Geschlecht die Verkörperung der Wahl und die Akkulturation des Körperlichen ist, was ist dann noch übrig von der Natur? Was ist aus dem rein biologischen Geschlecht geworden? Wenn Geschlecht durch die Dialektik von Kultur und freier Wahl bestimmt wird, welche Rolle ist dann dem »Sex« vorbehalten, und müßten wir dann nicht den Schluß ziehen, daß bereits die Unterscheidung zwischen Sex und Geschlecht anachronistisch ist? Hat Beauvoir die ursprüngliche Bedeutung ihrer berühmten Formulierung revidiert, oder war dieses Diktum nuancierter, als wir zunächst annahmen? Um diese Fragen zu beantworten, müssen wir Beauvoirs Unterscheidung zwischen Sex und Geschlecht rekonstruieren und die aktuelle Form ihrer Theorie im Werk Monique Wittigs prüfen, die in der Tat diese Unterscheidung für anachronistisch hält. Wir werden uns dann mit Michel Foucaults Zurückweisung der Kategorie »natürlicher Sex« beschäftigen und diese Kritik mit Wittigs Position vergleichen, um schließlich eine Reformulierung des Geschlechts als kulturellen Entwurf zu versuchen.

Sartresche Körper und Cartesische Geister

Die Annahme, daß wir unsere Geschlechter in irgendeiner Weise wählen, gibt ein ontologisches Rätsel auf. Denn es erscheint unmöglich, daß wir eine Position außerhalb des Geschlechts einnehmen können, um Distanz zu ihm herzustellen und unsere Geschlechter zu wählen. Wenn wir immer schon geschlechtlich bestimmt, im Geschlecht verankert sind, was macht es dann für einen Sinn zu sagen, daß wir wählen, was wir bereits sind? Abgesehen davon, daß diese These tautologisch erscheint, impliziert sie, insofern sie ein präexistierendes Selbst vor dem eigenen gewählten Geschlecht postuliert, vor allem eine Cartesische Interpretation des Selbst, eine egologische Struktur, die ein Eigenleben vor jeglicher Sprache und Kultur führt. Diese Interpretation des Selbst ist den modernen Forschungen über die sprachliche Konstitution der Persönlichkeit diametral entgegengesetzt, und deren ontologische Distanz zu Sprache und kulturellem Leben schließt — wie bei jedem Cartesischen Ego — die Möglichkeit der Verifikation aus. Wenn Beauvoirs These überzeugend sein soll, wenn es wahr ist, daß wir zu unseren Geschlechtern »werden« aufgrund einer Reihe von Willensäußerungen und aneignenden Handlungen, dann muß sie etwas anderes meinen als einen non-situierten Cartesischen Akt. Daß persönliche Handlungsfähigkeit eine logische Vorbedingung für die *Übernahme* eines Geschlechts ist, setzt nicht voraus, daß der Agent selbst körperlos ist. Denn: wir werden zwar unsere Geschlechter, nicht aber unsere Körper. Falls Beauvoirs Theorie als eine vom Cartesischen Gespenst befreite zu verstehen ist, müssen wir zunächst ihre Analyse der Körperidentität rekonstruieren und dann ihre Spekulationen über die Möglichkeit nichtverkörperter Bewußtseinszustände betrachten.

Ob das Bewußtsein neben dem Körper einen eigenen ontologischen Status hat, ist eine Frage, auf die Sartre in *Das Sein und das Nichts*[3] keine eindeutige Antwort gibt. Diese Ambivalenz hinsichtlich des Cartesischen Geist/Körper-Dualismus taucht in Beauvoirs *Das andere Geschlecht* wieder auf, wenn auch weniger gravierend. In der Tat können wir in *Das andere Geschlecht* die Bemühung feststellen, *die* Implikation von Sartres Theorie zu radikalisieren, die sich mit der Verkörperung von Freiheit auseinandersetzt. Das Kapitel »Der Körper« in *Das Sein und das Nichts* ist wie ein Echo des Cartesianismus, das sein Denken verfolgt, zeigt aber auch seine eigenen Anstrengungen, den Geist Descartes' auszutreiben. Obwohl Sartre behauptet, daß der Körper mit der Identität ko-extensiv sei (er sei eine »Perspektive«, die gelebt wird), sagt er auch, daß das Bewußtsein in gewissem Sinn jenseits des Körpers sei (»Mein Körper ist ein *Ausgangspunkt,* der ich *bin* und den ich gleichzeitig überwinde«). Anstatt den Cartesianismus also zurückzuweisen, assimiliert Sartres Theorie das Cartesische Moment als immanenten und partiellen Aspekt des Bewußtseins. Sartre versucht, den nichtverkörperten oder transzendenten Aspekt der Identität als zwar paradox, aber gleichwohl wesentlich bezogen auf das Bewußtsein als verkörpertes zu konzeptualisieren. Die Dualität des Bewußtseins als zugleich verkörpertes und transzendentes wohnt der Identität inne, so daß der Versuch, Identität exklusiv in dem einen oder in dem anderen zu lokalisieren, Sartre zufolge ein Projekt der Unwahrhaftigkeit (*mauvaise foi*) ist.

Obwohl Sartres Bemerkungen zur »Überwindung« des Körpers vor dem Hintergrund des Geist/Körper-Dualismus gelesen werden könnten, müssen wir diese Selbsttranszendenz wiederum als korporelle Bewegung verstehen, d.h. wir müssen unsere gewöhnliche Auffassung von »Transzendenz« und vom Geist/Körper-Dualismus überdenken. Sartre zufolge kann man den Körper zwar überwinden, aber das heißt nicht, daß man auch definitiv jenseits des Körpers gelangt; der subversive Widerspruch besteht darin, daß der Körper selbst ein überwindender ist. Er ist kein statisches oder selbstidentisches Phänomen, sondern ein Modus der Intentionalität, eine direktive Kraft, ein Modus des Begehrens. Als eine Bedingung des Zugangs zur Welt ist der Körper ein Wesen, das sich über sich selbst hinausträgt, indem es sich auf die Welt bezieht und dabei seinen eigenen ontologischen Status als referentielle Wirklichkeit offenbart. Für Sartre wird der Körper als Kontext und Medium sämtlicher menschlichen Strebungen erlebt und erfahren.[4] Weil für ihn alle Menschen nach noch nicht realisierten Möglichkeiten streben, sind sie in diesem Sinn »jenseits« ihrer selbst. Diese *ek-statische* Bedingung ist selbst eine korporelle Erfahrung; der Körper wird daher als Modus des Werdens erfahren. Der natürliche Körper existiert also für Sartre nur im Modus seiner Überwindung: »Wir können diese Kontingenz niemals als solche verstehen, insofern unser Körper ein Körper *für uns* ist; denn wir sind das Resultat einer Wahl, und für uns zu sein heißt, uns zu wählen. . . dieser nicht verstehbare Körper verweist genau auf die Notwendigkeit, daß *es eine Wahl gebe,* daß ich nicht *auf einmal* existiere.«[5]

Beauvoir weist Sartre nicht eigentlich zurück, sondern nimmt ihn bei seiner besten nicht-Cartesischen Seite.[6] Sartre schreibt in *Das Sein und das Nichts,* daß »es am besten wäre zu sagen: das Bewußtsein existiert seinen Körper, indem man ›existieren‹ als transitives Verb nimmt«.[7] Die transitive Form von »existieren« ist nicht weit entfernt von Beauvoirs entwaffnendem Gebrauch von »werden«, und Beauvoirs Konzept vom Werden eines Geschlechts erscheint zugleich als Radikalisierung und Konkretisierung der Sartreschen Formulierung. Indem die Identifikation von korporeller Existenz und »Werden« in ein Szenario von Sex und Geschlecht versetzt wird, übernimmt Beauvoir zwar die ontologische Notwendigkeit des Widerspruchs, aber die Spannung in ihrer Theorie resultiert nicht aus der Relation zwischen »im« Körper und »jenseits« des Körpers, sondern aus der Bewegung vom natürlichen zum akkulturierten Körper. Daß man nicht als Frau zur Welt kommt,

sondern es wird, impliziert nicht, daß dieses »werden« einen Weg von unver-
körperter Freiheit zu kultureller Verkörperung zurücklegt. Natürlich ist man
sein Körper von Anfang an, und erst danach wird man sein Geschlecht. Die
Bewegung vom Sex zum Geschlecht ist dem verkörperten Leben immanent
und bezeichnet den Prozeß, den ursprünglichen Körper zu seiner kulturellen
Form zu modellieren. Wenn man also Sartres und Beauvoirs Terminologie
vermischen wollte, so könnte man sagen, daß seinen Körper in einem konkreten kulturellen Kontext »existieren« zumindest teilweise gleichbedeutend ist
mit »sein Geschlecht werden«.

Obwohl wir Beauvoir zufolge unsere Geschlechter »werden«, folgt die zeit-
liche Bewegung dieses Prozesses keiner linearen Progression. Der Ursprung
des Geschlechts ist zeitlich nicht exakt feststellbar, weil das Geschlecht nicht
zu einem bestimmten Zeitpunkt plötzlich hervorgebracht wird und von da an
fixiert ist. Das Geschlecht ist also in einem eminenten Sinn nicht auf einen be-
stimmbaren Ursprung zurückzuverfolgen, weil es selbst eine hervorbringen-
de Aktivität ist, die unaufhörlich stattfindet. Das Geschlecht ist demnach
nicht das Produkt längst vergangener kultureller und psychischer Relationen,
sondern vielmehr ein aktueller Modus, vergangene und zukünftige kulturelle
Normen zu organisieren, sich in diesen und durch diese Normen zu situieren,
mithin ein aktiver Modus, seinen Körper in der Welt zu leben.

Geschlecht als Wahl

Man wählt sein Geschlecht, aber man wählt es nicht aus einer Distanz heraus,
was auf eine ontologische Verbindung zwischen dem wählenden Agenten
und dem gewählten Geschlecht verweist. Die Cartesische Distanz des willkürlichen »Wählers« ist eine Fiktion; wenn aber der entfernte Betrachterstand-
punkt für die Wahlen, von denen Beauvoir spricht, nicht in Frage kommt, wie
sollen wir dann die Wahl am Ursprung des Geschlechts verstehen? Beauvoirs
Konzept des Geschlechts als unaufhörliches Projekt, als täglicher Akt der Rekonstruktion und Interpretation zielt auf Sartres Formel von der präreflexiven
Wahl und gibt dieser abstrakten epistemologischen Struktur eine konkrete
kulturelle Bedeutung. Präreflexive Wahl ist ein stillschweigend vorgenomme-
ner, spontaner Akt, den Sartre als »Quasi-Erkenntnis« bezeichnet. Nicht
gänzlich bewußt, aber dennoch dem Bewußtsein zugänglich, ist es die Art
von Wahl, die wir treffen, und erst später erkennen, was wir gemacht haben.

Beauvoir scheint sich auf diesen Aspekt der Wahl zu beziehen, wenn sie auf die Willensäußerung abhebt, durch die das Geschlecht angeeignet wird. Ein Geschlecht anzunehmen ist nicht eine Sache des Augenblicks, sondern ein subtiles und strategisches Projekt, mühsam und zum größten Teil dem Bewußtsein verborgen. Ein Geschlecht werden ist ein impulsiver und gleichwohl nachdenklicher Prozeß der Interpretation einer kulturellen Realität, die voll ist von Sanktionen, Tabus und Vorschriften. Die Wahl, eine bestimmte Art des Körpers anzunehmen, seinen Körper in einer bestimmten Weise zu leben oder zu tragen, impliziert eine Welt von bereits etablierten Körperstilen. Ein Geschlecht wählen heißt also, gegebene Geschlechtsnormen zu interpretieren und sie so zu reproduzieren und neu zu organisieren. Weniger ein radikaler kreativer Akt, ist das Geschlecht vielmehr das stillschweigende Projekt, Kulturgeschichte gleichsam am eigenen Leib zu erneuern. Und dies ist keine vorgeschriebene Pflicht, um deren Erfüllung wir uns bemühen müssen, sondern eine Aufgabe, in die wir immer schon verstrickt sind.

Durch Überprüfung der Handlungs- und Aneignungsmechanismen versucht Beauvoir, wie mir scheint, der Analyse von Frauenunterdrückung ein emanzipatorisches Potential einzuimpfen. Unterdrückung ist kein in sich abgeschlossenes System, das den Individuen entweder als theoretisches Objekt entgegentritt oder sie gleichsam zu seinen Bauern im Schach degradiert. Unterdrückung ist eine dialektische Kraft, die die individuelle Partizipation weitgehend verlangt, damit sie ihr bösartiges Werk durchhalten kann.

Beauvoir spricht die Last der Freiheit, die das Geschlecht bedeutet, nicht direkt an, aber wir können aus ihrer Position extrapolieren, wie einengend die Geschlechternormen arbeiten, um die Ausübung der Geschlechtsfreiheit zu unterdrücken. Die sozialen Zwänge auf die Geschlechtsrollenunterwerfung und -abweichung sind so stark, daß die meisten Menschen sich tief verletzt fühlen, wenn man ihnen sagt, daß sie sich nicht ihrer Männlichkeit oder Weiblichkeit entsprechend verhalten. Insofern soziale Existenz eine unzweideutige Geschlechtsidentität erfordert, ist es nicht möglich, außerhalb der Geschlechtsnormen in einem gesellschaftlich relevanten Sinn zu existieren. Das Ausscheren aus den etablierten Geschlechtsgrenzen bedeutet so etwas wie eine radikale Dislokation, die durchaus metaphysische Züge annehmen kann. Wenn die menschliche Existenz immer schon geschlechtliche Existenz ist, dann bedeutet der Versuch, die etablierten Geschlechtsrollen zu verlassen, in gewissem Sinn bereits die Infragestellung der eigenen Existenz. In diesen Momenten der Geschlechts-Dislokation, in denen wir bemerken, daß wir die Geschlechter, die wir geworden sind, nicht unbedingt auch sein müssen,

wird uns die Last der Wahl, als Mann oder als Frau oder als eine andere Geschlechtsidentität zu leben, bewußt, die Freiheit nämlich, die erst aufgrund
der gesellschaftlichen Zwänge als Last erscheint.

Qual und Schrecken, das vorgeschriebene Geschlecht zu verlassen oder in
das Territorium des anderen Geschlechts einzudringen, bezeugen einerseits
die sozialen Zwänge, die auf die Geschlechtsinterpretation ausgeübt werden,
andererseits aber auch die Notwendigkeit, daß es eine Interpretation *überhaupt gibt*, d.h. die essentielle Freiheit am Ursprung des Geschlechts. In ähnlicher Weise bringt die weitverbreitete Schwierigkeit, zum Beispiel die Mutterschaft als eher institutionelle denn als instinktgebundene Realität zu akzeptieren,
das gleiche Wechselspiel von Zwang und Freiheit zum Ausdruck. Die Bemü-
hungen, mütterliche Gefühle als biologische Notwendigkeit zu interpretieren, suchen die Deutung von Mutterschaft als freie Option zu unterdrücken.
Wenn Mutterschaft eine frei gewählte Praxis wird, was wird dann noch alles
möglich! Diese Art der Infragestellung verursacht oft Schwindelgefühle und
Angst davor, gesellschaftliche Anerkennung zu verlieren und seinen soliden
sozialen Ort zu verlassen. Daß diese Angst allzu bekannt ist, macht es aber
um so glaubwürdiger, daß die Geschlechtsidentität auf der instabilen Grundlage menschlicher Erfindung ruht.

Verkörperung und Autonomie

Beauvoirs Analyse des Körpers hebt ab auf die kulturelle Situation, in welcher
Männer traditionellerweise mit dem nichtverkörperten oder transzendenten
Aspekt und Frauen mit dem körperlichen und immanenten Aspekt der
menschlichen Existenz assoziiert werden. Ihre eigene Ansicht einer verkörperten Identität, die die Transzendenz »inkorporiert«, verschreibt sich keiner
der beiden Positionen. Obwohl sie gelegentlich die tradierte Position zu favorisieren scheint, die sich aus der nichtverkörperten Transzendenz des Bewußtseins ergibt, verweist ihre Kritik an dieser vom Körper abstrahierenden
Perspektive darauf, daß eine andere Konzeption von Autonomie in ihrer
Theorie am Werk ist.

Frauen sind »Andere«, insofern sie vom männlichen Blick aus definiert
werden, der den eigenen nichtverkörperten Status aufrechterhalten will, indem er Frauen generell mit der Körpersphäre identifiziert. Männliche Nichtverkörperung ist nur möglich unter der Bedingung, daß Frauen ihren Körper

als essentielle und versklavende Identität besetzen. Wenn Frauen ihre Körper *sind* (zu unterscheiden von: ihre Körper »existieren«, was beinhaltet, daß sie ihre Körper als Entwürfe oder soziale Bedeutungsträger leben), wenn Frauen also nur ihre Körper sind, wenn ihre Freiheit und ihr Bewußtsein bloß in diversen Verkleidungen körperlicher Bedürfnisse und Notwendigkeiten bestehen, dann haben Frauen in der Tat die Körpersphäre des Lebens exklusiv für sich monopolisiert. Indem Frauen als »Andere« definiert werden, sind Männer durch diese definitorische Reduktion in der Lage, über die weiblichen Körper zu verfügen, sich selbst zum Andern dieser Körper zu machen — jenem potentiellen Symbol des menschlichen Verfalls und der Vergänglichkeit, von Endlichkeit überhaupt — und damit zugleich ihre eigenen Körper als das Andere ihrer selbst aufzufassen. Von diesem Glauben, daß der Körper ein Anderes sei, ist es nicht weit bis zur Schlußfolgerung, daß andere *ihre* Körper seien, während das männliche »Ich« ein nichtkörperlicher Intellekt ist. Der Körper als das Andere — der unterdrückte oder verleugnete und schließlich projizierte Körper — taucht für dieses »Ich« wieder auf im Blick auf andere als wesentlich Körper. Auf diese Weise werden Frauen zu Anderen; sie verkörpern schließlich die Körperlichkeit selber. Diese Redundanz wird zu ihrer Essenz, und die Existenz als Frau wird das, was Hegel »eine bewegungslose Tautologie« nannte.

Beauvoirs Dialektik von Selbst und Anderem lotet die Grenzen einer Cartesischen Version von nichtverkörperter Freiheit aus und kritisiert implizit das Modell der Autonomie, das durch diese männlichen Geschlechtsnormen aufrechterhalten wird. Das Projekt der Nichtverkörperung ist notwendigerweise eine Täuschung, weil der Körper nie wirklich geleugnet werden kann; seine Leugnung oder Verdrängung wird zur Bedingung dafür, daß er in fremder Form wieder auftaucht. Nichtverkörperung wird zu einer Methode, seinen Körper im Modus der Verleugnung zu leben. Und die Verleugnung des Körpers offenbart sich — wie in Hegels Herr/Knecht-Dialektik — in nichts anderem als in der Verkörperung dieser Verleugnung.

Der Körper als Situation

Als Alternative zur Geschlechterpolarität von männlicher Nichtverkörperung und weiblicher Körperversklavung schlägt Beauvoir ihre Interpretationen des Körpers als »Situation« vor. Der Körper als Situation hat mindestens

eine zweifache Bedeutung. Als Ort kultureller Interpretationen ist der Körper
eine materielle Realität, die bereits in einem gesellschaftlichen Kontext lokalisiert und definiert ist. Der Körper ist aber auch die Situation, aus der heraus
ein Set von gegebenen Interpretationen aktiv aufzunehmen und zu deuten
ist. Als ein Feld von interpretativen Möglichkeiten ist der Körper der Ort
eines dialektischen Prozesses, der ein Bündel historischer Interpretationen,
welche den Körperstil bereits geprägt haben, erneut interpretiert. Der Körper wird zu einem spezifischen Nexus von Kultur und Wahl, und »seinen Körper existieren« wird zum individuellen Weg, die gegebenen Geschlechtsnormen aufzugreifen und zu reinterpretieren. In dem Maß, wie
Geschlechtsnormen als soziale Zwänge fungieren, wird die Reinterpretation
dieser Normen qua Vervielfältigung und Variation von Körperstilen zu einer
sehr konkreten und zugänglichen Möglichkeit, das persönliche Leben zu po-
litisieren.

Wenn wir den Körper als kulturelle Situation akzeptieren, erscheint die
Annahme eines natürlichen Körpers, mehr noch, eines natürlichen »Sexes«
zunehmend suspekt. Die Grenzen des Geschlechts, die Bandbreite der Möglichkeiten für eine gelebte Interpretation sexuell differenzierter Anatomie
scheinen weniger von der Anatomie selbst bestimmt zu sein, sondern vielmehr vom Gewicht kultureller Institutionen, die per Konvention die Anatomie interpretiert haben. Wenn wir Beauvoirs Formulierung in ihrer unausge-
sprochenen Konsequenz zu Ende denken, wird es in der Tat unklar, ob das
Geschlecht in irgendeiner Weise mit dem Sex in Verbindung gebracht werden muß oder ob diese Verbindung nicht selber bereits eine kulturelle Konvention ist. Wenn das Geschlecht eine Weise, seinen Körper zu existieren, ist
und dieser Körper eine Situation, ein Feld kultureller sowohl gegebener als
auch reinterpretierbarer Möglichkeiten ist, dann sind offenbar beide, Geschlecht und Sex, durch und durch kulturelle Angelegenheiten. Das Geschlecht scheint weniger eine Funktion der Anatomie zu sein, sondern eher
eine Funktion ihrer möglichen Anwendungen: »... der Körper der Frau ist eines der wesentlichsten Elemente für die Situation, die sie in der Welt einnimmt. Aber andererseits genügt er auch nicht, um sie zu definieren; er besitzt keine erlebte Wirklichkeit außer durch das Bewußtsein, das ihn durch
Handlungen und im Schoße der Gesellschaft einnimmt.«[8]

Körperpolitik

Wenn der natürliche Körper — und der natürliche »Sex« — Fiktion sind, dann
fragt Beauvoirs Theorie also implizit, ob nicht Sex eigentlich schon immer
Geschlecht war. Monique Wittig formuliert diesen Angriff auf den natürlichen »Sex« explizit. Obwohl Wittig und Beauvoir sehr verschiedene Positionen
im feministischen politischen Spektrum Frankreichs einnehmen, stimmen
sie dennoch darin überein, daß sie essentialistische Theorien von Weiblichkeit ablehnen. Wittigs Aufsatz »One is Not Born a Woman«, der Beauvoirs
bekannte Formulierung im Titel aufnimmt, war zunächst ein Vortrag auf dem
Simone-de-Beauvoir-Symposion 1979 in New York. Obwohl dieser Vortrag
Beauvoir nach den einleitenden Absätzen nicht mehr erwähnt, können wir
ihn dennoch als Versuch lesen, Beauvoirs unausgesprochene Theorie der Ge-
schlechtsaneignung explizit zu machen.

Wittig zufolge findet die eigentliche Diskriminierung des »Sexes« innerhalb eines politischen und sprachlichen Netzwerkes statt, das einen dyadischen Sex voraussetzt und fordert. Die Demarkationslinie sexueller Differenz
gehe der Interpretation dieser Differenz nicht *voraus*, sondern diese Demarka-
tion sei selber ein interpretativer Akt, geladen mit normativen Prämissen über
ein binäres Geschlechtssystem. Diskriminierung sei immer »Diskrimini-
rung« (d.h. Abgrenzung; A.d.Ü.), binäre Opposition diene immer hierarchischen Zwecken. Wittig weiß, daß ihre Position der Intuition zuwiderläuft,
aber gerade die politische Überformung der Intuition will sie bloßstellen.
Wenn wir die sexuelle Differenz benennen — so Wittig —, schaffen wir sie
auch in die Welt; wir beschränken unser Verständnis von relevanten Sexual-
organen auf solche, die im Prozeß der Reproduktion eine Rolle spielen, und
schreiben dadurch der Heterosexualität eine ontologische Notwendigkeit zu.
Was die Geschlechter (*sexes*) unterscheidet, sind solche anatomischen Merkmale, die entweder direkt der Reproduktion dienen oder so konstruiert sind,
daß sie mittelbar zu ihrem Erfolg beitragen. Deshalb ist Wittig zufolge die
Erogenität, die sexuelle Empfänglichkeit des Körpers, durch Institutionalisie-
rung der binären Geschlechtsdifferenz reduziert. Sie fragt: warum nennen wir
unsere Münder, Hände oder Rücken nicht sexuell? — Und antwortet: wir bezeichnen — verstehen, fühlen — nur solche Merkmale als sexuell, die in der reproduktiven Aktivität eine Funktion haben.

Wittigs Argumentation erscheint kontra-intuitiv, weil wir die sexuelle Differenz ständig vor Augen haben und sie uns als unmittelbar gegebene Erfahrung vorkommt. Sie sagt:

Sex . . . wird als »unmittelbar Gegebenes«, als sinnlich Vorhandenes, als ein Komplex »physischer Merkmale« aufgefaßt, der einer natürlichen Ordnung angehört. Aber das, was wir für eine physische oder direkte Wahrnehmung halten, ist bloß eine ausgeklügelte und mythenhafte Konstruktion, eine »imaginäre Formation«, die physische Gegebenheiten (die an sich so neutral sind wie alle anderen, jedoch markiert durch ein gesellschaftliches System) reinterpretiert, und zwar mit Hilfe des Beziehungsnetzes, in welchem sie perzipiert werden.[9]

Wie Beauvoir versteht Wittig das Geschlecht zugleich als Denunzierungsformel und als Projekt; das Geschlecht ist nichts anderes als eine Norm, die wir unter Mühen zu verkörpern suchen. Wittig wörtlich: »Wir sind gezwungen worden, körperlich wie geistig, und Zug um Zug, einer *Idee* von Natur zu entsprechen, die für uns etabliert wurde.«[10] »Daß wir uns selbst oder andere als ›Männer‹ und ›Frauen‹ erfahren, sind politische Kategorien und keine natürlichen Fakten.«[11]

Wittigs Theorie ist aus verschiedenen Gründen alarmierend, in erster Linie aufgrund der These, daß der Diskurs über Sex die falsche Benennung der Anatomie hervorrufe. Wenn dies Wittigs Ansicht wäre, würde es so aussehen, als ob sexuelle Differenz keine notwendige materielle Fundierung hätte und daß die Wahrnehmung von Körperdifferenzen, die sich als binär erweisen, eine fundamentale Täuschung wäre, der fast sämtliche Kulturen verfallen sind. Aber ich denke nicht, daß das Wittigs Standpunkt ist. Zweifellos gibt es Differenzen, die binär, materiell und exakt bestimmbar sind, und wir befinden uns nicht in der Zange politischer Ideologie, wenn wir diese Tatsache bestätigen. Was Wittig anprangert, ist die gesellschaftliche Praxis, gewisse anatomische Merkmale nicht nur zur Bestimmung des anatomischen Geschlechts, sondern zur Bewertung der Geschlechtsidentität heranzuziehen. Sie weist darauf hin, daß es andere Arten von Unterschieden zwischen den Menschen gibt, etwa Unterschiede in Gestalt und Größe, in der Form des Ohrläppchens oder der Länge der Nase, aber wir fragen nicht, wenn ein Kind geboren wird, welche Art von Ohrläppchen es hat. Wir fragen sofort nach gewissen sexuell differenzierten anatomischen Merkmalen, weil wir annehmen, daß diese in irgendeiner Weise das gesellschaftliche Schicksal des Kindes bestimmen, und dieses Schicksal, was immer es auch sein mag, wird strukturiert durch ein Geschlechtssystem, das auf einer scheinbaren Natürlichkeit binärer Oppositionen, d.h. der Heterosexualität, beruht. Indem wir Säuglinge in dieser Weise unterscheiden, behaupten wir folglich die Heterosexualität als Vorbedingung menschlicher Identität und präsentieren diese zwanghafte Norm unter dem Schleier einer Naturtatsache.

Wittig bestreitet also nicht die Existenz oder Faktizität sexueller Distinktion, sondern hinterfragt die Hervorhebung und Bewertung bestimmter Arten von Distinktion gegenüber anderen. Wittigs Buch *Le corps lesbien*[12] ist das literarische Portrait eines erotischen Kampfes, die für die sexuelle Identität relevanten Differenzen neu zu schreiben. Verschiedene Merkmale des weiblichen Körpers werden aus ihrer normalen Situierung herausgelöst und mit Hilfe dieser Zergliederung erinnert und neu zusammengesetzt.[13] Die Rückgewinnung verschiedener Körperteile als Quellen erotischer Lust ist für Wittig zugleich ein Ungeschehenmachen und eine Revision der binären Beschränkung, die bei der Geburt oktroyiert wird. Die Erogenität des gesamten Körpers wird wieder hergestellt durch einen Prozeß, der manchmal Züge eines heftigen Kampfes annimmt. Der weibliche Körper ist als solcher nicht mehr erkennbar; er erscheint nicht länger als ein »unmittelbar Gegebenes der Erfahrung«; er wird in seiner Gestalt zerlegt und wieder neu entworfen und konstruiert. Das emanzipatorische Moment dabei besteht in der Auflösung des binären Systems, im Auftauchen des essentiellen Chaos oder polymorpher Zustände, mithin in der präkulturellen Unschuld des »Sexes«.

Es mag so erscheinen, daß Wittig ein utopisches Gelände betreten hat und uns arme verortete Wesen an der Grenze ihres befreienden imaginären Raums ungeduldig wartend zurückläßt. Schließlich ist *Le corps lesbien* ein Phantasieprodukt, und es ist nicht ausgemacht, ob wir Leserinnen in diesem Text eine potentielle Handlungsanweisung erkennen oder einfach nur in unseren gewöhnlichen Auffassungen von Körper und erotischer Lust irritiert werden sollen. Ist Wittig zu dem Schluß gekommen, daß heterosexuelle Normen kulturelle Normen sind, während lesbische Normen irgendwie natürlich sind? Ist der lesbische Körper, den sie als ursprünglicher und die binären Restriktionen zugleich überschreitend konzipiert, überhaupt ein Körper? Hat das Lesbische in Wittigs spezifischer sexueller Kosmogonie den Platz des psychoanalytischen Polymorphismus eingenommen?

Statt jedoch für die Überlegenheit einer non-heterosexuellen Kultur zu argumentieren, entwirft Wittig eher die Vision einer geschlechtslosen Gesellschaft, indem sie sagt, daß der Sex wie die Klasse ein Konstrukt sei, das unweigerlich abgeschafft werden müsse. In seinem Ruf nach Abschaffung des Geschlechts erscheint Wittigs Programm in der Tat als zutiefst humanistisch. Sie behauptet, daß

eine neue Definition der Person und des Subjekts jenseits der Kategorien des Sexes (Mann und Frau) für die ganze Menschheit gefunden werden kann und daß es die Heraufkunft individueller Subjekte erfordert, zunächst die Geschlechtskategorie zu zerstören und schließlich mit deren Gebrauch aufzuhören sowie sämtliche Wissenschaften zurückzuweisen, die immer noch an diesen Kategorien als fundamentalen Begriffen festhalten (praktisch alle Sozialwissenschaften).[14]

Einerseits plädiert Wittig also für die Aufhebung des Geschlechts überhaupt, andererseits könnte ihre Theorie ebensogut zu einer gegenteiligen Konklusion führen, nämlich zur Auflösung der binären Restriktionen qua *Vermehrung* der Geschlechter.

Da die Kategorie »Sex« nur sinnvoll ist innerhalb eines binären Diskurses über Sex, in welchem »Männer« und »Frauen« die Möglichkeiten des Geschlechts erschöpfen und sich als komplementäre Gegensätze auf einander beziehen, ist die Kategorie »Sex« schon immer in einen Diskurs über Heterosexualität eingebunden. Folglich, so Wittigs Argument, ist eine Lesbierin keine Frau, weil eine Frau sein bedeutet, in einer binären Relation zu einem Mann situiert zu sein. Wittig ist nicht der Meinung, daß die Lesbierin ein ganz anderer Sex oder ein ganz anderes Geschlecht sei, sondern sie sagt, daß das Lesbische »das einzige mir bekannte Konzept jenseits der Geschlechtskategorie ist«.[15] Aber selbst da, wo Wittig die Lesbierin in Relation zu dieser binären Opposition von »Mann« und »Frau« beschreibt, macht sie darauf aufmerksam, daß dieses »jenseits der Opposition sein« immer noch bedeute, auf diese Opposition bezogen zu sein, und dadurch sogar eine neue binäre Opposition herzustellen. Damit die Lesbierin vermeiden kann, von einem weiteren Gegensatzpaar vereinnahmt zu werden, d.h. von der Opposition zur Heterosexualität selbst, müsse »lesbisch sein« an sich ein vielfältiges kulturelles Phänomen, ein Geschlecht ohne eindeutige Wesenszuschreibungen werden. Wenn binäre Oppositionen Hierarchien implizieren, so führt das Postulat einer sexuellen Identität »jenseits« der Kultur zu einem erneuten hierarchischen Arrangement; die hegemoniale heterosexuelle Kultur wird als das »Andere« dieses postkulturellen Subjekts figurieren, und eine neue Hierarchie könnte leicht die alte ersetzen — zumindest rein theoretisch. Darüber hinaus geht in die Definition der Kultur als notwendig auf die Reproduktion von Gegensatzpaaren fixierte eine strukturalistische Prämisse ein, die weder zutreffend noch politisch wünschenswert zu sein scheint. Wenn binäre Restriktionen in der Praxis überwunden werden sollen, so müssen sie letztlich ihre Auflösung durch die Schaffung neuer kultureller Formen bewerkstelligen. Wie Beauvoir sagte und Wittig wissen sollte, gibt es keinen sinnvollen Bezug zu einer »menschlichen Realität« außerhalb kultureller Termini. Das politische Programm zur Überwindung binärer Restriktionen sollte sich deshalb auch eher mit kultureller Innovation als mit Mythen der Transzendenz befassen.

Wittigs Theorie wird gestützt durch den ersten Band von Foucaults *Sexualität und Wahrheit,* in dem unwahrscheinliche, aber signifikante Konsequenzen für eine feministische Theorie enthalten sind. Dadurch, daß Foucault versucht, die binäre Konfiguration der Macht, das juridische Modell von Unterdrücker und Unterdrücktem zu unterlaufen, bietet er einige Strategien zur Subversion der Geschlechterhierarchie. Foucault zufolge ist die binäre Organisation der Macht, auch jene, die auf strikten Geschlechterpolaritäten beruht, ein Effekt der Multiplikation von produktiven und strategischen Machtformen. Deshalb interessiert er sich nicht mehr für Marcuses Traum von einer Sexualität ohne Macht, sondern konzentriert sich darauf, die existierenden Begriffe juridischer Macht auseinanderzunehmen und aufzulösen. Was dies betrifft, ist Wittig allerdings der Theorie sexueller Emanzipation Marcuses näher, als sie eine Geschlechtsidentität und eine Sexualität entwirft, die befreit sind von Herrschaftsbeziehungen. Aber Foucault schreibt dieses Buch ja auch in der desillusionierten Zeit nach Marcuses *Eros und Zivilisation* und weist somit ein fortschrittsgläubiges Geschichtsmodell zurück, das auf die graduelle Freisetzung eines an sich befreienden Eros vertraute. Für Foucault ist auch der befreite Eros immer schon kulturell strukturiert, mit einer Machtdynamik gesättigt und produziert deshalb die gleichen politischen Dilemmata wie die repressive Kultur, deren Befreiung er bewerkstelligen sollte. Genau wie Wittig jedoch verwirft Foucault den »natürlichen Sex« als ursprünglich gegeben und versucht hingegen zu verstehen, wie »das Sexualitätsdispositiv . . . diese Idee des ›Sexes‹ installiert«.[16] Die Kategorie Sex gehört zu einem juridischen Machtmodell, das die binäre Opposition der »Geschlechter« voraussetzt. Foucault zufolge resultiert die Subversion der binären Gegensätze nicht in deren Transzendenz, sondern in ihrer Vervielfältigung bis zu dem Punkt, wo binäre Oppositionen in einem Kontext multipler, nicht gegensätzlich strukturierter Differenzen bedeutungslos werden. Foucault schlägt also »Vermehrung« und »Angleichung« als Strategien vor, um das uralte Machtspiel von Unterdrücker und Unterdrücktem zu verwirren. Seine Taktik, wenn man es so nennen will, besteht darin, nicht die Machtbeziehungen selbst zu überwinden, sondern deren verschiedene Konfigurationen zu vervielfältigen, damit das juridische Modell von Macht als Unterdrückung und Reglementierung nicht mehr hegemonial ist. Wenn Unterdrücker selber unterdrückt werden und die Unterdrückten alternative Formen von Macht entwickeln, dann sind wir in der Gegenwart postmoderner Machtbeziehungen angelangt. Für Foucault zeitigt diese Interaktion ständig neue und kompliziertere Nuancen der Macht, so daß die

Macht der binären Opposition qua interner Ambiguität zu Fall gebracht
wird.

Die Idee des natürlichen Sexes ist Foucault zufolge weder ursprünglich
noch eindeutig. Jemandes »Sex«, d.h. jemandes anatomisch differenziertes
Selbst, ist eng verbunden mit »Sex« als Aktivität und Trieb. Das Wort umfaßt
eine Vielfalt von Bedeutungen, die in einem einzigen Namen zusammenge-
schweißt wurden, um gewisse strategische Ziele einer hegemonialen Kultur
zu verfolgen:

Der Begriff »Sex« (hat es) möglich gemacht, anatomische Elemente, biologische Funktionen, Verhaltensweisen, Empfindungen und Lüste in einer künstlichen Einheit zusammenzufassen und diese fiktive Einheit als ursächliches Prinzip, als allgegenwärti-
gen Sinn und allerorts zu entschlüsselndes Geheimnis funktionieren zu lassen: der Sex
als einziger Signifikant und als universales Signifikat.[17]

Wie Wittig bestreitet auch Foucault nicht die materielle Wirklichkeit anatomisch unterschiedener Körper; aber er fragt, wie die Materialität des Körpers
benutzt wird, um spezifische kulturelle Ideen zum Ausdruck zu bringen. So
entwirft er am Ende des ersten Bandes von *Sexualität und Wahrheit* »eine ›Geschichte der Körper‹ und eine Art und Weise, in der man das Materiellste und
Lebendigste an ihnen eingesetzt und besetzt hat«.[18]

Durch die Veröffentlichung der Tagebücher von Herculine Barbin, einer
Transsexuellen des 19. Jahrhunderts, deren anatomische Ambiguität im »Geständnis« und schließlich im Selbstmord endet[19], führt Foucault eine Phäno-
menologie solcher Einsetzungen und Besetzungen vor. In seiner Einleitung
betont Foucault die Irrelevanz etablierter Geschlechtskategorien für Alexinas
(Herculines) Sexualleben:

Man hat den Eindruck, zumindest, wenn man Alexinas Geschichte Glauben schenkt,
daß sich alles in einer Welt der Gefühle abspielte – Begeisterung, Lust, Kummer, Wärme, Süße, Bitterkeit –, wobei die Identität der Partner und vor allem die geheimnisvol-
le Figur, um die sich alles zentrierte, bedeutungslos war. Es war eine Welt, in der das
Grinsen der Katze gegenwärtig war – ohne die Katze.[20]

Herculine scheint dem eindeutigen Sex und somit dem binären System, das
den Sex beherrscht, entkommen zu sein, und für Foucault wird dies durch die
Literarisierung der Ambiguität von Sex und sexueller Identität repräsentiert,
die in jedem normalen und eindeutigen Sex oder Geschlecht als unterdrück-
tes Potential vorhanden ist. Herculine Barbin, unsere Transsexuelle, ist weder
hier noch dort, aber sie ist auch nicht an einem spezifischen dritten Ort. Sie ist
ein Amalgam binärer Oppositionen, eine besondere Konfiguration und Ver-

schmelzung des Männlichen und Weiblichen. Wegen ihres unklugen Eindringens in die männliche Sphäre wird sie von den Kirchenbehörden bestraft und verbannt, indem man sie als eindeutig männlich abstempelt. Herculine transzendiert das Geschlecht eigentlich nicht, vielmehr vermischt sie es; und während wir ihr Schicksal bis zu einem gewissen Grad als anatomisches ansehen können, wird doch klar, daß die juristischen und medizinischen Dokumente bezüglich ihrer anatomischen Transgression eine dringende gesellschaftliche Notwendigkeit erkennen lassen, den Sex auf die üblichen zwei Geschlechter zu reduzieren. Es ist deshalb nicht ihre Anatomie, sondern die Art, wie diese Anatomie »eingesetzt« wird, die die Probleme verursacht. Ihre mißliche Lage offenbart im wörtlichen Sinn die hastige Gier und die zwanghafte Strategie der Gesellschaft, den Körper zu entkleiden und in Gegensatzbegriffen zu definieren. Diese Gegensatzstruktur gleichsam zum Explodieren zu bringen ist eine Methode, männliche Hegemonie und Zwangsheterosexualität ihrer meistgehüteten Prämissen zu berauben. Wenn aber die binäre sexuelle Differenz ontologisch abgeleitet wird, bleiben die Optionen der sexuellen Identität auf die heterosexuellen Parameter beschränkt, mehr noch, Heterosexualität wird auf eine mythische Version ihrer selbst reduziert, indem ihre eigene potentielle Vielfalt in einer eindeutigen Selbstpräsentation zum Verschwinden gebracht wird.

Fazit: Die Dissonanz Verkörpern

Aus dem bisher Gesagten folgt — und es ist wichtig, darauf hinzuweisen —, daß der Angriff auf das dyadische Geschlechtssystem, den Beauvoirs Theorie erlaubt und an dem Wittig und Foucault weiterarbeiten, zugleich auch ein Angriff auf jene feministischen Positionen ist, die die sexuelle Differenz für unhintergehbar halten und die der spezifisch weiblichen Seite dieser binären Opposition zum Ausdruck verhelfen wollen. Wenn natürlicher Sex eine Fiktion ist, dann ist das eigentümlich Weibliche auch bloß ein historisches Moment in der Entwicklung der Kategorie »Sex«, oder in Foucaults Worten, »das spekulativste, das idealste, das innerlichste Element in einem Sexualitätsdispositiv, das die Macht in ihren Zugriffen auf die Körper, ihre Materialität . . . organisiert«.[21]

Der schematische Abriß einer Theorie der Geschlechtserfindung, den ich hier skizziert habe, entgeht den Fallen eines von Sartre inspirierten Existentialismus allerdings nicht durch die bloße Tatsache ihrer kulturellen Anwendung. In der Tat scheinen wir mit der Vervielfältigungsthese Foucaults den Kreis einmal abgeschritten zu haben, um wieder bei der Idee radikaler Erfindung zu landen, einer Erfindung allerdings, die zwischen kulturell existenten und kulturell zu entwerfenden Konventionen differenziert. Die Problematik dieser Theorie scheint eine zweifache zu sein, und die Einwände, die zweifellos gegen sie erhoben werden können, wurden bereits in verschiedener Hinsicht und in anderer Form von der marxistischen sowie der psychoanalytischen Argumentation vorweggenommen. Die marxistische Problematisierung könnte man so umreißen, daß die Identität des einzelnen und, implizit, die Geschlechtsidentität gesellschaftlich konstituiert werde. Ich wähle nicht nur mein Geschlecht und wähle es auch nicht nur innerhalb kulturell verfügbarer Begriffe, sondern ich werde permanent, auf der Straße und in der Welt, von anderen konstituiert, so daß mein selbst entworfenes Geschlecht sich möglicherweise in einem komischen oder tragischen Gegensatz zu dem Geschlecht befindet, durch das und mit dem die anderen mich sehen. Folglich setzt selbst Foucaults Verordnung einer radikalen Erfindung einen Agenten voraus, der *à la Descartes* dem Blick des Anderen geschickt ausweicht.

Der psychoanalytische Einwand würde vielleicht schärfer ausfallen, denn psychoanalytische Theorien der Geschlechtsidentität und -aneignung haben eine Tendenz, darauf zu beharren, daß das, was wir werden, in gewisser Weise das ist, was wir immer gewesen sind, obwohl dieses Werden mit ödipaler Notwendigkeit ein Prozeß ist, der in Übereinstimmung mit dem identitätsstiftenden Inzesttabu unsere sexuelle Ambiguität einschränkt. Ambiguität, zumeist beschrieben als Bisexualität oder Polymorphismus, wird immer vorausgesetzt, so daß die erlangte Geschlechtsidentität diese unterdrückte Ambiguität zugleich enthält und verbirgt. Die Vervielfältigung der Geschlechter über die binäre Opposition hinaus würde demnach immer die Rückkehr zu einer präödipalen Ambiguität bedeuten, die uns wahrscheinlich aus der Kultur, wie wir sie kennen, entfernen würde. Der psychoanalytischen Argumentation zufolge wäre das normative Ideal vielfältiger Geschlechter immer eine eigenartige Mischung von Erinnerung und Phantasie, die im Kontext eines ödipal konditionierten Subjekts als affektiver Streit mit dem Inzesttabu aufgefaßt werden müßte. Das läßt man vielleicht als Stoff großer Literatur gelten, hält es aber nicht notwendigerweise für praktikabel im kulturellen Kampf um Veränderung der Geschlechterbeziehungen, wie wir sie kennen. Von diesem Standpunkt aus betrachtet wäre das, was ich hier vorgetragen habe, eine präödipale Phantasie, die nur interessant und sinnvoll ist für ein Subjekt, das diese Phan-

tasie niemals realisieren kann. So gesehen würden beide, die hypothetischen
marxistischen und die hypothetischen psychoanalytischen Einwände geltend
machen, daß die von mir dargestellte Theorie des Realitätsprinzips entbehre.
Aber ein solcher Vorwurf ist natürlich nicht unproblematisch, denn es
ist nicht ausgemacht, ob das Prinzip, das diese Realität beherrscht, Notwendigkeit für sich beanspruchen kann oder ob nicht ebensogut andere Realitäts-
prinzipien »erfunden« werden könnten und ob solche kontra-intuitiven
Prinzipien nicht Teil der kulturellen Phantasien sind, die schließlich neue Or-
ganisationsformen von Realität hervorbringen. Es ist für mich nicht erwiesen,
daß Realität etwas ein für allemal Gesetztes ist, und deshalb sollten wir eher
die Theoriebildung über die dynamische Beziehung zwischen Phantasie und
Verwirklichung neuer gesellschaftlicher Realitäten vorantreiben.

Ein großer Teil der französischen feministischen Forschung hat sich damit
befaßt, die Natur des Weiblichen zu spezifizieren. Gefragt wurde nach dem,
was Frauen wollen, wie dieses spezifisch weibliche Begehren sich selbst zu erkennen gibt und wie es sich indirekt in den Brüchen der logozentrischen Sprache darstellt. Dieses Feminitätsprinzip wird im weiblichen Körper aufgespürt,
manchmal unter dem Aspekt der präödipalen Mutter, manchmal eher natu-
ralistisch als ein pantheistisches Prinzip, das einer eigenen Art von Sprache
bedürfe, um sich artikulieren zu können. In diesen Fällen wird das Geschlecht
nicht als konstituiertes, sondern als seinsmäßige Fundierung des körperlichen
Lebens betrachtet, und wir kommen der Gleichsetzung von Biologie und
Schicksal ziemlich nahe, also jener Verschmelzung von Tatsache und Wert-
urteil, die Beauvoir ihr Leben lang zurückzuweisen versuchte. In einem Aufsatz mit dem Titel »Women can Never be Defined« bemerkt Julia Kristeva,
daß »der Glaube, ›man sei eine Frau‹ beinahe so absurd und obskurantistisch
ist wie der Glaube, ›man sei ein Mann‹«.[22] Kristeva sagt »beinahe so absurd«,
weil es praktische und strategische Gründe gibt, die Idee von Frauen als einer
Klasse — trotz der deskriptiven Leere dieses Begriffs — aufrechtzuerhalten.
Ausgehend von Wittigs These, daß »Frauen« eine politische Kategorie sei,
fragt Kristeva weiter, ob sie als solche auch eine *nützliche* politische Kategorie
ist. Das bringt uns zurück zum oben referierten marxistischen Einwand.
Kristeva ist jedoch bereit, den Begriff ganz und gar fallen zu lassen, sobald
dessen politische Brauchbarkeit erschöpft ist. »Wir müssen ›wir sind Frauen‹
als Reklame oder als Slogan für unsere Forderungen gebrauchen. Auf einer
profunderen Ebene jedoch kann eine Frau nicht ›sein‹; es ist etwas, das noch
nicht einmal in die Ordnung des *Seins* gehört.«[23] — So ihre Argumentation.
»Frauen« ist somit ein falsches Substantiv, ein falscher eindeutiger Signifikant,

der eine intern vielfältige und widersprüchliche Geschlechtserfahrung verdeckt und ausschließt. Wenn also Frauen, um auf Beauvoir zurückzukommen, ein solcher Modus des Werdens sind, das durch den reduktionistischen Zwang einer substantivierenden Nomenklatur vorzeitig aufgehalten wird, dann könnte dies in der Tat die Freisetzung der intern komplexen Erfahrung von Frauen — eine Erfahrung, die die bekannte, sogenannte »Frauenerfahrung« als leeres Gerede überführte — auslösen und beschleunigen. Und dabei käme es nicht darauf an, die Sprache einfach zu ändern, sondern Sprache auf ihre ontologischen Prämissen hin zu untersuchen und diese hinsichtlich ihrer politischen Folgen zu kritisieren. Die Frau als in einer metaphysischen Ordnung des *Seins* existierend zu verstehen, heißt in der Tat, sie als bereits vollendet, selbstidentisch, statisch aufzufassen. Sie hingegen in der metaphysischen Ordnung des *Werdens* zu begreifen heißt, ihrer Erfahrung Möglichkeiten zuzugestehen, inklusive jener, nie eine substantivierte, selbstidentische »Frau« zu werden. Solche Substantivierungen werden in der Tat leere Bezeichnungen bleiben, während andere, aktive Formen der Deskription wünschenswert werden könnten.

Es überrascht nicht, daß Beauvoir ihren philosophischen Bezugsrahmen aus der Existenzphilosophie bezieht und daß Wittig Beauvoir mehr verpflichtet ist als jenen französischen Feministinnen, die entweder pro oder contra Lacan schreiben. Und es ist ebenfalls nicht überraschend, daß Foucaults Sexualitätstheorie und seine Geschichte der Körper vor dem Hintergrund von Nietzsches *Wille zur Macht* und *Genealogie der Moral* geschrieben ist, dessen Methode existentieller Kritik immer wieder aufdeckte, wie Werte, die natürlich erscheinen, auf ihre kontingenten kulturellen Ursprünge zurückverfolgt werden können.

Es ist gut, daß der psychoanalytische Einspruch uns an die tiefe Verwurzelung von sexueller und geschlechtlicher Identität erinnert und die marxistische Analyse die Auffassung bekräftigt, daß unsere Konstituierung nicht nur unsere persönliche Angelegenheit ist. Und es kann auch sein, daß Wittig und Foucault eine oder mehrere neue Identitäten offerieren, die trotz ihrer Qualifikation utopisch bleiben. Dennoch ist es nützlich, an Gayle Rubins Interpretation der Psychoanalyse zu erinnern, in der Verwandtschaftsstrukturen in Form von modernen Geschlechtsidentitäten rekonstruiert werden.[24] Wenn sie zu Recht Geschlechtsidentität als Verwandtschafts-»Spur« liest und herausarbeitet, daß das Geschlecht zunehmend frei wurde von den Prägungen durch Verwandtschaftsverhältnisse, dann scheint unsere Schlußfolgerung berechtigt zu sein, daß die Geschichte des Geschlechts sehr wohl eine graduelle Befreiung des Geschlechts aus seinen binären Restriktionen erkennen läßt. Außerdem ist jeder theoretische Versuch, eine essentielle Weiblichkeit zu entdecken, aufrechtzuerhalten oder zu artikulieren, mit folgendem moralischen und ethischen Problem konfrontiert: Was passiert, wenn einzelne Frauen sich in den Theorien, die ihnen ihre unüberschreitbaren Wesenszüge erklären, keineswegs wiederfinden? Wenn das essentiell Weibliche sich letztlich doch artikuliert hat, aber das, was wir »Frauen« genannt haben, sich in diesen Begriffen nicht begreifen kann, was sollen wir dann daraus schließen? Daß diese Frauen verblendet sind, oder daß sie überhaupt keine Frauen sind? Wir könnten natürlich argumentieren, daß Frauen eine eher inklusive, umfangende Essenz haben, aber wir könnten auch zu dem vielversprechenden Vorschlag von Simone de Beauvoir zurückkehren, nämlich, daß Frauen überhaupt keine Essens haben und somit auch keine Naturnotwendigkeit darstelle, und daß das, was wir Essenz oder materielle Tatsache nennen, nichts anderes ist als eine aufgezwungene kulturelle Option, die sich als natürliche Wahrheit getarnt hat.

Übersetzt von Käthe Trettin

Anmerkungen

1 Simone de Beauvoir, *Das andere Geschlecht. Sitte und Sexus der Frau,* Reinbek 1968, 265. Die Diskussion von Simone de Beauvoirs *Das andere Geschlecht* wurde teilweise dem Aufsatz der Autorin »Sex and Gender in Beauvoir's *Second Sex*« entnommen, *Yale French Studies.*

2 Monique Wittig, »One is Not Born a Woman«, *Feminist Issues,* 1, 2; vgl. auch »The Category of Sex«, *Feminist Issues,* 2, 2.

3 Vgl. Thomas W. Busch, »Beyond the Cogito: The Question of the Continuity of Sartre's Thought«, *The Modern Schoolman,* LX (March 1983).

4 Jean-Paul Sartre, *Das Sein und das Nichts. Versuch einer phänomenologischen Ontologie,* Hamburg 1952. — In dieser Übersetzung von Justus Streller wurde das Kapitel »Le Corps« nicht in die deutsche Ausgabe übernommen. Zitate wurden deshalb unter Heranziehung des Originals von mir übersetzt. Vgl. *L'être et le néant,* Paris 1943, 353-401. A.d.Ü.

5 Sartre, *L'être et le néant,* 377.

6 Beauvoirs Verteidigung des nicht-Cartesischen Charakters von Sartres Diskurs über den Körper findet sich in »Merleau-Ponty et le Pseudo-Sartrisme«, *Les Temps Modernes,* 10, 2 (1955).

7 Sartre, *L'être et le néant*, 378.
8 Beauvoir, *Das andere Geschlecht*, 50.
9 Wittig, »One is Not Born a Woman«, 48.
10 Ebd., 47.
11 Ebd.
12 Wittig, *Le corps lesbien*, Paris: Minuit, 1973; dt.: *Aus deinen zehntausend Augen Sappho*, Berlin: Amazonen Frauenverlag, 1977. A.d.Ü.
13 Das englische Verbum *to remember* hat die doppelte Bedeutung von 1. erinnern, 2. zusammenfügen. A.d.Ü.
14 Wittig, »The Category of Sex«, 22.
15 Wittig, »One is Not Born a Woman«, 53.
16 Michel Foucault, *Sexualität und Wahrheit*, 1. Band: *Der Wille zum Wissen*, Frankfurt/M. 1977, 183.
17 Ebd., 184.
18 Ebd., 181.
19 Foucault (Ed.), *Herculine Barbin, Being the Recently Discovered Memoirs of a Nineteenth Century Hermaphrodite*, New York: Pantheon 1980.
20 Foucault, Herculine Barbin, xiii. – Foucault macht im letzten Satz eine Anspielung auf Lewis Carrolls *Alice im Wunderland*, Frankfurt/M. 1977, 65-69. Insbes. 69: »So etwas!« dachte Alice; »ich habe zwar schon oft eine Katze ohne Grinsen gesehen, aber ein Grinsen ohne Katze! Das ist doch das Allerseltsamste, was ich je erlebt habe!« A.d.Ü.
21 Foucault, *Sexualität und Wahrheit*, 185.
22 Julia Kristeva, »Woman can Never be Defined«, in Elaine Marks/Isabel de Courtivron (Eds.), *New French Feminisms*, 137.
23 Ebd.
24 Vgl. Gayle Rubin, »The Traffic in Women: The Political Economy of Sex«, in Rayna R. Reiter, *Toward an Anthropology of Women*, New York: Monthly Review Press 1975, 178-92.

Teil I
Die empirische Debatte

Moralische Orientierung und moralische Entwicklung

Carol Gilligan

Betrachtet man eine mehrdeutige Figur, wie jene Zeichnung, in der man eine junge oder eine alte Frau, oder das Bild, in dem man eine Vase oder zwei Gesichter sehen kann, so sieht man zunächst nur eine der beiden Möglichkeiten. Auch dann, wenn man beide erkennt, erscheint eine oft als zwingender. Dieses Phänomen spiegelt die Gesetze der Wahrnehmungsorganisation wider, die bestimmte Modi der visuellen Gruppierung begünstigen. Es weist aber auch auf eine Neigung hin, die Realität als unzweideutig wahrzunehmen und dementsprechend zu behaupten, daß es eine richtige oder bessere Sichtweise gibt.

Die Experimente der Gestaltpsychologen zur Wahrnehmungsorganisation liefern eine Reihe von Beweisen dafür, daß das gleiche Muster eines Umrisses auf verschiedene Art und Weise gedeutet werden kann, so daß man z.B. ein und dieselbe Figur, in Abhängigkeit von ihrer Ausrichtung in dem sie umgebenden Hintergrund, als Quadrat oder Raute sehen kann. Weitere Untersuchungen zeigen, daß zum Kontext, der die Entscheidung zwischen zwei möglichen Deutungen beeinflußt, nicht nur die Merkmale der Anordnung, sondern auch die vorangegangenen Erfahrungen und die Erwartungen des Wahrnehmenden gehören. So wird etwa ein Ornithologe die Enten-Kaninchen-Figur ganz anders wahrnehmen als ein Kaninchenhalter. Diese Unterschiedlichkeit impliziert jedoch nicht, daß eine Blickweise besser ist oder eine höhere Form der Wahrnehmungsorganisation darstellt. Sie lenkt jedoch in der Tat die Aufmerksamkeit auf den Umstand, daß der Kaninchenhalter, der ein Kaninchen wahrnimmt, die Mehrdeutigkeit der Figur nicht bemerken wird, es sei denn, jemand weist ihn darauf hin, daß sie auch als Ente gesehen werden kann.

Der vorliegende Beitrag behandelt für den Bereich des moralischen Urteils ein vergleichbares Phänomen, indem er zwei moralische Perspektiven beschreibt, die das Denken auf verschiedene Weisen organisieren. Die Analogie zur Wahrnehmung mehrdeutiger Figuren verdankt sich der Beobachtung, daß man bei der Definition und der Lösung eines moralischen Konflikts dazu neigt, die eine oder die andere Perspektive einzunehmen, selbst wenn man sich beider Perspektiven bewußt ist. Da moralische Urteile das Denken in schwierigen Entscheidungssituationen strukturieren, kann die Einnahme einer von zwei möglichen Perspektiven eine klare Entscheidung erleichtern. Der Wunsch nach Klarheit läßt sich aber auch als Ausdruck eines tiefsitzenden menschlichen Bedürfnisses nach Lösung oder Geschlossenheit begreifen, das sich besonders angesichts von Entscheidungen, mit denen sich Unbehagen und Beklommenheit verbinden, geltend macht. Daher kann sich das Bemühen um einen klaren Blick mit der Suche nach Rechtfertigung verbinden und die Auffassung bestärken, daß es eine richtige oder bessere Sichtweise der moralischen Probleme gibt. Dieser Sachverhalt, der Gegenstand intensiver theologischer und philosophischer Debatten war, ist für den Psychologen nicht allein seiner psychologischen Dimensionen wegen von Interesse — der Neigung, eine Perspektive ins Zentrum zu rücken, sowie des Bedürfnisses nach Rechtfertigung —, sondern auch deshalb, weil gegenwärtig *eine* moralische Perspektive das psychologische Denken beherrscht, die in das am weitesten verbreitete Maß für die Bestimmung der moralischen Urteilsreife eingegangen ist.

Mit dem Entwurf eines alternativen Standpunkts möchte ich die moralische Entwicklung aus zwei moralischen Perspektiven rekonstruieren, die in moralisch relevanten Unterschieden der Beziehungsformen begründet sind. Die Gerechtigkeitsperspektive, die man oft mit moralischem Urteilen schlechthin gleichsetzt, wird neu verstanden als *eine* Art und Weise, moralische Probleme aufzufassen; als alternative Sichtweise oder alternativer Bezugsrahmen wird eine Perspektive der Fürsorge entwickelt. Die Unterscheidung zwischen Gerechtigkeit und Fürsorge als alternative Perspektiven oder moralische Orientierungen ist empirisch auf die Beobachtung gegründet, daß ein Wechsel der Aufmerksamkeitsfokussierung von Gerechtigkeitserwägungen zu Fürsorgeerwägungen die Definition dessen, was ein moralisches Problem konstituiert, verändert und dazu führt, daß die gleiche Situation auf unterschiedliche Weise wahrgenommen wird. Theoretisch liegt die Unterscheidung zwischen Gerechtigkeit und Fürsorge quer zu den geläufigen Einteilungen in Denken und Fühlen, Egoismus und Altruismus, theoretisches und praktisches Urteil. Sie lenkt die Aufmerksamkeit auf den Umstand, daß alle menschlichen Beziehungen, öffentliche wie private, *sowohl* mit Rekurs auf

Gleichheit *wie* auf Bindung charakterisiert werden können, und daß sowohl Ungleichheit wie Trennung oder Gleichgültigkeit moralische Probleme aufwerfen können. Da jedermann von Unterdrückung wie von Verlassenheit betroffen werden kann, gibt es in der menschlichen Erfahrung allenthalben zwei moralische Sichtweisen — die der Gerechtigkeit und die der Fürsorge. Die beiden moralischen Gebote, anderen gegenüber nicht unfair zu handeln und jemanden, der in Not ist, nicht im Stich zu lassen, entsprechen diesen beiden Sichtweisen.

Die Auffassung, daß der Bereich des Moralischen mindestens zwei moralische Orientierungen umfaßt, wirft ein neues Licht auf die Beobachtung von Unterschieden im moralischen Urteilen und die daraus entstandenen Kontroversen. Der Schlüssel zu dieser Revision ist die Unterscheidung zwischen Unterschieden im Entwicklungsniveau (mehr oder weniger adäquaten Positionen innerhalb einer Orientierung) einerseits und Unterschieden in der Orientierung (alternativen Perspektiven oder Bezugsrahmen) andererseits. Die in diesem Aufsatz berichteten Ergebnisse über einen Zusammenhang zwischen moralischer Orientierung und Geschlecht beziehen sich direkt auf die anhaltende Kontroverse über Geschlechtsdifferenzen im moralischen Urteilen. Zugleich bieten sie eine empirische Erklärung dafür an, daß die Beschäftigung mit Fragen der Moralentwicklung bislang weitgehend im Bezugsrahmen der Gerechtigkeit erfolgte.

Meine Forschungen über Fragen der moralischen Orientierung leiten sich von einer Beobachtung her, die ich im Laufe der Untersuchung der Beziehung zwischen moralischem Urteil und Handeln machte. Zwei Studien, von denen die eine College-Studenten betraf, die ihre Erfahrungen mit moralischen Konflikten und Entscheidungen schilderten, die andere schwangere Frauen, die eine Abtreibung in Erwägung zogen, verschoben das Zentrum der Aufmerksamkeit von der Art und Weise, wie Menschen über hypothetische Dilemmata urteilen, zu der Art und Weise, wie sie moralische Konflikte und Entscheidungen in ihrem eigenen Leben angehen. Dieser neue Ansatz machte es möglich, zu untersuchen, welche Erfahrungen als moralische begriffen werden und welche Beziehung zwischen dem Verständnis moralischer Probleme und den verwendeten Urteilsstrategien sowie den Handlungen besteht, die man zum Zweck der Problemlösung unternimmt. In diesem Zusammenhang beobachtete ich, daß Frauen, besonders wenn sie über ihre eigenen Erfahrungen mit moralischen Konflikten und Entscheidungen sprechen, moralische Probleme oft auf eine Art und Weise definieren, die die Kategorien der Moraltheorie aus dem Spiel läßt, und mit den Annahmen, die das psychologische Denken über Moral und über das Selbst bestimmen, konfligiert.[1] Diese Entdeckung, daß häufig eine andere Stimme das moralische Urteilen und Handeln von Frauen leitet, lenkte die Aufmerksamkeit auf ein zentrales Problem im Untersuchungsdesign vorangegangener Studien über das moralische Urteil: Die Verwendung rein männlicher Stichproben als empirische Basis für die Theoriekonstruktion.

Die Wahl einer rein männlichen Stichprobe als Basis für Generalisierungen, die sowohl Männer wie Frauen betreffen, ist logisch inkonsistent. Als Forschungsstrategie ist die Entscheidung, mit einer geschlechtshomogenen Stichprobe zu beginnen, in sich problematisch, da die Analysekategorien tendenziell auf der Basis der ursprünglich gesammelten Daten definiert werden und nachfolgende Untersuchungen voraussichtlich auf diese Kategorien eingeschränkt bleiben. Piagets Werk über das moralische Urteil des Kindes veranschaulicht diese Probleme, da er die Entwicklung des kindlichen Bewußtseins und der Regelpraxis auf der Grundlage seiner Untersuchungen zum Murmelspiel von Knaben definierte und anschließend eine Untersuchung von Mädchen vornahm, um die Allgemeingültigkeit seiner Ergebnisse zu bestimmen. Eine Reihe von beobachtbaren Unterschieden in der Struktur der Spiele der Mädchen und in der »kleinen Mädchen eigentümlichen Mentalität« stimulierte nicht ein weiterführendes Interesse, weil »es nicht dieser Gegensatz war, mit dem wir uns befassen wollten«. Mädchen, stellte Piaget fest, »machten unsere Befragung im Verhältnis zu dem, was wir über Knaben wissen, eher komplizierter«, da die Veränderungen ihres Regelverständnisses, obwohl denselben Sequenzen folgend wie den bei den Knaben beobachteten, nicht im selben Verhältnis zu sozialen Erfahrungen standen. Dennoch, so schloß er, »stellen wir fest, daß derselbe Prozeß wie in der Entwicklung des Murmelspiels am Werk ist, trotz der Unterschiede in der Struktur des Spiels und wahrscheinlich in der Mentalität der Spieler«.[2]

Dementsprechend waren Mädchen gerade insoweit von Interesse, als sie Knaben vergleichbar waren und die Allgemeingültigkeit von Piagets Ergebnissen bestätigten. Die festgestellten Unterschiede — größere Toleranz etwa oder eine stärkere Tendenz zu Innovationen der Konfliktlösung, größere Bereitschaft, bei Regeln Ausnahmen zu machen, sowie ein geringeres Interesse für juristische Ausarbeitung — wurden nicht als für die »Psychologie der Regeln« eigentümlich und daher als unerheblich für die Untersuchung des moralischen Urteils von Kindern betrachtet. Angesichts der Konfusion, die die Diskussion von Geschlechtsunterschieden im moralischen Urteilen gegenwärtig kennzeichnet, ist es wichtig zu betonen, daß die von Piaget beobachteten Unterschiede nicht das Regelverständnis der Mädchen per se oder die Entwicklung der Idee der Gerechtigkeit in ihrem Denken betraf, sondern mehr die Art und Weise, wie Mädchen ihre Spiele strukturieren und wie sie Konfliktlösungen angehen — das heißt eher ihren Gebrauch als ihr Verständnis der Logik von Regeln und Gerechtigkeit.

Kohlberg stieß in seiner Untersuchung der moralischen Entwicklung nicht auf diese Probleme, da er die moralische Entwicklung mit der Entwicklung des Urteilens über Gerechtigkeit gleichsetzte und ursprünglich eine rein männliche Stichprobe als Grundlage der Theorie- und Testkonstruktion benutzte. In seiner Reaktion auf Kritik hat Kohlberg kürzlich seine Behauptungen modifiziert, indem er seinen Test als ein Maß des »Urteilens über Gerechtigkeit« und nicht mehr der »moralischen Reife« bezeichnet hat und indem er das Vorhandensein einer Perspektive der Fürsorge im moralischen Denken der Menschen einräumte[3]. Aber die verbreitete Verwendung des Kohlbergschen Meßverfahrens als ein Maß für moralische Entwicklung, in Verbindung mit der von ihm selbst beibehaltenen Tendenz, das Urteilen über Gerechtigkeit mit moralischem Urteil schlechthin gleichzusetzen, läßt das Problem der Orientierungsunterschiede ungelöst. Spezifischer noch unterstreichen Kohlbergs Anstrengungen, das Fürsorge-Denken der Abfolge einer 6-Stufen-Entwicklung zu assimilieren, die er im Zuge der Analyse von Veränderungen des Urteilens über Gerechtigkeit ableitete und verfeinerte (wobei er sich hauptsächlich auf die rein männliche Stichprobe seiner Längsschnittstudie stützte), die Bedeutung, die die in diesem Aufsatz genannten Gesichtspunkte nach wie vor haben, das heißt (1) die Unterscheidung verschiedener Entwicklungsstufen innerhalb einer einzelnen Orientierung einerseits und unterschiedlichen Orientierungen andererseits, und (2) die Tatsache, daß die Moralvorstellungen von Mädchen und Frauen in der gegenwärtigen Psychologie weder zur Konstruktion der Bedeutungsstruktur noch der Meßinstrumente des moralischen Urteilens untersucht wurden.

Der Unterscheidung zwischen einer Perspektive der Gerechtigkeit und einer Perspektive der Fürsorge, die in diesem Aufsatz entwickelt wird, liegt eine Analyse der Sprache und der Logik des moralischen Urteilens von Männern und Frauen über eine Vielfalt hypothetischer und realer Dilemmata zugrunde. Der empirische Zusammenhang zwischen Fürsorge-Orientierung und weiblicher Geschlechtszugehörigkeit legt die These nahe, daß die zwischen der Moraltheorie und den moralischen Urteilen von Mädchen und Frauen beobachteten Diskrepanzen einen Perspektivenwechsel, eine anders geartete moralische Orientierung, widerspiegeln. Analog dem Umkippen zwischen

Figur und Hintergrund bei der Wahrnehmung mehrdeutiger Figuren, sind Gerechtigkeit und Fürsorge, als moralische Perspektiven, keine Gegensätze oder wechselseitigen Spiegelbilder derart, daß Gerechtigkeit unfürsorglich und Fürsorge ungerecht wäre. Vielmehr bezeichnen beide Perspektiven verschiedene Möglichkeiten, die Grundelemente moralischen Urteilens zu organisieren: das Selbst, die Anderen und die Beziehungen zwischen ihnen. Mit dem Wechsel der Perspektive von Gerechtigkeit zu Fürsorge verändert sich die Dimension, in der Beziehungen organisiert werden, von Ungleichheit/ Gleichheit zu Bindung/Trennung. Gedanken und Gefühle sowie die Sprache werden so reorganisiert, daß Worte für Aspekte von Beziehungen, wie »Abhängigkeit« oder »Verantwortlichkeit«, oder auch Moralbegriffe wie »Fairness« und »Fürsorge«, andere Bedeutungen annehmen. Beziehungen vorrangig in Begriffen von Bindung zu entwerfen (statt in Begriffen von Gleichheit), verändert die Art und Weise, wie man das Miteinander von Menschen begreift, so daß die Bilder oder Metaphern für Beziehungen nicht mehr Hierarchie oder Gleichgewicht, sondern Netzwerk oder Gewebe hervorheben. Darüber hinaus führt jede organisierende Perspektive zu unterschiedlichen Vorstellungen des Selbst als moralische Instanz.

In einer Gerechtigkeitsperspektive hebt sich das Selbst, als moralische Instanz, als Gestalt gegen einen Hintergrund sozialer Beziehungen ab. Es beurteilt die konfligierenden Ansprüche des Selbst und der Anderen nach einem Standard der Gleichheit und der gleichwertigen Beachtung (dem Kategorischen Imperativ, der Goldenen Regel). In einer Fürsorgeperspektive wird zur Gestalt die Beziehung, die das Selbst und die Anderen definiert. Im Kontext einer Beziehung ist das Selbst als moralische Instanz darauf eingestellt, Bedürfnisse wahrzunehmen und auf sie zu reagieren. Der Wechsel in der moralischen Perspektive manifestiert sich in einer Veränderung des moralischen Problems: an die Stelle der Frage »Was ist gerecht?« tritt die Frage »Wie soll man reagieren?«

So sprechen z.B. Jugendliche, wenn man sie auffordert, ein moralisches Dilemma zu beschreiben, häufig von Gruppendruck oder dem Druck ihrer Familie, und die moralische Frage lautet dann: Wie kann man moralische Prinzipien oder Standards aufrechterhalten und dem Einfluß seiner Eltern oder Freunde widerstehen? »Ich habe ein Recht auf meine religiösen Ansichten«, erklärt ein Teenager mit Bezug auf religiöse Differenzen mit seinen Eltern. »Dennoch«, fügt er hinzu, »respektiere ich ihre Sichtweise«. Dasselbe Dilemma wird von Adoleszenten aber auch als ein Problem der Bindung gedeutet. In diesem Fall lautet die moralische Frage: Wie berücksichtigt man in seiner Reaktion gleichzeitig sich selbst und seine Freunde oder Eltern, wie läßt sich die Bindung angesichts von Glaubensdifferenzen aufrechterhalten oder festigen? »Ich verstehe ihre Furcht vor meinen neuen religiösen Ideen«, erklärt ein Teenager mit Bezug auf eine religiöse Meinungsverschiedenheit mit ihren Eltern, »aber sie sollten mir wirklich zuhören und versuchen, meine Glaubensanschauungen zu verstehen«. Diese beiden Aussagen lassen sich als zwei Versionen von im Grunde ein und derselben Sache verstehen. Beide Teenager bringen Argumente über religiöse Meinungsverschiedenheiten vor, die der eigenen Selbstrechtfertigung dienen. Beide sprechen die eigenen Ansprüche und die der anderen in einer Weise an, die beide Seiten respektiert. Beide Teenager rekonstruieren aber das Problem in je anderen Begriffen, und die Verwendung der jeweiligen Moralsprachen zeigt, daß es ihnen um etwas je anderes geht. Der erste Sprecher begreift das Problem unter Rekurs auf individuelle Rechte, die es in Beziehungen zu respektieren gilt. Mit anderen Worten, die Gestalt, um die es geht, ist das Selbst, das auf die in Beziehung zueinander stehenden, nicht übereinstimmenden Anderen blickt; sein Ziel ist es, die anderen dazu zu bewegen, das Recht auf abweichende Meinung anzuerkennen. Im Falle der zweiten Sprecherin wechseln Gestalt und Hintergrund. Zur Gestalt, um die es geht, wird die Beziehung, und für Beziehungen wird als wesentlich angesehen, daß man zuhört und Anstrengungen unternimmt, unterschiedliche Glaubensauffassungen zu verstehen. Statt des Rechtes, anderer Meinung zu sein, rückt die Sprecherin die Sorge ins Zentrum, zu hören und gehört zu werden. Die Aufmerksamkeit wechselt von Fragen der Einigung (Rechte und Achtung) zu solchen des Verstehens (Zuhören und Sprechen, Hören und Gehörtwerden). Dieser Wechsel dokumentiert sich in einer Veränderung der Sprache der Moral — an die Stelle der Darlegung individueller Ansprüche auf Rechte und Achtung (»Ich habe ein Recht darauf... Ich achte ihre Ansichten«) treten Momente von ›Beziehungsarbeit‹: das Gebot, zuzuhören und sich um Verständnis zu bemühen (»Ich verstehe... sie sollten zuhören... und versuchen, zu verstehen, ...«). Die Metapher einer »Stimme der Moral« enthält als solche die Perspektive der Fürsorge; sie macht offenbar, daß die für die Moraltheorie gewählte Sprache nicht orientierungsneutral ist.

So zeigt sich z.B. an der Sprache der öffentlichen Debatte um den Schwangerschaftsabbruch eine Gerechtigkeitsperspektive. Gleichgültig, ob das Dilemma als ein Konflikt zwischen Rechten oder unter Rekurs auf die Achtung vor dem menschlichen Leben behandelt wird, die Rechte des Fötus und die der schwangeren Frau werden gegeneinander abgewogen oder in Widerspruch zueinander gesetzt. Für die Moral der so konstruierten Abbruchsentscheidungen wird die scholastische oder metaphysische Frage zum Angelpunkt, ob der Fötus ein lebendes Wesen oder ein Mensch ist und ob seine Rechte gegenüber denen der schwangeren Frau Vorrang haben. Faßt man es als ein Problem der Fürsorge auf, dann verändert sich das mit dem Abbruch gegebene Dilemma. Ins Zentrum der Aufmerksamkeit rückt die Verbindung zwischen Fötus und schwangerer Frau, zur Hauptfrage wird, ob es verantwortlich oder unverantwortlich, fürsorglich oder leichtsinnig ist, diese Verbindung fortzusetzen oder zu beenden. Dieser Konstruktion zufolge entsteht das Dilemma um einen Abbruch, weil es keine Möglichkeit gibt, nicht zu handeln, und keine Möglichkeit des Handelns, die nicht die Verbindung zwischen Selbst und Anderen verändert. Zu fragen, welche Handlungen Fürsorge bedeuten oder in stärkerem Maße fürsorglich sind, läßt die Aufmerksamkeit auf die Parameter der Verbindung und auf die Kosten einer Trennung richten, die damit Gegenstand moralischer Erwägungen werden.

Ein weiteres Beispiel: Zwei Medizinstudenten, die beide von einer Entscheidung berichten, einen Tutor nicht anzuzeigen, der gegen das in ihrer Ausbildungsinstitution geltende Alkoholverbot verstoßen hatte, beschreiben ihre Entscheidung mit unterschiedlichen Worten: Der eine Student konstruiert die Entscheidung als einen Akt der Gnade, als eine Entscheidung, mit der man sich, unter Berücksichtigung des Umstandes, daß der Zuwiderhandelnde ein »angemessenes Ausmaß an Reue« gezeigt hat, über das, was Recht wäre, hinwegsetzt. Zusätzlich stellt dieser Student die Frage, ob die Alkoholregelung gerecht ist oder nicht, d.h. ob die Ausbildungsinstitution ein Recht hat, das Trinken zu verbieten. Der andere Student rechtfertigt die Entscheidung, den Tutor, der getrunken hat, nicht anzuzeigen, mit der Überlegung, daß ihn anzuzeigen keine gute Methode wäre, mit dem Problem umzugehen, weil es die Beziehung zwischen ihnen zerstören und auf diese Weise eine Hilfeperspektive verbauen würde. Dieser Student stellt zusätzlich die Frage, inwieweit der Tutor selbst sein Trinken als ein Problem ansieht.

Dieses Beispiel verweist auf eine wichtige Unterscheidung: Fürsorge kann einerseits im Bezugsrahmen einer Gerechtigkeitsperspektive aufgefaßt und konstruiert werden, eine Fürsorgeperspektive kann andererseits selbst den Bezugsrahmen für moralische Entscheidungen abgeben. Im Rahmen der Gerechtigkeitskonstruktion wird Fürsorge zu einer Gnade, die mildert, was Recht ist; oder sie verweist auf besondere Verpflichtungen und supererogatorische Pflichten, die aus persönlichen Beziehungen erwachsen; oder sie bezeichnet frei gewählten Altruismus: die Entscheidung, die strikten Forderungen der Gerechtigkeit durch Billigkeitserwägungen oder die Gewährung von

Nachsicht abzumildern; oder sie charakterisiert schließlich die Entscheidung, auf eigene Ansprüche zu verzichten. All diese Interpretationen von Fürsorge stellen die Grundannahme einer Gerechtigkeitsperspektive nicht in Frage: die Distinktsetzung von Selbst und anderen sowie die Logik der Reziprozität oder gleicher Achtung.

Fürsorge als Moralperspektive ist demgegenüber weniger gut ausgearbeitet; die Moraltheorie hält kein für ihre Beschreibung geeignetes Vokabular bereit. Als Bezugsrahmen für moralische Entscheidungen basiert Fürsorge auf der Annahme, daß Ego und Alter in einer Interdependenzbeziehung stehen, eine Annahme, die sich in der Auffassung von Handlung als einfühlsamer Reaktion, die in einer Beziehung entsteht, widerspiegelt. Die Handlung hat ihren Ursprung nicht im Inneren des Selbst, sie ist in diesem Sinne nicht »selbst-bestimmt«. In dieser Sicht ist das Selbst per definitionem mit Anderen verbunden: Es reagiert auf Wahrnehmungen, interpretiert Ereignisse und ist durch die für menschliche Interaktion und menschliche Sprache konstitutiven Organisationsprinzipien gesteuert. Innerhalb dieses Bezugsrahmens ist die Distinktsetzung des Selbst oder der Anderen moralisch problematisch, da sie zu moralischer Blindheit und Gleichgültigkeit führt und dazu, daß Bedürfnisse nicht wahrgenommen werden oder daß man auf sie nicht reagiert. Die Frage, welche Reaktionen fürsorglich sind und welche verletzend, lenkt die Aufmerksamkeit auf die Tatsache, daß die eigene Sichtweise sich von der anderer unterscheiden kann. Gerechtigkeit läßt sich in diesem Zusammenhang als Achtung für andere Menschen und deren eigene Vorstellungen verstehen.

In der Entscheidung des Medizinstudenten, den Tutor wegen seines Trinkens nicht anzuzeigen, drückt sich das Urteil aus, daß eine Anzeige nicht die beste Problemlösung wäre, sofern das Trinken selbst als Zeichen von Gleichgültigkeit oder mangelnder Anteilnahme begriffen wird. Eine Einstellung der Fürsorge für den Tutor wirft die Frage auf, welche Handlungen das Problem am besten lösen könnten, und damit die Frage, welche Vorstellungen der Tutor selbst hat.

Der hier vollzogene Perspektivenwechsel ist durch die Tatsache gekennzeichnet, daß der erste Student, ohne zu berücksichtigen, daß der andere die Dinge vielleicht ganz anders sieht, unterstellt, daß es nur eine einzige Sichtweise gibt. Auf diese Weise wird er selbst zum alleinigen Schiedsrichter darüber, was *das* richtige Ausmaß an Reue darstellt. Umgekehrt achtet der zweite Student nicht auf die Frage, ob die Alkoholregelung als solche recht oder fair ist. So erörtert jeder Student einen Aspekt des Problems, den der andere nicht erwähnt.

Diese Beispiele sollen dazu dienen, zwei einander überschneidende Perspektiven zu veranschaulichen, die einander nicht negieren, aber die Aufmerksamkeit jeweils auf unterschiedliche Dimensionen der Situation lenken,
so daß hinsichtlich der Frage, worin das zu lösende Problem besteht, ein Gefühl der Ambiguität erzeugt wird. Die systematische Forschung über Probleme der moralischen Orientierung als einer Dimension moralischen Urteilens
und Handelns bezog sich ursprünglich auf drei Fragen:

(1) Werden bei der Diskussion eines moralischen Dilemmas Probleme der
    Gerechtigkeit und Probleme der Fürsorge artikuliert?
(2) Gibt es eine Tendenz, die Aufmerksamkeit auf nur eine Art von Proble-
    men zu konzentrieren und die anderen nur minimal zu berücksichtigen?
(3) Besteht ein Zusammenhang zwischen moralischer Orientierung und Ge-
    schlecht?

Empirische Untersuchungen, die im Hinblick auf die Erfahrung realer moralischer Konflikte bei vergleichbaren Stichproben männlicher und weiblicher
Befragter die gleichen Fragen verwendeten, liefern positive Ergebnisse in bezug auf alle drei Fragen.

Aufgefordert, einen selbst erlebten moralischen Konflikt zu beschreiben,
formulierten 55 von 80 (69 %) nordamerikanischen Heranwachsenden und
Erwachsenen mit höherem Bildungsgrad sowohl Gerechtigkeits- wie Fürsor-
geargumente. Zwei Drittel jedoch (54 von 80) konzentrierten ihre Aufmerksamkeit vor allem auf eine der beiden Perspektiven, wobei eine solche
Konzentration als gegeben galt, wenn 75% oder mehr der angestellten Überlegungen entweder Gerechtigkeit oder Fürsorge betrafen. So war es wahrscheinlicher, daß jemand, der beispielsweise bei der Diskussion eines moralischen Konflikts zwei Fürsorge betreffende Überlegungen anstellte, auch eine
dritte, vierte oder fünfte darauf beziehen würde, statt Fürsorge- und Gerechtigkeitskriterien gegeneinander abzuwägen — ein Ergebnis, das mit der
Behauptung übereinstimmt, daß Gerechtigkeit und Fürsorge unterschiedliche Perspektiven darstellen, die moralische Entscheidungen organisieren. In
dieser Untersuchung zeigten Männer wie Frauen (Universitäts- und College-
Studenten, Medizinstudenten sowie erwachsene Angehörige freier Berufe)
mit gleicher Wahrscheinlichkeit das Phänomen der Konzentration auf eine
Perspektive (bei beiden Geschlechtern zeigten zwei Drittel eine derartige
Konzentration). Dabei gab es aber Geschlechtsunterschiede in der inhaltlichen Ausfüllung: Mit einer Ausnahme konzentrierten sich alle Männer, die
überhaupt eine Konzentration aufwiesen, auf Gerechtigkeit. Bei den Frauen

gab es größere Unterschiede: Jeweils etwa ein Drittel konzentrierte sich auf Gerechtigkeit bzw. auf Fürsorge.[4]

Diese Ergebnisse erhellen das Phänomen der »anderen Stimme« und seine Implikationen für die Moraltheorie wie für die Frauen. Bemerkenswert ist erstens, daß die Möglichkeit der Konzentration auf Fürsorge in moralischen Urteilen zum Verschwinden gebracht würde, wenn keine Frauen in die Untersuchungsstichprobe einbezogen würden. Obwohl eine Dominanz der Fürsorgeperspektive keineswegs für alle Frauen charakteristisch war, war sie doch in dieser Stichprobe von Nordamerikanern mit höherem Bildungsgrad ein nahezu ausschließlich weibliches Phänomen. Zweitens bedeutet die Tatsache, daß es sich um Frauen mit einem höheren Bildungsgrad handelte, daß die Betonung der Fürsorge nicht ohne weiteres einem Mangel an Bildung oder beruflicher Benachteiligung zugeschrieben werden kann — womit Kohlberg und andere Autoren das Ergebnis erklärten, daß Gerechtigkeitsurteile bei Frauen ein geringeres Niveau aufwiesen[5]. Vielmehr lenkt die Betonung der Fürsorge im moralischen Urteilen von Frauen die Aufmerksamkeit auf die Beschränktheit einer allein auf Gerechtigkeit ausgerichteten Moraltheorie, und sie hebt die Existenz von Fürsorge-Gesichtspunkten im moralischen Denken sowohl der Frauen wie der Männer hervor. In dieser Hinsicht kommt der aus einem Drittel der Frauen und einem Drittel der Männer zusammengesetzten Gruppe, die Fürsorge- und Gerechtigkeitsaspekte thematisieren, besonderes Interesse zu. Sie macht die Notwendigkeit weiterer Forschung über die Art und Weise deutlich, wie Menschen Gerechtigkeits- und Fürsorgeperspektiven in Relation zueinander organisieren — ob man z.B., wie beim Betrachten des Kaninchens und der Ente in der Kaninchen-Enten-Figur, die Perspektive wechselt oder ob man die beiden Perspektiven so integriert, daß die Ambiguität entweder aufgelöst oder ausgehalten wird.

Wenn, drittens, der Bereich der Moral zumindest zwei moralische Orientierungen umfaßt, dann legt die Präferenz für eine Perspektive die Vermutung nahe, daß Menschen dazu neigen, die andere Perspektive aus dem Blick zu verlieren, wenn sie zu einer moralischen Entscheidung gelangen — eine Neigung, die von beiden Geschlechtern in gleicher Weise geteilt wird. Die vorliegenden Ergebnisse legen des weiteren die Vermutung nahe, daß Männer und Frauen dazu neigen, unterschiedliche Perspektiven auszublenden. Das eindrucksvollste Ergebnis ist das faktische Fehlen von eindeutig fürsorgedominierten Urteilen bei Männern. Da aber auch die Männer bei der Diskussion moralischer Konflikte Überlegungen zu Fürsorgegesichtspunkten anstellten, und diese sich also auch ihnen als moralisch relevant darstellten, ergibt sich

die Frage, warum sie diese Gesichtspunkte nicht in elaborierterer Form zum
Thema machten.

Zusammenfassend wird deutlich, warum die Berücksichtigung des moralischen Denkens von Frauen zur Identifizierung einer »anderen Stimme« führte und Fragen zum Gewicht von Gerechtigkeit und Fürsorge in einer umfassenden Moraltheorie aufwarf. Deutlich wird ebenfalls, daß die Auswahl einer
rein männlichen Stichprobe bei der Untersuchung des moralischen Urteils
eine Gleichsetzung von Moral mit einer Gerechtigkeitsperspektive begünstigt; sie bringt wenig Daten hervor, die in Diskrepanz zu dieser Auffassung
stehen. In der vorliegenden Untersuchung stammen Daten, die im Widerspruch zu einer gerechtigkeitsbestimmten Moraltheorie stehen, von einem
Drittel der Frauen. Bisher war man der Meinung, daß diese Frauen mit dem
Verständnis von ›Moral‹ Probleme hätten. Indessen kann man auch die Auffassung vertreten, daß diese Frauen die Problematik einer gerechtigkeitsbestimmten Moraltheorie sichtbar machen. Dies mag die Entscheidung der
Forscher erklären, im Anfangsstadium der Untersuchungen über moralisches
Urteil Mädchen und Frauen auszuschließen. Wenn man mit der Prämisse beginnt, daß »jede Moral in der Achtung vor Regeln besteht«[6], oder daß »es (nur)
eine Tugend gibt und ihr Name Gerechtigkeit ist«[7], dann liegt es nahe, daß
Frauen in der Moraltheorie als problematisch erscheinen. Wenn man mit den
moralischen Urteilen von Frauen beginnt, besteht das Problem darin, wie
sich eine Theorie konstruieren läßt, die Fürsorge nicht nur als ergänzenden
moralischen Gesichtspunkt, sondern als einen Fokus moralischer Aufmerksamkeit einbezieht.

In einer Untersuchung, die Kay Johnston[8] entworfen und durchgeführt hat,
wurde der Tragweite unterschiedlicher moralischer Orientierungen für die
Moraltheorie und für die Forschung über moralische Entwicklung weiter
nachgegangen. Johnston setzte sich als Ziel, die Beziehung zwischen moralischer Orientierung und Problemlösungsstrategien zu untersuchen. Sie ent-
warf eine Standardmethode, die darin bestand, Fabeln zu verwenden, um die
spontane moralische Orientierung und Orientierungspräferenzen zu bestimmen. Sie forderte 60 11- und 15jährige dazu auf, das in der Fabel aufgeworfe-
ne moralische Problem anzugeben und zu lösen. Anschließend fragte sie:
»Gibt es eine andere Möglichkeit, dieses Problem zu lösen?« Die meisten Kinder konstruierten die Probleme anfänglich entweder unter Rekurs auf Gerechtigkeit oder auf Fürsorge. Entweder traten sie aus der Situation heraus und be-
riefen sich auf eine Regel oder ein Prinzip, um zwischen den konfligierenden
Ansprüchen zu entscheiden. Oder aber sie ließen sich auf die Situation ein

und gaben sich Mühe, eine Möglichkeit zu entdecken oder zu schaffen, die auf alle Bedürfnisse einzugehen erlaubte. Etwa die Hälfte der Kinder, etwas mehr 15- als 11jährige, wechselten spontan die moralische Orientierung, wenn sie gefragt wurden, ob es eine andere Lösungsmöglichkeit für das Problem gebe. Andere taten dies, indem sie einem Wink des Interviewers folgten, der andeutete, wie ein solcher Wechsel möglich sein könnte. Abschließend wurden die Kinder gefragt, welche der von ihnen beschriebenen Lösungen die beste sei. Die Mehrzahl der Kinder beantwortete die Frage und erklärte, warum eine Lösung vorzuziehen sei.

Johnston stellte Geschlechtsunterschiede fest, die in die gleiche Richtung wiesen wie die zuvor berichteten. Jungen verwendeten und präferierten spontan häufiger Gerechtigkeitslösungen, während Mädchen spontan häufiger Fürsorgelösungen verwendeten und präferierten. Darüber hinaus stellte Johnston zwischen den beiden Fabeln, die sie verwendete, Unterschiede fest, die Langdales Ergebnis, daß die moralische Orientierung sowohl mit dem Geschlecht des Urteilenden wie mit dem in Frage stehenden Dilemma zusammenhängt, bestätigten.[9] Die Tatsache schließlich, daß Kinder, zumindest im Alter von 11 Jahren, in der Lage sind, die moralische Orientierung zu wechseln, und daß sie die Logik zweier moralischer Perspektiven erklären können, verstärkt die Analogie zur Wahrnehmung mehrdeutiger Figuren und rechtfertigt zusätzlich die Konzeption von Gerechtigkeit und Fürsorge als Bezugsrahmen, die moralische Entscheidungen organisieren.

Der Nachweis, daß Kinder beide Orientierungen kennen und Moralprobleme auf zumindest zwei verschiedene Weisen fassen und lösen können, bedeutet, daß die Wahl des moralischen Standpunkts Teil einer moralischen Entscheidung ist. Zur Rolle des Selbst im moralischen Urteil gehört also auch die Wahl eines moralischen Standpunkts; die implizit oder explizit getroffene Entscheidung kann eng mit Fragen der Selbstachtung und der Selbstdefinition zusammenhängen. Insbesondere in der Adoleszenz, wenn Entscheidungen zunehmend bewußter und reflektierter getroffen werden, kann sich die Wahl eines moralischen Standpunkts mit Fragen der Identität und der Selbstachtung verbinden. Johnstons Feststellung, daß die spontane moralische Orientierung und die bevorzugte Orientierung nicht immer übereinstimmen, wirft eine Reihe von Fragen nach dem Warum und den Bedingungen auf, unter denen sich jemand eine Problemlösungsstrategie zu eigen macht, die er oder sie nicht als die beste Möglichkeit, das Problem zu lösen, betrachtet.

Die Art und Weise, wie man ein moralisches Problem zu fassen und zu lösen sucht, ist offensichtlich nicht die einzige Art und Weise, in der man über das Problem zu denken vermag, und nicht notwendig der Weg, den man für den besten hält. Da es zumindest zwei Möglichkeiten gibt, moralische Probleme zu strukturieren, enthüllen moralische Urteile nicht *die* Struktur moralischen Denkens. Johnstons Nachweis eines Orientierungswechsels stellt für die Methoden, die bisher bei der Untersuchung des moralischen Urteils und der moralischen Entwicklung verwendet wurden, eine gravierende Herausforderung dar, die größere Vorsicht bei der Interpretation nahelegt. Die Tatsache, daß Jungen und Mädchen von 11 und 15 Jahren die Logiken des Urteilens nach Gerechtigkeits- und Fürsorge-Standards verstehen und unterscheiden, lenkt die Aufmerksamkeit auf die Ursprünge und die Entwicklung beider Denkweisen. Darüber hinaus wirft die Neigung von Jungen wie Mädchen, bei der Lösung desselben Problems unterschiedliche Orientierungen zu verwenden und zu präferieren, eine Reihe von Fragen über die Beziehung dieser Orientierungen zueinander und die Faktoren, die ihr Auftreten beeinflussen, auf. Die unterschiedlichen Muster der Verwendung und Bevorzugung einer Orientierung lassen, ebenso wie die unterschiedlichen Konzeptionen von Gerechtigkeit und Fürsorge, die in den Urteilen zu den Fabeln impliziert oder ausgeführt sind, darauf schließen, daß die moralische Entwicklung nicht entlang einer einzigen linearen Stufenfolge abgebildet werden kann.

Eine Möglichkeit, diese Ergebnisse zu erklären, die von Johnston vorgeschlagen wird, verbindet Vygotskys Theorie kognitiver Entwicklung mit Chodorows Analyse von Geschlechtsdifferenzen in der frühkindlichen Erfahrung mit sozialen Beziehungen.[10] Nach Vygotsky entstehen alle höheren kognitiven Funktionen aus realen Beziehungen zwischen Individuen. Gerechtigkeit und Fürsorge als moralische Ideen und als Urteilsstrategien würden sich demzufolge aus Beziehungen zu anderen herausbilden; diese Auffassung stimmt mit der Ableitung von Fürsorge- und Gerechtigkeitsurteilen aus Erfahrungen von Ungleichheit und Bindung in der frühen Kindheit überein. Alle Kinder werden in eine Situation der Ungleichheit hineingeboren, da sie weniger Fähigkeiten besitzen als die Erwachsenen und die älteren Kinder in ihrer Umgebung und in diesem Sinne hilfloser und ohnmächtiger sind. Hinzu kommt, daß kein Kind ohne irgendeine Art von Bindung zu einem Erwachsenen — ohne Fürsorge — überlebt. Durch diese Beziehungserfahrung entdecken Kinder die Bedeutung der für menschliche Verbundenheit konstitutiven wechselseitigen Einfühlung und ihre eigene Fähigkeit, Gefühle für einander zu erwecken und sich wechselseitig zu beeinflussen.

Durch die Erfahrung von Ungleichheit, des Innehabens der schwächeren Position, lernen Kinder, was es bedeutet, von der Autorität und dem guten

Willen anderer abhängig zu sein. Als eine Folge davon entsteht die Tendenz, nach Gleichheit, größeren Machtchancen und nach Freiheit zu streben. Durch die Erfahrung der Bindung entdecken Kinder, welche Möglichkeiten es gibt, füreinander zu sorgen und einander zu verletzen. Die Kindheitserfahrung, daß man durch Unterdrückung wie Verlassenwerden verwundbar ist, kann als Fundament für die moralischen Ideen von Gerechtigkeit und Fürsorge gelten, die als Ideale menschlichen Zusammenlebens die Kriterien dafür festlegen, wie die Menschen sich zueinander verhalten »sollten«.

Chodorows Arbeit erlaubt also zu erklären, wieso das Anliegen der Fürsorge von Männern nur in sehr geringem Maße zur Geltung gebracht und in der Moraltheorie kaum ausgearbeitet wird. Chodorow verbindet die Dynamik der Herausbildung der Geschlechtsidentität − die Selbstidentifikation als männlich oder weiblich − mit der Analyse früher Kindheitsbeziehungen und untersucht die Wirkungen mütterlicher Fürsorge für das Kind auf die innere Strukturierung des Selbst in Relation zu anderen. Darüber hinaus unterscheidet sie zwischen einem statusorientierten Selbstgefühl (»positional sense of self«) und einem persönlichen Selbstgefühl (»personal sense of self«), indem sie ein Selbst, das unter Rekurs auf eine Rolle oder Position definiert ist, einem Selbst gegenüberstellt, das sich durch die Erfahrung der Verbundenheit bewußt wird. Entscheidend ist für sie, daß die mütterliche Fürsorge bei Mädchen die Fortdauer eines in Beziehungen verankerten Selbstgefühls (»relational sense of self«) begünstigt, da weibliche Geschlechtsidentität mit dem Gefühl, mit der eigenen Mutter verbunden zu sein, zusammenstimmt. Bei Jungen steht die Geschlechtsidentität in einem Spannungsverhältnis zur Mutter-Kind-Verbundenheit − es sei denn, diese Verbundenheit wäre gerade auf der Basis der Gegengeschlechtlichkeit strukturiert (z.B. als ödipales Drama). Obwohl also Jungen Anteilnahme oder Fürsorge in ihren Beziehungen erleben, stellt die Erfahrung von oder das Bedürfnis nach Fürsorge von seiten der Mutter eine Bedrohung für die männliche Identität dar.

Die Arbeit von Chodorow basiert auf der Theorie der Objektbeziehungen. Daraus ergeben sich ihre Grenzen und ihre Problematik. Die Theorie der Objektbeziehungen verknüpft die Herausbildung des Selbst mit der Erfahrung von Trennung, indem sie Individuierung an Trennung koppelt und so die Erfahrung des Selbst der Erfahrung der Verbundenheit mit anderen entgegensetzt. Diese Linie verfolgt Chodorow bei der Erklärung der männlichen Entwicklung. In diesem Bezugsrahmen können die Beziehungen der Mädchen zu ihren Müttern nur als problematisch aufgefaßt werden. Wenn Selbstentwicklung und Individuierung mit Trennung verknüpft werden, stehen Verbundensein mit anderen und die Fähigkeit, *mit* anderen zu fühlen und zu denken, in einem Spannungsverhältnis zur Selbstentwicklung. Auf diese Weise hält die Theorie der Objektbeziehungen an einer Reihe von Gegensatzpaaren fest, die für das westliche Denken und die Moraltheorie von zentraler Bedeutung waren, so etwa an den Gegensätzen zwischen Denken und Fühlen, Selbst und sozialer Beziehung, Vernunft und Leidenschaft, Gerechtigkeit und Liebe. Ferner übernimmt die Theorie der Objektbeziehungen die überkommene Aufteilung der psychologischen Arbeit zwischen Frauen und Männern. Weil die Idee eines Selbst, das im Zusammenhang mit Bindungen an andere erfahren wird, theoretisch unmöglich ist, werden Mütter als Objekte beschrieben und als selbstlos, als ohne ein Selbst konzipiert. Diese Auffassung ist für Frauen notwendig problematisch: Sie spaltet die Aktivität des »Mutterns« ab von Bedürfnissen, Wissen und Selbstverantwortlichkeit und impliziert, daß eine Mutter, die sich selbst eher als Subjekt denn als Objekt (als einen Spiegel, der ihr Kind reflektiert) erfährt, »selbstsüchtig« und keine gute Mutter ist. Winnicotts Begriff »der ausreichend guten Mutter« ist ein Versuch, dieses Urteil abzumildern.

Auf diese Weise haben Psychologen und Philosophen, die das Selbst und die Moral mit Trennung und Autonomie — der Fähigkeit, über sich selbst zu bestimmen — gleichsetzten, Fürsorge mit Selbstaufopferung oder mit »Gefühl« assoziiert; diese Auffassung konfligiert mit der hier vertretenen Position, daß auch Fürsorge eine Form des Wissens und eine kohärente moralische Perspektive darstellt. Diese letztere Position findet sich jedoch sehr wohl in der von Frauen verfaßten Literatur. So werden beispielsweise in der Kurzgeschichte *A Jury of Her Peers* von Susan Glaspell (London 1927), die in einer Zeit, als Frauen normalerweise nicht als Geschworene in Frage kamen, spielt, zwei Formen des Wissens einander kontrastiert, der zwei Formen der Interpretation und der Aufklärung eines Verbrechens zugrunde liegen. Im Mittelpunkt der Geschichte steht ein Mord.[11] Minni Foster wird verdächtigt, ihren Ehemann umgebracht zu haben.

Eine Nachbarin und die Frau des Sheriffs begleiten diesen und den Staatsanwalt zum Haus der beschuldigten Frau. Die Männer repräsentieren das Gesetz und suchen nach Beweismaterial, das geeignet ist, die Geschworenen von dem Verdacht zu überzeugen. Die Frauen sammeln Gegenstände, die sie Minni Foster ins Gefängnis bringen wollen, und treten auf diese Weise in die Leben ein, die in diesem Haus gelebt wurden. Aufnehmend statt auseinandernehmend beginnen sie Beobachtungen und Eindrücke zusammenzufügen, verbinden sie mit Erfahrungen und Beobachtungen aus der Vergangenheit, bis sie plötzlich ein vertrautes Muster entdecken, wie das Blockhüttenmotiv auf dem Quilt, an dem Minni Foster gerade arbeitete. »Warum *wissen* wir — was wir in diesem Augenblick wissen?« fragt eine Frau die andere, und sie bietet dafür selbst die folgende Erklärung an: »Wir leben nahe beieinander, und wir leben weit voneinander entfernt. Wir erleben alle dasselbe — alles sind eigentlich nur Abwandlungen derselben Sache! Wenn es nicht so wäre — wie könnten du und ich *verstehen*.«

Die Arbeit, die mit dem Anfertigen eines Quilts verbunden ist — das Sammeln und Zusammenstückeln alter Reste, so daß sie ein Muster ergeben —, wird zur Metapher für die Art des Wissens dieser Frauen. Als sie einen erdrosselten Kanarienvogel entdecken, der unter Stoffresten begraben liegt, stellen sie eine Reihe von Verbindungen her, die sie zum Verständnis dessen führen, was geschehen ist.

Die Logik, die einem sagt, daß man einen Mann nicht umbringt, weil dieser einen Vogel umgebracht hat, oder das Urteil, das diese Handlungen als gänzlich unvergleichbar ansieht, wird einer Logik gegenübergestellt, die beide Ereignisse als Elemente einer umfassenderen Struktur begreift, einer Struktur der Gleichgültigkeit und des Verlassenseins, die schließlich zum Erdrosseln führte. »Ich *wünschte,* ich wäre zuweilen hergekommen«, ruft Mrs. Hale, die Nachbarin, aus. »Das war ein Verbrechen! Wer wird das bestrafen?« Mrs. Peters, die Frau des Sheriffs, erinnert sich an eine Situation, als sie ein Kind war und ein Junge ihre Katze tötete. »Wenn man mich nicht zurückgehalten hätte, hätte ich —«, und sie begreift, daß niemand da war, der Minni Foster hätte zurückhalten können. John Foster galt als »guter Mann« — ». . . er trank nicht und brach so gut wie nie sein Wort, vermute ich, und er bezahlte seine Schulden.« Aber er war auch ein »harter Mann«, erklärte Mrs. Hale, »wie ein kalter Wind, der bis ins Mark dringt«.

Indem sie Gleichgültigkeit und Trennung als Verbrechen und Mord als ihre letzte Konsequenz erkennen und dabei sich selbst einbeziehen und eine Verbindung zwischen ihrem eigenen Handeln und dem Minni Fosters sehen, klären die Frauen das Verbrechen durch die Herstellung von Verbindungen — indem sie die Dinge zusammenfügen, wie bei der Herstellung eines Quilts die einzelnen Stücke zusammengefügt werden. Mit der Entscheidung, die Beweisspuren zu beseitigen, statt sie offenzulegen, grenzen sie sich gegenüber einem Rechtssystem ab, in dem sie keine Stimme und keine Möglichkeit haben, dem Geltung zu verschaffen, was sie zu verstehen gelernt haben. Indem sie sich dafür entscheiden, sich miteinander und mit Minni zu verbinden, trennen sie sich von einem Gesetz, das ihr Verstehen

und ihr Wissen als Grundlage für weiteres Trennen und Töten verwenden
würde.

In einer juristischen Lehrveranstaltung, in der man eine Verfilmung dieser
Geschichte zeigte, wurden die Studenten entsprechend ihrer Einschätzung
des moralischen Problems und ihrer Bewertung der verschiedenen Beteiligten
und ihrer Handlungen eingeteilt. Einige hoben den Mord, die Erdrosselung
des Ehemannes, hervor. Andere rückten die Anzeichen für Verlassenheit
oder die Gleichgültigkeit gegenüber anderen in den Mittelpunkt. In den Antworten eines Fragebogens zeigte sich eine bi-modale Verteilung, die auf zwei
Möglichkeiten hindeutete, den Film zu betrachten. Diese unterschiedlichen
Perspektiven führten zu unterschiedlichen Bewertungen sowohl hinsichtlich
der Mordhandlung wie hinsichtlich der Entscheidung der Frauen, das Be-
weisstück zu beseitigen. Da die Reaktionen auf den Film nicht vollkommen
vom Geschlecht der Betrachter determiniert waren, entfällt jeder Verdacht eines biologischen Determinismus oder einer starren Trennung zwischen der
Art und Weise, wie Frauen und Männer Ereignisse wahrnehmen und beurteilen. Es bleibt aber die Tatsache, daß das Wissen, das die Frauen im Film
induktiv gewonnen hatten, auch von den Frauen, die den Film betrachteten,
bereitwilliger angenommen wurde, die auf diese Weise dazu gelangten, im
Handeln der Frauen eine Logik zu erkennen und eine Begründung für ihr
Schweigen zu geben.

Die Analogie zur Wahrnehmung mehrdeutiger Figuren ist hier in mehrfa-
cher Hinsicht nützlich. Erstens legt sie nahe, daß man eine Situation auf mehr
als eine Art und Weise betrachten kann, und daß es sogar alternierende Be-
trachtungsweisen gibt, die sich kombinieren lassen, ohne daß sie aufeinander
reduziert werden – so wie man die Ente-Kaninchen-Figur sowohl als Ente wie
als Kaninchen bezeichnen kann. Zweitens lassen sich aus der Analogie Einwände gegen die Tendenz ableiten, Gerechtigkeit und Fürsorge als Gegensätze oder Spiegelbilder zu konstruieren, ebenso gegen die denkbare Annahme,
daß diese beiden Perspektiven sich ohne weiteres integrieren oder vereinigen
lassen. Die mehrdeutige Figur lenkt die Aufmerksamkeit auf die Art und Weise, wie ein Wechsel der Perspektive die Wahrnehmung zu reorganisieren und
das Verständnis zu verändern vermag, ohne eine zugrundeliegende Realität
oder wahre Form zu implizieren. Was es so schwierig macht, beide moralische Perspektiven zu sehen, ist gerade die Tatsache, daß die unterschiedlichen
Orientierungen weder Gegensätze noch Spiegelbilder oder bessere und
schlechtere Verkörperungen einer einzigen moralischen Wahrheit sind. Die
Begriffe der einen Perspektive enthalten nicht die Begriffe der anderen. Viel-

mehr bedeutet ein Wechsel der Orientierung eine Restrukturierung der moralischen Wahrnehmung, die die Bedeutung der Moralsprache und infolgedessen die Definition des moralischen Konflikts und des moralischen Handelns verändert. Zum Beispiel wird innerhalb einer Gerechtigkeitsperspektive Unparteilichkeit als das Kennzeichen reifen moralischen Denkens betrachtet, da es die Fähigkeit erkennen läßt, leidenschaftslos zu urteilen, Beweismaterial objektiv zu würdigen und die eigenen und die Ansprüche anderer gegeneinander abzuwägen. Aus einer Fürsorgeperspektive hingegen ist Unparteilichkeit gerade *das* moralische Problem.

»Ich hätte kommen können«, erwiderte Mrs. Hale... »ich wünschte, ich hätte Minni Foster manchmal besucht. Jetzt sehe ich... wenn es Jahr für Jahr — nichts gab als einen Vogel, der für dich sang, dann muß es furchtbar sein — die Stille — wenn der Vogel nicht mehr zu hören ist... ich weiß, was Stille heißt.«

Im Unterschied zwischen Übereinstimmung und Verstehen sind die unterschiedlichen Argumentationslogiken von Gerechtigkeit und Fürsorge auf den Punkt gebracht. Die eine sucht nach Gründen für Übereinstimmung, die andere nach Gründen für Verstehen; die eine setzt Getrenntsein voraus und entsprechend das Bedürfnis nach einer äußeren verbindenden Struktur, die andere setzt voraus, daß es eine Verbindung und entsprechend die Möglichkeit des Verstehens gibt. Diese Voraussetzungen sind tief verankert, sie erzeugen und reflektieren unterschiedliche Auffassungen der menschlichen Natur und der Condition humaine. Sie verweisen auf unterschiedliche Formen der Verwundbarkeit und unterschiedliche Fehlerquellen. Das Fehlerrisiko bei Gerechtigkeitsurteilen besteht in deren latentem Egozentrismus, in der Neigung, die eigene Perspektive mit einem objektiven Standpunkt oder der Wahrheit zu verwechseln, sowie in der Versuchung, andere auf die eigenen Kriterien festzulegen, indem man sich selbst an ihre Stelle setzt. Das Fehlerrisiko bei Fürsorge-Urteilen besteht in der Neigung, zu vergessen, daß man eigene Kriterien hat, und sich so weit auf die Perspektive des anderen einzulassen, daß man sich selbst als »selbstlos« begreift und sich nach den Kriterien anderer definiert. Diese beiden Fehlerquellen basieren auf zwei gebräuchlichen Gleichsetzungen, in denen sich Verzerrungen oder Deformationen von Gerechtigkeit und Fürsorge ausdrücken: die Gleichsetzung von Mensch mit Mann, die in ihrer Ausblendung der Frauen ungerecht ist, sowie die Gleichsetzung von Fürsorge mit Selbstaufopferung, die sorglos versäumt, die Aktivität und die Instanz der Fürsorge zur Kenntnis zu nehmen.

Die Gleichsetzung von Mensch und Mann war kennzeichnend sowohl für
die Platonische und die Aufklärungs-Tradition wie auch für all die Psychologen, die rein männliche Stichproben als »repräsentativ« für menschliche Erfahrung ansahen. Die Gleichsetzung von Fürsorge mit Selbstaufopferung ist
in mancher Hinsicht komplexer. Die Prämisse des Eigennutzes setzt einen In-
teressenkonflikt zwischen Selbst und Anderen voraus, der sich im Gegensatz
zwischen Egoismus und Altruismus manifestiert. Beides zusammen, die
Gleichsetzung von Mann mit Mensch und von Fürsorge mit Selbstaufopferung, bildet einen Zirkel, der die Moralphilosophie und die Psychologie hart-
näckig beherrscht hat. Die Einbeziehung von Frauen in die Moraltheorie
stellt daher für die traditionelle Definition des Menschlichen eine Herausforderung dar, sie verlangt, erneut zu prüfen, was wohl unter Gerechtigkeit wie
unter Fürsorge verstanden wird.

Die moralische Entwicklung entlang zweier unterschiedlicher, gleichwohl
einander überschneidender, Beziehungsdimensionen zu verfolgen, legt unterschiedliche Kombinationsmöglichkeiten von Gerechtigkeits-und von Fürsorge-Urteilen nahe, d.h. unterschiedliche Möglichkeiten, diese beiden Moralperspektiven zu verstehen und zueinander in Beziehung zu setzen. Zum
Beispiel ist es möglich, daß eine Perspektive die andere überschattet oder verdunkelt, so daß die eine deutlich und klar vor Augen steht, während die andere nur undeutlich miterinnert wird, vielleicht vertraut, aber zum überwiegen-
den Teil vergessen. Die Art und Weise, in der eine Version von Beziehung eine andere verdunkelt, wurde in Definitionen faßbar, die Schülerinnen von
»Abhängigkeit« gaben. Diese Definitionen hoben zwei Bedeutungen hervor:
eine, die sich aus dem Gegensatz von Abhängigkeit und Unabhängigkeit,
und eine, die sich aus dem Gegensatz von Abhängigkeit und Isolierung ergaben (»Keine Frau«, bemerkte eine Schülerin, »ist eine Insel.«). Da der Begriff
»Abhängigkeit« die Erfahrung einer Beziehung einschließt, weist die unterschiedliche Bedeutung der Gegenbegriffe daraufhin, wie die Valenz von Beziehung sich ändert, je nachdem, ob die Verbundenheit mit anderen als Hindernis für Autonomie und Unabhängigkeit oder als eine Quelle von Trost
und Freude und als Schutz gegen Isolation erfahren wird. Diese grundlegende
Ambivalenz menschlicher Beziehungen bildet eine starke emotionale
Grundlage für zwei Moralperspektiven. Sie kann überdies zeigen, was bei
dem Versuch, Moral auf eine einzige Perspektive zu reduzieren, auf dem Spiel
steht.

Es läßt sich leicht einsehen, daß in einer Gesellschaft, in der man bei »Fürsorge« an persönliche Schwierigkeiten in Gestalt ökonomischer Benachteili-

gung denkt, Fragen der Gerechtigkeit sowie Moraltheorien, die um Gerechtigkeit zentriert sind, besondere Bedeutung gewinnen. Aber man kann die zunehmende Bedeutung von Gerechtigkeitsurteilen und auch Geschlechtsunterschieden der moralischen Entwicklung auch anders verstehen, wie ein Roman mit dem Titel *Masken* von Fumiko Enchi, einer Japanerin, zeigt.[11]

Der Roman handelt von Geisterbesessenheit. Es wird dramatisch dargestellt, was es heißt, von den Geistern anderer besessen zu sein. Über die Dame Rokujō in der »Geschichte vom Prinzen Genji« schreibt Enchis Hauptperson: »Rokujō sucht nicht die philosophischen Grenzen zwischen dem Ich für sich und dem Ich in Relation zum anderen auf, noch erlangt sie religiösen Gleichmut — sie bewegt sich bezeichnenderweise zwischen Lyrik und Geisterbesessenheit hin und her.«

Die Optionen der Transzendenz, des religiösen Gleichmuts oder philosophischer Grenzziehung mögen Frauen weniger zur Verfügung stehen, weil sie mit größerer Wahrscheinlichkeit von den Geistern und den Geschichten anderer beherrscht werden. Die Stärke der moralischen Wahrnehmung von Frauen liegt in ihrer Verweigerung von Gleichgültigkeit und Entpersönlichung, ihrem Beharren darauf, Verbindungen herzustellen, die es möglich machen, einen im Krieg getöteten Menschen oder jemanden, der in Armut lebt, als eines anderen Menschen Sohn, Vater, Bruder oder Schwester, Mutter, Tochter oder Freund wahrzunehmen. Aber in Enchis Roman wird auch das Risiko in der moralischen Entwicklung von Frauen betont, wenn sie, von den Geistern anderer beherrscht, sich leichter in eine Kette falscher Bindungen verstricken lassen. Wenn Frauen gegenwärtig, nicht nur im Rahmen der Familie, sondern für die ganze Welt, die Wächter über die Geschichte menschlicher Bindungen und Interdependenz sind, dann stellt sich die Frage, wie man diese Geschichte lebendig erhalten und wie die Moraltheorie sie stützen kann. In diesem Sinn wird die Beziehung zwischen Frauen und Moraltheorie selbst eine der wechselseitigen Bezogenheit.

Wenn die Moraltheorie eine kohärentere und begrifflich besser durchgearbeitete Perspektive der Fürsorge zur Verfügung stellen könnte, dann würde sie es den Frauen leichter machen, über ihre Erfahrungen und Wahrnehmungen zu sprechen, und sie könnte andere befähigen, zuzuhören und zu verstehen. Gleichzeitig legt der Nachweis einer im moralischen Denken von Frauen dominanten Fürsorgeperspektive die Erwartung nahe, daß das Studium der weiblichen Entwicklung eine Naturgeschichte der moralischen Entwicklung zu liefern vermag, in der Fürsorge vorherrschend ist, und in der Möglichkeiten deutlich werden, wie die Schaffung und die Erhaltung von verantwortlicher Verbundenheit mit anderen ein zentrales moralisches Interesse werden oder bleiben kann. Die Hoffnung, die sich mit der Verbindung von Frauen und Moraltheorie verknüpft, besteht darin, daß das Überleben der Menschheit im späten 20. Jahrhundert weniger von formaler Übereinstimmung abhängen dürfte als von menschlicher Verbundenheit.

Übersetzt von Elisabeth Seyfarth-Konau

Anmerkungen

1 Gilligan, C. (1977). »In a Different Voice: Women's Conceptions of Self and of Morality«. Harvard Educational Review 47: 481-517, (1982) *In a Different Voice: Psychological Theory and Women's Development*. Cambridge, Mass.: Harvard University Press (Dt.: *Die andere Stimme*. München 1984/³1988).
2 Piaget, J. (1965). *The Moral Judgement of the Child*. New York, N.Y.: The Free Press Paperback Edition, S. 76-84 (Dt.: *Das moralische Urteil beim Kinde*. Frankfurt 1973, S. 80-89).
3 Kohlberg, L. (1984). *The Psychology of Moral Development*. San Francisco, Calif.: Harper & Row, Publishers, Inc.
4 Gilligan, C./J. Attanucci (1986). *Two Moral Orientations*. Harvard University, unveröffentl. Manuskript.
5 Vgl. Kohlberg, L. [Anm. 3] und den Beitrag von Walker in diesem Band.
6 Piaget, J. [Anm. 2].
7 Kohlberg, L. [Anm. 3].
8 Johnston, K. (1985). *Two Moral Orientations — Two Problem-Solving Strategies: Adolescents Solutions to Dilemmas in Fables*. Harvard University, unveröffentl. Dissertation.
9 Langdale, C. (1983). *Moral Orientation and Moral Development: The Analysis of Care and Justice Reasoning Across Different Dilemmas in Females and Males from Childhood through Adulthood*. Harvard University, unveröffentl. Dissertation.
10 Johnston, K. [Anm. 8]; Vygotsky, L. (1978). *Mind in Society*. Cambridge, Mass.: Harvard University Press; Chodorow, N. (1974). »Familiy Structure and Feminine Personality«, in: *Women, Culture and Society*, L.M. Rosaldo/L. Lamphere (Eds.), Stanford, Calif.: Stanford University Press; vgl. auch Chodorow, N. (1978). *The Reproduction of Mothering: Psychoanalysis and the Sociology of Gender*, Berkeley, Calif.: University of California Press (Dt.: *Das Erbe der Mütter. Psychoanalyse und Soziologie der Mütterlichkeit*, München 1985).
11 Glaspell, S. (1927). *A Jury of her Peers*. London: E. Benn; Enchi, F. (1983) *Masks*. New York: Random House (Dt.: *Die Dichterin und die Masken*, Reinbek 1984).

Sozialwissenschaftlicher Sexismus:
Carol Gilligans Fehlvermessung des Menschen*

Debra Nails

Bei allen Schwierigkeiten, die die Bewältigung großer Datenmengen und die Beschreibung von Fallstudien — die notwendig selektiv sein muß, aber dennoch keine irreführenden Schlußfolgerungen enthalten darf — mit sich bringen, erwartet man von Sozialwissenschaftlern verläßliche Darstellungen. Ohne das Vertrauen, daß man es bei statistischen Analysen mit fehlerfreien Stichproben zu tun hat und die Daten unverzerrt dargestellt werden, kann man keine hinreichend informierten Urteile über die Schlußfolgerungen, geschweige denn über die Theorien, die aus den Daten und ihrer Interpretation abgeleitet werden, abgeben. Wenn andererseits ein Sozialwissenschaftler der Meinung ist, daß es seine eigentliche Aufgabe ist, bestimmte Daten hervorzuheben oder andere nicht mitzuteilen — aufgrund der Überzeugung, daß sich auf diese Weise eine grundlegende, bislang verborgene Wahrheit angemessener zur Darstellung bringen läßt, wenn also bewußt im Zuge der Darstellung eine hermeneutische »Interpretation« vorgenommen wird —, dann muß der (die) Sozialwissenschaftler(in) dies dem Leser sagen, so daß dieser das Material vorgewarnt auf sich wirken lassen kann. Eine Methode für eine andere auszugeben, würde bedeuten, den Leser unfair zu behandeln.

Wenn ein Maler oder ein Schriftsteller den Entwicklungsprozeß eines Menschen darstellt, dann mag er das Bild dieses Menschen »vorher« und »nachher« so stark überzeichnen, wie es notwendig ist, um deutlich zu machen, worauf es ankommt. Von einem Sozialwissenschaftler erwartet man in-

* Die folgenden Passagen sind einem längeren methodischen Aufsatz von D. Nails entnommen. Eine kurze Einleitung sowie längere Auseinandersetzungen mit dem Interviewverfahren und der Auswertung zugrundeliegenden theoretischen Unterstellungen (Reifizierung von Moral, Vermischung kognitiver und moralischer Aspekte) wurden aus Platzgründen weggelassen (G. Nunner-Winkler).

des eine Beschreibung, die den Menschen so genau wie möglich erfaßt, selbst wenn dies bedeutet, daß der Leser vielleicht große Schwierigkeiten hat, zu erkennen, daß überhaupt eine Entwicklung stattgefunden hat. Man erwartet nicht Einzelbeispiele, die eine besondere Sichtweise schlüssig vorführen, sondern repräsentative Beispiele.[1]

Carol Gilligans Darstellung der Entwicklung einer Frau, die sie Betty nennt[2], erscheint ein bißchen zu stimmig, eher wie eine Karikatur als eine Charakterisierung. Zur Überprüfung wurde daher auf die Dissertation von Mary F. Belenky[3] zurückgegriffen, die zusammen mit Gilligan eine Untersuchung zu Abtreibungsentscheidungen durchgeführt hat; ihr Dissertationsprojekt erlaubte es ihr, die Fälle ausführlicher darzustellen, als Gilligan es tut.[4]

Aus dem Material von Belenky erfährt man, daß Betty nach dem ersten Interview der Gruppe der »Gewinner« zugeordnet wurde, d.h. es wurde erwartet, daß »ein Jahr später in den hypothetischen moralischen Dilemmata eine höhere Urteilsstufe zum Tragen kommen würde«.[5] Diese Erwartung gründete sich auf den Vergleich zweier Stufenwerte: zum einen Bettys Urteil über die Tatsache ihrer Schwangerschaft (gemessen anhand eines von Gilligan, Lerner und Belenky[6] entwickelten Manuals), zum anderen ihre Urteile in den von Kohlberg u.a. formulierten hypothetischen moralischen Dilemmata (gemessen anhand von Kohlbergs revidiertem Manual[7]). Bettys Urteil über ihre eigene Situation war »höher« einzustufen als ihr hypothetisches Urteilen; daraus ergaben sich die positiven Erwartungen. Bettys moralischer Reifewert (Moral Maturity Score) war ein Jahr später, wie erwartet, um 50 Punkte gestiegen; man erfährt, daß sie sich nun nicht mehr überwiegend auf Stufe 2, sondern überwiegend auf Stufe 3 befindet.[8]

Gilligans abgekürzter Darstellung zufolge »veranschaulicht (Bettys Geschichte) Entwicklungspotential selbst unter reduziert erscheinenden Umständen«, indem sie den Entwicklungsschritt vom »Egoismus zur Verantwortung« deutlich macht. Das Bild der Betty »vorher« zeigt sie als »eine adoptierte Halbwüchsige, deren Lebenslauf wiederholte Abtreibungen, Erregung öffentlichen Ärgernisses und Mehrfachaufenthalt in Erziehungsheimen aufwies. . . Betty war 16, als sie zum zweiten Mal innerhalb von 6 Monaten eine Abtreibungsklinik aufsuchte«.[9] In Belenkys Darstellung heißt es, daß Betty eine einzige vorangegangene Schwangerschaft hatte — als Ergebnis einer Vergewaltigung, bei der sie geschlagen worden war. Sie hatte danach jede Verhütungsmaßnahme abgelehnt, weil ». . . ich wußte jetzt, was ich von Männern zu halten hatte und hatte mir vorgenommen, mich nie wieder mit einem Mann einzulassen. Nachdem ich vergewaltigt worden war, hielt ich alle Männer für

Schweine. So habe ich eben der Dame gesagt, sie fragte mich, ob ich Geburtenverhütung wollte, ich sagte, nein, weil ich nicht vorhatte, jemals wieder mit einem Mann ins Bett zu gehen. Aber ich tat es doch«.[10] Gilligan erwähnt die bei Belenky ausführlicher behandelte Vergewaltigung in ihrer Darstellung nur beiläufig. Gilligans negative Charakterisierung von Betty enthält eine Beschreibung ihrer Beziehung zu ihrem Freund:

Da sie erwartet hatte, daß er auch weiterhin auf ihre Bedürfnisse eingehen würde, wenn sie mit ihm ins Bett ginge, war ihre Enttäuschung groß, als sie entdeckte, daß er nachher »bloß (. . .) wollte, daß ich alles machte, was er wollte. (. . .) Er behandelte mich mehr wie seine Frau als wie seine Freundin, das hat mir nicht gefallen«. Während sie zunächst meinte, in der Beziehung habe ein Austausch geherrscht, kommt sie schließlich zu dem Schluß, daß er »im Grunde parteiisch war« und nur seine Bedürfnisse zu befriedigen suchte und »die Tatsache ignorierte, daß ich mehr Freiheit wollte«.[11, 11a]

Auf der Grundlage dieser Beschreibung kommentiert Gilligan, daß es Betty »um die Erhaltung ihrer Freiheit ging und darum, nicht etwas für andere tun zu müssen«. Belenkys Beschreibung ist vollständiger, insbesondere dadurch, daß sie uns eine Ursache für Bettys Unzufriedenheit nennt:

Zuerst war er wirklich nett zu mir, aber dann fing er an, sich zu verändern. . . (WARUM?) Weil er mich, nachdem ich mit ihm ins Bett gegangen war, einfach wie Scheiße behandelte. Er war zu besitzergreifend, er wollte einfach, daß ich alles tat, was er wollte. Befahl mir, das Haus zu putzen, dies oder das zu tun, befahl mir, nicht hierhin und nicht dorthin zu gehen. Ich war mehr eine Ehefrau als eine Freundin. Das hat mir nicht gefallen. . . Ich redete mit ihm, aber er wollte davon nichts wissen. Er verstand nichts. Er hatte wirklich Scheuklappen. (ER VERSTAND WAS NICHT?) Die Tatsache, daß ich mehr Freiheit wollte.[12]

Es sind vier Dinge in der Darstellung Belenkys, die ein ungutes Gefühl hinsichtlich Gilligans Interpretation entstehen lassen: (1) Textauslassungen sind nicht entsprechend gekennzeichnet;[13] (2) der offensichtliche konkrete Grund von Bettys Wunsch nach Freiheit (der Befehl, das Haus zu putzen, etc.) wird ausgelassen; (3) Bettys Beschreibung ihres Freundes als jemand, der »nichts wissen will« und »nichts versteht«, wird auf die Formulierung »er ignorierte« verkürzt; und (4) wird die gesamte Episode so zusammengefaßt, daß Betty so egoistisch wie möglich erscheint (»Freiheit, statt etwas für andere tun zu müssen«).

Sobald es jedoch um die Beschreibung der »dramatischen Veränderung« der gewandelten Betty geht, läuft die Sache umgekehrt, und Gilligan akzentuiert die Positiva. Man vergleiche die beiden Beschreibungen der Veränderung in Bettys Leben. Zunächst Gilligan:

Ich sagte mir, ich muß abnehmen, und das war eine solche Veränderung für mich, weil ich so viele Jahre lang dick gewesen war. Und als ich schlank war, wußte ich nicht, was es heißt, Kleider tragen zu können, die gut aussehen. Ich fühlte mich einfach super, weil so viele Leute und so viele Männer mit mir ausgehen wollten. Das war der erste Sommer, in dem ich einen Badeanzug tragen konnte.[14]

Zum Vergleich Belenky:

Im Juni sagte ich mir, daß ich abnehmen müßte. Es war eine solche Veränderung für mich, schlank zu sein. Ich wußte nie, was es heißt, Kleider tragen zu können, die bequem sind, und Sachen — die gut aussahen. Männer wollten mit mir ausgehen. Ich sagte, »Mensch, das ist toll«, weißt du. Es war super. Es war auch der erste Sommer, in dem ich einen Badeanzug tragen konnte... So lang hab ich gebraucht, meinen Scheiß zusammenzukriegen.[15]

Das zweite Zitat klingt weniger zurückhaltend, vielleicht sprachlich weniger korrekt, aber mehr wie die frühere Betty. Beim Leser entsteht durchaus der Eindruck, daß Betty Fortschritte gemacht hat, bezeichnend ist aber, daß keine der Forscherinnen die *vorangehende* unglückliche Passage wiedergibt, die den guten Bericht Lügen straft:

Letzten Sommer nahm ich stark ab und ich fühlte mich deshalb wirklich gut. Ich war so glücklich. Wissen Sie, früher war ich sehr, sehr fett, vom 5. bis zum 8. Schuljahr, und dann nahm ich ab, aber jetzt nehme ich wieder zu. Letzten Sommer nahm ich etwas ab und ich war deshalb so froh über mich. Und diesen Winter nahm ich alles wieder zu, und noch 10 Pfund mehr. Jetzt finde ich mich selbst ziemlich mies, weil ich so viel zugenommen habe.[16]

Eine Seite später zitiert Gilligan Bettys Äußerung »ich bin sehr sensibel«, aber ohne den unmittelbar darauf folgenden, bei Belenky[17] wiedergegebenen, Kommentar:»Mein Ideal wäre es, nicht so sensibel zu sein. So können andere meine Gefühle so leicht verletzen.« Nach Gilligan geht es Frauen typischerweise darum, andere nicht zu verletzen, und nicht darum, eigene Verletzungen zu vermeiden.[18] Diese rein deskriptiven Passagen sind indes nur von untergeordneter Bedeutung, verglichen mit einer Reihe anderer, und entscheidender, Textstellen, die von Gilligan als Grundlage für ihre Interpretation benutzt werden.

An verschiedenen Stellen des Buches »Die andere Stimme« werden wir mit Antworten auf Kohlbergs Heinz-Dilemma konfrontiert. Heinz' Frau droht an Krebs zu sterben; ein Apotheker hat ein Medikament, das sie heilen kann. Er verlangt jedoch für dieses Medikament einen höheren Preis, als Heinz ihn zahlen kann, so daß dieser überlegt, das Medikament zu stehlen. Bettys Reaktion auf das Dilemma zum Zeitpunkt ihrer Abtreibung lautet in der Wiedergabe durch Belenky:

Puh, der Kerl linkt die Leute, und seine Frau liegt im Sterben, also verdient er es auch, gelinkt zu werden. (IST ES RICHTIG DAS ZU TUN?) Wahrscheinlich. Ich glaube, daß Selbsterhaltung zu den wichtigsten Dingen im Leben zählt, um die die Menschen kämpfen. Stehlen mag zwar falsch sein, aber wenn man stehlen muß, um zu überleben, oder vielleicht sogar töten muß, dann sollte man das tun . . . Selbsterhaltung ist das Wichtigste — sie kommt vor allem anderen im Leben.[19]

Gilligans Wiedergabe desselben Materials[20] enthält nur geringfügige Abweichungen, die man wohl auf zwei verschiedene Transkriptionen vom gleichen Band zurückführen kann. Gilligan hebt an dieser Passage die Betonung der Selbsterhaltung hervor. Betty, als adoptierte Halbwüchsige, »erfährt sich selbst als jemand, um den sich niemand kümmert, und als allein«. Aber man kann die von Gilligan übergangene Bemerkung, daß der Apotheker, weil er andere linkt, selbst gelinkt zu werden verdient, an dieser Stelle nicht übergehen. Verdiente Strafe (und ihr negativer Aspekt: Rache) ist ein Begriff, der zum Bereich des moralischen Diskurses gehört, wenn er auch besser zur Sprache von Rechten paßt als zur Sprache von Verantwortung und sozialen Beziehungen. Dieses scheinbar unbedeutsame Übergehen wird später relevant, wenn Gilligan die Reaktion der gewandelten Betty auf das Heinz-Dilemma beschreibt:

Der Wandel im moralischen Verständnis Betty's zeigt sich auch in ihrer Reaktion auf das Heinz-Dilemma. Sie sagt jetzt, daß Heinz das Medikament stehlen sollte, »weil seine Frau im Sterben liegt, dem Tode nahe ist, und weil er seine Frau liebt«. Obwohl sie im Hinblick auf die Entscheidung als solche erklärt, daß sie »genauso antwortet wie zuvor«, so hat sich doch die Begründungsstruktur grundlegend gewandelt. Während sie zuvor auf den Vorrang der Selbsterhaltung hinwies, betont sie jetzt die Bedeutung von Beziehungen. Sprach sie zuvor von Berechtigung, so spricht sie jetzt von Schuldgefühlen. Heinz sollte den Diebstahl begehen, »weil er seine Frau liebt, und wenn sie stirbt, wird er das Gefühl haben, daß er etwas hätte tun können, aber es nicht getan hat«. Sicherheit, die sie zuvor als Selbstverteidigung in einer ausbeuterischen Welt betrachtete, in der jeder betrogen wird, hängt für sie jetzt von Beziehungen zu anderen und von Äußerungen der Liebe und Fürsorge ab.[21]

In Belenkys Darstellung wird ein längerer und informativerer Abschnitt aus Bettys zweiter Reaktion auf das Dilemma zitiert:

Weil seine Frau im Sterben liegt, dem Tode nahe ist und er seine Frau liebt. Ich finde, daß der Apotheker wirklich ein Schurke ist, wenn er es für einen solchen Preis verkauft. . . . Er ist herzlos, und wenn ich Heinz wäre, würde ich das Medikament (auch) stehlen — einfach, weil er ein herzloser Mensch ist. . . Er liebt seine Frau, und wenn sie stirbt, wird er das Gefühl haben, daß er etwas hätte tun können, aber es nicht getan hat. Wenn sie stirbt, wird er sich wirklich schuldig fühlen und wünschen, daß er es gestohlen hätte, daß er jedes Mittel benutzt hätte, das er hätte benutzen können, um es zu bekommen.[22]

Das Element der Rache wird hier erneut sichtbar: Heinz sollte das Medikament stehlen, einfach deshalb, weil der Apotheker ein herzloser Schurke ist. Was auch immer Bettys liebenswerte Gedanken in der zweiten Reaktion sein mögen, es sind genau diese Worte, in denen die Kontinuität ihrer jetzigen und ihrer früheren Reaktion liegt; sie rechtfertigen es, daß sie sagt, sie würde »dasselbe antworten wie zuvor«. Darüber hinaus zeigt das Transkript des zweiten Interviews, daß der Text, der bei der zweiten Auslassung dieses Absatzes einzubeziehen gewesen wäre, lautet: »Ich denke, in einem Fall von Leben und Tod sollte er jedes Mittel nutzen« — nicht gerade eine Zurücknahme der Betonung des Primats der Selbsterhaltung. Es mag sein, daß Bettys zweite Reaktion ausgewogener ist als ihre erste, weniger bitter und wärmer. Aber es ist durchaus nicht klar, daß die Abtreibungsentscheidung selbst eine entscheidende und moralische Ursache der Veränderung war.[23] Und es wird nicht klarer, wenn Betty sagt, »In vieler Hinsicht hat diese Schwangerschaft mir geholfen...«, denn was sie im weiteren sagt, ist, daß die Schwangerschaft sie veranlaßt hat, mit Drogen und Alkohol aufzuhören — »Nach einigen Wochen dachte ich wieder darüber nach und sagte mir: ›Nein, ich kann es nicht bekommen, weil ich wieder in die Schule zurück muß‹«.[24] Dies ist offensichtlich ebensosehr eine kognitiv wie eine moralisch bestimmte Entscheidung, zumindest insofern, als man in besserer Verfassung ist, eine Entscheidung zu treffen, wenn man nicht unter Drogen steht (...). Es bleibt durchaus fraglich, ob die Entwicklung von der alten zur neuen Betty so pointiert ist, wie sie Gilligan gezeichnet hat. In »Die andere Stimme« ist mindestens so viel Interpretation wie empirische Wissenschaft am Werk. Auch wenn sich die literarische Kritik gekonnt als Wissenschaft verkleidet, so kann man doch ihren Schlußfolgerungen nicht trauen.

Übersetzt von Elisabeth Seyfarth-Konau

Anmerkungen:

1 James C. Walker setzt sich (in einer persönlichen Mitteilung) mit der hier getroffenen Unterscheidung zwischen Interpretation und empirischer Wissenschaft kritisch auseinander und entwickelt das Argument einen Schritt weiter: »Ich bin der Auffassung, daß beide Arten zu arbeiten, die des Malers oder Schriftstellers und

die des Sozialwissenschaftlers, theoriegebunden sind. Was als ›angemessen‹ gilt, hängt von der Theorie ab, mit der man arbeitet. Für die Sozialwissenschaft stellt sich die Frage — und bezüglich dieser Frage haben wir das Recht auf eine direkte und offene Antwort: Stimmen wir alle der Theorie zu, die der Selektion der Daten, der Methodologien etc. zugrunde liegt? Die Sünde besteht in diesem Fall in einer uneingestandenen oder einer unbemerkten Verzerrung. Das gleiche gilt mit Bezug auf ›repräsentative Beispiele‹: Was bezogen auf eine Gesamtheit repräsentativ ist, hängt von unserer Theorie über diese Gesamtheit ab — andernfalls bleibt uns kaum ein anderer Weg als Zufallsstichproben. Auch wenn verschiedene Theorien sich in einzelnen Punkten widersprechen, so folgt daraus kein größeres Problem, wenn sie in den Punkten übereinstimmen, die festlegen, was als ›repräsentatives‹ Beispiel gilt. Wenn sie in dieser Hinsicht nicht übereinstimmen, d.h. wenn unsere Theorien zu konträren Folgen bezüglich der Stichproben führen, dann müssen wir nach irgendeiner anderen Methodologie suchen, wenn wir das Problem lösen möchten.«

2 Carol Gilligan, *Die andere Stimme*, (München 1984), S. 97, 135-42.

3 Mary F. Belenky, *Conflict and Development: A Longitudinal Study of the Impact of Abortion Decisions on Moral Judgements of Adolescent and Adult Women*, Ph. D. Dissertation, Harvard University, 1978.

4 Zwischen der Abfassung der Dissertation von M. F. Belenky und C. Gilligans Veröffentlichung des Buchs *Die andere Stimme* schrieben beide Frauen zusammen »A Naturalistic Study of Abortion Decisions«, in: R. Selman/R. Yando (Eds.), *Clinical — Developmental Psychology*, San Francisco: Jossey — Bass, 1980, 69-90. In diesem Beitrag erhält Betty eine ausführliche Diskussion. Der Aufsatz ist interessant als eine Art Übergang zwischen den beiden längeren Arbeiten. Er ist jedoch aufgrund der gemeinsamen Verfasserschaft nicht brauchbar, wenn es um die Frage geht, warum der eine Forscher entscheidet, Daten zu präsentieren, die ein anderer nicht mitteilt.

5 M. F. Belenky [Anm. 3]. — Die 24 Frauen, mit denen das erste Interview durchgeführt wurde, wurden in drei Gruppen eingeteilt. Neben der Gruppe der »Gewinner« (Gain Group) gab es die Gruppen der »Stabilen« (Stable Group) und der »Verlierer« (Loss Group), die durch die Erwartung charakterisiert sind, daß sich keine Veränderung oder aber eher eine Regression ergeben wird. Zur detaillierteren Beschreibung der Gruppeneinteilung und der damit verbundenen Hypothesen vgl. ebd., S. 37-43.

6 Carol Gilligan et al., Moral Reasoning About Sexual Dilemmas: The Development of an Interview and Scoring System, in: *Technical Report of the U. S. Commission on Obscenity and Pornography*, Bd. 1 (Washington, D.C.: U.S. Government Printing Office, 1971).

7 Lawrence Kohlberg et al., *Assessing Moral Stages: A Manual*, Cambridge, Mass.: Center for Moral Education, Harvard University, 1978.

8 M. F. Belenky [Anm. 3], 113.

9 C. Gilligan [Anm. 2], 135f.

10 M. F. Belenky [Anm. 3], 102.

11 C. Gilligan [Anm. 2], 136f. (Auslassungen in Klammern).

11a Die Übersetzung weicht von der vorliegenden deutschen Fassung ab. (Anm. d. Ü.).

12 M. F. Belenky [Anm. 3], 104-05 (Große Buchstaben: Interviewer-Fragen; Auslassungen von M. F. Belenky).

13 Wäre nur Gilligans Buch und Belenkys Dissertation zugrunde gelegt worden, so hätte die Möglichkeit nicht ausgeschlossen werden können, daß augenscheinliche Auslassungen in den Texten bei Gilligan tatsächlich Hinzufügungen in Belenkys Dissertation sind. Carol Gilligan gewährte mir freundlicherweise Zugang zu (unveröffentlichten) Transkripten der Interviews. Dies war außerordentlich nützlich nicht nur für die Verifikation von einzelnen Textstellen, sondern auch im Hinblick auf die Frage, wie bestimmte Daten in unterschiedlichen Berichten zur Darstellung gelangen.

14 C. Gilligan [Anm. 2], 140.

15 M. F. Belenky [Anm. 3], 112.

16 Transkript des zweiten Interviews, S. 12-13.

17 M. F. Belenky, 115.

18 C. Gilligan, 84.

19 M. F. Belenky, 103.

20 C. Gilligan, 137f.

21 Ebd., 141.

22 M. F. Belenky, 113.

23 Im Transkript des zweiten Interviews räumt Betty an anderer Stelle ihrem neuen Freund Anteil an ihrer Veränderung ein. Auch Besonderheiten ihrer Schule spielen in der Beschreibung der positiven Seiten ihres Lebens eine hervorgehobene Rolle. Es gibt aber auch negatives Material — nicht nur die erneute Gewichtszunahme, sondern insbesondere Klagen über ihren jetzigen Freund (»Er denkt, ich sollte meine Rolle spielen, während ich dazu überhaupt keine Lust habe. Ich möchte einfach tun und lassen, was ich will«, S. 20), und abrupte Stimmungsschwankungen in den Äußerungen über verschiedene (faktische) Dinge von einem Teil des Interviews zum nächsten.

24 C. Gilligan, S. 139. Auf S. 7 des Transkripts des ersten Interviews sagt Betty, daß sie von Alkohol und Drogen Abstand genommen habe, weil beides sie krank mache und ihre Versuche abzunehmen untergrabe. Später (S. 15) erwähnt sie als einen Grund die Sorge um das Baby.

Geschlechtsunterschiede in der Entwicklung des moralischen Urteils*

Lawrence J. Walker

Der folgende Literaturüberblick bezieht alle Studien ein, die unter Verwendung von Kohlbergs Meßverfahren Geschlechtsunterschiede in der Entwicklung des moralischen Urteilens prüften. *Nicht* berücksichtigt werden Studien, die sich (a) nur auf ein Geschlecht bezogen, die (b) über Geschlechtsunterschiede nicht berichten oder sie nicht analysieren, die (c) Alter und Geschlecht nicht genügend trennen (wenn z.B. Mütter mit ihren Söhnen verglichen werden), deren Probanden (d) nach Stufenzugehörigkeit ausgewählt worden waren, über deren Ergebnisse (e) schon in einer anderen Untersuchung berichtet worden war (so z.B. *Kuhn* et al. (1977) oder *Haan, Weiss* und *Johnson* (1982), die jeweils über Ergebnisse berichten, die bereits bei *Haan, Langer* und *Kohlberg* (1977) mitgeteilt worden waren), oder die schließlich (f) anstelle des Kohlbergschen Interviewverfahrens ein objektives Maß moralischen Urteilens (wie z.B. den »Defining Issues Test« (DIT)) verwendeten. Eine Reihe von Gründen sprach dafür, Studien, die den DIT, oder verwandte Maße, benutzten, auszuschließen: Er eignet sich nicht für Kinder und Frühadoleszente; er führt nicht zu klaren Abstufungen, sondern liefert kontinuierliche Indices (die »P«- oder »D«-Werte); und er stützt sich auf Stufendefinitionen, die sich von denen Kohlbergs etwas unterscheiden (vgl. *Kohlberg*, 1981; *Rest,*

---

* Die folgenden Passagen wurden einem längeren Aufsatz entnommen. Die theoretische Einleitung sowie der Bericht über eine statistische Metaanalyse aller Studien, die die Ergebnisse der Einzeldarstellung der Studien bestätigte, wurden aus Platzgründen weggelassen, ebenso die detailliertere Darstellung der einzelnen Untersuchungen mit genauen Angaben zu Samplegrößen und Design. Die Zuordnung der einzelnen Untersuchungen zu den drei von Walker unterschiedenen Altersstufen: Kindheit u. Frühadoleszenz/Spätadoleszenz u. Jugendalter/Erwachsenenalter ist in der Literaturliste jeweils durch ein nachgesetztes (K), (J) oder (E) gekennzeichnet (G. Nunner-Winkler).

1979). Im übrigen hat *Rest* (1979) bereits einen kurzen Überblick über Studien, die Geschlechtsdifferenzen mit Hilfe des DIT untersuchten, veröffentlicht. Er kam zum Ergebnis, daß diese Untersuchungen ziemlich übereinstimmend keine signifikanten Geschlechtsdifferenzen finden konnten.

Es ist wichtig festzuhalten, daß der Ausschluß von Studien, die nicht explizit Geschlechtsunterschiede prüften, aus diesem Überblick es mit sich bringt, daß das Vorkommen von Geschlechtsunterschieden in Untersuchungen zur moralischen Entwicklung zu hoch angesetzt wird. Es erscheint sinnvoll anzunehmen, daß die meisten Forscher, die nichts über Geschlechtsunterschiede berichten, festgestellt hatten, daß beide Geschlechter ähnliche Werte aufwiesen. Die Tatsache, daß es wahrscheinlicher ist, daß Unterschiede veröffentlicht werden, verschärft das Problem und macht Fehler erster Art wahrscheinlicher (was *Rosenthal* (1979) als das »file-drawer-problem«* bezeichnet hat).

Die Diskussion über geschlechtsspezifische Verzerrungen in *Kohlbergs* Theorie hat sich primär auf die konventionellen und die prinzipiengeleiteten Stufen konzentriert (vgl. z.B. *Gilligan,* 1977). Es könnte durchaus sein, daß Geschlechtsunterschiede sich erst im Erwachsenenalter zeigen, wenn entsprechendes moralisches Urteilen vorherrscht. Um diese Frage zu klären, erscheint eine entwicklungsorientierte Analyse von Geschlechtsunterschieden des moralischen Urteilens angemessen. Daher werden die hier einbezogenen Studien in drei Tabellen präsentiert, die die Lebensspanne in die folgenden etwas willkürlichen Perioden unterteilen: (a) Kindheit und Frühadoleszenz, (b) Spätadoleszenz und Jugendalter, sowie (c) Erwachsenenalter. Für jede Stichprobe innerhalb einer Untersuchung wird ein Ergebnis mitgeteilt, wenn entweder getrennte Analysen oder eine nichtsignifikante Beziehung zwischen Stichprobe und Geschlechtszugehörigkeit vorlagen. Soweit nicht anders vermerkt, indiziert ein nichtsignifikantes Ergebnis, daß sowohl der Haupteffekt von Geschlecht als auch alle Interaktionen mit anderen Faktoren nicht signifikant sind; das gilt auch für Studien mit wiederholten Messungen, die je nachdem als »experimentelles« oder »Längsschnitt-Design« bezeichnet werden. Eine Reihe von Forschern, die Geschlechtsunterschiede nicht statistisch analysierten, teilten ausreichend Daten mit (z.B. die Zahl von Personen männlichen und weiblichen Geschlechts auf jeder Moralstufe), so daß es mir mög-

---

* Mit dem Begriff »file-drawer-problem« verweist *Rosenthal* darauf, daß Daten aufgrund fehlender statistischer Signifikanz oft nicht zur Publikation gelangen und eben in der »Schublade« bleiben (Anm. d.Ü.).

lich war, die entsprechenden Analysen selbst vorzunehmen. Darauf wird jeweils verwiesen (in der Regel benützte ich den Kolmogorov-Smirnov-Test für ordinale Daten, vgl. *Siegel*, 1956).

Kindheit und Frühadoleszenz

Zur Kindheit und Frühadoleszenz lagen 31 Untersuchungen mit insgesamt 2.879 Versuchspersonen der Altersgruppe der etwa 5- bis 17Jährigen vor. Es zeigt sich, daß Geschlechtsunterschiede im moralischen Urteilen während der Kindheit und der frühen Adoleszenz selten sind. Nur bei 6 von 41 Stichproben wird über signifikante Unterschiede berichtet. Einer dieser Unterschiede (*White*, 1975) kann nicht als solcher gewertet werden, da die berichtete statistische Analyse, entgegen der Schlußfolgerung des Autors, tatsächlich nicht signifikant ist. Damit bleiben 5 signifikante Ergebnisse übrig. *Biaggio* (1976) stellte fest, daß die Mädchen ihrer brasilianischen Stichprobe von 10-, 13-, und 16-Jährigen im moralischen Urteilen fortgeschrittener waren als die Jungen (MMS[*] 275 gegenüber 235). *Blatt* und *Kohlberg* (1975, 2. Studie) fanden in einem Pretest Unterschiede bei 15- bis 16-Jährigen, wonach die Mädchen besser abschnitten (316 gegenüber 275). *Krebs* und *Gilmoore* (1982) fanden, daß in ihrer Stichprobe von 5- bis 14-Jährigen die Mädchen ein etwas fortgeschritteneres moralisches Urteil bewiesen als die Jungen. *Turiel* (1976) fand für 10- bis 11-Jährige sowie für 12- bis 14-Jährige Unterschiede zugunsten der Mädchen (268 gegenüber 254 bzw. 308 gegenüber 279). Schließlich fanden *Saltzstein, Diamond* und *Belenky* (1972), daß Mädchen tendenziell der Stufe 3 zuzuordnen waren, Jungen dagegen primär den Stufen 1 und 2, aber auch den Stufen 4 und 5 (diese Stufen wurden in den Analysen jeweils zusammengefaßt). Es sollte festgehalten werden, daß ein Drittel dieser Stichprobe auf die Stufen 4 und 5 entfiel; so hohe Stufen sind bei jungen Befragten nicht normal, besonders nicht nach dem neuesten Auswertungsverfahren. (Revisionen der Meßverfahren und Stufendefinitionen werden in einem späteren Abschnitt diskutiert.)

Zusammenfassung: Geschlechtsunterschiede im moralischen Urteilen sind in den frühen Altersstufen offensichtlich selten. Wenn sie vorkommen, deuten

---

[*] MMS = Moral Maturity Score, Wert für moralische Reife (Anm. d. Ü.).

sie auf eine reifere Entwicklung bei Mädchen hin; aber auch diese seltenen Unterschiede sind relativ gering.

Spätadoleszenz und Jugendalter

Zum moralischen Urteilen in der Spätadoleszenz und Jugend lagen 35 Untersuchungen mit insgesamt 3 901 Versuchspersonen vor, wobei es sich überwiegend um Oberschüler und Studenten handelte. Wie sich bereits für die jüngeren Altersstufen zeigte, sind auch in der Spätadoleszenz und Jugend Geschlechtsunterschiede im moralischen Urteilen selten: Lediglich in 10 von 46 Stichproben zeigten sich signifikante Geschlechtsunterschiede.

Die in 3 dieser Fälle festgestellten Geschlechtsunterschiede sind von zweifelhafter Relevanz. Die Autoren versäumten es entweder, geeignete statistische Verfahren heranzuziehen, um ihre Behauptungen zu untermauern (*Alker* und *Poppen*, 1973; *Fishkin, Keniston* und *MacKinnon*, 1973), oder sie führten äußerst fragwürdige Analysen durch (*Lockwood* (1975) benutzte in seiner Varianzanalyse falsche Fehlerprüfverfahren).

Zwei andere Autoren fanden, daß es zwar keine durchgängigen Geschlechtsunterschiede gab, daß Geschlecht aber mit anderen Variablen interagierte. *Arbuthnot* (1975) fand eine Interaktion zwischen Geschlecht und Geschlechtsrollenidentität, die darauf hindeutete, daß sowohl weibliche wie männliche Probanden mit nicht-traditioneller Geschlechtsrollenidentität auf höherem moralischen Niveau urteilten. *Levine* (1976) fand, daß Frauen für die Lösung der Standard-Dilemmata, bei denen es um fiktive Personen geht, häufiger Urteile der Stufe 3 benutzten als Männer, während sich für modifizierte Dilemmata, in denen es um reale Interaktionspartner (z.B. die eigene Mutter oder den besten Freund) ging, keine Geschlechtsunterschiede zeigten.

Zu diskutieren bleiben die restlichen 5 Ergebnisse, die auf signifikante Geschlechtsunterschiede in der Spätadoleszenz und Jugend hindeuten. *Arbuthnot* (1983) fand, daß die Frauen seiner Universitätsstichprobe im moralischen Urteilen (um etwa 1/3 Stufe) fortgeschrittener waren als die Männer. *Bar-yam, Kohlberg* und *Naame* (1980) berichteten über zwei signifikante Unterschiede in einer Untersuchung über israelische Oberschüler. In den Stichproben moslemischer Araber und Aliyah-Jugendlicher erreichten die Jungen höhere Stufen des moralischen Urteils als die Mädchen (296 gegenüber 249 bzw. 376 gegenüber 350). Beide Stichproben gehörten ethnischen Gruppen an, in denen der Status und das Bildungsniveau von Frauen traditionell niedrig waren und in denen diese nur geringe Entscheidungsbefugnisse in Familie und Gesellschaft hatten. Interessant ist das Ergebnis, daß sich in den Kibbuz- und den christlichen Stichproben, in denen vermutlich ausgeprägter egalitäre Einstellungen vorherrschen, tatsächlich keine Geschlechtsunterschiede fanden.

Bussey und *Maughan* (1982) fanden, daß männliche Probanden ihrer Universitätsstichprobe im Vergleich mit weiblichen fortgeschrittenere moralische Urteile zeigten. Meine eigene Analyse der von *Haan, Smith* und *Block* (1968), im Rahmen einer Untersuchung von Studenten, gewonnenen Daten deutet darauf hin, daß Frauen auf Stufe 3 überrepräsentiert waren. Es ist freilich möglich, daß diese Untersuchung gewisse Ungenauigkeiten bei der Zuordnung zu Stufen der Moralentwicklung aufweist (eine Möglichkeit, auf die bereits *Haan* selbst (1971) aufmerksam gemacht hat). Diese Vermutung gründet sich auf zweierlei: Erstens wurde für die Antworten der Probanden auf die Dilemmata anstelle der empfohlenen Interviewform (*Colby* et al., im Druck) die Fragebogenform verwendet, was mehrdeutige Antworten und folglich weniger zuverlässige Stufenwerte zur Folge haben kann. Zweitens wurden, nachdem diese Untersuchung durchgeführt worden war, die Definitionen der Moralstufen entscheidend geändert, u.a. wegen der ungewöhnlich häufigen Einstufung von Probanden dieser Universitätsstichprobe als präkonventionell.

Zusammenfassung: Geschlechtsunterschiede im moralischen Urteilen sind, wie dies bereits für die vorangehenden Entwicklungsphasen festgestellt wurde, auch in der Spätadoleszenz und Jugend selten. Im Gegensatz zu den Ergebnissen über Kindheit und Frühadoleszenz deuten jedoch die meisten Untersuchungen, in denen Geschlechtsunterschiede gefunden wurden, auf eine reifere Entwicklung männlicher Probanden hin, obwohl die Unterschiede wiederum gering waren (sie betrugen weniger als 1/2 Stufe).

Erwachsenenalter

Zum moralischen Urteilen bei Erwachsenen lagen 13 Untersuchungen mit insgesamt 1 223 Versuchspersonen in der Altersgruppe von 21 bis über 65 Jahre vor. Geschlechtsunterschiede des moralischen Urteilens sind im Erwachsenenalter geringfügig häufiger als in früheren Lebensaltern, oder anders gesagt, Geschlechtsunterschiede sind in dieser Generation häufiger als in späteren Generationen — es ist unmöglich, aufgrund der vorliegenden Daten entwicklungsbedingte und Kohorten-Unterschiede zu trennen. In den 21 einbezogenen Stichproben werden 4 signifikante Unterschiede berichtet, die sämtlich zugunsten der Männer ausfallen.

Anders als in den zuvor diskutierten Studien, die sich auf relativ homogene Stichproben von Schülern und Studenten bezogen, war in den Studien zu Erwachsenen, in denen sich Unterschiede im moralischen Urteilen zeigten, die Variable Geschlecht oft mit Unterschieden im Bildungsgrad und/oder der Berufsposition konfundiert. *Haan et al.* (1976) fanden, daß in ihren Stichproben sowohl bei den 21- bis 30jährigen wie bei den 47- bis 50jährigen (den Eltern der jüngeren Gruppe) die Männer höhere Stufen erreichten als die Frauen. *Haan* (1977) teilt mit, daß die älteren Frauen in dieser Untersuchung überwiegend Hausfrauen waren; der berufliche Status der jüngeren Frauen wurde nicht angegeben.

Auch in den beiden verbleibenden Untersuchungen, in denen sich Unterschiede ergaben, war das Geschlecht mit beruflichen Unterschieden konfundiert. *Holstein* (1976) fand in einem ersten Test Unterschiede zugunsten der Männer (409 gegenüber 366), nicht aber in einem Retest. So gut wie alle Männer ihrer Stichprobe waren berufstätig, und zwar in wirtschaftlichen, professionellen oder Verwaltungsfunktionen, während nur 6% der Frauen berufstätig waren. Auch *Parikh* (1980) fand, daß die Männer ihrer indischen Stichprobe höhere Moralstufen erreichten als die Frauen (326 gegenüber 280): Alle Männer waren selbständige Angehörige freier Berufe, die meisten Frauen dagegen Hausfrauen. Die übrigen Untersuchungen scheinen auf homogeneren Stichproben zu beruhen; sie ergaben keine signifikanten Geschlechtsunterschiede. Eine Untersuchung von *Weisbroth* (1970) etwa, bei Doktoranden und professionellen oder halbprofessionellen Mitarbeitern in Universitäten und Universitätskliniken, erbrachte keine Unterschiede. In Untersuchungen von *Buck, Walsh* und *Rothman* (1981), *Gilligan, Langdale, Lyons* und *Murphy* (1982) sowie *Walker* (1983b) waren Männer und Frauen hinsichtlich Bildung und beruflicher Stellung vergleichbar; Geschlechtsunterschiede im moralischen Urteilen waren nicht nachweisbar. Mehrere weitere Untersuchungen (*Bielby* und *Papalia*, 1975; *Buck et al.*, 1981; *Haan et al.*, 1968; *Holstein*, 1972; *Keasy*, 1971; *Parikh*, 1980) erbrachten direkte Evidenz für den Zusammenhang zwischen einer Vielzahl sozialer Erfahrungen (z.B. Familiendiskussionen, Bildung, Beruf, politische und soziale Betätigung) und moralischer Entwicklung.

Eine verbreitete, ursprünglich von *Kohlberg* und *Kramer* (1969) formulierte Auffassung besagt, daß Frauen oft auf Stufe 3 stehenbleiben, während Männer zu Stufe 4 fortschreiten, oder wie *Gilligan* (1982a, S. 89) formuliert: »Die Denkweise von Frauen wird oft mit der von Kindern gleichgesetzt«. Selbst in den Untersuchungen, die eine gewisse Evidenz für die Existenz von Geschlechtsunterschieden erbrachten, findet sich im Hinblick auf das Erwachsenenalter kein Beleg für eine solche Behauptung. Männer wie Frauen fanden sich in den Untersuchungen von *Holstein* (1976) und *Haan et al.* (1976) (wie *Haan et al.* (1982) mit Bezug auf ein großes Subsample ihrer 47- bis 50jährigen Probanden berichten) am häufigsten auf Stufe 4; in der Untersuchung von *Parikh* (1980) war die häufigste Stufe für beide Geschlechter die Stufe 3. Obwohl also in einigen Untersuchungen Geschlechtsunterschiede berichtet werden, haben sie nicht das Ausmaß, das vermutet worden ist.

Zusammenfassung: Es ist offensichtlich, daß Geschlechtsunterschiede im moralischen Urteilen sich für das Erwachsenenalter nur in einer kleineren Anzahl von Untersuchungen zeigen und daß die Unterschiede auch in diesen Untersuchungen eher gering sind.

Übersetzt von Elisabeth Seyfarth-Konau

Literatur

Alker, H. A./Poppen, P. J.: Personality and ideology in university students. *Journal of Personality*, 1973, 41, 653-671. (J)

Arbuthnot, J.: Level of moral judgment as a function of sex and sex role identity. *Journal of Social Psychology*, 1975, 97, 297-298. (J)

—: Attributions of responsibility by simulated jurors: Stage of moral reasoning and guilt by association. *Psychological Reports*, 1983, 52, 287-298. (J)

Bar-Yam, M./Kohlberg, L./Naame, A.: Moral reasoning of students in different cultural, social, and educational settings. *American Journal of Education*, 1980, 88, 345-362. (J)

Baumrind, D.: Are androgynous individuals more effective persons and parents? *Child Development*, 1982, 53, 44-75. (K)

Bear, G. G./Richards, H. C.: Moral reasoning and conduct problems in the classroom. *Journal of Educational Psychology*, 1981, 73, 664-670. (K)

Berkowitz, M.W./Gibbs, J. C./Broughton, J. M.: The relation of moral judgment stage disparity to developmental effects of peer dialogue. *Merrill-Palmer Quarterly*, 1980, 26, 341-357. (J)

Biaggio, A. M. B.: A developmental study of moral judgment of Brazilian children and adolescents. *Interamerican Journal of Psychology,* 1976, 10, 71-78. (K)

Bielby, D. D./Papalia, D. E.: Moral development and perceptual role-taking egocentrism: Their development and interrelationship across the life-span. *International Journal of Aging and Human Development,* 1975, 6, 293-308. (K, J, E)

Blatt, M. M./Kohlberg, L.: The effects of classroom moral discussion upon children's level of moral judgment. *Journal of Moral Education,* 1975, 4, 129-161. (K)

Boyd, D. R.: An interpretation of principled morality. *Journal of Moral Education,* 1979, 8, 110-123.

—: Careful justice or just caring: A response to Gilligan. *Proceedings of the Philosophy of Education Society,* 1983, 38, 63-69.

Buck, L. Z./Walsh, W. F./Rothman, G.: Relationship between parental moral judgment and socialization. *Youth and Society,* 1981, 13, 91-116. (E)

Bush, D. F./Balik, B.: Factors contributing to moral stage change in adolescence and adulthood: Presenting and discussion of moral dilemmas. *Social Science Forum: An Interdisciplinary Journal,* 1977, 1, 14-24. (J)

Bussey, K./Maughan, B.: Gender differences in moral reasoning. *Journal of Personality and Social Psychology,* 1982, 42, 701-706. (J)

Carroll, J./Rest, J.: Moral development. In B. Wolman & G. Stricker (Eds.), *Handbook of developmental psychology.* Englewood Cliffs, N.J.: Prentice-Hall, 1982.

Colby, A.: Evolution of a moral-developmental theory. In W. Damon (Ed.), *New directions for child development: Moral development* (No. 2). San Francisco: Jossey-Bass, 1978.

Colby, A./Kohlberg, L. et al.: *The Measurement of Moral Judgment,* Vol. I & II. New York: Cambridge University Press, 1987.

Colby, A./Kohlberg, L./Gibbs, J./Lieberman, M.: A longitudinal study of moral judgment. *Monographs of the Society for Research in Child Development,* 1983, 48 (1-2, Serial No. 200).

Cooper, H. M./Rosenthal, R.: Statistical versus traditional procedures for summarizing research findings. *Psychological Bulletin,* 1980, 87, 442-449.

D'Augelli, J. F./Cross, H. J.: Relationship of sex guilt and moral reasoning to premarital sex in college women and in couples. *Journal of Consulting and Clinical Psychology,* 1975, 43, 40-47. (J)

Davidson, F. H.: Ability to respect persons compared to ethnic prejudice in childhood. *Journal of Personality and Social Psychology,* 1976, 34, 1256-1267. (K)

Edwards, C. P.: Social experience and moral judgment in East African young adults. *Journal of Genetic Psychology,* 1978, 133, 19-29. (J)

Evans, C. S.: Moral stage development and knowledge of Kohlberg's theory. *Journal of Experimental Education,* 1982, 51, 14-17. (J)

Fishkin, J./Keniston, K./MacKinnon, C.: Moral reasoning and political ideology. *Journal of Personality and Social Psychology,* 1973, 27, 109-119. (J)

Freeman, S. J. M./Giebink, J. W.: Moral judgment as a function of age, sex, and stimulus. *Journal of Psychology,* 1979, 102, 43-47.

Freud, S.: *Einige psychische Folgen des anatomischen Geschlechtsunterschieds.* Ges. Werke, Bd. 14, Frankfurt 1948, 17-30.

Froming, W. J.: The relationship of moral judgment, self-awareness, and sex to compliance behavior. *Journal of Research in Personality*, 1978, 12, 396-409. (J)

Garwood, S. G./Levine, D. W./Ewing, L.: Effect of protagonist's sex on assessing gender differences in moral reasoning. *Developmental Psychology*, 1980, 16, 677-678.

Gibbs, J. C./Arnold, K. D./Ahlborn, H. H./Cheesman, F. L.: Facilitation of sociomoral reasoning in delinquents. *Journal of Consulting and Clinical Psychology*, 1984, 52, 37-45. (J)

Gibbs, J. C./Arnold, K. D./Burkhart, J. E.: Sex differences in the expression of moral judgment. *Child Development*, 1984, 55, 1040-1043. (J)

Gibbs, J. C./Widaman, K. F./Colby, A.: Construction and validation of a simplified, group-administerable equivalent to the moral judgment interview. *Child Development*, 1982, 53, 895-910. (K, J, E)

Gilligan, C.: In a different voice: Women's conception of the self and of morality. *Harvard Educational Review*, 1977, 46, 481-517.

—: Woman's place in man's life cycle. *Harvard Educational Review*, 1979, 49, 431-446.

—: *In a different voice: Psychological theory and women's development*. Cambridge, Mass.: Harvard University Press, 1982. (a) (dt.: *Die andere Stimme. Lebenskonflikte und Moral der Frau*. München 1984).

—: New maps of development: New visions of maturity. *American Journal of Orthopsychiatry*, 1982, 52, 199-212. (b)

—: Why should a woman be more like a man? *Psychology Today*, June 1982, pp. 68-77. (c)

Gilligan, C./Kohlberg, L./Lerner, J./Belenky, M.: Moral reasoning about sexual dilemmas: The development of an interview and scoring system. *Technical report of the commission on obscenity and pornography* (Vol. I). Washington, D.C.: Government Printing Office, 1971. (J)

Gilligan, C./Langdale, S./Lyons, N./Murphy, J.M.: *The Contribution of Women's Thought to Developmental Theory: The Elimination of Sex Bias in Moral Development Research and Education*. Unveröffentlichtes Manuskript, 1982. (Erhältlich vom Center for Moral Education, Harvard University, Cambridge, Massachusetts 02138). (K, J, E)

Haan, N.: Moral redefinition in families as the critical aspect of the generational gap. *Youth and Society*, 1971, 2, 259-283.

—: Changes in young adults after Peace Corps experiences: Political-social views, moral reasoning, and perceptions of self and parents, *Journal of Youth and Adolescence*, 1974, 3, 177-194. (E)

—: Hypothetical and actual moral reasoning in a situation of civil disobedience. *Journal of Personality and Social Psychology*, 1975, 32, 255-270. (J)

—: *Coping and defending: Processes of self-environment organization*. New York: Academic Press, 1977.

—: Two moralities in action contexts: Relationships to thought, ego regulation, and development. *Journal of Personality and Social Psychology*, 1978, 36, 286-305. (K)

Haan, N./Langer, J./Kohlberg, L.: Family patterns of moral reasoning. *Child Development*, 1976, 47, 1204-1206. (K, J. E)

Haan, N./Smith, M. B./Block, J.: Moral reasoning of young adults: Political-social behavior, family background, and personality correlates. *Journal of Personality and Social Psychology,* 1968, 10, 183-201. (J)

Haan, N./Stroud, J./Holstein, C.: Moral and ego stages in relationship to ego processes: A study of »hippies«. *Journal of Personality,* 1973, 41, 596-612. (J)

Haan, N./Weiss, R./Johnson, V.: The role of logic in moral reasoning and development. *Developmental Psychology,* 1982, 18, 245-256.

Haier, R. J.: Moral reasoning and moral character: Relationships between the Kohlberg and the Hogan models. *Psychological Reports,* 1977, 40, 215-226. (J)

Holstein, C. B.: The relation of children's moral judgment level to that of their parents and to communication patterns in the family. In R. C. Smart & M. S. Smart (Eds.), *Readings in child development and relationships.* New York: Macmillan, 1972.

—: Irreversible, stepwise sequence in the development of moral judgment: A longitudinal study of males and females. *Child Development,* 1976, 47, 51-61. (K, E)

Kahn, J. V.: Moral reasoning in Irish children and adolescents as measured by the Defining Issues Test. *Irish Journal of Psychology,* 1982, 5, 96-108. (J)

Kavanagh, H. B.: Moral education: Relevance, goals and strategies. *Journal of Moral Education,* 1977, 6, 121-130. (K, J)

Keasey, C. B.: Social participation as a factor in the moral development of preadolescents. *Developmental Psychology,* 1971, 5, 216-220.

—: The lack of sex differences in the moral judgment of preadolescents. *Journal of Social Psychology,* 1972, 86, 157-158. (K)

Kohlberg, L.: Stufe und Sequenz: Sozialisation unter dem Aspekt der kognitiven Entwicklung. In Ders.: *Zur kognitiven Entwicklung des Kindes,* Frankfurt 1974, 7-255.

—: Eine Neuinterpretation der Zusammenhänge zwischen der Moralentwicklung in der Kindheit und im Erwachsenenalter. In Döbert, R./Habermas, J./Nunner-Winkler, G. (Hg.): *Entwicklung des Ichs.* Köln 1977, 225-252.

—: Moral stages and moralization: The cognitive-developmental approach. In T. Likkona (Ed.), *Moral development and behavior: Theory, research, and social issues.* New York: Holt, Rinehart & Winston, 1976.

—: Moral education reappraised. *Humanist,* 1978, 38(6), 13-15.

—: *Essays on moral development: The philosophy of moral development* (Vol. I). San Francisco: Harper & Row, 1981.

—: A Reply to Owen Flanagan and some comments on the Puka-Goodpaster exchange. *Ethics,* 1982, 92, 513-528.

Kohlberg, L./Kramer, R.: Continuities and discontinuities in childhood and adult moral development. *Human Development,* 1969, 12, 93-120.

Krebs, D./Gillmore, J.: The relationship among the first stages of cognitive development, role-taking abilities, and moral development. *Child Development,* 1982, 53, 877-886. (K)

Krebs, R. L.: *Some relationships between moral judgment, attention, and resistance to temptation.* Unpublished doctoral dissertation, University of Chicago, 1967. (K)

Kuhn, D./Langer, J./Kohlberg, L./Haan, N. S.: The development of formal operations in logical and moral judgment. *Genetic Psychology Monographs,* 1977, 95, 97-188.

Leming, J. S.: Intrapersonal variations in stage of moral reasoning among adolescents as a function of situational context. *Journal of Youth and Adolescence,* 1978, 7, 405-416. (K, J)

Levine, C.: Role-taking standpoint and adolescent usage of Kohlberg's conventional stages of moral reasoning. *Journal of Personality and Social Psychology,* 1976, 34, 41-46. (J)

Lockwood, A. L.: Stage of moral development and students' reasoning on public policy issues. *Journal of Moral Education,* 1975, 5, 51-61. (J)

Maqsud, M.: Locus of control and stages of moral reasoning. *Psychological Reports,* 1980, 46, 1243-1248.(a) (J)

—: Relationships between personal control, moral reasoning, and socioeconomic status of Nigerian Hausa adolescents. *Journal of Youth and Adolescence,* 1980, 9, 281-288.(b) (J)

Murphy, J. M./Gilligan, C.: Moral development in late adolescence and adulthood: A critique and reconstruction of Kohlberg's theory. *Human Development,* 1980, 23, 77-104. (J)

Nassi, A. J.: Survivors of the sixties: Comparative psychosocial and political development of former Berkeley student activists. *American Psychologist,* 1981, 36, 753-761. (E)

Orchowsky, S. J./Jenkins, L. R.: Sex biases in the measurement of moral judgment. *Psychological Reports,* 1979, 44, 1040.

Parikh, B.: Development of moral judgment and its relation to family environmental factors in Indian and American families. *Child Development,* 1980, 51, 1030-1039. (K, E)

Rest, J. R.: *Development in judging moral issues.* Minneapolis: University of Minnesota Press, 1979.

Rosenthal, R.: Combining results of independent studies. *Psychological Bulletin,* 1978, 85, 185-193.

—: The »file-drawer problem« and tolerance for null results. *Psychological Bulletin,* 1979, 86, 638-641.

Saltzstein, H. D./Diamond, R. M./Belenky, M.: Moral judgment level and conformity behavior. *Developmental Psychology,* 1972, 7, 327-336. (K)

Saxton, M.: Are women more moral than men? An interview with psychologist Carol Gilligan. *Ms.,* December 1981, pp. 63-66.

Selman, R.: The relation of role taking to the development of moral judgment in children. *Child Development,* 1971, 42, 79-91. (K)

Siegel, S.: *Nonparametric statistics for the behavioral sciences.* New York: McGraw-Hill, 1956. (dt.: *Nichtparametrische statistische Methoden,* Heidelberg: Asanger, 3. A. 1987).

Simon, A./Ward, L. O.: Variables influencing pupils' responses on the Kohlberg schema of moral development. *Journal of Moral Education,* 1973, 2, 283-286. (K, J)

Small, L.: Effects of discrimination training on stage of moral judgment. *Personality and Social Psychology Bulletin,* 1974, 1, 423-425. (J)

Sullivan, E. V./McCullough, G./Stager, M.: A developmental study of the relationship between conceptual, ego, and moral development. *Child Development,* 1970, 41, 399-411. (K, J)

Taylor, J. J./Achenbach, T. M.: Moral and cognitive development in retarded and nonretarded children. *American Journal of Mental Deficiency,* 1975, 80, 43-50. (K)

Timm, J. T.: Group care of children and the development of moral judgment. *Child Welfare,* 1980, 59, 323-333. (K)

Turiel, E.: A comparative analysis of moral knowledge and moral judgment in males and females. *Journal of Personality,* 1976, 44, 195-208. (K)

Walker, L. J.: Cognitive and perspective-taking prerequisites for moral development. *Child Development,* 1980, 51, 131-139. (K)

—: The sequentiality of Kohlberg's stages of moral development. *Child Development,* 1982, 53, 1330-1336. (K)

—: Sources of cognitive conflict for stage transition in moral development. *Developmental Psychology,* 1983, 19, 103-110. (K)

—: *Social Experiences and Moral Development in Adulthood.* Paper für die Zusammenkunft der »Society for Research in Child Development«, Detroit, April 1983. (E)

Walker, L. J./de Vries, B./Bichard, S. L.: The hierarchical nature of stages of moral development. *Developmental Psychology,* 1984, 20, 960-966. (K, J. E)

Weisbroth, S.: Moral judgment, sex and parental identification in adults. *Developmental Psychology,* 1970, 2, 396-402. (E)

White, C. B.: Moral development in Bahamian school children: A cross-cultural examination of Kohlberg's stages of moral reasoning. *Developmental Psychology,* 1975, 11, 535-536. (K)

White, C. B./Bushnell, N./Regnemer, J. L.: Moral development in Bahamian school children: A 3-year examination of Kohlberg's stages of moral development. *Developmental Psychology,* 1978, 14, 58-65. (K)

Männliche Moral — Weibliche Moral?

Rainer Döbert

1. Nichtkognivitistische Theorien über Geschlechtsunterschiede des moralischen Bewußtseins: Hexenhammer, Freud, Parsons, und Chodorow[1]

a) Hexenhammer

Moralisches Urteilen ist, einerseits, keine Funktion, die im gemeinen Verständnis als »sexualisiert« gilt. Die 10 Gebote wurden für alle Menschen erlassen, beinhalten Regeln, die selbst Gott nicht anders wollen könnte (Kant), weil sich in ihnen universelle Strukturen des Denkens (Piaget) verkörpern. Das hat man immer irgendwie gewußt. Andererseits begleitet der Verdacht, daß Moral für Männer und Frauen nicht dasselbe Gewicht und auch nicht denselben Inhalt hat, die europäischen Humanwissenschaften seit ihren Anfängen. Und die überraschende Schlußfolgerung, zu der man bei einem Durchgang durch die heterogensten Theorien gelangt, besagt, daß seit Jahrhunderten mit unterschiedlichen Bewertungen und in unterschiedlichen Formulierungen immer wieder die *gleiche geschlechtsspezifische Differenz* behauptet wird — ein Faktum, das der erneuten Deutung bedarf. Beginnen wir also mit einer kleinen Theorieübersicht.

Als man sich noch scholastischer Spitzfindigkeiten bediente, um seine Erkenntnisse über den Menschen zu artikulieren, klangen die entsprechenden Hypothesen und Beweisgänge etwa folgendermaßen: »Klein ist jede Bosheit gegen die Bosheit des Weibes« (Prediger, 25). Denn — und das wußte schon Tullius — »aller Weiberlast Grund ist die Habsucht«. Zu ihr gesellen sich die Begehrlichkeit des Fleisches, »sodaß unter Weib verstanden wird die Begehrlichkeit des Fleisches«, die Lügenhaftigkeit, »da das Weib nur ein unvollkom-

menes Tier ist, (welches) . . . immer täuscht«, und die Eitelkeit. Ihre »außergewöhnlichen Leidenschaften und Affekte« werden, und dadurch wird die Lage
erst richtig bedrohlich, auch nicht durch einen starken Willen gezügelt. Vielmehr »schäumt das Weib infolge seiner Natur . . . vor Zorn und Unduldsamkeit«
oder erliegt, weil es »von Natur wegen der Flüssigkeit (seiner) . . . Komplexion
leichter zu beeinflussen (ist)«, den Einflüsterungen des Teufels. Mangelnde
Verstandeskräfte tun ein übriges. Sagt doch schon Terenz: »Die Weiber sind
leichten Verstandes, fast wie Knaben«. Und auch Laktanz meint, »niemals habe ein Weib Philosophie verstanden außer Temeste.« (Alle Zitate aus dem
Hexenhammer, zit. nach Becker, Bovenschen, Brackert u.a. 1978, S. 342 ff.)

In der Form würde man unter der Ägide von Verwissenschaftlichung derartiges sicher nicht mehr äußern, aber es bereitet auch nicht die geringsten
Schwierigkeiten, die Erkenntnisse des Hexenhammers in die Sprache moderner Konstrukte zu übersetzen. Die Frauen werden vom Es beherrscht (Freud),
ihre Ich-Kontrollen sind schwach ausgeprägt (Freud und Nachfolger, »Trait«-
Forschung), ihr Denken ist weitgehend von Egozentrismus durchtränkt und
an der Konstruktion formal-operational durchorganisierter, philosophischer
Systeme nicht sonderlich interessiert (Piaget). Um so mehr sind sie äußerlichen Einflüssen ausgesetzt, verhalten sich also »konformistisch« und neigen
zu »compliance« und Suggestibilität (Asch 1956, Milgram 1974).

Es ist eine Frage, ob eine Aussage im Rahmen einer Theorie formuliert
werden kann; eine ganz andere Frage ist jedoch, ob sie diese Aussage auch
enthält, also die entsprechende Prognose macht. Bei einer Durchsicht der Literatur zeigt sich, *daß nicht unbedingt einflußlose Theorien der Diagnose des Hexenhammer durchaus nahe* kommen (was mehr als eine Interpretation zuläßt!).

b) Freud, Parsons, Chodorow

Auch *Freud* (1924, 1925, 1933) kann sich nicht gerade zu Lobpreisungen der
weiblichen Moral durchringen, weil die Frauen, von Kastrationsangst nicht
zu beeindrucken, den Ödipuskomplex nicht voll zugunsten ihres Über-Ich
auflösen. Daher bleiben sie affektiv unkontrolliert, denken personorientiert
(ungerecht!) und operieren überhaupt auf einem anderen »Niveau des Sitt-
lich-Normalen« (1925, S. 257). Bei *Parsons* ergab sich auch nicht gerade ein
frauenfreundliches Bild. Was erwartet man »moralisch« von Wesen, die zu
Nachgiebigkeit gegenüber dem Selbst, Selbstliebe und Selbstbefriedigung
neigen und deren Persönlichkeit vom Es und den integrativen Ichfunktionen

(Konfliktscheu!) und gerade nicht vom Über-Ich und den adaptiven Ichfunktionen (Logik!) dominiert wird (vgl. Parsons/Bales, 1955, Schema S. 82)?

Angesichts des Umstandes, daß *N. Chodorows* Buch (1985) praktisch eine Synthese von Freud und Parsons darstellt, überrascht es nicht, daß sie als Feministin zwar zu einer anderen *Bewertung* des weiblichen Charakters gelangt, diesen aber kaum anders *beschreibt* als ihre Vorgänger. Schon Parsons hatte die These vertreten, daß der Junge in der ödipalen Phase seine Abhängigkeit von der Mutter in stärkerem Maße lösen muß als das Mädchen. Er hat sich nun sozusagen mit der Männer-Gruppe der Kleinfamilie zu identifizieren, während die Mädchen einen Teil ihrer vorödipalen Solidarität mit der Mutter bewahren können (»wir Frauen«; vgl. Parsons 1955, S. 98 ff). Ganz ähnlich argumentiert Chodorow: »Mütter neigen dazu, ihre Töchter als sich selbst ähnlicher und als kontinuierlicher zu erleben. Dementsprechend neigen Mädchen dazu, Teil der dyadischen, primären Mutter-Kind-Beziehung zu bleiben . . . Im Gegensatz dazu werden Söhne als männliche Gegenstücke erlebt. Sie wurden mit größerer Wahrscheinlichkeit von der Mutter aus der präödipalen Beziehung herausgedrängt und waren gezwungen, ihre primäre Liebe und das Gefühl der empathischen Verbindung mit der Mutter stärker zu beschneiden« (Chodorow 1985, S. 216/7).

Im Gefolge dieser Konstellation ist *das Selbstgefühl der Frauen stärker durch »Weltverbundenheit«, das der Männer stärker durch »Separatheit« bestimmt,* wobei die jeweils gegengeschlechtliche Orientierungsweise tendenziell als bedrohlich empfunden wird (a.a.O., S. 220). *Auch die Über-Ich-Entwicklung wird aufgrund dieser unterschiedlichen Sozialisationserfahrungen differentiell verlaufen.* Während Männer durch ihre Leugnung des Gefühls der Verbundenheit eher ein rigides, strafendes Über-Ich ausbilden, führt die weibliche Entwicklung zu einem Über-Ich, »das leichter von anderen überredet und stärker von den Einschätzungen anderer abhängig, d.h. weniger unabhängig von seinen emotionalen Ursprüngen ist« (a.a.O., S. 219). Somit erliegen auch hier die Frauen leichter den Einflüsterungen anderer — warum nicht denen des Teufels?

Nun wäre es ungerecht, würde man nicht auf gewichtige Unterschiede zwischen den Autoren hinsichtlich der Bewertung der geschlechtsspezifischen Unterschiede und hinsichtlich der Folgerungen, die daraus zu ziehen wären, hinweisen. Hexenhammer und Freud halten die Unterschiede (aus unterschiedlichen Gründen) für unvermeidlich. Parsons nimmt eigentlich schon die späteren Androgynie-Theorien (Bem 1974, 1975; Spence/Helmreich 1979; Helmreich/Spence/Holahan 1979) vorweg, die Geschlechtsrollenmischung als Ideal der Persönlichkeitsentwicklung propagieren (skeptisch dazu:

Baumrind 1982). Denn mit der Internalisierung der gesamten Rollenstruktur der Kernfamilie erwirbt jedes Kind ein gewisses Maß an Bisexualität. Er hält nur unterschiedliche Gewichtungen der Orientierungskomponenten für unvermeidlich, da unterschiedliche Funktionen nicht gleichzeitig »optimiert« werden können (Und das Argument will erst einmal widerlegt sein!). Zudem gibt es bei ihm keinen zwingenden Grund dafür, daß die expressive und die instrumentelle Rolle nicht auch genau umgekehrt auf die biologischen Geschlechter verteilt werden könnten. Und Chodorow hat ihr Buch genau mit dem Ziel geschrieben, die Geschlechtsrollenpolarität zu überwinden. Durch »eine Gleichverteilung der Elternschaft über Mutter und Vater . . . (ließen sich) die Kinder beiderlei Geschlechts mit den positiven Fähigkeiten beider Eltern ausstatten, ohne die zerstörerischen Elemente, zu denen beide zur Zeit tendieren« (Chodorow 1985, S. 280).

Aber wie schwer wiegen diese Divergenzen zwischen den genannten Autoren? Erstaunlich ist doch, daß der semantische Raum, innerhalb dessen die Geschlechtspolarität aufgespannt wird, anscheinend nicht verlassen werden kann. *In der deskriptiven Diagnose gibt es somit eine bemerkenswerte Übereinstimmung über die Jahrhunderte und über die unterschiedlichsten theoretischen Interessen hinweg.* Das muß man als Faktum zunächst einmal zur Kenntnis nehmen. Und dieser Konsens reicht, wie wir sehen werden, auch in die *kognitivistische Entwicklungspsychologie* hinein. Dies ist deshalb besonders bemerkenswert, *weil diese, soweit von Piaget beeinflußt, ja gerade nachzuweisen versucht, daß das umgangssprachliche Bewußtsein völlig zu Recht davon ausgeht, daß moralische Normen geschlechtsneutral gelten.*

2. »Männliche« und »weibliche« Moral in Theorien der kognitiven Entwicklung: Piaget, Haan und Gilligan

a) Zum theoretischen Stellenwert der Kontroverse; Piagets Option

Schon Piaget (1986 (1932), I, § 7) hatte einige Unterschiede zwischen dem moralischen Bewußtsein von Jungen und Mädchen notiert. In der Spielpraxis kodieren Jungen die Spielregeln sehr explizit, insistieren mit Nachdruck auf der Einhaltung der Regeln und diskutieren Regel- und Anwendungskasuistiken mit einer ausgesprochenen Freude an der Systematik des »Gesetzes«.

Demgegenüber scheinen die Mädchen weniger komplexe Regelsysteme zu benutzen, diese weniger explizit zu kodieren und sie ausgesprochen pragmatisch zu handhaben: Wenn eine Regel die Spielfreude beeinträchtigt, werden tolerant Ausnahmen zugelassen oder neue Regeln eingeführt. Das Gefühl für juristische Legalität, so Piagets Schlußfolgerung, ist bei Mädchen also weniger stark ausgeprägt als bei Jungen. Diese Stilisierung sollte uns einigermaßen vertraut sein. Die Mädchen verstehen weder juristische noch philosophische Systematik. Statt dessen folgen sie den Eingebungen des Augenblicks bzw. ihren Affekten (Spielfreude!).

Piaget hat diese Unterschiede nur nebenbei notiert und nicht weiter ausgearbeitet. Dies ist kein zufälliges Versäumnis, sondern Folge der Hauptstoßrichtung der Theorie. *Diese versucht, qua Kompetenztheorie, in erster Linie, die universellen Strukturen, mittels deren wir unseren Erfahrungen die Form »gültiger« Erkenntnis geben, zu erfassen. Hier sind also, anders als bei den oben abgehandelten Theorien, von vornherein normative Ansprüche mit im Spiel.* Wenn sich dieses Paradigma auch im Bereich des moralischen Bewußtseins als triftig erweisen sollte, dann ergäben sich unmittelbar Implikationen für die Konstruktion einer angemessenen Ethiktheorie: Die Strukturen der späteren Entwicklungsniveaus wären, da sie einen breiteren Bereich von Handlungskonflikten konsensuell zu regulieren erlaubten, auch normativ angemessener.

Nun ist es jedoch von entscheidender Bedeutung, sich zu vergegenwärtigen, daß Kompetenztheorien immer mit der Unterscheidung zwischen Kompetenz und Performanz operieren. Der Kompetenzbegriff bezieht sich auf ein mögliches Rationalitätsoptimum, das universelle Strukturen verkörpert. Diese machen jedoch nur einen Teil der handlungsbestimmenden Faktoren aus. Das reale Handeln läßt sich ohne Rekurs auf performanzbestimmende Faktoren und Störgrößen in den meisten Fällen nicht fassen. 2 hoch 4 ist 16, wenn ich betrunken bin, werde ich vielleicht auf 32 kommen. Eigentlich weiß ich, daß man nicht rücksichtslos parken soll; wenn ich schlecht gelaunt bin, werde ich vielleicht genau das tun. *Mit dieser Unterscheidung zwischen Kompetenz und Performanz eröffnet sich die Möglichkeit, interindividuelle Unterschiede auf die Einwirkung von Performanzfaktoren zurückzuführen, ohne die für die Theorie entscheidenden universellen Strukturen aufgeben zu müssen.*

Genau diese Option hat Piaget bei der Behandlung der geschlechtsspezifischen Formen des moralischen Bewußtseins gewählt, und deshalb konnte er sie auch so kommentarlos übergehen: Die Unterschiede lassen sich der Performanzebene zuordnen. Sie mögen die moralische Entwicklung beschleunigen oder verzögern, aber sie bestimmen nicht die Entwicklungsrichtung und die Mannigfaltigkeit der überhaupt identifizierbaren Strukturen. Damit hat Piaget, und das ist entscheidend, trotz der beobachtbaren Divergenzen zwischen den Geschlechtern am Postulat einer einheitlichen Ethik doch festgehalten.

Diese theoretische Option ist nicht zwingend. Es könnte sich ja durchaus auch so verhalten, daß ein gegebener Verhaltensbereich von konkurrierenden Strukturen her aufgeschlüsselt werden kann — gerade so, wie in den Sozialwissenschaften ein gegebener Datensatz mit unterschiedlichen mathematischen Modellen angegangen werden kann, ohne daß man gleich sähe, welches nun letztlich vorzuziehen wäre. Im Bereich der strukturalistischen Moralforschung würde diese Strategie darauf hinauslaufen, daß man die Existenz mehrerer, gleich rationaler Ethiken postuliert. Damit hätte man der metaethischen Position des Relativismus dann endlich die durchschlagende einzelwissenschaftliche Rechtfertigung geliefert. *Pointiert formuliert läuft eine derartige Position darauf hinaus, daß Männer und Frauen sich gerade dort, wo Rationalitätsansprüche erhoben werden, wechselseitig mit nicht nachvollziehbaren Argumenten konfrontieren und sich überhaupt nicht verstehen können.* In diesem Kontext, denke ich, muß man die Kontroverse über »männliche« und »weibliche« Moral sehen, und daher wird man sehr triftige Argumente verlangen dürfen, wenn diese Unterscheidung für die Kompetenzebene reklamiert wird.

b) Haans Position

Piagets Theorie der Entwicklung des moralischen Bewußtseins mit ihrer sehr globalen Trendaussage (von Heteronomie zu Autonomie) erwies sich im Laufe der Zeit als nicht ausreichend »trennscharf« und wurde von Kohlberg (1969, 1981, 1984) zu einem Modell mit sechs Stadien ausgebaut. Sehr vereinfachend kann man sagen, daß die Kinder nach Kohlberg in den ersten zwei Stadien im wesentlichen mit den eigenen Interessen und Impulsen befaßt sind und moralische Gesetze, die sie noch ganz mit der ihnen äußerlichen, elterlichen Autorität identifizieren, gleichsam wie vorhandene physische Hindernisse »beachten« (Präkonventionalität, kritisch dazu Döbert 1978). Das Bewußtsein des Kindes schlägt dann in den nächsten beiden Stadien in »Übersozialisation« um: Im 3. Stadium ordnet das Individuum sich ganz den Bedürfnissen der Nahgruppe unter, im 4. dominieren die funktionalen Imperative der Gesamtgesellschaft (Konventionalität). Schließlich (Stadium 5, 6) werden gesellschaftliche Regelungen an ihrer Funktion für die vergesell-

schafteten Individuen gemessen: Es entwickelt sich sozusagen ein vergesell-
schaftungsfähiger Individualismus (Postkonventionalität).

Bei der empirischen Umsetzung dieses Paradigmas akkumulierten in einer
bestimmten Phase *Befunde, die darauf hinzudeuten schienen, daß Frauen größere
Schwierigkeiten haben, die späteren Entwicklungsphasen zu erreichen,* und dazu tendieren, auf dem 3. Stadium »fixiert« zu bleiben (Haan/Block/Smith 1968;
Saltzstein/Diamond/Belenky 1972; Lockwood 1975; Haan/Langer/Kohl-
berg 1976; Fishkin/Keniston/MacKinnon 1973; Holstein 1976; Parikh
1980). Diese Ergebnisse mußten, konnten zumindest Zweifel nähren an
Kohlbergs Anspruch, wirklich universelle Strukturen des moralischen Bewußtseins ausgemacht zu haben, da sich die Unterschiede nicht ohne weiteres auf differentielle Anregungsbedingungen zurückführen ließen (vgl. Haan
1977, S. 109 ff.; Haan 1978).

Vielleicht noch gravierender war ein zusätzlicher Befund von Haan (Haan
1977, S. 112/3): 51 % der Männer, deren kognitive Entwicklung das formal-
operationale Niveau erreicht hat, verwenden postkonventionelle moralische
Urteile gegenüber nur 17 % der kognitiv gleich qualifizierten Frauen. Kognitive Entwicklung gilt als notwendige, wenngleich nicht hinreichende struktu-
relle Bedingung von moralischer Entwicklung. Formal-operationale Frauen
verfügen also zumindest über einen guten Teil der für Postkonventionalität
erforderlichen Strukturen. Warum setzen diese sich nicht in moralische Entwicklung um wie bei den Männern? *Könnte es nicht sein, daß das Kohlbergsche
Stadienmodell nur einen Teil der moralischen Strukturen erfaßt und bestimmte Bereiche unterschlägt — genau die Bereiche, die Frauen besser beherrschen,* weil sie ihren
alltäglichen Lebenssituationen und Erfahrungen besser entsprechen? Haan
bejahte diese Frage und führte eine zu *Kohlbergs »formaler Moral«* komplementäre *»interpersonelle Moral«* ein.

Während Kohlberg in seinem Schema auf die Erkenntnis und Anwendung
universeller, abstrakter Prinzipien setzt, die Geltung beanspruchen »irrespec-
tive of personal-social context« (Haan 1978, S. 287), betont die interpersonelle
Moral das Aushandeln situationsspezifischer Kompromisse, die Rücksicht-
nahme auf die spezifischen Bedürfnislagen der Interakteure, sensibles inter-
subjektives Verstehen. Haan schlägt dann eine Sequenz von fünf Stadien vor,
die sie zusammenfassend wie folgt charakterisiert:

The sequence traces the evolution of increasingly differentiated views of self in moral
interchange with others and one's self, accompanied by increasingly sensitive and par-
ticularistic understandings of the elements involved in achieving and restoring moral
balances within the context of inevitable human fallibility. (Haan 1978, S. 289)

Die ganze Stadiensequenz kann hier nicht abgehandelt werden. Um dem Leser wenigstens ein Gespür für die Richtung ihrer Abweichung von Kohlbergs prinzipienorientierter, formaler Moral zu geben, seien aber noch einige Sätze aus ihrer Beschreibung des höchsten Stadiums zitiert:

In other words, he has a sense of detachment and humor about himself. In so doing, he recognizes the delicacy and complexity of the moral balance and, most importantly, he recognizes that he as well as others frequently contributes to imbalances. Consequently, he is ready to forgive violations and sees that the restoration and maintenance of the moral balance is everybody's business all the time (Haan 1977, S. 121/2).

Dies klingt gewiß alles sehr positiv, liegt aber, das sollte man nicht übersehen, der Tendenz nach durchaus auf der Linie der spätestens seit dem Hexenhammer immer wieder beschworenen geschlechtsspezifischen Differenzen des moralischen Bewußtseins (Freud: das Über-Ich wird niemals so unerbittlich, so unpersönlich . . .).

Haan hat ihre Theorie dann in einer brillanten Untersuchung getestet (Haan 1978). Sie hat zunächst in einem Pretest die Niveaus von Kohlbergs »formaler« und die ihrer interpersonellen Moral bei gemischtgeschlechtlichen Freundesgruppen von 13- bis 17jährigen Jugendlichen unterschiedlicher Schichtzugehörigkeit erhoben. Im nächsten Schritt mußten die Gruppen eine Reihe von Spielen (eine Variante des prisoner's dilemma, Besuch in einer fremden Kultur, Rollenspiele von Lehrer-Regierung-Konflikten etc., Tausch in einer Dreiklassengesellschaft, die »letzten Überlebenden der Menschheit«) spielen, an denen sie genügend Anteil nahmen, um reales Handeln zu simulieren. Dabei wurden alle ihre Äußerungen aufgezeichnet und den Niveaus von formaler und interpersoneller Moral zugeordnet.

Von ihren Befunden interessiert hier erstens, daß in den Interviews häufiger formale als interpersonelle Argumente vorgebracht werden, wobei die formalen allerdings einer niedrigeren Stufe zuzuordnen sind als die interpersonellen. In den Simulationsspielen werden häufiger interpersonelle Argumente mobilisiert, das Niveau der formalen und interpersonellen Argumente unterscheidet sich jedoch nicht mehr. *Man kann sagen, daß die formale Moral eher die Schönwetter-Rhetorik erfaßt, die interpersonelle Moral den Alltag.* Die gut eingeübte Alltagsmoral »degeneriert« auch dann nicht, wenn sie nicht zwingend gefordert ist (Interview), während die formale Moral nur dann voll ausgeschöpft ist, wenn es »um etwas geht« — sonst wird sie eher lax benutzt (vgl. auch Walker 1987).

Zweitens ist zu notieren, daß geschlechtsspezifische Differenzen in der Präferenz für die beiden Moraltypen nicht ausgemacht werden konnten: Nicht vom Geschlecht, sondern von den sozialen Situationen hängt in erster Linie ab, welcher Typus von Argumenten mobilisiert wird. Eine — allerdings nicht handlungswirksame — geschlechtsspezifische Differenz scheint sich aber wenigstens angedeutet zu haben. Bei den »letzten Überlebenden der Menschheit« mußten die Jugendlichen auch entscheiden, ob sie eine anscheinend kranke Person noch in ihre Überlebenszelle aufnehmen sollten. Dabei entschieden sich nur die Schwarzen für dieses Risiko. Haan fügte jedoch hinzu: »It needs to be pointed out that the white youngsters, particularly the girls, did not feel comfortable with their decisions, but having made them they found all manner of ›moral‹ reasons to justify their position« (Haan 1977, S. 127). Es wäre immerhin denkbar, daß die Mädchen zu einer anderen Entscheidung gekommen wären, wenn sie nicht in gemischtgeschlechtlichen Gruppen, in Gegenwart ihrer Freunde hätten argumentieren müssen. Dies wäre zumindest zu prüfen. Denn es ist beispielsweise anscheinend auch so, daß Frauen ihre eigenen Vorstellungen von Sexualmoral zugunsten ihrer Partner zurückstellen, wenn ihnen die Beziehung wichtig ist (D'Augelli/Cross 1975).

Zusammenfassend wird man vielleicht sagen dürfen, daß Haans Versuch, eine kompetenztheoretische Fassung einer spezifisch weiblichen Moral zu konstruieren[2], gescheitert ist. Dies entwertet ihre Kritik an Kohlberg allerdings nicht unbedingt. *Ihre Befunde lassen sich durchaus so deuten, daß Kohlberg nur einen Teil der universellen Strukturen des moralischen Bewußtseins erfaßt. Der vernachlässigte Teil bildet dann aber anscheinend keine gesonderte »Moralprovinz« als »weibliche Moral«.* Denn wenn die formalen (Kohlberg) Strukturen erst in den Simulationsspielen voll ausgeschöpft werden, liegt der Schluß nahe, daß sie zusammen mit den interpersonellen (Haan) Strukturen einen *einheitlichen, zusammenhängenden Argumentationsraum* bilden. Kohlberg hat mit seiner stärkeren Betonung von Regeln, Normen und Prinzipien die Konstanz der moralischen Objekte, und zwar immer abstrakterer Objekte, herausgearbeitet. Haan hat demgegenüber auf der Flexibilität in der Handhabung dieser Objekte insistiert. Beides gehört in einem entwickelten moralischen Bewußtsein zusammen. Daher überrascht es nicht, wenn Haans Bedenken gegenüber Kohlberg in der späteren Diskussion wieder aufgegriffen werden.

c) Gilligans Moral der Fürsorge (Care)

Murphy und Gilligan (1980) haben dann die Kritik von Haan an Kohlberg wieder aufgenommen — in der Form einer Kritik an Kohlbergs Konzeption des postkonventionellen Denkens:

While the logical concepts of equality and reciprocity can support a principled morality of universal rights and respect, experiences of moral conflict and choice seem to point rather to special obligations and responsibility for consequences that can be anticipated and understood only within a more contextual frame of reference (Murphy/Gilligan 1980, S. 81).

Um kontextuellen Relativismus, eine Ethik der Verantwortung für aktuelle Handlungskonsequenzen, um legitime besondere Verpflichtungen gegenüber besonders nahestehende Personen (a.a.O., S. 98) geht es jetzt beim Erwerb einer voll entwickelten Ethik des Erwachsenen. Relativistische Äußerungen, die von Kohlberg tendenziell als »regressiv« eingestuft werden mußten, können in einer solchen Konzeption als Niederschlag von Lernprozessen begriffen werden (vgl. Perry 1968). Zu diesem Zeitpunkt hatte all dies mit »männlicher« und »weiblicher« Moral nicht viel zu tun — konnte es auch nicht, da das sample, an dem Murphy und Gilligan ihre Hypothesen überprüften, beim letzten Meßzeitpunkt 20 Männer und nur 6 Frauen (Alter: um 26 Jahre) enthielt. Obendrein erwiesen sich die Männer sogar als leicht »kontextueller«!

Dennoch hat Gilligan auf der Basis dieser Vorarbeiten schließlich den Durchbruch zu einer spezifisch »weiblichen« Moral gewagt: Frauen sprechen über Moral »In a Different Voice« (1982), und dieser »anderen Stimme« wird eine eigene Entwicklungslogik zugeordnet — was eigentlich nur eine kompetenztheoretische Deutung zuläßt. Während die Studie von 1980 noch primär von Perrys Buch über Wertbindung und Relativismus im Studentenalter inspiriert war (Perry 1968), schlägt nun die Arbeit von Chodorow stark durch. Gilligan geht mit dieser davon aus, daß die männliche Biographie von Anbeginn durch Trennung und Individualismus, die weibliche durch Verbundenheit, Verantwortung und Fürsorge für den anderen geprägt ist. Damit konstruieren die Geschlechter auch moralische Konflikte von Anbeginn an unterschiedlich. *Die Jungen müssen im Prinzip nur (negativ) vermeiden, in den Handlungsbereich eines anderen, vereinzelten Individuums einzudringen, d.h. sie müssen dessen Rechte respektieren. Hier setzt Kohlbrgs Gerechtigkeitsmoral an. Die Mädchen haben demgegenüber von Anbeginn an positive, weiterreichende Verpflichtungen: Sie müssen sensibel auf die Bedürfnisse anderer eingehen und sich deren Wohl*

zu eigen machen, also mit »Fürsorge« reagieren (vgl. Nunner-Winkler 1984).
Nicht universelle Rechte, sondern die besonderen Bedürfnislagen je konkreter Situationen müssen berücksichtigt werden:

In this conception, the moral problem arises from conflicting responsibilities rather
than from competing rights and requires for its resolution a mode of thinking that is
contextual and narrative rather than formal and abstract (Gilligan 1982, S. 19, vgl.
S. 100).

Auch wenn sich beide Geschlechter im höchsten Entwicklungsstadium einander nähern, werden die Unterschiede nie ganz verwischt. Die unterschiedliche Vorgeschichte, die Verschiedenheit der »Absoluta« (Fürsorge vs. Gerechtigkeit, S. 166), von denen man ausging, hinterlassen Spuren. Um wenigstens
ein Beispiel für eine derartige »Spur« zu geben: Wenn Frauen auf »Fürsorge«
hin sozialisiert werden, dann liegt die Vermutung nahe, daß sie humanitäre
Wertvorstellungen und Deutungsmuster qua Rollenzuschreibung (ascrip-
tion) übernehmen, während die gleichen Werte von Männern »erworben«
(achievement) werden müssen und immer ein Minimum von »Emanzipation« anzeigen. Die Bedeutung der gleichen Orientierungsmuster in der gleichen Intensität (keine Geschlechtsrollendifferenz auf der Humanitarismus-
Skala) wäre also sowohl semantisch wie biographisch völlig unterschiedlich.
Alker und Poppen (1973) haben genau dies demonstrieren können: Bei Frau-
en geht Humanitarismus mit externalem Kontrollbewußtsein einher und ist
nicht mit postkonventioneller Moral assoziiert – anders als bei Männern. Die
meßtechnischen Implikationen eines solchen Befundes lassen sich, denke
ich, überhaupt nicht überschätzen.

Nun zur Bewertung von Gilligans Theorie: Ihr sind – m. E. zu Recht –
ethiktheoretische Unzulänglichkeiten (Nunner-Winkler 1984) und Einseitigkeiten bei der Rezeption von Kohlberg (Broughton 1983) vorgeworfen
worden. Kohlberg selbst meinte, Gilligan habe lediglich »weiche«, nicht konsensfähige »offene« Strukturen erfaßt, die er als Strukturalist legitimerweise
übergangen habe (Kohlberg 1981/4). Ich will diese theoretischen Kontroversen nicht mehr als erwähnen. Wichtiger scheint mir zu sein, Gilligans Ansprüche an ihren – und den übrigen – Daten zu messen (s. Schreiner 1987).

Gilligan stützt sich in ihrem Buch auf drei Untersuchungen mit insgesamt
ungefähr 200 Befragten. Wenngleich Frauen überrepräsentiert sein werden
(29 Frauen wurden über ihre moralischen Konflikte im Verlauf einer Abtreibung befragt), hätte es eigentlich möglich sein müssen, wenigstens einige Ver-
gleichszahlen anzuführen. Das Buch enthält jedoch *keinerlei Zahlenmaterial.*

Weiterhin hat Broughton (1983) ihr in einer vehementen Kritik nachgewiesen, daß es nicht schwierig ist, in vorhandenen Untersuchungen Argumente männlicher Probanden aufzustöbern, die Gilligans Ethik der Fürsorge verkörpern. Umgekehrt finden sich in den von ihr angeführten Belegen für ihre Theorie Passagen, die recht unzweideutig einer Ethik von Rechten zuzuordnen sind.

Zu notieren ist auch, daß in dem zentralen Kapitel 3 über »Selbst und Moral« die meisten Zitate aus ihrer Abtreibungs-Studie stammen, also ein Problem betreffen, das sich Männern in der gleichen Form nicht stellt. Wie soll man da Vergleiche zwischen den Geschlechtern anstellen? Döbert/Nunner-Winkler (1986) haben, um dieses Problem zu umgehen, die Argumente von männlichen und weiblichen Jugendlichen pro und contra Abtreibung und Wehrdienst verglichen. Es zeigte sich, daß die Mädchen die Wehrdienst-Problematik eher »Kohlberg-formal«, die Jungen eher »Gilligan-kontextuell« diskutierten. *Anscheinend ist also die unmittelbare Betroffenheit der ausschlaggebende Faktor:* Wenn man von den eigenen Argumenten eingeholt werden kann, überlegt man etwas sorgfältiger und sieht, daß es im konkreten Fall die moralische »Patentlösung« nicht gibt. Wenn Männer und Frauen von einem Problem differentiell betroffen sind, werden sie also auch unterschiedlich komplexe Argumentationsmuster produzieren, die Unterschiede haben aber mit Strukturdifferenzen auf der Kompetenzebene (unterschiedliche Ethiken) nichts zu tun. Kann all dies nach Haans und Murphy/Gilligans Untersuchungen eigentlich überraschen?

Schließlich ist der *Forschungsstand des gesamten Feldes* zu berücksichtigen. Walker (1984) hat in einem umfassenden Übersichtsartikel insgesamt 79 Untersuchungen auf Geschlechtsunterschiede hin durchforstet. Der Befund ist weitgehend negativ: In der Kindheit haben die Mädchen anscheinend einen leichten Vorsprung – in den wenigsten Stichproben (6 von 41); in der späten Adoleszenz scheinen die Männer eher vorn zu liegen – auch in den wenigsten Stichproben (10 von 46, davon eine gegenläufig!). Nicht einmal in einer koranbeherrschten Vorstellungswelt müssen sich bei 14- bis 17jährigen geschlechtsspezifische Unterschiede des moralischen Bewußtseins ergeben (Maqsud 1980). Auch im Erwachsenenalter sind die Männer eher begünstigt, allerdings verschwinden die meisten Differenzen, wenn man Bildungsniveau, Berufstätigkeit etc. kontrolliert (22 Stichproben ergeben gerade 5 Unterschiede; Baumrind 1982 wurde hinzugefügt). Weiterhin: In Walkers eigener Untersuchung, die explizit auf einen Vergleich von Gilligans und Kohlbergs Theorie angelegt war, ergaben sich keine Unterschiede zwischen den Geschlechtern (Walker 1987, Abdruck in diesem Band, S. 109 ff.)

Gehen wir schließlich noch einige *Befunde aus der Sozialpsychologie* durch: In der Forschung zur distributiven Gerechtigkeit konnten kaum Geschlechtsunterschiede nachgewiesen werden (Damon 1984; Bierhoff/Cohen/Greenberg 1986). In Deutschs (1985) umfangreichem Übersichtsbuch kommt das Stichwort »Geschlechtsdifferenzen« nicht einmal vor. Nicht anders sieht es beim *prosozialen Verhalten* (Altriusmus, Helfen) oder im Milgram-Experiment aus (Koch 1976; Staub et al. 1984). Auch im *Verhältnis Urteil/Handeln* zeigen sich kaum Unterschiede: unter dem Druck außermoralischer Interessen verletzen Mädchen moralische Standards nicht weniger oft als Jungen, sind also keineswegs »verläßlicher« (Döbert/Nunner-Winkler 1985).

Wichtig ist auch, daß das Stadienniveau der moralischen Argumentation bei ein und derselben Person *je nach situativem Kontext* anscheinend gewichtigere Unterschiede aufweisen kann, als man jemals bei einem globalen Vergleich der Geschlechter hat feststellen können (Haan 1977/78, Leming 1978, Walker 1987). Ehe man daran ginge, geschlechtsspezifische Ethiken zu konstruieren, müßte man demnach wohl erst einmal situationsspezifische Ethiken postulieren!

Angesichts der geschilderten Sachlage scheint mir ein Schluß unvermeidlich: *Die Konstruktion von »männlicher« und »weiblicher« Moral ist durch die Datenlage nicht ausreichend gedeckt. Auf jeden Fall unangemessen scheinen mir daher alle Ansprüche zu sein, die auf Differenzen auf der Kompetenzebene hinauslaufen. Nichts zwingt uns, so etwas wie unterschiedliche »männliche« und »weibliche« Logiken, und seien es moralische Logiken, anzusetzen.* Die Theorie Piagets behauptet, daß sich in der moralischen Entwicklung universelle Strukturen durchsetzen, gegenüber denen die geschlechtsspezifischen Partikularitäten verblassen müssen. Dafür sprechen die meisten empirischen Untersuchungen. Bedenkt man die oben angedeuteten, außerordentlich mißlichen ethiktheoretischen, letztlich dann aber auch praktischen Implikationen von »geschlechtsspezifischer Moral«, dann muß dem Einhalt geboten werden. *Als Ertrag von Gilligans Arbeit bliebe somit in erster Linie festzuhalten, daß sie (wie Haan) darauf aufmerksam gemacht hat, daß Kohlbergs Theorie u.U. doch in erheblichem Umfang revisionsbedürftig sein könnte,* weil sie nicht der ganzen Komplexität moralischen Argumentierens in realen Konfliktsituationen gerecht wird (vgl. Döbert 1987). *Positiv ist auch zu vermerken, daß sie auf die inhaltlichen Handlungsprobleme und Werte (Fürsorge, Verantwortung), in deren Dienst kontextuelle Argumente stehen, hingewiesen hat.* Damit wird eine Moralinhalte betreffende Lücke geschlossen (s. Döbert 1986).

3. Unterschiede auf der Performanzebene?

a) Vorüberlegungen

Wir könnten an dieser Stelle unsere Erörterungen abbrechen und zu dem Schluß kommen, daß alle Theorien über geschlechtsspezifische Ausprägungen des moralischen Bewußtseins der reinen Mythenbildung (Walker 1984) angehören und, wie Broughton meint, bloß ideologischer Natur sind (Broughton 1983). Ganz zu befriedigen vermag dieser Schluß aber vielleicht doch nicht. Zunächst einmal können wir die oben besprochenen Theoretiker einfach als Beobachter und »Verkoder« der sozialen Realität betrachten. Da ist es doch erstaunlich, daß sich eine so *hohe »interrater-reliability«* ergibt – trotz unterschiedlichster Interessenlage und trotz der enormen Zeitspanne. Natürlich wäre denkbar, daß sich hier ein Stereotyp über die Jahrhunderte qua Indoktrination, ohne jeden Realitätsbezug, reproduziert hat. Sehr plausibel scheint mir diese Theorie jedoch nicht zu sein: Ideologien ohne jeden Realitätsbezug werden wohl kaum derart erfolgreich sein können. Irgendwo muß dem immer wieder beschworenen Stereotyp auch ein Kern von Rationalität innewohnen.

Daher sollte, einerseits, vielleicht doch noch einmal sorgfältig erwogen werden, ob hinter vielen negativen Befunden nicht auch *Meßprobleme* stecken könnten. Erinnern wir uns nur an die unterschiedliche Einbettung von »Humanitarismus« im Orientierungsraum von Männern und Frauen. Und erinnern wir uns daran, daß »Moral« vom eigenen Anspruch her nicht eben ein Tummelplatz geschlechtsspezifischer Differenzen sein kann, weil sie derartiges ja geradezu verbietet. »Du sollst nicht töten!« gilt für Männer und Frauen in gleicher Weise. Welche geschlechtsspezifischen Differenzen dürfte man also bei einem Forschungsdilemma wie »Soll man die Großmutter vergiften, um in den Genuß ihres Vermögens zu gelangen?« erwarten? Angesichts dieser Sachlage kann es doch gar nicht einfach sein, evtl. vorhandene Geschlechtsunterschiede dingfest zu machen.

Andererseits muß es auch möglich sein, das, was wir über die differentielle Psychologie der Geschlechter (jenseits der Moralpsychologie) wissen, mit unseren moralpsychologischen Theorien »zusammenzudenken«. Die zentrale Frage, der im folgenden nachzugehen ist, lautet daher: *Sind die (außermoralischen) Geschlechtsunterschiede moralisch »neutral« oder sind sie so geartet, daß man Unterschiede in der Funktionsweise des moralischen Bewußtseins bei Männern und Frauen erwarten muß, weil das Gegenteil sich einfach nicht denken läßt?*

Zu berücksichtigen ist auch, daß manche Befunde so geartet sind, daß es schwerfällt, an eine perfekte Identität des moralischen Bewußtseins der Geschlechter zu glauben. Fragt man beispielsweise Jugendliche, ob es richtig war, daß die Engländer in Indien den Brauch der Witwenverbrennung verboten haben, dann ergibt sich folgende geschlechtsspezifische Verteilung (Döbert 1981): etwa 60 % der Jungen sind für ein Verbot, bei den Mädchen sind es nur etwa 40 % — die armen, kulturell vergewaltigten Inder! Und die Witwen? Gesetzt den Fall, es hätte in einer matriarchalischen Gesellschaft den komplementären Brauch der Witwerverbrennung gegeben: Kann man sich vorstellen, daß eine männliche Stichprobe mehrheitlich für diesen Brauch votieren würde?

Auf der Kompetenzebene, das scheint einigermaßen sicher, wird man vergeblich nach geschlechtsspezifischen Differenzen fahnden. *Bleibt die Performanzebene,* an die wir uns im folgenden — mit Piaget — halten werden. Performanzunterschiede können sich, einerseits, aus der unterschiedlichen *äußeren Lage,* an die typische Erfahrungen und spezifische Interessen geknüpft sind, andererseits aus *unterschiedlichen Sichtweisen* der Geschlechter ergeben.

Eine Variable, die mit der äußeren Lage zu tun hat, wurde bereits erwähnt, nämlich die *differentielle Betroffenheit der Geschlechter* oder anderen Gruppierungen, die den Effekt haben kann, daß man sich bei der Gewichtung der Vor- und Nachteile einer Entscheidung nicht einigen kann. So sind Frauen von den Konsequenzen gesellschaftlicher Regulierungen, die den Nahbereich sozialer Interaktion tangieren, stärker betroffen als Männer, da ihnen in den meisten Gesellschaften diese Sphäre zugewiesen wird. Daher geben sie den Argumenten des Stadiums 3 tendenziell ein größeres Gewicht als Männer und scheinen auf Stadium 3 »fixiert« zu sein (s.o.). Oder: Frauen, die sich dem Ende des gebärfähigen Alters nähern, wenden sich verstärkt gegen die Abtreibung; sie haben aber die höchsten Abtreibungsraten, wenn sie doch noch einmal schwanger werden sollten (Bora/Liebl 1986; Döbert/Nunner-Winkler 1986). Da fühlte man sich schon ganz sicher (nicht betroffen), und dann . . . Will man also geschlechtsspezifische Differenzen des moralischen Bewußtseins dingfest machen, dann müßte man verstärkt moralische Dilemmata verwenden, bei denen die Geschlechter tatsächlich differentiell betroffen sind.

Weiterhin: Differentielle Betroffenheit wirkt sich in differentieller Prioritätensetzung aus, und die führt dann zu *unterschiedlichen Entscheidungen im moralischen Dilemma.* Die Entscheidungsrichtung (pro/contra Abtreibung z.B.) wurde in der strukturalistischen Moralforschung jedoch überhaupt nicht systematisch erhoben und ausgewertet, da sie als »bloßer Inhalt« galt, für den man sich qua Strukturtheorie nicht zu interessieren hat. Da liegen aber vielleicht gerade entscheidende geschlechtsspezifische Differenzen.

Unterschiedliche Betroffenheit resultiert, wie gesagt, in erster Linie aus der äußeren Lage der Geschlechter. Die aber könnte man im Prinzip relativ problemlos ändern. Dann bliebe aber immer noch zu fragen, ob die Geschlechter nicht auch bei gleicher Betroffenheit unterschiedliche moralische Urteile fällen würden, da ihre *innere Natur* — sei es aufgrund unvermeidlich divergenter Sozialisationserfahrungen (Chodorow, Gilligan), sei es aufgrund der biologischen Geschlechtsunterschiede — verschieden ist. *Es gibt je verschiedene »Wahlverwandtschaften« zwischen Moral und geschlechtsspezifischen Mentalitäten — darum geht es bei Gilligan letztlich!* Weil es darum geht, leugnet Broughton in seiner Kritik an Gilligan unverzüglich die Existenz relevanter psychologischer Unterschiede zwischen den Geschlechtern:

A decade ago, Maccoby and Jacklin's review of research on childhood exposed the myth of pervasive psychological sex differences. They showed that, contrary to stereotypical norms, there is no clear evidence that girls are more passive, dependent, compliant, anxious, timid, withdrawn, self-effacing, suggestible, impulsive, nurturant, or social than boys . . . (Broughton 1983, S. 616).

Vergewissert man sich bei Maccoby und Jacklin selbst, welche Geschlechtsunterschiede einer kritischen Überprüfung standhalten, kann man sich des Eindrucks nicht erwehren, daß Broughton nicht gerade unparteiisch berichtet (Maccoby/Jacklin 1974; Maccoby 1979). Bevor die anscheinend »harten« Geschlechtsunterschiede zusammengefaßt werden, seien jedoch einige eigentlich selbstverständliche Kautelen genannt: Alle Unterschiede sind lediglich gradueller Natur, Eigenschaften, die von einem Geschlecht monopolisiert würden, gibt es nicht. Die Differenzen sind nicht gerade stark[3] und können durch entsprechende Formen der sozialen Organisation jederzeit konterkariert werden: Wenn man Äußerungen von Aggressivität konsequent entgegensteuert, lassen sich im Verhalten von Jungen und Mädchen keine Unterschiede entdecken.

Nicht übersehen werden darf auch, daß vor allem psychische Eigenschaften nicht einfach »vererbt«, sondern aus genetischem und kulturellem Material sowie den Aktivitäten des Individuums »aufgebaut« werden, wobei sich erstaunliche Effekte zeigen können. So sind bei Introversion-Extraversion die Korrelationen zwischen getrennt lebenden eineiigen Zwillingen .86, bei gemeinsam lebenden .10 (Zazzo 1979, S. 146)! Zwingt das Zusammenleben zu einer Komplementarität und Differenzierung, die genetisch eigentlich gerade nicht vorprogrammiert ist? Ich überlasse es der Phantasie der Leser, sich die möglichen Implikationen eines derartigen Befundes für das Verhältnis der Geschlechter auszumalen.

b) Unterschiede zwischen den Geschlechtern

Nicht alle Biologen würden wohl eine Aussage wie die folgende unterschreiben: »Tatsächlich sind diese Geschlechtsunterschiede bei den Säugetieren so groß, daß sie die Grenzen zwischen den Arten überschreiten. So hat z.B. der männliche Mensch in mancherlei Hinsicht mehr Ähnlichkeit mit einem Hengst oder einem Stier als mit dem weiblichen Vertreter der menschlichen Spezies«. (Ohno 1979, S. 68). Daß es verhaltensrelevante Unterschiede zwischen den Geschlechtern gibt, die sich nicht auf kulturelle Stereotype, labelling etc. reduzieren lassen, wird allerdings ernsthaft auch nicht angezweifelt. Und darüber, daß Aggressivität am ehesten eine stark biologisch geprägte Verhaltensdisposition ist, herrscht auch ein weitgehender Konsens. Verantwortlich für die *erhöhte Aggressivität der Männer* scheint, dafür sprechen Tierversuche und Beobachtungen an menschlichen Kleinkindern (Mädchen, die pränatal überhöhten Dosen des männlichen Hormons ausgesetzt waren), das männliche Sexualhormon Testosteron zu sein.

Bis zum Ende des zweiten Lebensjahres sind die Geschlechtsunterschiede vernachlässigbar. Dann kommt es aber zunehmend zur Ausbildung von gleichgeschlechtlichen Gruppen, wobei die Gruppen der Jungen größer sind und sich stärker von der Erwachsenenwelt abschotten. Innerhalb ihrer Spielgruppen neigen die Jungen stärker zu Wutausbrüchen, Prügeleien und wildem Herumtoben, wobei sie ihre Aggressivität und »Stärke« zum Aufbau von *Dominanzhierarchien* benutzen. In den kleineren Mädchengruppen kommen Prügeleien demgegenüber nur selten vor, und klare Dominanzhierarchien werden nicht aufgebaut. Die Beziehungen der Mädchen zur Erwachsenenwelt sind unproblematisch: Sie unterhalten engere Beziehungen, kommen den Wünschen der Erwachsenen eher nach, wissen aber auch, wie man die Erwachsenen den eigenen Zwecken dienstbar machen kann. Sie benutzen die Erwachsenen, wenn man will, rational als Hilfsinstrumente bei der Bewältigung von Aufgaben. Demgegenüber ist die Beziehung der Jungen zu den Erwachsenen konfliktreicher: Sie sind aufsässiger, holen den Rat der Erwachsenen selbst dann nicht ein, wenn sie ihn bräuchten, und versuchen, die Erwachsenen zu dominieren (vgl. Maccoby 1974, 1978; Zazzo 1979).

Auch im Bereich des *Pflegeverhaltens* lassen sich Unterschiede feststellen: »Die Schwelle, von der an der Kontakt mit Kleinkindern das Pflegeverhalten aktiviert oder verstärkt, hat die Tendenz, bei Frauen niedriger zu liegen, und dies trägt zur Wirksamkeit ihrer Fürsorge bei« (Maccoby 1979, S. 302). Nehmen wir noch hinzu, daß Frauen über größere *soziale Kompetenzen* verfügen, im Erwachsenenalter weniger *machiavellistisch* denken als Männer und nicht so *leistungsmotiviert* sind, wenn man zugunsten der eigenen Leistungen andere »niederkonkurrieren« muß (Maccoby 1974, Metz-Göckel 1987). Wenngleich in diesem Katalog von Eigenschaften und Verhaltensdispositionen viele vertraute Attribute nicht mehr auftauchen, bleibt nicht doch noch so viel übrig, daß man die üblichen Vorstellungen von Geschlechtsrollendifferenzen zu erkennen vermag?

Die bislang genannten Unterschiede sind überwiegend bereits in der mittleren Kindheit sichtbar, werden dann aber mit Beginn der Adoleszenz verstärkt. Eine weitere Differenz scheint ganz unmittelbar mit dem Beginn der Adoleszenz und der damit einhergehenden *stärkeren hormonalen Differenzierung der Geschlechter* verknüpft zu sein: Die Mädchen liegen in der Sprachentwicklung etwa bis zum 10. Lebensjahr vorn, werden dann aber tendenziell eingeholt; *etwa ab dem 10./11. Lebensjahr bilden sich aber Unterschiede in der sprachfreien Intelligenz aus* (räumliches Vorstellungsvermögen), die größer sind, als die Sprachunterschiede jemals waren, und die sich dann im weiteren Verlauf des Lebenszyklus nicht mehr verändern (Keine Lerneffekte! vgl. Witelson 1979). Sie hängen anscheinend mit einer — durch vermehrte Testosteron-Ausschüttung bedingten (der Effekt tritt bei hormonalen Störungen nicht auf) — stärkeren Spezialisierung der Hirnhälften des Mannes (links/sprachlich vs. rechts/räumlich) zusammen. Das Gehirn scheint also überraschenderweise, wie Witelson sich ausdrückt, ein »sexualisiertes Organ« zu sein. Der Befund selber ist anscheinend unstrittig, umstritten sind die möglichen Verhaltensimplikationen.

Maccoby meint, die biographischen und sozialen Konsequenzen dieses Unterschieds in der kognitiven Organisation seien zu vernachlässigen. Demgegenüber weist *Sullerot* (1979, S. 333 ff.) darauf hin, daß die *differentiellen Erfolge von Frauen in der Industrie z.T. ohne die Annahme von Unterschieden in der Intelligenzstruktur nur schwer zu erklären sind.* In der chemischen Industrie haben Frauen teilweise besser bezahlte Arbeitsplätze als Männer erobert, vergleichbare Erfolge in der mechanischen Industrie sind ausgeblieben (vgl. auch die Zahlen bei Metz-Göckel 1987). Die Versuche mancher Länder, mit gezielten Programmen Frauen für die mechanische Industrie zu rekrutieren, sind gescheitert (sowjetische Uhrenindustrie). Von den möglichen Konsequenzen, auf die *Witelson* aufmerksam macht, will ich hier nur eine nennen. An der Wahrnehmung und Verarbeitung von Affekten und Emotionen scheint die rechte (räumliche) Hirnhälfte stärker und anders beteiligt zu sein als die linke — wenn die Hirnhälften ausreichend lateralisiert sind. Daher könnten die Frauen »weniger gut geeignet sein als die Männer, ihre emotionalen Verhaltensweisen von ihren verbal-analytischen zu trennen . . . Männer suchen dann (bei Streß) Zuflucht bei anderen Tätigkeitsbereichen. Frauen zeigen eventuell einen Rückgang der Motivation und Leistung auf allen Gebieten« (Witelson 1979, S. 358). Man kann das auch so sagen: *Männern fällt es leichter, zu intellektualisieren und mit Affektabspaltung zu operieren.*

Damit kommen wir zu einer weiteren Variablen, in der sich die Geschlechter unterscheiden können, nämlich den *Abwehr- und Bewältigungsmechanismen* (Projektion, Wendung gegen das Selbst — gegen andere, Reaktionsbildung, Intellektualisierung, Verschiebung, Verkehrung ins Gegenteil etc.). Das Konstrukt ist schwer zu fassen, und daher ist die Zahl der relevanten Studien begrenzt.[4] Vielleicht läßt sich jedoch soviel sagen: Wenn die Jungen stärker zur Aggressivität neigen, dann wären Abwehrmechanismen wie Projektion (»er hat es ja nicht anders gewollt«) und Wendung gegen den anderen (»Mein Ärger über mich wird zum Ärger über dich«) für sie funktional. Umgekehrt würden die Mädchen in ihrer Sorge um die Aufrechterhaltung intakter Beziehungsnetze eher einmal »zurückstecken« und sich in Konfliktfällen selbst die Schuld zuschreiben. Von der Adoleszenz ab (!) lassen sich derartige Trends nachweisen (Gelser/Ihilevich 1969; Haan 1977; Döbert/Nunner-Winkler 1980).

Auch für die von Witelson vermuteten Trends gibt es Indizien: Pickt man bei Haan (a.a.O., S. 322/3) die Abwehrmechanismen heraus, bei denen die Differenz zwischen den Geschlechtern die Größenordnung einer Standardabweichung erreicht, dann ergeben sich Objektivität (Trennung zwischen Fakten und Gefühlen), Intellektualisierung (Wendet abstrakte Ideen an, um Gefühle zu umgehen), Substitution (Behält die Nerven), Reaktionsbildung (Übermäßige Selbstkontrolle) und Konzentration auf die relevantesten Aspekte der Situation als eher »männliche« Reaktionsweisen. Das paßt — sogar zum Hexenhammer und zu Freud!

Zusammenfassend wird man, denke ich, sagen dürfen, daß in den vergangenen zwei, drei Dekaden zweifellos eine ganze Reihe von Persönlichkeitsmerkmalen, die man für »geschlechtsspezifisch« gehalten hat, »geschlechtsneutral« geworden sind. Ebenso sicher scheint mir jedoch zu sein, daß einige anscheinend »harte« Unterschiede überlebt haben. Und da darf man ruhig von »Überleben« sprechen. Denn der überwiegende Teil der Forschung hat doch — ausgesprochen oder unausgesprochen — dem Ziel gedient nachzuweisen, daß sich alle traditionellen Unterschiede zu nichts verflüchtigen werden, wenn Benachteiligungen, chauvinistische Stereotype, Etikettierungsstrategien (labelling) etc. beseitigt sind. Wenn trotz dieser Zielsetzung gewisse Unterschiede »überleben«, dann hat man Grund zur Annahme, daß sich langsam die »harten« Fakten herausgeschält haben.

c) Moralische Implikationen der Geschlechtsunterschiede und ein erneuter Blick auf die Forschungslage

Nun ist wenigstens kurz zu plausibilisieren, daß und inwiefern die oben zusammengestellten Mentalitätsunterschiede zwischen den Geschlechtern keineswegs moralisch »neutral« sind, sondern unterschiedliche Aufschlüsselungen zumindest ambivalenter moralischer Konfliktsituationen nach sich ziehen müssen. *Performanzunterschiede müssen — in dem Punkt ist Gilligan gegen ihre Kritiker zu verteidigen — irgendwo aufscheinen.*

Zu behandeln sind Aggressivität, nach außen/innen gerichtete Abwehr, Affektabspaltung, Dominanzstreben, Machiavellismus, Konkurrenzstreben, Orientierung an Autoritäten, unterschiedliches Pflegeverhalten (»Muttern«, »Fürsorge«), unterschiedliche Einfühlungsgabe. Moral hat es, wie man seit Aristoteles weiß, mit dem Unterlassen von Schädigungen und dem Erweisen von Wohltaten zu tun — aus wechselseitigem Respekt füreinander. Aggressivität läßt sich nun aber kaum definieren ohne Rekurs auf die Bereitschaft, dem anderen Schaden zuzufügen. Dominanz- und Konkurrenzverhalten sind immer potentiell konfliktträchtig, da die Unterlegenen sich verletzt fühlen mögen und ihre Niederlagen nicht freiwillig hinnehmen werden. Der moralische Konsens wird so erschwert. Machiavellistische Einstellungen sind definitionsgemäß der außermoralischen Sphäre zuzuordnen und kennen den anderen nur als Mittel oder Hemmnis, dessen Bedürfnissen gerade nicht in fürsorglicher Einstellung Rechnung getragen wird. Wenn man über eine ausgeprägte Einfühlungsgabe verfügt, kann man sich auch besser vorstellen, was es für den anderen bedeutet, wenn man sich über seine Bedürfnisse hinwegsetzt. Dann wird man auch eher bereit sein, einmal »zurückzustecken«. Wenn man demgegenüber zu Affektabspaltung, Projektion und Wendung gegen den anderen tendiert, wird man selbst dann, wenn man den angerichteten Schaden erkennt, an einer unmoralischen Handlung festhalten können: Der andere ist ja selbst schuld, würde sich auch nicht anders verhalten, und im übrigen kann man sich ja noch auf andere Aspekte der Situation konzentrieren etc. Zusammenfassend wird man wohl zu dem Schluß kommen dürfen, daß *alle genannten Mentalitätsunterschiede zwischen den Geschlechtern »moralisch relevant« sind. Man kann daher einfach nicht »denken«, daß es keinerlei Geschlechtsunterschiede in der Funktionsweise des moralischen Bewußtseins von Männern und Frauen gibt — das Beispiel des Machiavellismus ist da doch nur der eindeutigste Fall!*

Wir sollten also, um nicht mit einem perfekten Rätsel endigen zu müssen, noch einmal einen Blick auf die *empirischen Evidenzen* werfen. Vielleicht lassen sie sich ja doch so »gegen den Strich lesen«, daß wenigstens Andeutungen der gesuchten Performanzunterschiede sichtbar werden.

Zunächst ist zu notieren, daß die in der Kohlberg-Tradition gelegentlich ermittelten Differenzen fast immer darauf hinauslaufen, daß erwachsene Frauen eher auf Stadium 3, Männer auf Stadium 4 argumentieren, die umgekehrte Abweichung vom Gesamtmittelwert kommt nicht vor. Und die ermittelten Differenzen lassen sich nicht ganz auf die rein statistisch zu erwartende Anzahl signifikanter Ergebnisse reduzieren. Bisweilen wurden auch alle nur denkbaren Störgrößen kontrolliert, ohne daß die Unterschiede gänzlich verschwunden wären. Baumrind (1982) hat sogar die Geschlechtsrollenidentifikation kontrolliert. Es verblieben Zusammenhänge mit dem biologischen Geschlecht! *Und diesen Befunden läßt sich die geforderte performanztheoretische Deutung zuordnen: Die Frauen scheinen dem Stadium 3 zuzuordnen zu sein, weil sie im Konflikt zwischen konkreten Leiden und gesamtgesellschaftlichen Erwägungen zugunsten der Vermeidung der ersteren votieren, nicht aber, weil ihnen die gesamtgesellschaftlichen Aspekte des Problems gänzlich unzugänglich wären (dies wäre die kompetenztheoretische Deutung).* Es handelt sich also wahrscheinlich um eine bloße Differenz der Gewichtung — ein Performanzproblem! Ähnlich verhält es sich bei der *Verteilungsgerechtigkeit:* Wenn Differenzen auftauchen, zeigt sich, daß Frauen eher auf das Gleichheits- als auf das Beitragsprinzip setzen (Bierhoff et al. 1986, S. 171) — das Beitragsprinzip ist eher verletzend!

Im *Milgram-Experiment* schnitten die Frauen zwar im Ergebnis nicht besser ab (Milgram 1974). Aber die zugrundeliegende psychologische Dynamik scheint bei ihnen etwas anders gelagert zu sein. Sie neigen etwas stärker zu Konformität gegenüber Autoritäten (Maccoby 1979; Froming 1978) und können sich daher dem Experiment nicht entziehen; andererseits empfinden sie stärker mit den gequälten Opfern. Das Resultat ist, ganz ähnlich wie bei Haans »letzten Überlebenden«, ein Nachgeben mit extremem Unbehagen.

Letzteres läßt immerhin hoffen! Mädchen sind anscheinend auch ebenso vorurteilsbehaftet wie Jungen. Aber sie *vertreten ihre Vorurteile wenigstens nicht mit der gleichen Entschiedenheit und Aggressivität* – da droht nicht gleich »Mord und Totschlag« (Davidson 1976).

Weiterhin: wenn man Jugendlichen Listen mit kleineren Delikten vorlegt (Kaufhausdiebstahl, Eltern ein wenig Geld stehlen, Rentner betrügen etc.) und sie fragt, welche Delikte sie schon begangen haben und wie sie die einzelnen Delikte bewerten, dann zeigt sich, daß die männlichen Probanden viel mehr »angestellt« haben und ihre Übertretungen generell als »nicht weiter schlimm« beurteilen (Döbert/Nunner-Winkler 1980). Hier zeigt sich ein Phänomen, auf das Nisan mit dem Begriff der *»moralischen Balance«* aufmerksam gemacht hat (Nisan 1986). Wir verfolgen außermoralische Ziele, und es scheint von Individuum zu Individuum zu variieren, wiewiet dabei auf Moral Rücksicht genommen wird. Der einzelne legt für sich gewissermaßen fest, ein wie »moralischer Mensch« er sein möchte. Dabei werden dann gewisse Normverletzungen, die durchaus als solche erkannt werden (Kompetenz), als nicht so »schlimm« eingestuft und dann auch begangen (Performanz). *In bestimmten Bereichen scheinen Männer eher dazu zu neigen, das Niveau ihrer »moralischen Balance« niedrig anzusetzen.*

Dafür sprechen auch Indizien, die nicht unmittelbar der Moralforschung entstammen. Die *Berufswahl der Frauen* ist in viel stärkerem Maße als die der Männer von moralischen Idealen bestimmt (soziale Berufe). Aber auch das *innerfamiliale Verhalten von Vätern und Müttern* unterscheidet sich deutlich. Wenn die Väter das familiale Leben dominieren, dann sind sie fast immer autoritär und benutzen die Familie egoistisch als Instrument der Selbstüberhöhung. Ihre Kinder werden relativ häufig zu »Strategen«. Wenn die Mütter »herrschen«, dann herrschen sie so gut wie nie autoritär-egoistisch, sondern sind Inbegriff von »Selbstaufopferung«. Ihre Kinder werden ganz überproportional häufig »verläßlich«. Die beiden patterns überlappen sich anscheinend nicht (Döbert/Nunner-Winkler 1985). Hier gibt es also im Verhalten von Männern und Frauen sehr deutliche Unterschiede. Wenn davon nur sehr wenig in den vorhandenen Forschungsergebnissen sichtbar wird, könnte das auch darin begründet sein, daß *wir über Operationalisierungsfragen und darüber, wo man geschlechtsspezifische Unterschiede überhaupt erwarten kann, nicht gründlich genug nachgedacht haben. Und das muß man wohl. Denn der Geltungsanspruch des moralischen »Sollens« kennt keine Geschlechtsunterschiede.*

Aber vielleicht lohnt dieses Nachdenken übers Geschlechtsspezifische ja überhaupt nicht mehr. Bei der Durchsicht der für diesen Artikel relevanten

Literatur hat der Verfasser auch mit einigem Unbehagen zur Kenntnis nehmen müssen, daß sich der Organismus des Mannes mit zunehmendem Alter »verweiblicht«, der der Frau »vermännlicht«. Da erledigen sich einige Geschlechtsunterschiede also durch die neudeutsche Bewältigungsstrategie des »Aussitzens« ganz von selbst. Aber es kam noch schlimmer! Manch einer ist gar der Auffassung, daß es hinsichtlich geschlechtsspezifischer Besonderheiten bald nicht einmal mehr etwas »auszusitzen« gibt. Das Gehirn des Neugeborenen soll nicht nur durch männliche Hormone »vermännlicht« werden, sondern auch durch Umweltgifte: »In Anbetracht der heutigen Umweltverseuchung ist es möglich oder sogar wahrscheinlich, daß die Gehirne der Weibchen einiger Arten, die sich am Ende der Nahrungskette befinden, durch die oben erwähnten Substanzen (DDT z.B., R.D.) vermännlicht werden« (Ohno 1979, S. 77). Wir sind ganz am Ende der Nahrungskette und müssen uns somit erschrocken fragen, welchem Geschlecht dieser Pyrrhussieg dann eigentlich zugerechnet werden muß.

Anmerkungen

1 Die Liste könnte man wohl endlos erweitern. Schreiner (1987) hat die diesbezüglichen »Verdienste« der Philosophie (Schopenhauer!) herausgestellt. Selektivität ist in diesem weiten Feld nicht zu vermeiden.

2 In Haans Schriften ist diese theoretische Absicht nicht mehr spürbar, weil sie angesichts ihrer Ergebnisse die »interpersonelle Moral« nicht als spezifisch weibliche Form des moralischen Bewußtseins deklarieren konnte. Am Ausgangspunkt ihrer Arbeit stand aber das Ärgernis der »Fixierung« von Frauen auf Stadium 3.

3 Das hat nun allerdings auch nicht viel zu besagen. Wo zwischen Alternativen entschieden werden muß, benötigt man nur irgendeinen Unterschied, nicht unbedingt einen starken.

4 Abweichende Ergebnisse präsentiert Thomae (1984). Bei ihm erscheinen die Männer fast als sozial sensibler als die Frauen. Ich gehe davon aus, daß dieser Befund durch retrospektive Selbst-Idealisierung zu erklären ist — das ist aber nicht mehr als eine Vermutung!

Literatur

Alker, Henry A./Poppen, Paul J., »Personality and ideology in university students«, in: *Journal of Personality* 41 (1973), S. 653—671.

Asch, Salomon E., »Studies of independence and conformity: a minority of one against an unanimous majority«. *Psychological Monographs 9,* Washington 1956.

Baumrind, Diana, »Are androgynous individuals more effective persons and parents?«, in: *Child Development* 53 (1982), S. 44—75.

Becker, Gabriele/Bovenschen, Silvia/Brackert, Helmut u.a., *Aus der Zeit der Verzweiflung,* Frankfurt 1977.

Bem, Sandra L., »The measurement of psychological androgyny«, in: *Journal of Consulting and Clinical Psychology* 42 (1974), S. 155—162.

—: »Sex role adaptability: one consequence of psychological androgyny«, in: *Journal of Personality and Social Psychology* 31 (1975), S. 634—643.

Bierhoff, Hans W./Cohen, Ronald L./Greenberg, Jerald, *Justice in Social Relations,* New York/London 1986.

Bora, Alfons/Liebl, Karlhans, *Einstellung zum Schwangerschaftsabbruch,* Pfaffenweiler 1986.

Broughton, John M., »Women's rationality and men's virtues . . .«, in: *Social Research* 50 (1983), S. 597 ff.

Chodorow, Nancy, *Das Erbe der Mütter. Psychoanalyse und Soziologie der Mütterlichkeit,* München 1985.

Damon, William, *Die soziale Welt des Kindes,* Frankfurt 1984.

D'Augelli, Judith F./Cross, Herbert J., »Relationship of sex guilt in college women and in couples«, in: *Journal of Consulting and Clinical Psychology* 43 (1975), S. 40—47.

Davidson, Florence H., »Ability to respect persons compared to ethnic prejudice in childhood«, in: *Journal of Personality and Social Psychology* 34 (1976), S. 1256—1267.

Deutsch, Morton, *Distributive Justice,* New Haven/London 1985.

Döbert, Rainer, »Was mir am wenigsten weh tut, dafür entscheid' ich mich auch«, in: *Kursbuch 60,* Berlin 1980, S. 43—60.

—: »Wider die Vernachlässigung des »Inhalts« in den Moraltheorien von Kohlberg und Habermas«, in: Edelstein, Wolfgang/Nunner-Winkler, Gertrud (Hg.), *Zur Bestimmung der Moral,* Frankfurt 1986, S. 86—125.

—: »Horizonte der an Kohlberg orientierten Moralforschung«, in: *Zeitschrift für Pädagogik* 33 (1987), S. 491—511.

Döbert, Rainer/Nunner-Winkler, Gertrud, »Jugendliche ›schlagen über die Stränge‹. . .«, in: Eckensberger, Lutz H./Silbereisen, Rainer K. (Hg.), *Entwicklung sozialer Kognitionen,* Stuttgart 1980, S. 267—299.

—: »Moral development and personal reliability . . .«, in: Berkowitz, Marvin W./Oser, Fritz (Hg.), *Moral Education-Theory and Application,* Hillsdale/London 1985, S. 147—174.

—: »Wertwandel und Moral«, in: Bertram, Hans (Hg.), *Gesellschaftlicher Zwang und moralische Autonomie,* Frankfurt 1986, S. 289—321.

Fishkin, James/Keniston, Kenneth/MacKinnon, Catherine, »Moral reasoning and political ideology«, in: *Journal of Personality and Social Psychology* 27 (1973), S. 109—119.

Freud, Sigmund (1924), »Der Untergang des Ödipus-Komplexes«, in: *Gesammelte Werke, Bd. 13,* Frankfurt 1966, S. 393—402.

—: (1925), »Einige psychologische Folgen des anatomischen Geschlechtsunterschieds«, in: *Ges. Werke, Bd. 14,* S. 17—30.

—: (1933), *Neue Folge der Vorlesungen zur Einführung in die Psychoanalyse. Ges. Werke, Bd. 15.*

Froming, William J., »The relationship of moral judgement, self-awareness and sex to compliance behavior«, in: *Journal of Research in Personality* 12 (1978), S. 396—409.

Gilligan, Carol, *In a Different Voice. Psychological Theory and Women's Development,* Cambridge, Mass. 1982 (dt: *Die andere Stimme,* München 1984).

Gleser, Goldine C./Ihilevich, David, »An objective instrument for measuring defense mechanisms«, in: *Journal of Consulting and Clinical Psychology* 33 (1969), S. 51—60.

Haan, Norma, *Coping and Defending: Process of Self-Environment Organization,* New York 1977.

—: »Two moralities in action contexts . . .«, in: *Journal of Personality and Social Psychology* 36 (1978), S. 286—303.

Haan, Norma/Langer, Jonas/Kohlberg, Lawrence, »Family patterns of moral reasoning«, in: *Child Development* 47 (1976), S. 1204—1206.

Haan, Norma/Smith, M. Brewster/Block, Jeanne, »Moral reasoning of young adults . . .«, in: *Journal of Personality and Social Psychology* 10 (1968), S. 183—201.

Helmreich, Robert L./Spence, Janet T./Holahan, Carol K., »Psychological androgyny and sex role flexibility: a test of two hypotheses«, in: *Journal of Personality and Social Psychology* 37 (1979), S. 1631—1644.

Holstein, Constance B., »Irreversible, stepwise sequence in the development of moral judgement: A longitudinal study of males and females«, in: *Child Development* 47 (1976), S. 51—61.

Koch, Jens-Jörg (Hg.), *Altriusmus und Aggression,* Weinheim 1976.

Kohlberg, Lawrence (1969), »Stufe und Sequenz«, in: *Zur kognitiven Entwicklung des Kindes,* Frankfurt 1974.

—: *Essays on Moral Development,* 2 Bde., San Francisco 1981 und 1984.

Leming, James S., »Intrapersonal variations in stage of moral reasoning among adolescents as a function of situational context«, in: *Journal of Youth and Adolescence* 7 (1978), S. 405—416.

Lockwood, Alan L., »Stage of moral development und students' reasoning on public policy issues«, in: *Journal of Moral Education* 5 (1975), S. 51—61.

Maccoby, Eleanor E./Jacklin, Carol N., *The Psychology of Sex Differences,* Palo Alto 1974.

Maccoby, Eleanor E., »Die Psychologie der Geschlechter: Implikationen für die Erwachsenenrolle«, in: Sullerot, Evelyn (Hg.), *Die Wirklichkeit der Frau,* München 1979, S. 284—306.

Maqsud, Muhammad, »Relationship between personal control, moral reasoning, and socioeconomic status of Nigerian Hausa adolescents«, in: *Journal of Youth and Adolescence* 9 (1980), S. 281—288.

Metz-Göckel, Sigrid, »Licht und Schatten der Koedukation. Eine alte Debatte neu gewendet«, in: *Zs. für Pädagogik* 33 (1987), S. 455—474.

Milgram, Stanley, *Obedience to Authority*, New York: Harper and Row, 1974.

Murphy, John M./Gilligan, Carol, »Moral development in late adolescence and adulthood: A critique and reconstruction of Kohlberg's theory«, in: *Human Development* 23 (1980), S. 77–104.

Nisan, Mordecai, »Die moralische Bilanz. Ein Modell moralischen Entscheidens«, in: Edelstein, Wolfgang/Nunner-Winkler, Gertrud (Hg.), *Zur Bestimmung der Moral*, Frankfurt 1986, S. 374–376.

Nunner-Winkler, Gertrud, »Two Moralities? A Critical Discussion . . .«, in: Kurtines, William/Gewirtz, Jacob L. (Hg.), *Morality, Moral Behavior, and Moral Development*, New York 1984, S. 348–361.

Ohno, Susumu, »Die biologische Grundlage der Unterschiede zwischen den Geschlechtern«, in: Sullerot, Evelyn (Hg.), *Die Wirklichkeit der Frau*, München 1979, S. 65–77.

Parikh, Bindu, »Development of moral judgment and its relation to family environment factors in Indian and American families«, in: *Child Development* 51 (1980), S. 1030–1039.

Parsons, Talcott/Bales, Robert F., *Family, Socialization and Interaction Process*, Glencoe 1955.

Perry, William, *Form of Intellectual and Ethical Development in the College Years*, New York 1968.

Piaget, Jean (1932), *Das moralische Urteil beim Kinde*, München 1986.

Saltzstein, Herbert D./Diamond, Rhea M./Belenky, Mary, »Moral judgment level and conformity behavior«, in: *Developmental Psychology* 7 (1972), S. 327–336.

Schreiner, Günter, »Die Herausforderung durch die ›andere Stimme‹«, in: *Zeitschrift für Pädagogik* 33 (1987), S. 237–246.

Spence, Janet T./Helmreich, Robert L., »The many faces of androgyny: a reply to Locksley and Colten«, in: *Journal of Personality and Social Psychology* 37 (1979), S. 1032–1046.

Staub, Ervin/Bar-Tal, Daniel/Karylowski, Jerzy/Reykowski, Janusz (Hg.), *Development and Maintenance of Prosocial Behavior*, New York/London 1984.

Sullerot, Evelyn (Hg.), *Die Wirklichkeit der Frau*, München 1979.

Thomae, Hans, »Formen der Auseinandersetzung mit Konflikt und Belastung im Jugendalter«, in: Olbrich, Ernst/Todt, Eberhard (Hg.), *Probleme des Jugendalters*, Berlin/Heidelberg/New York/Tokio 1984, S. 89–110.

Walker, Lawrence J., »Sex differences in the development of moral reasoning«, in: *Child Development* 55 (1984), S. 677–691 (in diesem Band S. 109–120)

—: *Moral orientations: a comparison of two models*, Baltimore 1987.

Witelson, Sandra F., »Geschlechtsspezifische Unterschiede in der Neurologie der kognitiven Funktionen und ihre psychologischen, sozialen, edukativen und klinischen Implikationen«, in: Sullerot, Evelyn (Hg.), *Die Wirklichkeit der Frau*, München 1979, S. 341–368.

Zazzo, Renee, »Antwort auf A. Jacquard«, in: Sullerot, Evelyn (Hg.), *Die Wirklichkeit der Frau*, München 1979, S. 143–149.

Gibt es eine weibliche Moral?

Gertrud Nunner-Winkler

Gibt es eine weibliche Moral? Eine Diskussion dieser Frage setzt voraus, daß man vorab klärt, was unter Moral zu verstehen ist. Moral wird in verschiedenen Bedeutungen verwendet: man spricht von der Moral der Truppe, von der christlichen Moral, von Sexualmoral. Unter Moral verstehe ich i.f. allgemeine Grundprinzipien, die in allen Kulturen und zu allen Zeiten gelten: Prinzipien, von denen ich — Kantisch gesprochen — wollen kann, daß sie allgemeines Gesetz würden; Prinzipien, die, nach Rawls, jeder befürworten würde, auch wenn er nicht wüßte, welche der Rollen potentiell Betroffener er faktisch innehat oder denen — nach Habermas — jeder in einem herrschaftsfreien Diskurs frei zustimmen würde. Universalisierbarkeit und Unparteilichkeit sind also die zentralen Momente, die moralische Regeln vor anderen normativen Regulierungen auszeichnen.

Man mag vielleicht einwenden, diese Bestimmung von Moral entspreche gerade der von Carol Gilligan kritisierten, typisch männlich-abstrakten Denkweise, die Moral durch rigide Regeln und allgemeine Prinzipien definiert, statt zu begreifen, daß Moral in je konkrete Lebensformen eingewoben ist. Darum sei erwähnt, daß bereits kleine Kinder, etwa ab 4 Jahren, nach den gleichen Kriterien klare Unterscheidungen zwischen moralischen Regeln, bloßen Konventionen und idiosynkratischen Wertorientierungen treffen. Elliot Turiel diskutierte mit Kindern verschiedene Arten von Regeln: Spielregeln (z.B. beim Murmelspiel), Klugheitsregeln (z.B. man sollte täglich seine Zähne putzen), soziale Regulierungen (z.B. Spaghetti darf man nicht mit den Fingern essen) und moralische Regeln (man soll einen anderen nicht verletzen). Bei jeder dieser Regeln fragte Turiel die Kinder: ›Stell dir vor, da ist ein Land/eine Familie/eine Schule, da darf man Murmeln anders spielen/braucht die Zähne abends nicht zu putzen/da darf man Spaghetti mit den Fingern essen/darf man einen anderen schlagen‹ (Turiel 1983, S. 57). Die Kinder unterschieden eindeutig zwischen Handlungen, die nur dann falsch sind, wenn es eine entsprechende Regel gibt (es ist falsch, mit den Fingern zu essen, wenn es Sitte ist, Besteck zu verwenden, es ist aber in Ordnung, wenn es eine solche Praxis nicht gibt) und Handlungen, die auch dann falsch sind, wenn es keine Regel gibt (es ist immer falsch, jemanden zu verletzen, auch wenn der König/der Direktor/der Familienvater die Regel in diesem Land/dieser Schule/dieser Familie aufgehoben hat). Das bedeutet: Bereits kleine Kinder begreifen, daß bestimmte Regeln allgemeine, von Autoritäten unabhängige Gültigkeit besitzen. Diese Regeln, die überall und jederzeit, wo Menschen zusammenleben, Geltung besitzen, sind die moralischen Regeln.

Wenn die Bedeutung von Moral nun auf einen universalistische Geltung beanspruchenden Kern von Regeln eingegrenzt wird, dann scheint sich die Frage nach einer ›weiblichen Moral‹ von selbst zu beantworten: Nach dieser Konzeptualisierung nämlich kann es nur eine oder keine Moral geben. Aber ganz so einfach ist es nicht. Es gibt zwei Punkte, in denen auch nach diesem Moralverständnis Unterschiede in der Deutung auftauchen können:

Ausnahmen von negativen Pflichten: Eine Kontroverse ergibt sich einmal bei den sogenannten negativen Pflichten, die die Unterlassung bestimmter Handlungen fordern: ›du sollst nicht töten, lügen, stehlen, jemanden verletzen, seiner Freiheit berauben‹ etc. Dabei geht es um die Frage, ob diese Pflichten strikt und ausnahmslos, wie dies Immanuel Kant (1959; 1979) forderte, einzuhalten sind oder ob ihnen nur eine prima facie Geltung zukommt, d.h. Ausnahmen moralisch gerechtfertigt werden können. Rechtfertigbar wären sie, wenn durch die Befolgung der Norm ein größerer Schaden für andere als durch ihre Übertretung erzeugt wird (z.B. Notlüge, Tyrannenmord) (vgl. Gert 1973; Nunner-Winkler 1986). Nach Gilligan (1984) wird in der ›männlichen‹ Moral eher die strikte oder ausnahmslose Geltung abstrakter Prinzipien unterstellt, wohingegen Frauen eher dazu neigen, Regeln flexibel und kontextsensitiv unter Berücksichtigung konkreter Randbedingungen und Situationsumstände anzuwenden. Ohne diese Frage i.f. weiter behandeln zu wollen, möchte ich nur kurz die Ergebnisse aus einer Untersuchung von Rainer Döbert und mir erwähnen (vgl. auch Döberts Beitrag in diesem Band). Wir haben in 4 – 6stündigen Intensivinterviews, die wir mit 112 14–22jährigen weiblichen und männlichen Jugendlichen unterschiedlicher Schichtherkunft geführt haben, u.a. über die Legitimität von Schwangerschaftsabbruch und Wehrdienstverweigerung diskutiert. Dabei zeigte sich, daß in der Tat — wie Gilligan behauptet hatte — die männlichen Befragten in der Abtreibungsdiskussion abstrakt und prinzipalistisch argumentierten (›Frauen haben das

Recht, selbst zu entscheiden‹ oder: ›töten darf man nicht‹), während die weiblichen Jugendlichen ausführliche und sehr konkrete Überlegungen über mögliche Situationsbedingungen anstellten (›wenn die Mutter sehr jung ist, keine Ausbildung hat, das Kind mißgebildet ist‹ etc.). Bei der Diskussion über Wehrdienstverweigerung aber kehrte sich die Situation völlig um: Nunmehr waren es die weiblichen Befragten, die kurz und bündig antworteten (›töten darf man nicht‹ oder aber: ›Verteidigung muß sein‹), und es waren die männlichen Befragten, die Kontextbedingungen berücksichtigt wissen wollten (Frage nach einem ›gerechten‹ Krieg, Folgen eines möglichen Atomkrieges etc.). Döbert und ich (1986) folgerten aus diesem Ergebnis, daß die Bereitschaft, allgemeine moralische Prinzipien kontextsensitiv anzuwenden, nicht eine Frage der Geschlechtszugehörigkeit, sondern vielmehr eine Frage der Betroffenheit oder auch eine Frage der Reife des moralischen Urteils (vgl. dazu Nunner-Winkler 1984) ist.

Interpretation positiver Pflichten: Der zweite Punkt, an dem Differenzen im Verständnis von Moral auftreten können, betrifft die Interpretation der positiven Pflichten. Diese fordern die Ausführung von Handlungen: ›du sollst jemandem in Not helfen, übernommene Verpflichtungen erfüllen‹ etc. Anders als die negativen Pflichten, die als bloße Unterlassung jederzeit und gegenüber jedermann eingehalten werden können, bedürfen positive Pflichten einer Spezifizierung: die prinzipielle Knappheit aller Ressourcen (Zeit, Geld, Kraft) erzwingt eine Entscheidung darüber, wem wann wieviel Hilfe zuteil werden soll. Nach Gilligan ist nun die männliche Ethik eine ›Gerechtigkeitsethik‹, d.h. sie besteht aus einer wohldefinierten Menge klar abgegrenzter Rechte und Pflichten; weiblich hingegen sei eine ›Ethik der Fürsorglichkeit und Verantwortlichkeit‹. Diese These Gilligans übersetze ich in die Behauptung, Frauen neigten dazu, positive Pflichten extensiver zu interpretieren.

Die Behauptung, es gäbe geschlechtsspezifische Unterschiede in der Ausdeutung moralischer Pflichten, setzt voraus, daß sich allgemeine Merkmale des weiblichen im Gegensatz zum männlichen Dasein ausmachen lassen, die diese Unterschiede fundieren. Zwei solcher Erklärungsmodelle werden in der feministischen Diskussion erörtert:

Objektive, biologische Differenzen: Ausgangspunkt einer eher biologistischen Ableitung (vgl. Held 1987) ist die Feststellung, nicht der Kontrakt, wie in vertragstheoretischen Ethiken unterstellt, sondern die Eltern-Kind-Beziehung sei das prototypische Modell menschlichen Zusammenlebens. Aus mehreren Gründen sind es dabei spezifisch weibliche Erfahrungen, aus denen die moralische Orientierung einer Fürsorglichkeit für konkrete andere sich speist. In letzter Instanz ist die Frau für die Existenz eines Kindes verantwortlich: sie entscheidet, das Kind auszutragen (also nicht abzutreiben oder gar Selbstmord zu begehen); sie gebiert das Kind unter Schmerzen, und vorrangig wendet sie Mühe und Arbeit für seine Versorgung und Erziehung auf; schließlich macht für die Frau ein bestimmtes Kind etwa ein Zwanzigstel ihres gesamten Reproduktionspotentials aus — ein Mann hingegen könnte Hunderte oder Tausende weiterer Kinder zeugen. Aus rein biologischer Perspektive also ist für den Mann ein spezifisches Kind weitgehend zufällig und austauschbar; die intensive Zuwendung zu dem je individuell gegebenen Kinde hingegen eine ›natürliche‹ Tendenz der Frau. Diese wird zu der weiblichen Fürsorglichkeitshaltung gegenüber je konkreten anderen generalisiert, die mit der männlichen Orientierung an abstrakten Prinzipien klar kontrastiert.

Frühkindliche Erfahrungen: Gilligan (1987, abgedruckt in diesem Band) hat in neueren Aufsätzen die These eines biologischen Determinismus zurückgewiesen: Gerechtigkeit und Fürsorglichkeit begreift sie nunmehr als zwei gleich notwendige, einander jedoch ausschließende Perspektiven. Wiewohl Männer wie Frauen im Prinzip jede der beiden Perspektiven einnehmen könnten, präferieren faktisch Männer die Gerechtigkeitsperspektive, Frauen hingegen die Fürsorglichkeitsperspektive. Zur Erklärung verweist Gilligan — auf Nancy Chodorow sich berufend — auf Unterschiede in der frühkindlichen Mutter-Kind-Beziehung. Für Jungen wie Mädchen ist die Mutter die erste Bezugsperson, zu der sie eine enge Bindung aufbauen. Für das kleine Mädchen ist ein Festhalten an dieser engen Identifikation mit der Mutter unproblematisch: es darf — ja es soll sogar — so werden wie die Mutter ist. Der Junge hingegen begreift, daß er anders werden muß, wenn er ein Mann werden will. Eine zu enge Identifikation mit der Mutter — wofür ein ungebrochen spontanes Gewähren und Empfangen von Fürsorglichkeit ein Indiz wäre — wird als Bedrohung der männlichen Identität erfahren. Während das Mächen also ein Selbst aufbaut, für das die Eingebundenheit in Beziehungen konstitutiv ist, muß der Junge sein Selbst klar gegen zu enge Bindungen abgrenzen; er erfährt sich als abgetrennt, es geht ihm nicht um Beziehungen, sondern um Autonomie. Die Einbettung in soziale Beziehungen fundiert Fürsorglichkeit und Altruismus als in der frühen Kindheit ›natürliche‹ Orientierungen. Sofern nun Jungen sich entschiedener aus diesen ursprünglichen Beziehungen lösen, geraten sie in die Gefahr, die frühkindliche »moral wisdom«, die auf Bindungserfahrung basiert, zu verlieren; Mädchen hingegen bewahren sich die Erfahrung sozialer Einbettung, und diese schützt sie vor Distanzierung und Egozentrismus (Gilligan und Wiggins 1987). Solche Unterschiede in der

Selbsterfahrung lassen sich nach Gilligan (1984) schon am Spiel von Vorschulkindern nachweisen.

Beide Erklärungsmodelle möchte ich i.f. bestreiten. Fürsorglichkeit gehört zu den positiven Pflichten. Diese bedürfen einer Spezifizierung, die nicht primär persönlichkeitsspezifisch oder geschlechtsspezifisch erfolgt; vielmehr — so meine These — legen gesellschaftlich vorgegebene Normierungen inhaltlich relativ detailliert fest, wann wem wieviel an Fürsorglichkeit geschuldet ist. Zur Illustrierung der Argumentationslogik beginne ich mit gruppen- und kulturspezifischen Normierungen, um dann die eigentliche These, ›weibliche‹ Moral sei eine Rollenmoral, empirisch zu fundieren.

Gruppen- und kulturspezifische Normierungen: Ann Higgins, Clark Power und Lawrence Kohlberg (1984) untersuchten die Geltung altruistischer Hilfeleistungsnormen in drei Reform- und drei normalen Schulen. Den Schülern wurde ein hypothetisches Dilemma vorgelegt, in dem der Protagonist vor der Frage stand, auf eigene Kosten einem wenig beliebten Mitschüler zu helfen oder nicht zu helfen, nachdem andere Klassenkameraden sich bereits entschuldigt hatten (keine Zeit, andere Verpflichtungen etc.). Die Jugendlichen wurden befragt, ob der Protagonist in dieser Situation helfen sollte, wie der Befragte selbst handeln würde und wie seiner Einschätzung nach seine Mitschüler diese beiden Fragen beantworten würden. Es zeigte sich, daß in den Reformschulen 80 %, in den normalen nur 40 % der Befragten glaubten, daß die Mitschüler die Hilfeleistung für geboten hielten. Die Hälfte der Reformschüler, aber nur 5—12 % der anderen Schüler sagten des weiteren, daß sie selbst dieser moralischen Verpflichtung auch nachkommen würden. Es wäre natürlich absurd, diese Unterschiede auf Unterschiede in der genetischen Ausstattung oder den frühkindlichen Erfahrungen der beteiligten Schüler zurückführen zu wollen: Es spiegeln sich darin — so argumentieren die Autoren unter Berufung auf Durkheim — schlicht Unterschiede im ›moral climate‹ der verschiedenen Schultypen wider.

Ein Beispiel möchte ich unseren eigenen alltagsweltlichen Erfahrungen entnehmen: Angehörige meiner Generation teilen vielleicht mit mir den spontanen Impuls, in einer überfüllten U-Bahn aufzustehen, wenn ein älterer oder behinderter Mensch einen Platz sucht, und teilen vielleicht auch mit mir das Erstaunen oder gar die Empörung, wenn Kinder oder Jugendliche gänzlich ungerührt ihren Platz behalten. Erst beim zweiten Nachdenken realisiert man dann vielleicht, daß man selbst den eigenen Kindern die früher selbstverständliche Regel ›Kinder müssen aufstehen‹ nicht so explizit beigebracht und ihre Befolgung durchgesetzt hat. Lassen Sie micht noch ein alltagsweltliches

Beispiel erwähnen: Jeder, der die Türkei oder auch entlegenere Gegenden
Griechenlands bereist hat, ist überrascht und beeindruckt, mit welcher Herzlichkeit und Offenheit man in diesen Ländern dem Fremden begegnet, ihm
Gastfreundschaft oder kleine Geschenke anbietet; zugleich aber wird er sich
bestimmt vergegenwärtigen, wie türkische oder griechische Gastarbeiter bei
uns aufgenommen und behandelt werden. Diese krassen Diskrepanzen spiegeln kulturspezifische Normen über den Umgang mit Fremden wider, die ihrerseits Korrelat des je unterschiedlichen Modernisierungsgrades sind. Ist der
Besuch eines Fremden ein seltenes Ereignis und ist man selbst als Reisender in
unwirtlichen Gegenden auf Unterstützung angewiesen, macht die Norm einer jedem Fremden geschuldeten Gastfreundschaft (›Gastrecht‹) Sinn. Sieht
man sich hingegen im Großstadtverkehr täglich einer anonymen Masse
Fremder konfrontiert, so wird die klare Grenzziehung zwischen Vertrauten,
die Gastfreundschaft genießen, und Fremden, gegen die man sich abschottet,
zur Selbstverständlichkeit.

Die theoretische Begrifflichkeit für die Beschreibung des unterschiedlichen Modernisierungsgrades von Kulturen hat Talcott Parsons — an Ferdi-
nand Tönnies' Unterscheidung von Gemeinschaft und Gesellschaft anknüpfend — in den analytischen Dimensionen der pattern variables ausformuliert.
Insbesondere die Variable ›spezifisch versus diffus‹ ist relevant für das hier diskutierte Problem der Konkretisierung positiver Pflichten. Eine spezifische
Orientierung grenzt die Bedeutung, die ein soziales Objekt für Ego gewinnen
kann, klar ein: Ego hat das Recht oder auch die Pflicht, seine Beziehung zu Alter auf ganz spezifische Aspekte zu beschränken; für eine diffuse Orientierung
hingegen ist Alter in einer unbegrenzten Vielfalt unterschiedlicher Hand-
lungskontexte relevant. Parsons (1964, S. 65 f.) präzisiert die Unterscheidung
anhand der Frage der Beweislast für die Berechtigung einer Bitte. In einer spezifischen Rollenbeziehung muß derjenige, der bittet, begründen, daß er dazu
berechtigt ist; in einer diffusen hingegen ist der rechtfertigungspflichtig, der
eine Bitte abschlagen will. Die klare Abgrenzung wechselseitiger Rechte und
Pflichten in spezifischen Beziehungen ähnelt dem, was Gilligan als charakteristisch für die männliche Gerechtigkeitsperspektive schildert: der isolierte
Aktor bemißt die Berechtigung konfligierender Ansprüche der Beteiligten an
explizierten Normen und Standards. Bei der Fürsorglichkeitsperspektive hingegen steht — ähnlich wie in der diffusen Rollenorientierung — nicht der Aktor, sondern die Beziehung im Zentrum, und es werden nicht Rechte und
Pflichten aufgerechnet, sondern jeder ist gehalten, alle Bedürfnisse des anderen wahrzunehmen und zu erfüllen.

In unserer Kultur übernehmen Frauen vorwiegend und zum Teil sogar ausschließlich diffuse Rollen, während Männer vor allem in spezifische Rollen einsozialisiert werden. Ilona Ostner (1982) hat diese Rollenunterschiede in ihrer Gegenüberstellung von Berufsarbeit und Hausarbeit herausgearbeitet: Berufsarbeit unterliegt einem linearen Zeitsystem, das die Erfüllung klar definierter Aufgaben ohne Rücksicht auf die Bedürfnisse der Involvierten erfordert; Hausarbeit hingegen erfordert die ständige Bereitschaft, jederzeit alle nur geäußerten Bedürfnisse zu befriedigen. Ostner zeichnet Ähnlichkeiten zwischen Hausarbeit und subsistenz-wirtschaftlicher Produktionsweise auf der einen, und zwischen Berufsarbeit und der entwickelten Wirtschaft der Warenproduktion auf der anderen Seite nach; darin spiegelt sich die oben erwähnte Töniessche Unterscheidung von Gemeinschaft und Gesellschaft wider. Sollten Frauen also in der Tat, wie Gilligan behauptet, moralische Konflikte eher aus einer Fürsorglichkeits- als aus einer Gerechtigkeitsperspektive betrachten, so könnte dies Folge der Tatsache sein, daß sie fast ausschließlich in diffusen Rollen agieren.

Diese These, Gilligans ›weibliche‹ Fürsorglichkeitsmoral sei eine Rollenmoral (vgl. dazu auch Walker, in diesem Band), will ich i.f. empirisch zu belegen versuchen. Dabei ziehe ich Daten über die weibliche Moralauffassung zu drei unterschiedlichen Zeitpunkten im weiblichen Lebenslauf heran: in der frühkindlichen Phase, in der Adoleszenz und im Erwachsenenleben.

1. *Frühkindliche Phase.* Bereits für das Vorschulalter erwartet Gilligan — wie gezeigt — geschlechtsspezifische Unterschiede in der Selbsterfahrung und Moralauffassung, die sich Unterschieden in der frühkindlichen Mutter-Kind-Beziehung verdanken. Diese These findet jedoch in den von Beate Sodian und mir (Nunner-Winkler und Sodian 1988, Nunner-Winkler 1989) im Rahmen einer von Franz E. Weinert (Weinert und Schneider 1987, 1989) geleiteten Längsschnitt-Untersuchung erhobenen Daten keine Bestätigung. 221 4—5-jährigen Kindern wurden mehrere Bildgeschichten vorgelegt, in denen der Protagonist einfache Regelverletzungen begeht (Mandeln klaut/sein Coca nicht teilt/Hilfe beim Plätzchenbacken verweigert); gefragt wurde nach der Regelkenntnis (darf man wegnehmen? Muß man teilen/helfen oder braucht man das nicht?), nach dem Regelverständnis (Warum?) und nach der Emotionszuschreibung zu dem Täter (T hat die Mandeln weggenommen/nicht geteilt/nicht geholfen — wie fühlt sich T?). In Übereinstimmung mit Turiel fanden wir, daß die Kinder bereits in diesem Alter ein klares Regelverständnis besitzen: 98 % sagten, man dürfe die Mandeln nicht nehmen (weil sie dem

anderen gehören/der andere sonst traurig ist/Diebstahl gemein ist). Bei den positiven Pflichten war die Zustimmung, wie man dies auch bei Erwachsenen erwarten würde, geringer. 58 % der Kinder sagten, man solle in dieser Situation sein Cola teilen (›sonst verdurstet der andere‹, 85 %, man solle helfen (sonst hat der keine Plätzchen/damit sie's kann). Weder bei der Regelkenntnis noch bei der Regelbegründung zeigen sich Geschlechtsunterschiede.

Wie steht es nun bei der Emotionszuschreibung? Mit dieser Frage sollte die motivationale Verankerung moralischer Regeln überprüft werden. Philosophische (vgl. Solomon 1976) wie auch neuere psychologische Emotionstheorien (vgl. Bretherton et al. 1986) betonen den kognitiven Gehalt von Emotionen: Mit Emotionen zeichnet der Aktor solche Situationsaspekte aus, die eine besondere subjektive Bedeutsamkeit für ihn besitzen. Was antworten nun die Kinder auf die Frage: Wie fühlt sich der Täter? Die meisten jüngeren Kinder erwarten, daß der Täter sich gut fühlt (›er fühlt sich wohl/froh/lustig: Mandeln schmecken gut, weißt du/weil er die Cola allein getrunken hat‹, d.h. sie beziehen sich in ihrer Emotionszuschreibung nicht auf die Tatsache der Normübertretung, sondern nur auf den dadurch erzielten Gewinn.

In mehreren Querschnittuntersuchungen haben wir überprüft, daß dies überraschende Ergebnis kein methodisches Artefakt ist. Die meisten Vorschulkinder sagen, daß der Täter sich gut fühlen werde, auch wenn es um größere Vergehen geht (ein Kind von der Schaukel stoßen, so daß es blutet) und auch wenn der Täter selbst keinen materiellen Nutzen aus der Tat zieht (T selbst will nicht schaukeln, es wird ihm immer schlecht), sondern nur das andere Kind ärgern will (›T fühlt sich gut, weil er den so schön doll geärgert hat‹. Wichtig im vorliegenden Kontext: Es gibt keine Geschlechtsdifferenzen in der Emotionszuschreibung. Entgegen Gilligans Erwartung zeigen die kleinen Mädchen also keine größere Bereitschaft, positive Pflichten (Teilen, Helfen) als verbindlich zu erachten oder bei deren Nichterfüllung Reue oder Mitgefühl mit dem Opfer zu antizipieren.

Nun scheinen diese Ergebnisse sowohl der Altruismusforschung wie auch unseren alltagsweltlichen Intuitionen zu widersprechen, nach denen bereits kleine Kinder sehr wohl spontane Empathie oder altruistische Hilfsbereitschaft zeigen. Um diesen Widerspruch aufzuklären, legten wir modifizierte Geschichten vor. Nun zeigte sich, daß die Kinder sehr wohl auch moralbezogene Emotionen zuschreiben: sie erwarten, daß ein Protagonist sich schlecht oder traurig fühlen werde, wenn er versehentlich ein anderes Kind verletzt oder aber beobachtet, wie dieses sich selber verletzt (d.h. bereits kleine Kinder kennen Reue und Empathie oder Vorformen davon), und sie erwarten auch,

daß er sich wohl fühlt, wenn er hilft (weil er, so scheinen die Kinder stillschweigend zu ergänzen, helfen wollte). Eine amoralische Emotionszuschreibung taucht immer nur dann auf, wenn die eigenen Bedürfnisse und Intentionen mit den Normen konfligieren, d.h. wenn T etwas anderes will als er soll:
die Kinder erwarten, daß ein Täter, der ein anderes Kind verletzt, sich dann
gut fühlt, wenn er das andere Kind ärgern wollte; daß der Nicht-Helfer sich
dannn wohl fühlt, wenn er lieber weiterbacken wollte.

Unsere Ergebnisse legen also folgende — Kohlbergs Beschreibung der prä-
konventionellen Phase differenzierende — Deutung des moralischen Lernprozesses nahe: zuerst lernt das Kind, daß es moralische Regeln gibt und warum diese Geltung beanspruchen. Danach aber bedarf es noch eines weiteren
Lernprozesses, bis die Kinder begreifen, daß es nicht genügt, Normen zu kennen und zu verstehen, sondern daß man Normen befolgen wollen soll, auch
dann, wenn dies den eigenen Interessen zuwiderläuft, d.h. bis den Kindern
die Befolgung der Norm selbst zum Bedürfnis wird (Verinnerlichung). Dieser
zweite Lernschritt erstreckt sich über mehrere Jahre. Unsere Daten zeigen,
daß von den 4jährigen noch 75 %, von den 8jährigen aber nur mehr 10 % erwarten, daß der Täter sich nach der Übertretung gut fühlen werde; die anderen erwarten nunmehr, er werde sich schlecht fühlen, weil er etwas Böses getan hat.

Diese Daten widerlegen Gilligan in doppelter Hinsicht: zum einen lassen
sich — trotz der unbestritten unterschiedlichen Bedeutung, die eine frühkindliche Mutterbindung für Jungen und Mädchen besitzt — keine Geschlechtsunterschiede im Moralverständnis von Vorschulkindern nachweisen. Zum
zweiten ist es ein Mißverständnis, zu glauben, Moral erwachse aus Mitgefühl
und spontaner Empathie. Diese vermögen zwar in der Tat altruistische Handlungen anzuleiten. Daß aber als gültig erkannte moralische Normen auch denen gegenüber einzuhalten sind, mit denen man spontan Empathie nicht
empfindet, und daß sie auch dann einzuhalten sind, wenn dies den eigenen
Interessen widerspricht — das muß erst mühsam gelernt werden: Dieser zweite moralische Lernprozeß verläuft — wie die Daten zeigen — bei den einzelnen
Kindern unterschiedlich schnell und sicherlich auch unterschiedlich erfolgreich: Diese Unterschiede aber sind individuelle Unterschiede — nicht geschlechtsspezifische.

Doch vielleicht kristallisieren sich die erwarteten Geschlechtsunterschiede in der Moralauffassung erst in der Adoleszenzphase heraus, die ja
für die Ausbildung einer weiblichen oder männlichen Identität entscheidend
ist.

2. *Adoleszenzphase.* Im folgenden behandle ich eine kurze Diskussion über Einkommensverteilung aus der bereits erwähnten Untersuchung von Döbert und mir. Die Frage nach Verteilungsgerechtigkeit eignet sich gut zur Erfassung unterschiedlicher Moralperspektiven, da es — auch auf philosophischer Ebene — keinen Konsens darüber gibt, welches der möglichen Gerechtigkeitskriterien: Gleichheit, Leistung oder Bedürfnisse, den Vorrang haben solle. Wie Döbert (1979) an diesen Daten gezeigt hat, bedeutet reiferes moralisches Urteilen nicht Präferenz eines bestimmten Kriteriums, sondern die Fähigkeit, die unterschiedlichen Kriterien simultan im Bewußtsein halten und situationsspezifisch ausbalancieren zu können. Sofern es sich also um eine Frage handelt, die mehrere Antworten zuläßt, können unterschiedliche Moralperspektiven gut zum Ausdruck kommen. Dabei dürfte der ›männlichen‹ Gerechtigkeitsperspektive das Prinzip einer Verteilung nach Leistung (als klare Aufrechnung reziproker Rechte und Pflichten), der ›weiblichen‹ Fürsorglichkeitsperspektive hingegen eine Verteilung nach Bedürfnissen entsprechen.

Wie urteilen nun die Jugendlichen in unserem Sample (vgl. dazu Nunner-Winkler 1985)? I.f. diskutiere ich nur die Antworten der älteren (über 16) weiblichen Befragten, die ich (aufgrund von Indikatoren wie: intensives Nachdenken über den Sinn des Lebens, über Religion, über Selbstmord; Stimmungslabilität; starker Einstellungswandel; Konflikt mit Autoritäten etc.) nach der Heftigkeit ihrer Adoleszenzkrise (vgl. R. Döbert, G. Nunner-Winkler 1975, S. 83—104) in zwei Gruppen eingeteilt habe. Hier zwei typische Stellungnahmen von Frauen mit heftiger Krise (20 Vpn). Vp 5: »Es fällt mir schwer vorzustellen, daß der Lohn nicht mehr abhängig sein sollte von der Arbeit, daß Geld nicht mehr Lohn sein sollte, sondern einfach nur Lebensunterhalt. Werden sich die Arbeiter denn bei Gleichverteilung noch sehr anstrengen?« Vp 83: »Ein Arzt muß schon mehr leisten als ein Straßenkehrer. Er trägt Verantwortung und hat eine lange Ausbildung. Bei Gleichverteilung würden die Leute eine ruhige Kugel schieben und anstrengende Berufe nicht mehr wählen.« Die Antworten entsprechen den Grundannahmen der funktionalistischen Schichtungstheorie: Bestimmte Arbeitsleistungen sind für die Gesellschaft wichtiger und müssen daher besser entlohnt werden, denn anders ist Leistungsbereitschaft nicht zu motivieren. Die implizite Gerechtigkeitsvorstellung lautet: jeder sollte genauso viel erhalten, wie dem Wert seiner Leistung entspricht.

Wie antworten die krisenfreien Frauen (19 Vpn)? Einige antworten dem Sinn nach wie Vp 19, die sich gegen Gleichverteilung ausspricht: ». . . weil einer hat Familie, der andere nicht.« Dies, so scheint mir, ist *das* klassische Fürsorglichkeitsargument: es geht nicht wie bei strikter Leistungsgerechtigkeit um einen individuell zurechenbaren Äquivalententausch, sondern der einzelne wird als Teil eines sozialen Netzwerks gesehen, aus dem heraus ihm Verantwortlichkeiten zuwachsen, die zu erfüllen ihm ermöglicht werden muß: gerecht ist es, jedem das zu geben, was er braucht. Andere problematisieren den Leistungsbegriff: Vp 95: »Bloß weil einer besonders fähig ist, daß der mehr kriegen sollte, wäre nicht gerecht — die anderen strengen sich genauso an.« In dieser Argumentation geht es nicht um den Leistungsertrag, sondern um die Mühe, die das Individuum aufgewendet hat, ihn zu erzielen. Auch darin scheint mir Fürsorglichkeit zu liegen: der Mensch ist nicht abstrakter Leistungsträger, bei dem nur das Ergebnis zählt, sondern er wird als Gesamtperson gesehen, der Schwächen haben mag, die er aber kompensieren kann. So sieht auch eine Mutter die Leistungen ihres Kindes: sie anerkennt, daß es sich bemüht hat, auch wenn das Ergebnis noch zu wünschen übrig läßt.

Es scheint also, daß die krisenhaften weiblichen Jugendlichen Verteilungsgerechtigkeit unter der ›männlichen‹ Gerechtigkeitsperspektive wechselseitig aufrechenbarer Rechte und Pflichten diskutieren, die krisenfreien hingegen unter der ›weiblichen‹ Fürsorglichkeitsperspektive, die Bedürfnisse berücksichtigt, Schwächen zu kompensieren erlaubt und bereit ist, dem Individuum mehr zu geben als ihm seiner Leistung nach zusteht. Interessant werden diese Ergebnisse erst auf dem Hintergrund weiterer Informationen: Die krisenhaften Frauen finden die Ehe eher problematisch, wollen eher keine Kinder (Vp 23: »Ich bleibe lieber ledig, dann bin ich nicht abhängig von einem Mannsbild und Familie — dann bin ich frei.«), und sie verwenden eher die im allgemeinen als typisch männlich geltenden Abwehrmechanismen, also offenes Ausagieren statt stilles Dulden. In einem standardisierten Abwehrtest etwa wählen die Frauen mit Krise mehrheitlich die nach außen gerichteten Abwehrmechanismen Projektion und Wendung gegen das Objekt (55 % versus 26 % bei den krisenfreien), die krisenfreien Frauen hingegen bevorzugen den konfliktvermeidenden Abwehrstil der Intellektualisierung (53 % versus nur 10 % der Frauen mit Krisenerfahrung). Besonders plastisch wird dieser Unterschied an den Antworten auf die offene Frage: ›Manchmal hat man doch das Bedürfnis, seinen Ärger abzureagieren, was machst du da?‹ 67 % der Frauen mit Krisenerfahrung berichten von aggressivem Ausagieren, etwa: Vp 39: »ich knall die Tür zu«, Vp 51: »totaler Wutausbruch«, Vp 84: »ich schrei los«, Vp 74: »ich schütt jemandem ein Glas Wasser über den Kopf«, Vp 92: »ich streit mit meinem Freund«; die krisenfreien Frauen hingegen reagieren sich ›lautlos‹ ab, ohne daß nach außen etwas sichtbar wird: Vp 34: »Sport treiben«, Vp 63: »lesen bis der Ärger verraucht ist«, Vp 109: »spazierengehen, zwei Stunden Marsch«; sie wenden sich nicht gegen die Umwelt — sie setzen bei sich selber an, bis der Anlaß aus der Welt ›gedeutet‹ ist: Vp 88: »spazierengehen, Musik hören, häkeln — tu mich kreativ oder sportlich abreagieren oder ruf Freundinnen an — dann sieht man ein, daß es wahrscheinlich gar nicht so schlimm war«.

Bei den männlichen (eher der Mittelschicht zuzurechnenden) Jugendlichen mit höherer Bildung findet sich ein genau umgekehrter Zusammenhang: Nun sind es gerade diejenigen mit heftiger (innerer) Krisenerfahrung, die für Gleichverteilung oder die Berücksichtigung von Anstrengungsbereitschaft argumentieren, während die ohne Krise eine strikte Leistungsgerechtigkeit vertreten.

Aufgrund dieser (und weiterer die männlichen Befragten mit niedrigerer Bildung betreffenden) Daten neige ich zu folgender Interpretation: In der Krisenerfahrung rebellieren die Jugendlichen gegen gesellschaftliche Rollenzumutungen oder dominante Wertorientierungen. Die krisenhaften Frauen rebellieren gegen die traditionelle weibliche Geschlechtsrollenzuschreibung, die krisenfreien Frauen hingegen übernehmen sie. Sollte diese Deutung triftig sein, so würden die unterschiedlichen Argumentationsweisen beim Verteilungsproblem meine Globalthese bestätigen: Die Interpretation positiver Pflichten, das Ausmaß also, in dem Fürsorgeverpflichtungen wahrgenommen werden, ist vermittelt durch Rollennormen. Wer die traditionelle weibliche Geschlechtsrollenidentität bruchlos (krisenfrei) übernimmt, nach der die Frau primär in affektive, diffuse, partikularistische Rollenzusammenhänge eingebettet bleibt, der mag in der Tat Gilligans Fürsorglichkeitsperspektive generalisieren und spontan bei der Beurteilung der unterschiedlichen sozialen Konflikte anwenden. Wer hingegen die Autonomie und Unabhängigkeit für sich beansprucht, die bislang eher den Männern zugestanden oder auch zugemutet wird, urteilt eher nach Gilligans Gerechtigkeitsethik.

3. *Die Phase des Erwachsenenlebens.* Daß in der Tat Fürsorglichkeit und das Bestreben, soziale Vernetzungen und Beziehungen nicht zu gefährden, mit Rollenauffassung zu tun haben, scheint mir durch die feministischen Emanzipationsdebatten, also auch in der Lebensphase des Erwachsenendaseins bestätigt zu werden. Forderungen wie: ›mein Bauch gehört mir‹ oder auch die von Elisabeth Beck-Gernsheim zusammengetragenen Buchtitel (1986) wie: »Nun aber ich selbst« oder »Er oder Ich« bzw. »Ich bin Ich« klingen nicht gerade für-

sorglich beziehungsorientiert. Diesen neuen Orientierungen, so Beck-Gernsheim, liegen »Veränderungen in Bildung, Beruf, Familienzyklus, Rechtssystem usw. (zugrunde), durch die Frauen aus der Familienbindung herausgelöst und auf Selbständigkeit und Selbstversorgung verwiesen werden«. Die
Frauen müssen sich nunmehr als »Einzelperson verstehen mit eigenen Interessen und Rechten, Zukunftsplänen und Wahlmöglichkeiten« (S. 222, vgl.
auch Beck/Beck-Gernsheim 1990). Dieses neue Selbstverständnis spiegelt
sich auch in den Gleichstellungsforderungen wider. Es geht um Verteilungsgerechtigkeit: Wie können knappe Stellen gerecht verteilt werden? Quotie-
rungsforderungen können als gerecht gelten — fürsorglich sind sie nicht. Eine
Fürsorglichkeitsargumentation würde den auf Männern noch immer stärker
lastenden sozialen Erwartungsdruck hinsichtlich Berufserfolg zumindest mit-
bedenken. In dem Maße, in dem Frauen sich von den traditionellen weiblichen Geschlechtsrollen lösen, in dem sie teilhaben am gesellschaftlichen Mo-
dernisierungsprozeß, ja diesen sogar aktiv mit vorantreiben, fordern sie
Gleichheit, Gerechtigkeit und Autonomie — Prinzipien einer ›männlichen‹
Gerechtigkeitsethik.

Um kurz zusammenzufassen: Wenn Frauen mehr Fürsorglichkeit zeigen,
dann nicht, weil sie die Fähigkeit haben, Kinder zu gebären, und nicht, weil sie
aufgrund einer engeren frühkindlichen Mutteridentifikation ein beziehungs-
und fürsorgeorientiertes Selbst aufgebaut haben, sondern weil sie häufiger diffuse Rollen innehaben. Es liegt nun, wenn ich das zum Schluß anmerken
darf, eine gewisse Ironie in der Tatsache, daß die Frauen just in dem Moment,
in dem sie gegen traditionelle Rollenzuschreibungen protestieren, in dem sie
rechenhaft die Gleichverteilung aller Rechte und Pflichten in Beruf, Haushalt
und Familie einklagen, und damit nicht nur für eine Umverteilung von Rollenzumutungen plädieren, sondern eigentlich Familie als diffus strukturierte
Einheit selbst auflösen und an deren Stelle eine Beziehung auf Sozialvertrags-
basis setzen — daß die Frauen also just in dem Moment, in dem sie deren sozialstrukturelle Basis untergraben, Fürsorglichkeit als zentralen Aspekt von
Moral entdecken und als spezifisch ›weiblich‹ für sich reklamieren.

Literatur

Beck, U./Beck-Gernsheim, Elisabeth: *Das ganz normale Chaos der Liebe,* Frankfurt 1990.

Beck-Gernsheim, Elisabeth: Von der Liebe zur Beziehung? In Johannes Berger (Hg.), *Die Moderne — Kontinuität und Zäsuren,* Sonderband 4 der Sozialen Welt, Göttingen 1986, S. 209—233.

Bretherton, Inge/Janet Fritz/Carolyn Zahn-Waxler/Doreen Ridgeway: Learning to talk about emotions: A functionalist perspective. In *Child Development,* 57, 1986, 529—548.

Döbert, Rainer: Zur Rolle unterschiedlicher Gerechtigkeitsstrukturen in der Entwicklung des moralischen Bewußtseins. Kurzfassung in: *Bericht über den 31. Kongreß der Deutschen Gesellschaft für Psychologie,* Mannheim 1978. Göttingen 1979.

—: Männliche Moral — weibliche Moral? In Uta Gerhardt/Yvonne Schütze (Hg.), *Frauensituation. Veränderungen in den letzten zwanzig Jahren,* Frankfurt 1988, S. 81—113 (In diesem Band S. 120—145).

Döbert, Rainer/Gertrud Nunner-Winkler: *Adoleszenzkrise und Identitätsbildung,* Frankfurt 1975.

—: Wertwandel und Moral. In Hans Bertram (Hg.), *Gesellschaftlicher Zwang und moralische Autonomie,* Frankfurt 1986, 289—319.

Gert, Bernard: *The moral rules. A new rational foundation for morality,* New York 1973.

Gilligan, Carol: *Die andere Stimme. Lebenskonflikte und Moral der Frau,* München 1984.

—: Moral orientation and moral development. In Eva Feder Kittay/Diana T. Meyers (Eds.), *Women and moral theory,* Rowman & Littlefield 1987, 19—36 (Abdruck in diesem Band S. 79—100).

Gilligan, Carol/Grant Wiggins: The origins of morality in early childhood relationship. In Jerome Kegan/S. Lamb (Eds.), *The emergence of morality in young children,* Chicago, London 1987, 277—305.

Held, Virginia: Feminism and moral theory. In Eva Feder Kittay/Diana T. Meyers (Eds.), *Women and moral theory,* Totowa 1987, 111—128.

Higgins, Ann/Clark Power/Larry Kohlberg: The relationship of moral atmosphere to judgments of responsibility. In William M. Kurtines/Jacob L. Gewirtz (Eds.), *Morality, moral behavior, and moral development,* New York 1984, 74—106.

Kant, Immanuel: *Kleinere Schriften zur Geschichtsphilosophie, Ethik und Politik,* Hamburg 1959.

—: *Die Metaphysik der Sitten,* Frankfurt 1979.

Nunner-Winkler, Gertrud: Two Moralities? A critical discussion of an ethic of care and responsibility versus an ethic of rights and justice. In William M. Kurtines/Jacob L. Gewirtz (Eds.), *Morality, moral behavior, and moral development,* New York 1984, 348—361.

—: Adoleszenzkrisenverlauf und Wertorientierungen. In Dieter Baacke/Wilhelm Heitmeyer (Hg.), *Neue Widersprüche. Jugendliche in den achtziger Jahren,* Weinheim/München 1985, 86—107.

—: Ein Plädoyer für einen eingeschränkten Universalismus. In Wolfgang Edelstein/Gertrud Nunner-Winkler (Hg.), *Zur Bestimmung der Moral,* Frankfurt 1986, 126—144.

—: Wissen und Wollen. In Axel Honneth/Thomas McCarthy/Claus Offe/Albrecht Wellmer (Hg.): *Zwischenbetrachtungen. Im Prozeß der Aufklärung*, Frankfurt 1989, 574—600.

Nunner-Winkler, Gertrud/Beate Sodian: Children's understanding of moral emotions. In *Child Development*, 59, 1988, 1323—1338.

Ostner, Ilona: *Beruf und Hausarbeit. Die Arbeit der Frau in unserer Gesellschaft*, Frankfurt, New York 1982.

Parsons, Talcott: *The social system*, London 1964

Solomon, Robert C.: *The passions*, New York 1976.

Turiel, Elliot: *The development of social knowledge. Morality and convention*, Cambridge 1983.

Walker, Lawrence J.: Sex differences in the development of moral reasoning. In *Child Development*, 55, 1984, 677—691.

Weinert, Franz E./Wolfgang Schneider: *The Munich Longitudinal Study on the Genesis of Individual Competencies*, Second Report, Munich 1987; Forth Report, Munich 1989, Max Planck Institute for Psychological Research.

Die auffällige Übereinstimmung feministischer und afrikanischer Moralvorstellungen

Eine Herausforderung für feministische Theoriebildung

Sandra Harding

Carol Gilligan hat überzeugend dargelegt, daß Frauen und Männer unterschiedliche Moralvorstellungen haben. Männer neigen zu der Auffassung, daß sich moralische Probleme allein aus konkurrierenden Rechten ergeben; daß moralische Entwicklung eine wachsende Befähigung zu Fairneß erfordert; daß die Lösung moralischer Probleme absolute Urteile erfordert; und daß man zu solchen Urteilen durch formales, abstraktes Denken gelangt, das allein erlaubt, die Rolle des generalisierten Anderen zu übernehmen. Männer sehen Probleme, wenn Menschen in die Rechte anderer eingreifen, und sie neigen dazu, ein Verhalten nur dann als unmoralisch zu betrachten, wenn es objektiv unfair ist — unabhängig davon, ob eine Handlung subjektiv verletzend wirkt. Viele Frauen teilen diese Orientierung an Rechten; Frauen lassen sich aber auch von einer zweiten Moralperspektive leiten, die sich in der Denkweise von Männern nur selten findet. In dieser zweiten, der Fürsorge-Perspektive, entstehen moralische Probleme aus Konflikten, die mit Verantwortung für bestimmte Andere, die von einem abhängig sind, zusammenhängen; moralische Entwicklung erfordert die zunehmende Fähigkeit zu Verständnis und Fürsorge; die Lösung moralischer Probleme verlangt die Erkenntnis der möglichen Begrenztheit jeder einzelnen Problemlösung; und jede Lösung sollte auf dem Wege kontextgebundenen und induktiven Denkens erreicht werden, das für die Übernahme der Rolle des partikularen Anderen charakteristisch ist. Anderen nicht zu helfen, wenn man es könnte, bereitet Frauen Probleme. Im Rahmen einer Fürsorgeorientierung erscheint eine subjektiv empfundene Verletzung als unmoralisch auch dann, wenn sie als fair gerechtfertigt werden kann. In diesem Sinne behauptet Gilligan — im Gegensatz zur gängigen männlichen Auffassung von weiblicher Moral, wie sie von psychologischen und entwicklungstheoretischen Ansätzen in der gesamten bisherigen Geschichte der modernen westlichen Ethiktheorie vertreten wird

—, daß weibliche Moral weder abweichend noch unreif im Vergleich mit »menschlicher« Moral ist, sondern schlicht anders als die Moral der Männer. Gilligan legt dar, daß beide Perspektiven für die moralische Ausrichtung des menschlichen Soziallebens notwendig sind.[1]

Es sollte gleich zu Beginn festgehalten werden, daß nach Gilligan diese beiden Perspektiven keine Gegensätze darstellen. Gerechtigkeit, das Ziel der Orientierung an Rechten, muß nicht notwendig unfürsorglich, eine Fürsorgeperspektive nicht notwendig unfair sein. Beide Perspektiven sind vielmehr komplementär. Gilligan hebt jedoch hervor, daß nur die an Rechten orientierte Auffassung von Moral auf die Möglichkeit der Gewaltausübung — oder zumindest der Ausübung von Zwang, gestützt sein kann; Rechte werden mit dem Risiko verletzt, Gewalt, sei es durch Individuen, sei es durch den Staat oder andere Autoritäten, zu erfahren. Das Bedürfnis nach Fürsorge hingegen verletzt man, ohne unmittelbar Gewalt oder Zwang zu riskieren.

Ethische Auffassungen sind von der Gesamtheit kultureller Überzeugungen, die jemand hat, nicht zu trennen. Es überrascht daher nicht, daß sich Widerspiegelungen der geschlechtsspezifischen Moralauffassungen, die Gilligan aufgewiesen hat, auch in Wissensformen und Wissensprozessen finden. Hilary Rose, Jane Flax, Nancy Hartsock und Dorothy Smith haben alle die spezifisch männlichen Muster in der westlichen Wissenschaft, in der Wissenschaftstheorie und in der Metaphysik aufgezeigt.[2] Relativ rigide Unterscheidungen zwischen Geist und Körper, Verstand und Gefühl, Öffentlichkeit und Privatheit, Selbst und Anderen, dem Abstrakten und dem Konkreten, Kultur und Natur, erweisen sich als charakteristisch für das (westliche) männlich bestimmte Denken. Jede dieser Dichotomien zeigt eine Furcht der Männer, daß der weibliche Pol dominieren und den männlichen in Frage stellen könnte, weshalb notwendig der männliche dominieren muß. Ein großer Teil der feministischen Kritik der Biologie hebt diese androzentrische Perspektive in den von ihnen kritisierten Theorien und Konzeptionen hervor. Die Philosophin Sara Ruddick untersucht das »Muttern« im Hinblick auf ein spezifisch weibliches (maternal) Denken, das sich vom männlichen (paternal) unterscheidet, das als konstitutiv für die westliche Form der Rationalität gilt.[3]

Bei der Suche nach einer kausalen Zurechnung von Geschlechtsdifferenzen liefern feministische psychoanalytische Theoretikerinnen von Objektbeziehungen vielleicht das klarste Bild geschlechtsspezifischer Ontologien.[4] Geschlechtsdifferenzen entstehen, so das Argument, in frühkindlichen Entwicklungsprozessen. Als Ergebnis unterschiedlicher Kämpfe, die männliche und weibliche Kinder auszutragen haben, um sich von ihrer ersten Bezugsperson abzulösen und als soziale Wesen eine autonome, individuelle Identität aufzubauen, tendieren Männer zu einer »objektivierenden«, Frauen dagegen zu einer »beziehungsorientierten« (»relational«) Persönlichkeit. Konzeptionen des Selbst, der Anderen, der Natur sowie der angemessenen Beziehung des Selbst zu Gemeinschaft und Natur gestalten sich daher für Männer und Frauen verschieden. Männer tendieren zu abstrakten Konzeptionen ihres eigenen Selbst. Dieses Selbst ist individualistisch, von den Anderen und der Natur getrennt und durch enge Beziehungen zu anderen und zur Natur bedroht. Aus männlicher Sicht gelten andere Menschen als in gleicher Weise autonome, voneinander isolierte Individuen, die durch Übergriffe auf ihre jeweiligen Pläne füreinander eine Bedrohung darstellen. Auch die Natur ist autonom und von den Menschen getrennt. Wenn sie nicht sorgfältig kontrolliert wird, droht sie, die menschlichen Projekte zu überwältigen. Frauen neigen zu konkreten Konzeptionen des Selbst und der Anderen. Sie erfahren ihr Selbst in stärkerem Zusammenhang mit weiblicher Körperlichkeit, mit dem Selbst anderer und mit der Natur; eine zu starke Trennung zwischen dem Selbst und diesen anderen Instanzen wird als bedrohlich erfahren. Frauen neigen zu der Auffassung, daß andere Menschen und die Natur in Beziehungsnetzwerken miteinander verbunden sind. Mensch und Natur bilden ein Kontinuum. Gilligan und viele Wissenschaftstheoretiker sehen in dieser Entwicklungstheorie *eine* mögliche Erklärung der Ursprünge des Androzentrismus der westlichen Philosophie, der Ethik und der Sozialtheorie.

Gleichgültig, ob man diese psychoanalytische Erklärung der Entstehung geschlechtsspezifischer Ontologien, Ethiken und Formen des Wissenserwerbs teilt oder nicht, die für Erwachsene charakteristische geschlechtsspezifische Arbeitsteilung scheint hinreichend ausgeprägt zu sein, um geschlechtsspezifische Konzeptionen des Selbst, der Anderen und der natürlichen Welt sowie die entsprechenden Beziehungen zwischen diesen zu begründen. Hausarbeit und insbesondere Gefühlsarbeit ausschließlich den Frauen zuweisen — im Haushalt wie am Arbeitsplatz — heißt, soziale Erfahrungen und Tätigkeiten der Menschen in einem solchen Maß geschlechtsspezifisch aufteilen, daß es wahrscheinlich ist, daß Frauen und Männer über sich selbst und die Beziehungen zu ihrer Umwelt unterschiedliche Auffassungen entwickeln.[5] Was auch immer die Ursprünge geschlechtsspezifischer Konzepte sein mögen, klar ist, daß wir es mit dichotomisierten Weltbildern zu tun haben. Beide moralischen Sichtweisen und kognitiven Stile lassen jeweils ein bestimmtes Muster geschlechtsspezifischer Ontologien entstehen.

Ich stelle nicht in Abrede, daß diese Unterschiede zwischen weiblichen und männlichen Moralsystemen und zwischen den Weltbildern, in die die Moralsysteme eingebaut sind, tatsächlich existieren. Und zweifellos wird ein viel zu großer Teil des sozialen Lebens Erwachsener darauf verwandt, ungelöste infantile Probleme defensiv zu bearbeiten. Ein anderes Arrangement der Kindererziehung, das Geschlechtsdifferenzen entschärfen oder sogar eliminieren würde, könnte uns erlauben, ein wirklich reziprokes Selbst zu entwickeln. Wir würden zu Menschen heranwachsen, die Andersartigkeit anzuerkennen und zu inkorporieren vermöchten, statt alles, was als »anders« definiert ist, aus einer Abwehrhaltung heraus dominieren zu müssen. Die ontologischen, moralischen und kognitiven Dichotomien und die psychoanalytischen Theorien, auf die sie sich berufen, treffen etwas grundsätzlich Richtiges. Dennoch bin ich der Auffassung, daß in diesen Zurechnungen auch etwas Falsches steckt. Ich möchte zunächst die Art und Weise in Frage stellen, in der wir diese Unterschiede konzeptualisiert haben. Ich möchte zu zeigen versuchen, daß die Geschlechtsdichotomien in ein umfassenderes System von Differenzen eingebettet sind, das männliche Angehörige der herrschenden Klassen im Westen vom Rest der Welt trennt — nicht nur (oder vielleicht sogar gerade auch) westliche Männer von westlichen Frauen. Wenn dies richtig ist, dann müssen auch die kausalen Zurechnungen der Prozesse, die zu Geschlechtsdifferenzen führen, in Frage gestellt werden. Im Zentrum meines Interesses steht hier also nicht die Arbeit Gilligans. Es geht vielmehr um die allgemeineren Eigenschaften sozialer Beziehungen, die zu den gegensätzlichen Formen der menschlichen Problemauffassungen führen, die Gilligan in der moralischen Voreingenommenheit der von ihr untersuchten Frauen und Männer lokalisierte.

Ich möchte einige Implikationen der auffälligen Übereinstimmungen zwischen Geschlechtsdichotomien und Dichotomien untersuchen, die für andere Formen der Herrschaft verantwortlich gemacht werden. Russell Means kontrastiert eurozentrische Einstellungen zur Natur mit denen amerikanischer Eingeborener in ganz ähnlichen Begriffen wie Needham chinesische mit westlichen Naturauffassungen.[6] Eine große Zahl von Beobachtern der amerikanischen und der afro-amerikanischen Sozialverhältnisse hat die zentrale Rolle von Dichotomien dieser Art für den Rassismus und für ein »afrikanisches Weltbild« hervorgehoben, in dem die Ursprünge einer emanzipatorischen Politik, Ethik und Erkenntnistheorie gesehen werden. Was diese Beobachter als »afrikanische Weltsicht« bezeichnen, gleicht verdächtig dem, was die feministische Literatur als genuin weibliche Weltauffassung identifiziert

hat. Was sie als europäisch oder eurozentrisch bezeichnen, gleicht in entscheidender Hinsicht dem, was wir als männlich oder androzentrisch identifiziert
haben. Diesen voneinander unabhängigen Einschätzungen zufolge scheinen
also Menschen (Männer?) afrikanischer Abstammung und (westliche?) Frau-
en ähnliche Ontologien, Erkenntnistheorien und Ethiken zu haben, und
ebenfalls scheinen sich die Weltbilder ihrer jeweiligen Beherrscher zu gleichen.

Es sollte nicht überraschen, daß man hieraus den Schluß ziehen kann, daß
westliche Männer ein genuin europäisches Weltbild haben, obwohl Gilligan
und andere feministische Theoretikerinnen behaupten, daß nicht alle Menschen europäischer Abstammung ein männliches Weltbild haben. Wie das
europäische Weltbild, das sie zurückweist, unterstellt offensichtlich auch die
afrikanische Auffassung, daß menschlich mit männlich identisch ist. Man gerät jedoch in erhebliche Verwirrung, wenn man sich vor den Schluß gestellt
sieht, daß für Afrikaner gelten soll, was im Westen als ein weibliches Weltbild
betrachtet wird, und daß entsprechend für westliche Frauen gelten soll, was
Afrikaner als ein afrikanisches Weltbild betrachten. Wie muß man dann das
Weltbild von Frauen afrikanischer Abstammung kennzeichnen? Ist es doppelt weiblich? Dieser aufgrund der Korrelation besonders naheliegende
Schluß widerspricht der vielfältigen Beobachtung, daß gerade schwarzen
Frauen wie weiblichen Angehörigen anderer unterdrückter Rassen, Klassen
und Kulturen das Ausmaß von »Weiblichkeit« verweigert wird, das für Frauen
der herrschenden Rassen, Klassen und Kulturen beansprucht wird.[7] Und
ebenso wird Männern rassisch unterdrückter Gruppen durchgängig das Ausmaß an »Männlichkeit« abgesprochen, das für die Männer der herrschenden
rassischen Gruppen beansprucht wird. In rassistischen Gesellschaften sind
Frausein und Mannsein oder Weiblichkeit und Männlichkeit stets sowohl
rassische als auch Geschlechtskategorien. Selbstverständlich haben Frauen
afrikanischer Abstammung nicht weniger als weiße Frauen vermutlich spezifisch weibliche Entwicklungsprozesse durchlaufen, die zumindest in manchem den entsprechenden Prozessen im Westen ähneln. Zum Beispiel sind
ihre ersten Bezugspersonen zumeist Frauen; eine Frau zu werden, bedeutet
immer noch, eine potentielle Mutter und eine potentielle Ehefrau zu werden
und jemand, der verglichen mit Männern weniger wert ist. Der Leser oder die
Leserin wird wahrscheinlich schon die ganze Spannweite konzeptueller Probleme zu erkennen beginnen, die auftreten, wenn man Beziehungen zwischen den beiden Forschungsbereichen herstellt.

Es ist an dieser Stelle sogleich anzumerken, daß die Tendenz zur Übergeneralisierung sowohl in der afrikanistischen als auch in der feministischen Li-

teratur nicht nur die Frauen afrikanischer Abstammung in beiden verschwinden und ihr Weltbild unverstehbar werden läßt, sobald sie aus beiden Perspektiven gleichzeitig betrachtet werden. Die Tendenz zur Übergeneralisierung hat noch weitere mißliche Konsequenzen. Weiße Feministinnen weisen häufig schon den bloßen Gedanken entschieden zurück, die Völker afrikanischer Abstammung, die in vielen, sehr unterschiedlichen Kulturen leben, könnten ein gemeinsames Weltbild vertreten. Sicherlich überspielt diese primär von Afrikanern und Afro-Amerikanern verfaßte Literatur wichtige kulturelle Unterschiede und läuft Gefahr, eine fiktive Gemeinsamkeit zu erzeugen. Aber sie tut dies sicherlich nicht in stärkerem Maße als feministische Arbeiten, die Frauen bzw. Männern einheitliche Weltbilder zuschreiben und dabei Unterschiede ignorieren, die sich der sozialen Bedeutung Schwarzer oder Weißer, ländlicher oder industrialisierter, westlicher oder nicht-westlicher, früherer oder gegenwärtiger Lebensbedingungen verdanken. Und es mag durchaus in jeder dieser Dimensionen sehr allgemeine Gemeinsamkeiten geben, die über alle kulturellen Unterschiede hinweg festgestellt werden können. Alles in allem beunruhigt es uns nicht, von einem mittelalterlichen oder einem modernen Weltbild zu sprechen, ungeachtet der kulturellen Unterschiede von Völkern, die wir nach solchen sehr allgemeinen Schematisierungen klassifizieren. Später werde ich diese Frage noch etwas detaillierter diskutieren.[8]

Im folgenden möchte ich zunächst das afrikanische Weltbild darstellen und dann die Aufmerksamkeit auf einige problematische Folgen der aufgezeigten Zusammenhänge für die feministische Theoriebildung lenken. Abschließend werde ich einige alternative Erklärungsmodelle für die Struktur und die Ursachen der sich teilweise deckenden Weltbilder vorschlagen.

Das afrikanische Weltbild

Eine protoypische Darstellung der Dichotomie Afrikanisch/Europäisch bietet der Aufsatz »World Views and Research Methodology« des schwarzen amerikanischen Ökonomen Vernon Dixon[9]. (Ich zitiere ausführlich aus Dixons Darstellung, damit der Leser oder die Leserin nicht auf die Idee kommen kann, daß Dixon oder ich selbst Geschlechtsmetaphern verwenden, um die von ihm untersuchten Phänomene zu beschreiben.) Dixon stellt diese Weltbilder dar, um zu erklären, warum das ökonomische Verhalten von Afro-

Amerikanern aus der Sicht der neoklassischen Wirtschaftstheorie stets als abweichend gilt. Er vertritt die These, daß der »rationale homo oeconomicus« dieser europäischen Theorie in der Tat nur ein europäisches Phänomen ist. Gewisse Eigenheiten afro-amerikanischen ökonomischen Verhaltens, die aus der Perspektive der neoklassischen ökonomischen Theorie als irrational erscheinen, erweisen sich als vollkommen rational, sobald man sie aus der Perspektive eines afrikanischen Weltbildes versteht.

Dixon lokalisiert die Hauptdifferenz zwischen beiden Weltbildern im Gegensatz einer europäischen »Subjekt-Objekt«- und einer afrikanischen »Subjekt-Subjekt-Beziehung, wobei sich diese Differenz auf alle Beziehungen erstreckt, die zwischen einem »Ich« oder »Selbst« (Subjekt) und allem, was sich von diesem »Ich« oder »Selbst« unterscheidet, bestehen. Dies letztere können andere Menschen ebenso sein wie Dinge, die Natur, unsichtbare Wesen, Götter, Willenskräfte, Mächte, etc., d.h. die ganze »phänomenale Welt«.[10]

»Das euro-amerikanische Weltbild ist durch eine Trennung von Selbst und Nicht-Selbst (phänomenaler Welt) charakterisiert. Durch diesen Prozeß der Trennung wird die phänomenale Welt zu einem Objekt, einem ›es‹. Als Objekt bezeichne ich die Totalität der Phänomene, die als konstitutiv für das Nicht-Selbst begriffen werden, d.h. sämtliche Phänomene, die eine Antithese zum Subjekt, zum Ego oder zum Selbstbewußtsein darstellen. Die phänomenale Welt wird zu einer Entität, die als vollkommen unabhängig vom Selbst gilt. Ereignisse oder Phänomene werden als etwas behandelt, das außerhalb des Selbst liegt, und nicht als etwas, das von den eigenen Gefühlen und Gedanken affiziert wird. Realität wird zu etwas, das dem Verstand gegenübersteht, um von ihm begriffen zu werden. Dies gilt gleichermaßen für reale Dinge der äußeren Welt wie für Vorstellungen, die der Verstand selbst bildet.«[11]

Dixon zitiert empirische Untersuchungen, etwa eine, in der bei euro-amerikanischen Studenten »eine systematische ›... Wahrnehmung einer begrifflichen Distanz zwischen dem Beobachter und dem Beobachteten festgestellt wurde; eine objektivierende Einstellung, die Vorstellung, daß sich alles draußen, als Reiz im Wahrnehmungsfeld, abspielt‹. Diese Distanz ist so groß, daß der Beobachter das Beobachtete untersuchen und manipulieren kann, ohne von ihm affiziert zu werden.«[12]

Diese fundamentale euro-amerikanische Trennung des Selbst von der Natur und anderen Menschen hat eine charakteristische »Objektivierung« beider zur Folge. Die Existenz eines »leeren Wahrnehmungsraums«[13], der das Selbst umgibt und es von allem anderen trennt, scheidet das Selbst von seiner natürlichen und sozialen Umwelt und verortet alle Kräfte des Universums, die den Interessen des Selbst dienlich sein können, im inneren Bereich des leeren

Wahrnehmungsraums — d.h. allein im Selbst. Außerhalb des Selbst gibt es nur Objekte, auf die man einwirken kann oder die gemessen, d.h. erkannt werden können. Die Natur ist ein »externes, unpersönliches System«, das »menschlichen Interessen gegenüber gleichgültig ist und das der Mensch . . . daher seinen eigenen Zielen unterordnen soll und kann«.[14] »Das Individuum ist das Zentrum des sozialen Raums«, daher »gibt es keine Vorstellung der Gruppe als einer Einheit, sondern nur die einer Ansammlung von Individuen«.[15] »Die Verantwortung des Individuums gegenüber der Gesellschaft als ganzer und sein Platz in ihr wird durch völlig autonom konstruierte Ziele und Rollen definiert.«[16] »Der Aufstieg auf der Leiter des Erfolgs ist nur durch die eigenen individuellen Fähigkeiten begrenzt. Individuelle Anstrengung ist für die eigene Position ausschlaggebend.«[17] Diese grundlegend individualistische Auffassung des Selbst hält auch eigene Verpflichtungen und Verantwortlichkeiten in Grenzen.

»Man hat das Recht, die Erwartung zurückzuweisen, man solle ›in seiner Eigenschaft als . . .‹ handeln. Es wird nicht erwartet, daß man in Verfolgung eigener Ziele wie Gelderwerb oder Prestige den Zielen eines bestimmten Unternehmens, einer Universität oder einer Behörde verpflichtet bleibt, wenn man von einer anderen Institution ein Angebot erhält, das das eigene Gehalt oder den Status verbessern würde. Das Individuum partizipiert nur *an* einer Gruppe, es fühlt sich nicht als Teil *der* Gruppe. Bei Entscheidungsprozessen überwiegen daher Abstimmungen und nicht Einmütigkeit und Konsens.«[18]

Im afrikanischen Weltbild gibt es keine Trennung zwischen dem Selbst und der phänomenalen Welt. »Das eine ist einfach eine Erweiterung des anderen.«[19] Für Menschen mit einer solchen Ontologie

»verringert sich die wahrgenommene begriffliche Distanz zwischen dem Beobachter und dem Beobachteten. Das Beobachtete erscheint in der Wahrnehmung so sehr in der Nähe des Individuums, daß es alles, was dahinter liegt, abdunkelt, und daß der Beobachter nicht umhin kann, auf es zu reagieren. Ebenso scheint das Individuum selbst das ›Feld‹ als etwas wahrzunehmen, das auf ihn reagiert. Obwohl dieses ›Feld‹ anderen vollkommen objektiv und unbelebt erscheinen mag, wird ihm, weil es eine Reaktion verlangt, eine Art Eigenleben zugeschrieben.«[20]

Diese Auffassung des Selbst und seiner Beziehung zur phänomenalen Welt führt dazu, daß

»Afrikaner den Menschen in Harmonie mit der Natur erleben. Ihr Ziel ist es, zwischen den verschiedenen Aspekten des Universums Gleichgewicht oder Harmonie zu wahren. Ein Ungleichgewicht führt zu Problemen wie menschliche Krankheit, Dürre oder soziale Unruhe . . . Aus dieser Sicht sind Magie, Voodoo oder Mystizismus nicht

Versuche, die Trennung zwischen Mensch und Natur zu überwinden, sie nützen vielmehr die Kräfte der Natur, um eine harmonischere Beziehung zwischen Mensch und
Universum wiederherzustellen. Das Universum ist nicht statisch, leblos oder ›tot‹, es
ist dynamisch, beseelt, lebendig und machtvoll.«[21]

Darüber hinaus »ist die Position des Individuums im sozialen Raum auf andere bezogen . . . Wenn das Individuum nicht Teil einer sozialen Ordnung ist,
ist es kein menschliches Wesen«.[22] »Was immer dem Individuum widerfährt,
widerfährt der Gruppe als ganzer, was immer der Gruppe als ganzer widerfährt, widerfährt dem Individuum.«[23] In dieser eher gemeinschaftlichen als individualistischen Perspektive »kann ein Individuum es nicht ablehnen, in
irgendeiner seiner Rollen zu handeln, wenn dies erwartet wird«.[24] Afro-Ameri-
kaner werden sich dementsprechend häufig »ohne Zögern und ohne Rücksicht auf ihr eigenes persönliches Wohlergehen für andere Schwarze einsetzen . . ., . . . selbst wenn sie wissen, daß diese im Unrecht sind. Sie werden für
Darlehen ihrer Freunde bürgen, auch wenn sie wissen, daß diese ihren Verpflichtungen nicht nachkommen und daß die eigenen Finanzen Schaden er-
leiden werden«.[25] Die Orientierung an zwischenmenschlichen Beziehungen
hat Vorrang vor der Orientierung am eigenen Wohlergehen.
    Für Europäer ist Wissenserwerb ein Prozeß, der mit der Trennung
zwischen dem Beobachter (dem Selbst) und dem Beobachtungsgegenstand
beginnt, um diesen dann in unparteilicher, desinteressierter und leiden-
schaftsloser Weise zu kategorisieren und zu messen. Ganz anders »erfahren
Afrikaner die Wirklichkeit überwiegend im Zusammenspiel von Affekt und
symbolischer Vorstellungskraft«.[26] Das Zusammenspiel von Affekt und symbolischer Vorstellungskraft erfordert nicht etwa Intuition, sondern »Schlüsse
und Urteile« auf der Basis von Evidenzen.[27] Anders als bei den in Europa üblichen Formen des Wissenserwerbs lehnt man es jedoch ab, das, was man
erkennt, als wertfrei und den Wissenden oder den Erkenntnisprozeß als unparteilich, desinteressiert und leidenschaftslos zu betrachten. Gefühle, Emotionen und Werte sind ein notwendiger und positiver Bestandteil des
Erkenntnisprozesses.
    Um zusammenzufassen: Dixon behauptet, daß das afrikanische Weltbild
in einer Auffassung begründet ist, die das Selbst als wesentlich mit der Gemeinschaft und der Natur verbunden oder als einen Teil von ihnen sieht. Die
Gemeinschaft ist keine Ansammlung grundsätzlich isolierter Individuen, sie
ist vielmehr, ontologisch gesehen, das Primäre. Der einzelne entwickelt sein
Selbstgefühl durch die Beziehungen innerhalb der Gemeinschaft, der er angehört. Sein persönliches Wohlergehen hängt grundsätzlich vom Wohlergehen

der Gemeinschaft ab, nicht aber deren Wohlergehen von dem der Individuen, die sie bilden. Weil das Selbst mit der Natur ein Kontinuum bildet, statt getrennt von ihr und gegen sie zu stehen, tritt an die Stelle des Bedürfnisses, die Natur wie ein unpersönliches Objekt zu beherrschen, das Bedürfnis, im Rahmen der »Pläne« der Natur (nature's own projects) zu kooperieren. Erkenntnis ist ein Prozeß, der konkrete Interaktionen einschließt, die die Rolle von Emotionen, Gefühlen und Werten für den Wissenserwerb anerkennen und der der Welt, die man zu erkennen sucht, ihre eigenen Werte und Pläne zugesteht.

Zwischen beiden Dichotomien bestehen Unterschiede, weniger mit Bezug auf das, was man Europäern und Männern zuschreibt, als vielmehr hinsichtlich der den Afrikanern und Frauen zugeschriebenen Weltbilder. Die feministischen und afrikanistischen Darstellungen unserer eigenen Wirklichkeiten sind einfach unterschiedlich. Dies sollte angesichts der bedeutsamen Unterschiede zwischen den Lebenswelten von Afrikanern und Afro-Amerikanern auf der einen Seite und Frauen europäischer Abstammung auf der anderen Seite nicht überraschen. Ich komme auf diesen Punkt später zurück. Die Gemeinsamkeiten sind aber dennoch schlagend. Europäer und Männer — so die Behauptung — begreifen das Selbst als autonom, individualistisch, eigennützig und als grundsätzlich von anderen Menschen und von der Natur isoliert und sehen es durch diese »anderen« bedroht, wenn sie sie nicht beherrschen.

Die Gemeinschaft wird von beiden lediglich als eine Ansammlung gleichermaßen autonomer, isolierter und eigennütziger Individuen wahrgenommen, zu denen man keine intrinsischen Beziehungen hat. Für beide wiederholt sich das Bild der Gemeinschaft in der Auffassung der Natur. Auch diese bildet ein autonomes System, von dem das Selbst wesentlich getrennt ist und das beherrscht werden muß, um seine sonst drohende Herrschaft über das Selbst abzuwenden. Afrikanern und Frauen schreibt man eine Auffassung zu, derzufolge das Selbst von anderen abhängt, über Beziehungen zu anderen definiert ist und seine eigenen Interessen im Wohlergehen eines Beziehungsgeflechts aufgehoben sieht. Gemeinschaften sind Beziehungsgeflechte, die ontologisch und moralisch elementarer sind als die Individuen, die durch ihre Beziehungen zueinander definiert sind, die die Gemeinschaft bilden. Natur und Kultur sind untrennbar, kontinuierlich ineinander übergehend.

Aus diesen kontrastierenden Ontologien »folgen« kontrastierende Ethiken und Erkenntnistheorien. Europäern und Männern schreibt man Ethiken zu, die regelgeleitete Entscheidungen zwischen konkurrierenden Rechtsansprüchen selbstinteressierter und autonomer Wesen betonen, sowie Erkenntnis-

theorien, die den Erkennenden als wesentlich getrennt vom Erkenntnisgegen-
stand begreifen und diesen als autonomes »Objekt«, das durch leidenschafts-
lose und unpersönliche physische und gedankliche Manipulationen und
Messungen kontrollierbar ist. Afrikanern und Frauen schreibt man Ethiken
zu, die Verantwortlichkeit betonen das Wohlergehen sozialer Gebilde durch
kontextgebundene, induktive und vorsichtig testende Entscheidungsprozesse
zu fördern, sowie durch Erkenntnistheorien, die den Wissenden als einen
Teil der Wirklichkeit und die Wirklichkeit nicht als unabhängig vom Erkenntnisprozeß auffassen und diesen Prozeß als einen, der manuelle, mentale
und emotionale Aktivitäten umfaßt, begreift.

Es ist unverkennbar, daß sich viele Probleme ergeben, wenn man Aussagen
dieser Forschungsrichtungen für bare Münze nimmt und ihnen einfach in der
Form, in der sie dargestellt werden, folgt. Ich bin jedoch der Ansicht, daß man
diese Aussagen so rekonstruieren kann, daß sie eine Reihe wichtiger theoretischer und politischer Wahrheiten zu enthüllen vermögen.

Probleme

Feministinnen und Afrikanisten haben zwischen den von uns als weiblich im
Gegensatz zu männlich bzw. als afrikanisch im Gegensatz zu europäisch be-
zeichneten Weltbildern eindeutig Unterschiede festgestellt. In beiden Forschungsrichtungen gab es jedoch, noch ganz unabhängig von den Zusammenhängen zwischen beiden Dichotomien, auf die wir aufmerksam gemacht
haben, gravierende begriffliche Probleme. Die Einbeziehung der hier erörterten Zusammenhänge verschärft diese Probleme beträchtlich. Wir müssen als
Feministinnen unseren eigenen Theorien gegenüber dieselbe kritische Haltung einnehmen, die wir so erfolgreich gegenüber androzentrischem Denken
entwickelt haben. Dort haben wir die These vertreten, daß die Unangemes-
senheit der Erklärungen der Natur und des sozialen Lebens, die heute als Wissen gelten, vor allem darin liegt, was Männer als erklärungsbedürftige Probleme definieren und wie sie diese Probleme begrifflich fassen. Wie z.B. Gilligan
dargelegt hat, ist es nicht die »abweichende« Moral von Frauen, die einzig der
Erklärung bedarf; wichtiger noch ist die Erklärung der Voreingenommenheit
der Männer für eine so begrenzte Ausrichtung der Moralforschung. Welche
Veränderungen des begrifflichen Bezugsrahmens, innerhalb dessen wir Feministinnen unsere Problemstellungen definieren, ergeben sich, wenn wir versu-

chen, die auffällige Koinzidenz zwischen afrikanischen und weiblichen Weltbildern in Rechnung zu stellen? Ist es möglich, daß wir zu anderen als den von
uns zumeist bevorzugten Formen kausaler Erklärungen gelangen?

Mit Rücksicht auf die notwendige Kürze der Erörterung werde ich mich
auf drei Probleme konzentrieren, die sich im Hinblick auf die Geschlechtsdichotomie in verschärfter Form stellen, wenn man ihre auffällige Koinzidenz mit der rassischen Dichotomie erkennt. Das erste Problem ist die Ahi-
storizität aller derartigen Dichotomien. Das zweite bezieht sich auf Probleme,
die dichotomen Klassifikationsschemata inhärent sind. Das dritte ist das Problem metaphorischer Erklärungen — die Anthropologin Judith Shapiro hat es
treffend als Geschlechtstotemismus (gender totemism) bezeichnet.[28] Alle drei
Probleme ergeben sich in ähnlicher Weise für die Dichotomie afrikanisch/
europäisch (ich überlasse es dem Leser, die analogen Probleme zu identifizieren).[29] Es ist bedeutsam, daß die ganze Problematik dieser Dichotomien nicht
mit den emanzipatorischen Diskursen des Feminismus und der afrikanischen
Befreiungsbewegungen entstehen, sondern mit den ihnen vorausgehenden
und sie begleitenden Diskursen des Sexismus und des Rassismus. Ein Durch-
denken dieser kritischen Punkte im vorliegenden Kontext — d.h. im Kontext
des Versuchs, dem Zusammenhang zwischen verschiedenen dichotomisierten Weltbildern nachzugehen — sollte nach meinem Dafürhalten unserer
Theoriebildung einen konstruktiven Bezugspunkt liefern, der vielen früheren
Erörterungen dieser kritischen Punkte fehlte.

Ahistorizität

Eine Reihe feministischer Kritikerinnen haben verschiedentlich darauf hingewiesen, daß verallgemeinernde Schlüsse von geschlechtsspezifischen Merkmalen und Verhaltensweisen in einer bestimmten Kultur oder Subkultur auf
universelle männliche oder weibliche Eigenschaften die Wirkung von Geschichte und Kultur auf menschliche Überzeugungen und Verhaltensweisen
unberücksichtigt lassen. Können wir tatsächlich erwarten, daß sich die ontologischen, erkenntnistheoretischen und moralischen Strukturen, die wir bei
Frauen, die uns mehr oder weniger gleichen, beobachten, auch bei Sammle-
rinnen, Bäuerinnen, Sklavinnen, Industriearbeiterinnen des 19. Jahrhunderts, weiblichen Staatsmännern und Mitgliedern der Aristokratie finden?
Sind die unterstellten Gemeinsamkeiten der sozialen Erfahrungen von Frau-

en als weiblichen Wesen, als Töchtern, Ehefrauen und Müttern stark genug,
um trotz aller Unterschiede in der Art und der Bedeutung dieser Erfahrungen
nach Rasse, Klasse und Kultur gleichartige Weltbilder zu schaffen? (Ich kann
die Leser nicht oft genug daran erinnern, daß sich vergleichbare Probleme für
die afrikanistische Literatur stellen.)

Die offensichtlichen Ähnlichkeiten zwischen den Weltbildern von Frauen
und Menschen afrikanischer Abstammung geben diesen kritischen Fragen
noch erheblich mehr Gewicht. Angesichts des üblichen Androzentrismus sowohl der westlichen Anthropologen wie der »Feingeborenen Informanten«,
die uns die afro-amerikanischen und die afrikanischen Weltbilder übermit-
teln, können wir ziemlich sicher sein, daß das, was wir aus dieser Literatur erfahren, primär das Weltbild afrikanischer Männer ist. (Es ist jedoch auch
möglich, daß bei Völkern, die nationalem und internationalem Imperialismus unterworfen waren, die Unterschiede zwischen den Geschlechtern nicht
ganz so ausgeprägt sind. Wie schon bemerkt, versucht die herrschende rassische Gruppe stets, die Selbstachtung der Beherrschten zu schwächen, indem sie
ihr die Formen von Männlichkeit und Weiblichkeit verwehrt, die sie für sich
selbst positiv hervorhebt. So erzwang der Rassismus bei schwarzen Männern
und Frauen, die in Amerika der Erfahrung der Sklaverei ausgesetzt waren, wie
Angela Davis festgestellt hat, eine Art verächtlicher Form von Gleichheit der
Geschlechter.) Es wird nicht gerade überraschen, wenn man feststellt, daß die
männlichen und eurozentrischen Weltbilder, insbesondere seit der Aufklärung, ziemlich eindeutig die Grundannahmen des westlichen politischen,
psychologischen und philosophischen Denkens widerspiegeln. Erfordert dies
aber nicht unabdingbar, ihre Ursprünge in historisch begrenzten, spezifische-
ren sozialen Erfahrungen zu suchen und nicht so sehr in Erfahrungen, die für
Geschlechts- und Rassenunterschiede schlechthin gelten? Vielleicht ist die
Dichotomie, auf die es ankommt, die zwischen modernen westlichen Männern einerseits und dem Rest der Menschheit andererseits.

Probleme mit dichotomen Klassifikationsschemata

Weiblich/männlich und afrikanisch/europäisch sind dichotome Klassifikationsschemata.[30] Die beiden, mit denen wir es hier zu tun haben, erwuchsen
primär aus den Versuchen von Männern und Europäern, die Gruppen, die sie
zu unterwerfen suchten oder tatsächlich unterwarfen, als »anders« und »un-

termenschlich« (subhuman) zu definieren. (Es wäre interessant und wichtig, zu untersuchen, in welchem Ausmaß die Afrikaner bzw. die Frauen durch ihren Widerstand an der bewußten oder unbewußten Konstruktion dieser dichotomen Klassifikationsschemata mitwirkten.) Der ursprüngliche soziale Prozeß der Erzeugung der Geschlechter liegt im fernen Nebel der menschlichen Geschichte, er ist unserem Blick entzogen[31]; der soziale Prozeß der Erzeugung von Rassen in der relativ neueren Geschichte hingegen ist für uns klar erkennbar. Eine Vorstellung von Europa und von der Besonderheit seiner Völker begann sich erst während der Einigung des Heiligen Römischen Reiches durch Karl den Großen herauszubilden. Eine Vorstellung von Afrika findet sich zuerst in europäischen Schriften aus der Zeit des aufkommenden Imperialismus.[32] Plato und Aristoteles begriffen sich selbst nicht als Europäer, und ebensowenig begriffen sie die »kraushaarigen Nubier«, die an den Südküsten des Mittelmeeres lebten, als Afrikaner. In den Vereinigten Staaten wurden Unterschiede zwischen den Rassen erzeugt und legitimiert durch Sklaverei, durch den Genozid an den amerikanischen Ureinwohnern, durch die Einwanderungen, die Arbeitsorganisation und die Bevölkerungspolitik des 19. und frühen 20. Jahrhunderts, durch institutionalisierten Antisemitismus und andere Formen von Rassismus. Bei den Historikern finden wir entsprechende politische Prozesse beschrieben, die moderne Formen beobachtbarer Geschlechtsunterschiede legitimiert und erzeugt haben.

Es gilt hier, vor allem die folgenden Punkte herauszustellen. Rassische und geschlechtsbezogene Klassifikationsschemata entstehen im Zusammenhang mit Projekten sozialer Herrschaft. Wir sollten daher unseren Blick auf die Geschichte dieser Projekte richten, um die primären Ursachen der nachfolgenden Unterschiede zwischen den Rassen und Geschlechtern angemessen verorten zu können. Ich vermute, daß wir, wenn wir Projekte der Rassen- und Geschlechtsherrschaft im Zusammenhang betrachten, feststellen werden, daß es ein- und dieselbe Gruppe weißer, europäischer, bürgerlicher Männer ist, die für uns übrige Menschen von den ihren verschiedene Lebenswelten legitimiert und hervorgebracht haben. In diesem Sinne haben wir es nur mit einem einzigen, nicht mit zwei Klassifikationsschemata zu tun. Und es handelt sich primär nicht um ein Schema, das wir, ideologisch oder aus tatsächlichen Erfahrung heraus, selbst erzeugt haben. Jedes dichotome Klassifikationsschema akzentuiert und verzerrt zudem bestimmte Unterschiede auf Kosten von Gemeinsamkeiten. Sind es beobachtbare Unterschiede zwischen Männern und Frauen, die wir in der feministischen Theorie hervorheben wollen, oder Unterschiede zwischen den sozialen Projekten und Phantasiewelten männlicher weißer Bürger und den Projekten und Hoffnungen von uns anderen? Gleichzeitig übertreiben solche Schemata aber auch Gemeinsamkeiten auf Kosten von Unterschieden. Das männliche und das eurozentrische Weltbild erscheinen kohärenter als die kollektiven Weltbilder jener, die es als »anders« definiert. Wir haben es mit verschiedenen Formen der Unterwerfung zu tun, die ein- und dieselbe Kaste der uns Beherrschenden an uns vornimmt. Die Unterschiede zeigen sich sowohl in der Geschichte der Frauen als auch in der Geschichte Afrikas sowie im Vergleich der Geschichten beider. Schließlich liegt, auch wenn nicht geleugnet werden soll, daß in unserer Kultur Männer und Frauen in unterschiedlichen Erfahrungswelten leben, etwas leicht Anachronistisches in unserer Betonung dieser Unterschiede in einer Zeit, in der sie vermutlich für viele von uns verschwinden werden. Man muß sich nur vorstellen, um wieviel größer die Unterschiede in den geschlechtsspezifisch segregierten Lebensweisen der Bourgeoisie des 19. Jahrhunderts waren. Ist nicht zu erwarten, daß so, wie die Kategorisierung von Handlungen und sozialen Erfahrungen, die »den Mann« und »die Frau« des bürgerlichen 19. Jahrhunderts schufen, verschwinden, weibliche und männliche Weltbilder in diesen Gruppen zu verschmelzen beginnen? Als Frau, die ebenso »Männerarbeit« wie traditionelle »Frauenarbeit« verrichtet, beobachte ich, daß ich mich in ethischen Fragen häufiger an »Rechten« orientiere, als dies bei Frauen der Fall ist, die noch rund um die Uhr in Familie und Kindererziehung aufgehen. Und protestierte nicht die Alternativbewegung der 60er Jahre gerade so, wie Gilligans Frauen es tun, gegen die beschränkten moralischen und politischen Möglichkeiten, die man ihnen bot? Wird irgendjemand wirklich behaupten wollen, daß die 60er Jahre Ausdruck einer weiblichen Revolution waren?[33] Niemand könnte dies tun, ohne sich in die Probleme des Geschlechtstotemismus zu verstricken, auf die ich im nächsten Punkt zu sprechen komme.

Das dichotome Klassifikationsschema erweist sich als nützlich, um die nicht besonders menschlichen Aspekte des westlichen Weltbildes zu identifizieren, innerhalb dessen wir alle angeblich unser Leben leben möchten. Rückt man die unterschiedliche Wirklichkeit von Frauen und Afrikanern ins Zentrum, so wird klar, daß jenes Weltbild nicht besonders menschlich ist. Mein Vorbehalt hierbei gilt der Tendenz, die andere Wirklichkeit von Frauen zu verherrlichen, während sie doch weder das Menschliche voll ausschöpft noch die einzige alternative Wirklichkeit und zudem im Verschwinden begriffen ist.

Das Problem metaphorischer Erklärung

Rassen- und geschlechtsbezogene Metaphern werden oft benutzt, um andere Phänomene zu erklären. So sind das Verhalten von Afrikanern, Afro-Amerikanern, der Ureinwohner Amerikas und anderer rassisch beherrschter Gruppen, männliches homosexuelles Verhalten oder das Fortpflanzungsverhalten von weiblichen (manchmal sogar auch männlichen) Affen, Schafen, Bienen und anderen nichtmenschlichen Lebenwesen sämtlich (und zwar von Wissenschaftlern!) als »verweiblicht« (»feminized«) charakterisiert worden. Die Unterjochung der Frauen oder die Lage des Proletariats werden als Sklaverei beschrieben, wobei rhetorisch das Bild afrikanischer Sklaverei in Anspruch genommen wird.

Dies geschieht in keiner der beiden Forschungsrichtungen, die wir hier betrachten. Aber eine subtilere Art der metaphorischen Erklärung kann einem begegnen. Dies ist insbesondere der Fall, wenn Unterschiede, die mit unterschiedlicher Geschlechtszugehörigkeit korrelieren, als Geschlechtsunterschiede, und wenn Unterschiede, die mit unterschiedlicher rassischer Zugehörigkeit korrelieren, als Rassenunterschiede konzeptualisiert werden. Wie wir alle wissen, stellen Korrelationen nicht die verläßlichste Form der Erklärung dar. Weil beispielsweise Frauen in unserer Kultur zu einer Fürsorgeethik und weniger zu einer Ethik der Rechte tendieren, wird dies als weiblich konzeptualisiert. Wenn nun Männer afrikanischer Abstammung ebenfalls zu einer Fürsorgeethik statt zu einer Ethik der Rechte neigen, müssen wir uns jenseits der charakteristischen sozialen Erfahrungen westlicher Frauen umblikken, um die sozialen Bedingungen zu identifizieren, die geeignet sind, diese Art der Ethik hervorzubringen. Unser Geschlechtstotemismus trübt unseren Blick für die Ursprünge der Geschlechtsdichotomie, die wir beobachten. Am Phänomen des Totemismus, das die Anthropologen beschreiben, interessiert nicht so sehr die Beziehung zwischen Zeichen und Bezeichnetem, sondern die Beziehung zwischen den Zeichen. Nicht die Beziehung des einen Stammes zu Wölfen und die eines anderen Stammes zu Schlangen war für die Anthropologen aufschlußreich, sondern die Beziehung zwischen den Bedeutungen von Wölfen und Schlangen in beiden Stämmen.[34] Entsprechend führt die Hervorhebung des Geschlechtstotemismus in unserer Charakterisierung von Weltbildern dazu, vor allem die Bedeutung von Männlichkeit und Weiblichkeit für Männer und für Frauen zu untersuchen, und nicht so sehr das Passungsverhältnis zwischen diesen Bedeutungen und beobachtbaren Überzeugungen und Verhaltensweisen. Warum ist es für Frauen und Männer wichtig, kulturell unterschiedliche Moralsysteme zugeschrieben zu bekommen? Welche sozialen Verhältnisse erfahren durch diese Festlegungen eine Legitimation?

Auf dem Weg zu einer »einheitlichen Feldtheorie«

Das Nachdenken über diese auffälligen Koinzidenzen läßt uns nach anderen Erklärungsmöglichkeiten für beobachtbare Geschlechtsunterschiede suchen, als wir sie bisher zumeist vertreten haben. Was wir brauchen, ist soetwas wie eine »einheitliche Feldtheorie«, d.h. eine Theorie, die den Geschlechtsunterschieden ebenso wie den dichotomisierten afrikanistischen/eurozentrischen Weltbildern Rechnung zu tragen vermag. Hätten wir eine Theorie dieser Art, dann hätten wir zweifellos ein ebenso eindrucksvolles intellektuelles System wie dasjenige, das uns Newtons Gesetze der Mechanik geben. Eine solche Theorie wäre in der Lage, die »Entwicklungsgesetze des Patriarchalismus« ebenso wie die »Entwicklungsgesetze des Rassismus« sowie ihre unabhängigen und ihre zusammenwirkenden Folgen für das soziale Leben und Denken zu formulieren. Ich erhebe nicht den Anspruch, daß ich in der Lage wäre, diesen so leistungsfähigen Begriffsapparat vorzustellen. Ich kann jedoch auf drei analytische Gesichtspunkte hinweisen, die verschiedene kausale Aspekte der korrelierten Dichotomien erhellen und aus denen heraus sich vielleicht der Bezugsrahmen für die angestrebte leistungsfähige Sozialtheorie entwickeln läßt.

Bevor ich mich diesen drei Gesichtspunkten zuwende, möchte ich jedoch eine gängige Vorstellung aus dieser Beispielsammlung fruchtbarer analytischer Instrumente ausschließen. Wenn man die genannte Koinzidenz akzeptiert, dann verlieren die biologischen Erklärungen, die einige Feministinnen und Afrikanisten (und erst recht natürlich Sexisten und Rassisten) vertreten, ihren letzten Rest an Plausibilität.[35] Nun ist nicht zu leugnen, daß unsere geschlechtsspezifischen körperlichen Ausstattungen uns unterschiedliche Arten von Lebenserfahrungen machen lassen und dies auch tun sollen. Der Feminismus sollte nicht versuchen, die cartesianische Leugnung der Bedeutung unserer geschlechtlichen Körperausstattung zu wiederholen. Menstruation, weiblicher Orgasmus, Schwangerschaft, Gebären, Stillen und die Menopause sind spezifisch weiblich. Es wäre merkwürdig, wenn diese spezifischen Lebenserfahrungen überhaupt keine Auswirkungen auf unsere Überzeugungen und Verhaltensweisen hätten.[36] Afrikanische Männer machen diese Lebenserfahrungen jedoch nicht, und dennoch ähnelt ihr Weltbild dem europäischer Frauen anscheinend mehr als dem europäischer Männer. Im Hinblick auf die Entstehung von Weltbildern werden die Wirkungen biologisch angelegter Erfahrungsunterschiede offensichtlich durch unterschiedliche Lebenserfahrungen anderer Art aufgewogen. Diese Überlegungen werden vielleicht Feministinnen und afrikanische Verfechter der Emanzipation nicht überzeugen, die darauf aus sind, weitere mögliche Kausalbeziehungen zwischen biologischen Unterschieden und intellektuellen Funktionen zu untersuchen. Es sollte aber mindestens der warnende Hinweis verstanden werden, daß Erklärungsansätze notwendig sind, die komplexer und empirisch verläßlicher sind als alle bisher vorliegenden.

»Das Weibliche« und »das Afrikanische« als Kategorien der Kritik

Historiker haben darauf hingewiesen, daß »das Weibliche« im französischen Denken des 18. Jahrhunderts als »Kategorie der Kritik« fungierte.[37] Vielleicht kann diese Beobachtung etwas allgemeiner dazu dienen, die Ähnlichkeiten in den Weltbildern von Frauen und Völkern afrikanischer Abstammung begrifflich auszuarbeiten. Sowohl »das Weibliche« als auch »das Afrikanische« könnten als Kategorien der Kritik eine bedeutsame Rolle spielen. Zunächst waren diese Kategorien nur Spiegelbilder der kulturell hervorgebrachten Kategorien »Männer« und »Europäer«. Unabhängig von den von Männern und Europäern geschaffenen sozialen Beziehungen und Selbstbildern hatten sie keine wirklichen Referenten. Frauen war »nicht Männer« — sie waren, was Männer in sich selbst ablehnten. Afrikaner waren »nicht europäisch« — sie waren, was Europäer in ihrem eigenen Leben ablehnten. (Vielleicht drücken diese Kategorien darüber hinaus auch aus, was Frauen bzw. Afrikaner angesichts der wachsenden Hegemonie eines zunehmend männlichen und eurozentrischen Weltbildes für sich selbst als etwas von diesem Nichtvereinnahmbares beanspruchten.) Als Kategorien der Kritik benennen die weiblichen und die afrikanischen Weltbilder, was im Denken und sozialen Handeln von Männern und Europäern fehlt, was zu denken, zu fühlen und zu tun an »andere« verwiesen wird. In ihren Forderungen nach Wissenschaft und Erkenntnistheorien, nach Entwürfen der Ethik und der Politik, die den Rahmen geschlechts- oder rassenspezifischer Herrschaft sprengen, können wir im Afrikanismus und im Feminismus »die Wiederkehr des Verdrängten« erkennen.[38]

Diese Überlegung erhellt ideologische Aspekte der Weltbilder, die für westliche Männer und verschiedene Gruppen, die »den Rest« bilden, charakteristisch sind. Sie bedarf der Ergänzung durch konkretere Untersuchungen über Unterschiede im sozialen Handeln und der Erfahrung, aufgrund derer diese dichotomisierten Auffassungen den verschiedenen Gruppen angemessen scheinen. Die beiden folgenden Überlegungen können hier weiterführen.

Planende und Ausführende

Nach marxistischer Auffassung macht die Trennung von geistiger und körperlicher Arbeit in der kapitalistischen Produktion es der Bourgeoisie möglich, die Kontrolle über die Arbeitskraft der Arbeiter zu erlangen.[39] Während die Handwerker wissen, wie man ein Paar Schuhe oder einen Laib Brot herstellt, geht in der industrialisierten Wirtschaft die Kenntnis des Arbeitsprozesses auf die Arbeitgeber und die Maschinen über. Die kapitalistische Industrialisierung hat zunehmend alle menschlichen Arbeitsprozesse durchdrungen. Nicht nur die Produkte, die in Fabriken hergestellt werden, basieren auf industriellen Prozessen; dies gilt auch für andere Produkte menschlicher Arbeit wie die Ergebnisse wissenschaftlicher Forschung, soziale Dienstleistungen und gebildete Kinder.

Die Analyse einer wachsenden Arbeitsteilung zwischen Planung und Ausführung erhellt weitere Aspekte der Beziehungen, die für europäische und afrikanische Arbeit einerseits und für die Arbeit von Männern und Frauen andererseits gleichermaßen gelten. Imperialismus läßt sich als Durchsetzung der Übertragung der Planung und Kontrolle der täglichen Arbeit von den Afrikanern auf die Europäer und Amerikaner verstehen. Die Konstruktion einer Ideologie, die Europäern und Afrikanern unterschiedliche Wesensarten und Weltbilder zuschrieb, war der Versuch von Europäern und Amerikanern, diesen Imperialismus zu rechtfertigen. Die Ideologie rechtfertigte die faktische Ausbeutung. Mit dem Beginn des Imperialismus in Afrika nehmen sich Amerikaner und Europäer das Recht zu entscheiden, welche Arbeit Afrikaner zu leisten hätten und wer von dieser Arbeit profitieren würde. Seit damals arbeiten Afrikaner zum Nutzen euroamerikanischer Gesellschaften, in Diamantenbergwerken, als Hausangestellte, als die auf den niedrigsten Stufen beschäftigten Industriearbeiter, als Lohn- oder Sklavenarbeiter auf Plantagen in Afrika und Amerika. Die imperialistischen Praktiken bewirkten dann, daß die ideologische Unterscheidung zwischen Europäern und Afrikanern zu einem gewissen Grad wahr wurden. Europäern waren die Tätigkeiten in Planung und Verwaltung vorbehalten, die ein Weltbild der Art erforderten, wie es Europäern zugeschrieben wurde. Vor der Ankunft der Europäer in Afrika hatten Afrikaner ausgedehnte Handelsnetze aufgebaut; es gab einflußreiche Ausbildungszentren des afrikanischen Islam; Afrikaner hatten vielfältige panafrikanische Aktivitäten geplant und organisiert. Diese Formen der Planung und Organisation komplexer menschlicher Tätigkeiten durch Menschen afrikanischer Abstammung eigneten sich die imperialistischen Nationen an.[40] Der Gegensatz afrikanischer und europäischer Weltbilder ist daher zugleich ein ideologisches Konstrukt der Imperialisten und ein wahres Spiegelbild der dichotomisierten sozialen Erfahrung, die der Imperialismus fortwährend schuf. (Wir haben es hier, nebenbei bemerkt, mit einem tieferen Verständnis der Natur von Ideologien zu tun, als es verschiedene populäre Verwendungsweisen des Begriffes nahelegen.)

Ähnlich läßt sich die Entstehung eines männlichen Herrschaftssystems bei unseren entfernten Vorfahren als Übergang der Planung und der Kontrolle der Sexualität von Frauen, ihres generativen Verhaltens und ihrer produktiven Arbeit an die Männer verstehen — ein Prozeß, der in den letzten drei Jahrhunderten im Westen in neuer Weise intensiviert und systematisiert wurde. Friedrich Engels bezeichnete diesen Ursprungsmoment als »die welthistorische Niederlage des weiblichen Geschlechts«.[41] Auch hier treten die Frauen und Männern zugeschriebenen unterschiedlichen Wesensarten und Weltbilder ursprünglich vermutlich als ein ideologisches Konstrukt der Beherrscher auf (wir können diesen Prozeß für die letzten drei Jahrhunderte sicher verfolgen, während seine Ursprünge in der menschlichen Geschichte nur undeutlich wahrzunehmen sind), sie wurden jedoch in der Folge Wirklichkeit, als die Kontrolle über die Arbeit der Frauen von den Frauen auf die Männer überging.

Heute aber entwerfen Menschen, die zur Bekämpfung von Imperialismus und männlicher Vorherrschaft angetreten sind, ihre eigene Arbeit und ihre Erfahrungen gegen die Vorstellungen ihrer Beherrscher. Gerade dieser Umstand, daß Schwarze und Frauen ihre Aktivitäten zunehmend selbst planen, macht die Entstehung des Afrikanismus und des Feminismus möglich. Diese neue Verantwortung hat darüber hinaus ökonomische, politische und soziale Grundlagen, die unabhängig von Afrikanismus und Feminismus sind. Die

Revolution der Geburtenkontrolle, die wachsende Nachfrage nach berufstäti-
gen Frauen und deren daraus folgende doppelte Arbeitsbelastung sind
Schlüsselbedingungen, die es Frauen erlauben, ihre Arbeit und ihre Erfahrungen auf neue Weise zu begreifen. Für Afrikaner gehören zu den Bedingungen,
die es ihnen möglich machen, ihre eigene Arbeit und ihre Erfahrung auf neue
Weise zu begreifen, die »innere Logik« des Kapitalismus, die mehr Konsumenten und höher qualifizierte Arbeitskräfte sowie zur Legitimierung lokale,
staatliche und internationale ökonomische, politische und Bildungsmaßnah-
men erfordert. Die politischen Strukturen, die zunächst »Afrikaner« und
»Frauen« geschaffen hatten, verschwinden ebenso wie die Afrikaner und die
Frauen, deren Definition zunächst wesentlich durch die Enteignung ihrer Aktivitäten und Erfahrungen bestimmt war. (Ich behaupte nicht, daß Rassismus
und Sexismus verschwinden, sondern daß sie neue Formen annehmen.) Es
sind gerade nicht diejenigen, die noch in den ökonomischen, politischen und
intellektuellen Fesseln des »Weiblichen« und des »Afrikanischen« befangen
sind, die die neuen Emanzipationsbewegungen anstoßen und in Gang halten.
Diejenigen, die an den afrikanistischen und feministischen politischen
Kämpfen aktiv teilnehmen, haben sehr viel ehrgeizigere Ziele, was Rasse und
Geschlechter anbelangt, als die Afrikaner und die Frauen, deren Emanzipation sie voranbringen wollen. Zumindest bei den Frauen sind es genau die,
deren ökonomische und politische Ziele rein geschlechtsspezifisch und rein
traditionell orientiert bleiben, die — im konkreten Fall oft mit guten Gründen
— den stärksten Widerstand gegen die Zielsetzung feministischer Politik leisten.[42]

Wir sollten also bei Menschen, die sich für unterschiedliche soziale Aktivitäten engagieren, auch unterschiedliche kognitive Stile und Weltbilder erwarten. Und ebenso sollten wir bei Menschen, die sich in ähnlichen sozialen Aktivitäten engagieren, Ähnlichkeiten erwarten. Die hier vorgeschlagene Zu-
rechnungsweise hat Vorläufer in wissenssoziologischen Ansätzen. Untersuchungen der Sozialstruktur können deutlich machen, warum in einer Kultur
antagonistische Argumentationsstile vorherrschend sind und in einer anderen nicht; warum instrumentelle Rechenhaftigkeit Inhalte und Denkstile der
einen Kultur sich durchsetzen und die einer anderen nicht. Wie kommt es,
daß die Kontroverse über Willensfreiheit und Determinismus im europäischen Denken seit dem 17. Jahrhundert eine so zentrale Rolle spielt? Wie
kommt es, daß im antiken griechischen Denken — einem Muster an Misogy-
nie und der Berufung auf die Naturgegebenheit unterschiedlichster
Herrschaftsformen — von individuellen Rechten keine Rede ist? Irgendetwas

verändert zwischen dem 15. und dem 17. Jahrhundert die Lebensentwürfe europäischer bürgerlicher Männer. Die Betonung des Individuums und seiner Rechte, die Erkenntnis »wertneutraler«, unpersönlicher »Gesetze«, denen auch ihre Körper unterworfen waren, sowie die Macht des menschlichen Willens mußten Schlüsselfragen werden, wenn diese Männer sich selbst und die veränderte Welt, in der sie sich befanden, verstehen sollten. Gab es in diesem Zeitraum (im 15.–17. Jahrhundert) in der sozialen Erfahrungwelt europäischer Frauen irgendetwas, was sie hätte veranlassen können, sich gerade mit diesem Problem auseinanderzusetzen? Vermutlich ja und nein, wenn man sich die Kontroversen der Vergangenheit vorurteilslos anschaut. Wie steht es mit den Frauen in den gegenwärtigen westlichen, nach vorherrschender Meinung traditionellen Kernfamilien? Warum sollte man von ihnen ein Weltbild erwarten, das um die Unterscheidung von Kräften innerhalb und außerhalb ihrer Kontrollmöglichkeiten organisiert oder auf Probleme der Entscheidung über konfligierende Rechte autonomer Individuen bezogen ist? Wie steht es mit der sozialen Erfahrung von Menschen in den von Europa kolonisierten Kulturen? Wir können nicht erwarten, daß es für Sklaven besonderen Sinn macht, sich für die Kontroverse über Willensfreiheit oder Determinismus oder für das Problem individueller Rechte zu interessieren. Die Analyse sozialer Beziehungen liefert uns die Gründe für die Vermutung, daß weiße, bürgerliche, europäische Männer kognitive Stile und Weltbilder haben, die sich von den kognitiven Stilen und Weltbildern derjenigen unterscheiden, die durch ihre alltäglichen Arbeitsleistungen es jenen ermöglicht, das soziale Leben zu steuern.

Entwicklungsprozesse

Erklärungen für die Entwicklung geschlechtsspezifischer Weltbilder, die als mögliche Bestätigung für Gilligans Entdeckungen angeführt werden, müssen in der Form, in der sie dargestellt und durch die feministischen Theoretikerinnen von Objektbeziehungen ausgearbeitet worden sind, durch die hier erörterten Zusammenhänge in Zweifel gezogen werden. Zweifellos gibt es ähnliche Prozesse der Produktion individueller Geschlechtszugehörigkeit, die kulturübergreifend sind. In allen Kulturen, die durch die Dominanz der Männer strukturiert sind, gibt es vermutlich für alle Heranwachsenden geteilte Erfahrungen: geschlechtsspezifische Ablösungsformen von der ersten Bezugsper-

son, die Einnahme einer dem eigenen Geschlecht angemessenen Position in
der Welt des Vaters, der Erwerb einer individuellen und geschlechtsspezifischen Identität. Diese Gemeinsamkeiten erscheinen indes nicht stark genug,
um kulturübergreifend distinkte männliche und weibliche Weltbilder hervorzubringen — zumindest nicht die Weltbilder, die aus modernen, westlichen
Geschlechtsdifferenzen abgeleitet werden.

Dennoch läßt sich die Theorie der Objektbeziehungen fruchtbar histori-
sieren. Einen Hinweis darauf, wie dies geschehen könnte, gibt Isaac Balbus.[43]
Er vertritt die These, daß die Theorie der Objektbeziehungen die Entwicklung unterschiedlicher Staatsformen sowie kulturspezifischer Einstellungen
zur Natur erklären kann, wenn wir die Intensität der anfänglichen Identifikation des Kindes mit seiner Pflegeperson (Mutter) als eine und die Härte der
Ablösung von dieser Pflegeperson als eine weitere kulturelle Variable anset-
zen. Er weist darauf hin, daß es extrem misogyne Kulturen gibt, die es strikt
ablehnen, andere Gruppen und/oder die Natur zu beherrschen, und ebenso
weniger misogyne Kulturen, zu deren zentralen Merkmalen die Beherrschung anderer Gruppen und der Natur gehört. Balbus befaßt sich nicht mit
Problemen des Rassismus, und er beginnt gerade erst, die anthropologischen
und historischen Belege zu erforschen, die Klarheit über die kulturelle Variation der Intensität der frühkindlichen Identifikation mit der Pflegeperson und
der darauf folgenden Härte der notwendigen Ablösung bringen können.

Es ist offensichtlich, daß eine Menge theoretischer und empirischer Arbeit
für die Entwicklung dieser anspruchsvollen Theorie zu leisten ist, die erklären
soll, wie die Kindheitserfahrungen westlicher Männer eine bestimmte Form
der Ontologie, der Ethik und des Wissenserwerbs hervorbringen, während
die Kindheitserfahrungen von uns übrigen eher zu einer anderen Form führen. Der Kern unseres Selbst, den wir während des gesamten Lebens bewahren, scheint in hohem Maße durch unsere prärationalen frühkindlichen
Erfahrungen beeinflußt zu sein — durch die Möglichkeiten, die die Erzie-
hungspraktiken bieten, uns, als Reaktion auf die und als Zuflucht vor der
anfänglichen mütterlichen Autorität, mit der väterlichen Autorität zu identifizieren. Es wäre also töricht, die möglichen Beiträge einer Theorie frühkindli-
cher Sozialisationserfahrungen für die integrierte Feldtheorie, die wir brauchen, zu übersehen.

Schlußbemerkung

Der vorliegende Aufsatz scheint sich weit von der Erörterung der Moral von Frauen entfernt zu haben. Ich bin jedoch der Ansicht, daß ein solcher Umweg notwendig ist, um ein umfassenderes Bild der sozialen Beschränkungen zu gewinnen, innerhalb derer Frauen und Männer in verschiedenen Kulturen moralische Probleme formulieren. Ich teile voll die Bestrebungen der radikalsten feministischen und afrikanistischen Denkrichtungen, die spezifischen kognitiven Stile und ethischen Sichtweisen von Frauen und von Völkern afrikanischer Abstammung zu identifizieren und zu legitimieren. Die Emanzipationsbemühungen unserer Vorfahren, Frauen und Männer, stellten mutige und wohlüberlegte Angriffe auf die Denkweise und die Politik des biologischen Determinismus dar, denen sie durch die Herrschaft des Mannes bzw. des Rassismus ausgesetzt waren. Gleichwohl können wir die Probleme erkennen, die die Emanzipation der Frauen mit sich bringt, wenn sie darauf hinausläuft, daß die Frauen genauso sein wollen wie die Männer, und die die Emanzipation der Schwarzen mit sich bringt, wenn sie dazu führt, daß die afrikanischen Völker sich gerade so wie ihre Unterdrücker verhalten. Wir sind anders, nicht so sehr durch unsere naturgegebene Ausstattung, sondern als Folge der sozialen Unterdrückung, die wir durchlebt haben und noch immer erfahren. Dennoch bietet die Geschichte der sozialen Unterdrückung eine Hoffnung für die Zukunft. Aus den kleinen Unterschieden, die wir jetzt zwischen den Geschlechtern und zwischen den Rassen in verschiedenen Kulturen beobachten, kann ein gewaltiger Unterschied herauswachsen zwischen den defensiv auf Geschlechts- und Rassenunterschieden gegründeten Kulturen, die wir sind, und Kulturen, die Reziprozität erstreben, die den Wert von Unterschieden aber keine Rassen- und Geschlechtsdiskriminierung kennen, Kulturen, die wir werden könnten. Wir könnten mit kulturellen Unterschieden leben ohne die Formen kultureller Unterwerfung, die einen so großen Teil der Geschichte von Geschlecht und Rasse bestimmen. (Ich begreife Rasse wie Geschlecht als soziale Konstrukte und so als historischen Veränderungen unterworfen.) Um uns in diese Richtung zu bewegen, bedarf es aber einer adäquateren Definition der Kräfte, die dem Sexismus und dem Rassismus zugrunde liegen.

Die »weibliche Moral«, auf die Gilligan unsere Aufmerksamkeit so scharfsinnig gelenkt hat, ist höchstwahrscheinlich die Art von Moral, die für jeden und jede in den täglichen Interaktionen mit denen, die von uns abhängig sind und von denen wir abhängig sind, angemessen ist — Interaktionen, in denen wir nicht gewillt sind, »Rechte« und Zwang zu benutzen, um unsere moralischen Ziele zu erreichen. Bedauerlicherweise vollzieht sich die Sozialisation westlicher Männer nicht so, daß sie erkennen könnten, daß die Orientierung an Rechten für viele Aspekte des sozialen Lebens unangemessen ist, und bedauerlicherweise haben westliche Frauen und nicht-westliche Völker einen sehr begrenzten Zugang zu den Rechten, die westliche Männer in Anspruch nehmen können.[44]

Übersetzt von Elisabeth Seyfarth-Konau

Anmerkungen

1 Carol Gilligan, Women's Place in Man's Life Cycle, in: *Harvard Eductional Review 49: 4 (1979); In a Different Voice: Psychological Theory and Women's Development.* Cambridge: Harvard University Press, 1982 (dt.: *Die andere Stimme.* Lebenskonflikte und Moral der Frau. München: Piper 1984).
Wenn ich mich auf diese kontrastierenden moralischen Orientierungen als »weiblich« und »männlich« beziehe, unterstelle ich damit nicht, daß sie »natürlich« sind oder sogar universell mit den tatsächlichen moralischen Urteilen von Frauen und Männern korrelieren, sondern lediglich, daß sich in der moralischen Denkweise von Männern die »Fürsorgeorientierung« weniger häufig und die »Gerechtigkeitsorientierung« häufiger festellen läßt.

2 Hilary Rose, Hand, Brain and Heart: A Feminist Epistemology for the Natural Sciences, in: *Signs,* 9:1(1983); Jane Flax, Political Philosophy and the Patriarchal Unconscious: A Psychoanalytic Perspective on Epistemology and Metaphysics, in: S. Harding/M. Hintikka (Eds.), *Discovering Reality, Feminist Perspectives on Epistemology, Metaphysics, Methodology, and Philosophy of Science,* Dordrecht: D. Reidel, 1983; Nancy Hartsock, The Feminist Standpoint: Developing the Ground for a Specifially Feminist Historical Materialism, in: ebd.; Dorothy Smith, Women's Perspective as a Radical Critique of Sociology, in: *Sociological Inquiry* 44 (1974); Some Implications of a Sociology for Women, in: N. Glazer/H. Waehrer, (Eds.), *Women in a Man-Made World,* Chicago: Rand-McNally, 1977; A Sociology for Women, in: J. Sherman/E. Beck (Eds.), *The Prism of Sex: Essays in the Sociology of Knowledge,* Madison: University of Wisconsin Press, 1979. Vgl. auch Sandra Harding, Is Gender a Variable in Conceptions of Rationality? A Survey of Issues, in: *Dialectica* 36:2—3 (1982); abgedruckt in Carol Gould (Ed.), *Beyond Domination: New Perspectives on Women and Philosophy,* Totowa, N.J.: Rowman and Allenheld, 1983; and *The Science Question in Feminism,* Ithaca: Cornell University Press, 1986.

3 Sara Ruddick, Maternal Thinking, in: *Feminist Studies* 6:2 (1980).

4 Vgl. Flax (Anm. 2); Nancy Chodorow, *The Reproduction of Mothering,* Berkely: UCP, 1978 (dt: *Das Erbe der Mütter,* München: Frauenoffensive, 1985); Dorothy Dinnerstein, *The Mermaid and the Minotaur: Sexual Arrangements and Human*

Malaise, New York: Harper and Row, 1976. Vgl. auch die Art und Weise, wie Dinnersteins Version dieser Theorie in den letzten beiden Kapiteln von Isaac Balbus, *Marxism and Domination,* Princeton: University Press 1982, verwendet wird. Wir werden zu fragen haben, wieweit diese Darstellung eine kausale Erklärung so allgemeiner Charakterisierungen menschlichen Denkens, wie sie diese Ontologien darstellen, zu liefern vermag.

5 Vgl. die zuvor zitierten Texte von Hartsock und Smith.

6 Russell Means, The Future of the Earth, Mother Jones; Joseph Needham, History and Human Values: A Chinese Perspective for World Science and Technology, in: Hilary Rose/Steven Rose (Eds.), *Ideology of/in the Natural Sciences,* Cambridge: Schenkman, 1979.

7 Vgl. Bettina Aptheker, *Woman's Legacy,* Amherst: University of Massachusetts Press, 1982; Angela Davis, The Black Women's Role in the Community of Slaves, in: *The Black Scholar,* December 1971; Gisela Bock, Racism and Sexism in Nazi Germany: Motherhood, Compulsory Sterilization, and the State, in: *Signs* 8:3 (1983); Bell Hooks, *Ain't I a Woman,* Boston: South End Press, 1981; dies., *Feminist Theory From Margin to Center,* Boston: South End Press, 1984. In rassisch geschichteten Kulturen schreiben Androzentrismus und Sexismus stets unterschiedliche Schranken für die Frauen der beherrschten und der herrschenden Rassen vor. In Gesellschaften mit geschlechtsspezifischer Schichtung nimmt Rassismus für Männer und Frauen unterschiedliche Formen an. In ihrem Vortrag in Stony Brook berichtete Gilligan, daß die einzige Gruppe der von ihr untersuchten Frauen, in deren moralischen Urteilen die »Fürsorgeorientierung« keine Rolle spielte, eine (kleine) Gruppe schwarzer Medizinstudentinnen gewesen sei. Als eine Darstellung weiblichen Aufwachsens in Nigeria vgl. die Romane von Buchi Emecheta, besonders: *The Slave Girl* (New York: George Braziller, 1977) und: *The Joys of Motherhood* (London: Heinemann, 1980). Die Romane und Gedichte von Alice Walker, Tony Morrison, Audre Lorde, Paule Marshall, Ntozake Shange, und vieler anderer schwarzamerikanischer Schriftstellerinnen stellen diese Erfahrung diesseits des Atlantiks dar.

8 Die in diesem Aufsatz behandelten Fragen basieren auf einer erheblich umfangreicheren Erörterung, die als Kapitel 7 in *The Science Question in Feminism* erscheint. Viele begriffliche Probleme, auf die ich hier nur hinweisen kann, werden in dieser längeren Arbeit gründlicher untersucht.

9 Vernon Dixon, World Views and Research Methodology, in: L.M. King/V. Dixon/W.W. Nobles (Eds.), *African Philosophy: Assumptions and Paradigms for Research on Black Persons,* Los Angeles: Fanon Center Publication, Charles R. Drew Postgraduate Medical School, 1976. Vgl. auch die Quellen, die Dixon zitiert, sowie Gerald G. Jackson, The African Genesis of the Black Perspective in Helping, in: R.L. Jones (Ed.), *Black Psychology,* New York: Harper & Row, 1980, 314—31.

10 Dixon (Anm. 9), 54 f.

11 Ebd., 55.

12 Ebd., Zitat aus Rosalie Cohen, The Influence of Conceptual Rule-sets on Measures of Learning Ability; George Gamble and James Bond, Race and Intelligence, *American Anthropologist* (1971), 47.

13 Ebd., 58.
14 Ebd.
15 Ebd.
16 Ebd.
17 Ebd.
18 Ebd., 58 f.
19 Ebd., 61.
20 Ebd., Zitat aus: Rosalie Cohen (vgl. Anm. 12).
21 Ebd., 62 f.
22 Ebd., 63.
23 Ebd., Zitat aus: John S. Mbiti, *African Religions and Philosophy*, London: Heine-
    mann, 1969, 108.
24 Ebd., 64.
25 Ebd.
26 Ebd., 69 f.
27 Ebd., 70.
28 Judith Shapiro, *Gender Totemism and Feminist Thought*, Paper für das Mid-Atlantic
    Seminar for the Study of Women and Society der University of Pennsylvania, 17.
    Oktober 1984.
29 Wie bereits angedeutet, kann ich hier auf diese Probleme nur kurz hinweisen.
    Für eine umfassendere Diskussion vgl. Kap. 7 in: *The Science Question in Femi-
    nism.*
30 Zur Diskussion der Probleme mit dichotomen Klassifikationsschemata aus der
    Sicht eines Anthropologen vgl. die Diskussion bei Robert Horton, »Levy-Bruhl,
    Durkheim and the Scientific Revolution«, in: R. Horton/R. Finnegan (Eds.),
    Modes of Thought: Essays on Thinking in Western and Non-Western Societies, London:
    Faber and Faber, 1973. Vgl. auch Paulin Hountondji, *African Philosophy: Myth and
    Reality,* Bloomington: University of Indiana Press, 1983, und Lanciany Keita,
    African Philosophical Systems: A Rational Reconstruction, in: *The Philosophical
    Forum* 9:2–3 (1977–78), zur (afrikanischen) philosophischen Kritik der Schema-
    tisierung afrikanisch/europäisch.
31 Als einen Versuch, diese fernen Nebel zu durchdringen, vgl. Salvatore Cucchiari,
    The Gender Revolution and the Transition from Bisexual Horde of Patrilocal
    Band; The Origins of Gender Hierarchy, in: Sherry B. Ortner/Harriet Whitehead
    (Eds.), *Sexual Meanings: The Cultural Construction of Gender and Sexuality,* New
    York: Cambridge University Press, 1981.
32 Vgl. Keita (Anm. 30).
33 Einige Beobachter kommen einer solchen Behauptung recht nahe. Vgl. z.B. Da-
    vid Riesmans Charakterisierung des Typus des »Außengeleiteten«, der in den 50er
    Jahren in den urbanen Zentren aufkam, im 1. Kapitel von *The Lonely Crowd* (New
    Haven: Yale University Press, 1973; dt.: *Die einsame Masse,* München 1958); Chri-
    stopher Laschs Trauer über *Das Zeitalter des Narzißmus* (München 1980). Vgl. die
    Diskussion der 60er Jahre bei Balbus (Anm. 4), die eine differenzierte Analyse der
    entstehenden kulturellen Mentalität gibt, die in vieler Hinsicht weniger maskulin
    und zugleich intensiver frauenfeindlich war. Vgl. auch Dennis Altman, *The Homo-*

sexualization of America, (Boston: Beacon Press, 1983), der Anhaltspunkte für eine Fortsetzung dieser Tendenzen bis in die 70er und 80er Jahre hinein sieht.

34 Vgl. Shapiro (Anm. 28).

35 Beispiele für biologischen Determinismus in Darstellungen afrikanischer Emanzipationstheoretiker finden sich bei Dubois Philip McGee, Psychology: Melanin, The Physiological Basis for Psychological Oneness, in: L.M. King/V.J. Dixon/ W.W. Nobles (Eds.), (Anm. 9). Mit Bezug auf Geschlechtsdifferenzen scheinen die von Lacan beeinflußten Nachfolger Freuds gegen die Objektbeziehungstheoretiker die Auffassung zu vertreten, daß keine Form ›alternativen Mutterns‹ — durch homosexuelle Mit-Eltern, etc. — die Wirkungen der Mutter-Kind-Bindung oder die der phallischen Präsenz des Vaters aufzuheben vermag. Selbst Objektbeziehungstheoretiker geben indessen zuweilen zu verstehen, daß die »Geschlechtsbeziehungen und die menschliche Misere« der Natur vorzuwerfen sei. Dinnerstein diskutiert in ihrem Buch dieses Titels (vgl. Anm. 4) die Erbschaft, die das »Geburtsdilemma« seit den Anfängen menschlicher Geschichte den Beziehungen der Geschlechter hinterlassen hat. Und weiter, obwohl Mary O'Brien betont, daß die Biologie kein Schicksal sei, legt ihre Erörterung des unterschiedlichen Bewußtseins, das wir von unseren Fortpflanzungsapparaten haben, eine biologische Basis für geschlechtsbezogene Ideologien nahe. Vgl. dazu *The Politics of Reproduction* (New York: Routledge and Kegan Paul, 1981). Gleichgültig, ob sie tatsächlich, wie sie selbst annehmen, im Rahmen der Annahmen feministischer Theorie schreiben oder nicht, Jean Elshtain und Carol MacMillan vertreten die Auffassung, daß der Feminismus von einem besseren Verständnis der Bedeutung biologischer Unterschiede profitieren würde. Vgl. Jean Elshtain, Feminists against the Family, in: *The Nation,* 17. Nov. 1979; *Public Man, Private Woman: Women in Social and Political Thought,* Princeton: University Press, 1981; Antigone's Daughters, in: *Democracy* 2:2 (1982); Carol MacMillan, *Women, Reason and Nature,* Princeton: University Press, 1982.

36 In jedem Fall muß die Politik diese biologischen Unterschiede berücksichtigen: Schwangerschaft spielt sich nicht »zufällig« im weiblichen Körper ab, wie der Supreme Court jüngst unterstellt hat; Berufsrisiken haben auf die Fortpflanzungsapparate von Männern und Frauen unterschiedliche Auswirkungen.

37 Vgl. Maurice Bloch/Jean Bloch, Women and the Dialectics of Nature in Eighteenth Century French Thought, in: Carol MacCormack/Marilyn Strathern (Eds.), *Nature, Culture and Gender,* Cambridge: University Press, 1980.

38 Der Ausdruck wurde übernommen von Jane Flax (Anm. 2).

39 Vgl. Harry Braverman, *Die Arbeit im modernen Produktionsprozeß,* Frankfurt 1980.

40 Vgl. Keita (Anm. 30).

41 Friedrich Engels, *Der Ursprung der Familie, des Privateigentums und des Staats,* 1884.

42 Vgl. z.B. Kristin Luker, *Abortion and the Politics of Motherhood,* Berkeley: University of California Press, 1984.

43 Vgl. Kap. 9 in: Balbus (Anm. 4).

44 Ich danke Eva Kittay und Diana Meyers für ihre hilfreichen Fragen, die es mir erlaubten, diesem Aufsatz eine stringentere Fassung zu geben.

Teil II
Philosophische Kontroversen

Das Gleiche in anderen Stimmen

Weibliche Psychologie und Ethik

George Sher

Nicht gerade der unwichtigste unter den Gründen für die gegenwärtige Zunahme des Interesses an den Arbeiten von Carol Gilligan ist die Erwartung, daß ihre Beobachtungen für die Ethik von Bedeutung sein könnten. Obwohl diese Erwartung nicht immer explizit ausgesprochen wird, die allgemeine Tendenz ist doch offenkundig. Indem Gilligan zeigt, daß Frauen und Männer moralische Probleme unterschiedlich deuten und ihre Moralentwicklung unterschiedliche Stufen durchläuft, hat Gilligan, so die allgemeine Einschätzung, auch eine Unausgewogenheit der gängigen ethischen Theorien sichtbar gemacht. Gilligan habe entdeckt, daß deren Standardkategorien und -fragestellungen auf subtile — auf männliche — Weise voreingenommen sind, und habe damit unsere Augen geöffnet für Alternativen.[1] Ich will hier einige Bedenken gegenüber dieser Erwartung anmelden. Trotz ihrer unstrittigen Bedeutung eröffnen Gilligans Ergebnisse meines Erachtens der Ethik wenig neue Wege. Die moralischen Urteile von Frauen mögen mit einer anderen Stimme zum Ausdruck gebracht werden, aber das Echo dieser Stimme hallt durch wohlbekannte Räume.

Für ein erstes Verständnis der Streitpunkte wollen wir kurz einen Blick auf Gilligans Rekonstruktion des weiblichen moralischen Denkens werfen. Ihre Auffassung von den herrschenden Modellen der Moral und dem davon abweichenden Denken der Frauen sind mit ihrer Diskussion dreier empirischer Studien verknüpft, die den Kern ihres Buchs ausmachen.[2] Ich werde zunächst einige repräsentative Passagen zitieren:

»Claires Unvermögen, ihre moralische Position zu artikulieren, ist teilweise durch die Tatsache bedingt, daß ihr Urteil an den Kontext gebunden ist, an die jeweiligen Besonderheiten der Zeit und des Ortes, daß es immer von ›dieser Mutter‹ und ›diesem ungeborenen Kind‹ abhängt und sich somit einer kategorischen Formulierung widersetzt. Für sie übersteigen die Möglichkeiten der Phantasie die Fähigkeit zur Verallgemeinerung.« (77)

»Hypothetische Dilemmata entkleiden durch die Abstraktion ihrer Darstellung die moralischen Akteure der Geschichte und Psychologie ihres individuellen Lebens und lösen das moralische Problem von den gesellschaftlichen Umständen, unter denen es möglicherweise auftreten könnte. Dadurch sind diese Dilemmata nützlich für die Destillation und Verfeinerung objektiver Prinzipien der Gerechtigkeit und zur Messung der formalen Logik von Gleichberechtigung und Wechselseitigkeit. Die Rekonstruktion des Dilemmas in seiner kontextbezogenen Besonderheit ermöglicht jedoch ein Verständnis von Ursache und Wirkung, welches das Einfühlungsvermögen und die Toleranz mobilisiert, durch die sich die Moralurteile von Frauen, wie wiederholt festgestellt, auszeichnen.« (125)

»Amy betrachtet das Dilemma nicht als ein mathematisches Problem mit Menschen, sondern als eine Geschichte von Beziehungen, die sich über einen längeren Zeitraum erstreckt, und sie stellt sich vor, daß die Frau ihren Mann auch später noch brauchen und der Mann sich auch weiterhin um seine Frau kümmern wird. Sie versucht auf die Wünsche des Apothekers in einer Weise zu reagieren, die die Verbindung nicht abbrechen, sondern aufrechterhalten würde. So wie sie das Überleben der Frau von der Aufrechterhaltung der Beziehungen abhängig macht, so betrachtet sie auch den Wert, den das Leben der Frau hat, in einem Kontext von Beziehungen . . .« (41)

»Die Auffassung der Frauen vom Moralproblem als einem Problem der Anteilnahme und Verantwortlichkeit in Beziehungen und nicht als einer Frage von Rechten und Regeln verknüpft die Entwicklung ihres moralischen Denkens mit Veränderungen in ihrem Verständnis von Verantwortung und Beziehungen, so wie die Konzeption von Moral als Gerechtigkeit die Entwicklung von der Logik der Gleichberechtigung und Gegenseitigkeit abhängig macht.« (93 f.)

»Es wird somit klar, warum eine Moral des Rechts und der Nichteinmischung wegen der in ihr ruhenden Möglichkeit, Gleichgültigkeit und mangelnde Anteilnahme zu rechtfertigen, Frauen erschreckend erscheinen kann. Gleichzeitig wird klar, warum aus männlicher Perspektive eine Moral der Verantwortung angesichts ihres auf den Zusammenhang verweisenden Relativismus vage und unüberzeugend scheint.« (33)

In diesen und vielen ähnlichen Passagen entwickelt Gilligan ihre Auffassung von einer eigenständigen weiblichen ›Stimme‹ in der Moral anhand einer Reihe von Gegensätzen. Man kann sie wie folgt formulieren: die weibliche Moral sei konkret und kontextbezogen, und nicht abstrakt; nicht prinziporientiert im Gegensatz zu prinziporientiert; persönlich und nicht unpersönlich; durch Fürsorglichkeit motiviert und nicht durch Pflichtgefühl; eher an Verantwortung ausgerichtet als an Rechten. Es bleibt offen, welchen dieser Gegensätze Gilligan als den grundlegenden betrachtet bzw., genauer, auf welche sie sich festlegen möchte. Aber wenn unsere Frage darauf zielt, ob irgendein Aspekt von Gilligans Ergebnissen (oder eine plausibel erweiterte Interpretation davon) zu einer Erneuerung der Ethik führen kann, tun wir gut daran, jeden dieser Gegensätze zu berücksichtigen.

Betrachten wir deshalb zuerst die Annahme, daß die moralischen Entscheidungen von Frauen konkret und kontextbezogen, anstatt abstrakt sind. Wortwörtlich verstanden scheint ein solcher Gegensatz nicht vorzuliegen, denn zumindest auf den ersten Blick ist schwer zu sehen, wie *alle* Kontextbezüge für eine moralische Entscheidung je irrelevant oder wie alle je relevant sein könnten. Auch der kompromißloseste Absolutist, der glaubt, daß beispielsweise kein Versprechen je gebrochen werden dürfe, muß den moralischen Akteuren ausreichende Berücksichtigung des Kontexts einräumen, damit sie feststellen können, ob eine bestimmte Handlung ein Versprechen brechen *würde*. Und zusätzliche Beachtung des Kontextes ist nötig aufgrund des berüchtigten Problems von Pflichtkollisionen. Auf der anderen Seite muß auch der glühendste Anhänger einer ›Situationsethik‹ zugeben, daß moralische Entscheidungen eine selektive Aufmerksamkeit erfordern, und damit ebenfalls eine Abstraktion vom Gesamtkontext. Die Frau, die mit einer Abtreibungsentscheidung ringt, mag durch eine Unzahl von »Besonderheiten der Zeit und des Ortes« (77) beeinflußt sein, aber angesichts der unzählbaren Menge solcher Aspekte kann sie offensichtlich nicht alle berücksichtigen. *Erst recht* kann sie nicht allen von ihnen Relevanz zumessen. Die eigentliche Frage ist nicht so sehr, *ob* der Kontext von Bedeutung ist, als vielmehr, wieviel an Kontext, welche seiner Aspekte unverzichtbar sind für unsere moralischen Entscheidungen und wie sie, miteinander verflochten, moralische Pflichten hervorbringen. Wenn aber die Rolle des Kontextes auf diese Weise abgeschwächt wird,[3] stellt er keine Neuentdeckung für ethische Theorien dar. Statt dessen sind die damit aufgeworfenen Fragen genau der Gegenstand der orthodoxen Ethik.[4]

Nicht völlig überraschend werden diese prinzipiellen Überlegungen durch die Berichte von Gilligans eigenen Untersuchungspersonen bestätigt. Entgegen Gilligans Behauptung, daß diese Frauen moralische Entscheidungen kontextbezogen und konkret fällen, lassen ihre Äußerungen häufig ein gutes Gespür für Unterschiede in der Gewichtigkeit erkennen. Dies zeigt sich außerdem nicht nur in ihren Antworten auf Kohlbergs hypothetische Dilemmata, sondern ebenso bei Schilderungen von Konfliktsituationen in ihrem alltäglichen Leben. So sagt beispielsweise Claire, deren Zweifel über ihre Tätigkeit als Abtreibungsberaterin der Anlaß für die erste der zitierten Äußerungen waren: »Ja, das Leben ist heilig, aber die Lebensqualität ist auch wichtig, und sie muß in diesem speziellen Fall der entscheidende Faktor sein« (77). Man kann sich mit Claire darüber streiten, ob sie das Leben wirklich als »heilig« begreift, wenn sie zuläßt, daß sein Wert durch andere Überlegungen außer Kraft gesetzt wird. Aber zweifellos versucht sie, sowohl die relevanten Aspekte ihrer Situation zu analysieren als auch zu ordnen.

Damit soll nicht unbedingt bestritten werden, daß sich Frauen im allgemeinen stärker auf den Kontext einlassen als Männer; noch soll bestritten werden, daß diese Sensibilität für die Herausbildung moralischen Urteilens bei Frauen äußerst wichtig sein kann. Ohne Zweifel können genetische oder Umweltfaktoren bewirkt haben, daß Frauen besonders sensibel dafür sind, was ihre Handlungen für die Betroffenen wirklich bedeuten. Auch ist vorstellbar, daß dies für Frauen eher wichtig ist als für Männer. Tatsächlich sind, berücksichtigt man Gilligans Beobachtungen, solche Unterschiede weit mehr als bloß hypothetische Größen. Auch wird jede halbwegs realistische ethische Theorie anerkennen, daß sowohl die Richtigkeit unserer Handlungen, als auch unsere eigene moralische Qualität als Person stark davon abhängen, wie genau und gründlich wir unsere Situation und die in ihr liegenden Handlungsmöglichkeiten prüfen. Für einen Deontologen entscheidet die Sensibilität gegenüber dem Kontext darüber, wie gut man die Eigenart der alternativen Handlungen einschätzt, und damit die Merkmale, die sie richtig machen. Für einen Konsequentialisten entscheidet sie, wie treffend man die möglichen Folgen der Handlungen beurteilt. Insgesamt aber bedeuten diese (einzuräumenden) Unterschiede höchstens, daß Frauen unter einem Aspekt einer vielschichtigen gemeinsamen Praxis besser sind als Männer. Sicher belegen sie nicht, daß Frauen in einer ›Moral des Kontextes‹ entscheiden, und Männer nicht. Wenn Kohlbergs ›männliche‹ Stufenabfolge Moralentwicklung nur als einen Aufstieg zu größerer Abstraktion konstruiert und die Möglichkeit übersieht, daß sich auch die Sensibilität gegenüber dem Kontext entwickeln kann, so ist es schlecht um ihren Anspruch bestellt, alle Aspekte der Moralentwicklung zu erfassen. Und schlecht auch um den Anspruch, alles zu berücksichtigen, was die traditionell rivalisierenden ethischen Theorien an Wichtigem gemeinsam haben.

Diese Art, die Unterscheidung zwischen Kontext und Abstraktion zu entschärfen, mag vorschnell erscheinen. Auch wenn wir zustimmen, daß jede moralische Entscheidung gegenüber dem Kontext ebenso Sensibilität wie Abstraktion verlangt, müssen wir nicht derselben Meinung über die Form sein, die solche Abstraktionen annehmen können. Konkreter: auch wenn Personen keine moralischen Entscheidungen treffen können, ohne sich selektiv auf einige Aspekte ihrer Situation zu beschränken, bleibt es eine offene Frage, ob die gewählten Aspekte Entscheidungen allein aus sich selbst heraus tragen können oder ob sie dazu nur in Verbindung mit allgemeineren Moralprinzipien in der Lage sind. Es ist ein Gemeinplatz der meisten ethischen Theorien, daß, wenn eine gegebene Tatsachenkonstellation ein guter Grund für eine Person X sein soll, A zu tun, eine ähnliche Konstellation ein gleich guter Grund für eine andere Person Y sein muß oder für dieselbe Person X zu einem anderen Zeitpunkt.[5] Um den Punkt geringfügig anders zu formulieren: die meisten Theorien stimmen darin überein, daß jede moralische Rechtfertigung zumindest einen impliziten Rückbezug auf ein Prinzip enthält. Demgegenüber kann Gilligan auch so gelesen werden, daß ihre empirischen Ergebnisse belegen, daß die Entscheidungen von Frauen häufig *nicht* durch universelle Prinzipien gestützt sind.[6] Ebendeshalb scheinen ihre Ergebnisse auf eine neue Auffassung davon zu verweisen, was es heißt, moralische Gründe zu haben.

Damit sind wir vom ersten zum zweiten unserer Gegensätze übergegangen. Wir haben gesehen, daß der Gegensatz zwischen Kontext und Abstraktion auf dem weiteren Gegensatz zwischen Prinzipienorientierung und Prinzipienlosigkeit basiert. Dieser zweite Gegensatz ist für uns der interessantere, denn die Rolle von Prinzipien im moralischen Denken ist weit weniger klar, als es die bloße Notwendigkeit von Abstraktion ist. Es hat natürlich viele Versuche gegeben, prinzipienlose Entscheidungen als irrational oder in anderer Hinsicht defizitär einzustufen. Aber im Vergleich zu diesen Versuchen haben Gilligans Beobachtungen erheblich mehr Gewicht. Wenn nämlich Frauen tatsächlich regelmäßig prinzipienlose Entscheidungen fällen, dann würde, solche Entscheidungen als unakzeptabel zu verwerfen, darauf hinauslaufen, die für die Hälfte der Weltbevölkerung gängige Urteilsmethode abzulehnen.

Es ist zweifellos eine schwierige metatheoretische Frage, als wie ernst zu nehmend solche empirischen Ergebnisse im Vergleich mit anderen, eher *apriorischen* Argumenten zu Rationalitätsstandards eingeschätzt werden sollen. Für Philosophen, die dem Naturalismus nahe stehen und im Geist von Nelson Goodmans These argumentieren, daß »der Prozeß der Rechtfertigung diffiziler Art ist, indem er die gegenseitige Anpassung von Regeln und akzeptierten Folgerungen umfaßt« (Goodman 1965, 64), werden solche empirischen Ergebnisse vermutlich starke Bedeutung haben. Für andere, die eher prinzipiell argumentieren möchten, werden sie weniger wichtig sein. Tatsächlich aber, und zum Glück, müssen wir dieses allgemeine methodische Problem nicht lösen. Denn trotz des gegenteiligen Anscheins sagen Gilligans Beobachtungen sehr wenig über die Rolle von Prinzipien bei den Entscheidungen von Frauen aus.

Um zu sehen, warum, müssen wir uns strikt darauf konzentrieren, was es heißt, nach einem Prinzip zu handeln. Wie wir sahen, heißt nach einem Prinzip handeln einfach aus Gründen handeln, von denen man meint (oder auch meinen würde), daß sie mit vergleichbarer Relevanz ebenfalls allen anderen gegenüber gelten, die sich in einer ähnlichen Situation befinden (oder befänden). Deshalb sagt — man beachte den kontrafaktischen Teil dieser Formulierung — der bloße Umstand, daß die Antworten von Frauen tatsächlich selten mit Prinzipien zu tun haben, wenig über die ihren Entscheidungen zugrunde liegenden Struktur aus. Auch Personen, die bei einer nachträglichen Rekonstruktion ihrer Gedankengänge Prinzipien unerwähnt lassen, oder sogar Personen, die sie ausdrücklich ablehnen, können dennoch in Übereinstimmung mit prinziporientierten Gründen entschieden haben. Es kann sein, daß ihr Nichterwähnen oder ihre Ablehnung nicht das Fehlen einer Bindung an Prinzipien anzeigen, sondern vielmehr ein ungenügendes Verständnis dessen, was eine solche Bindung bedeutet. Ob man prinziporientiert handelt, hängt nicht allein davon ab, was man über Prinzipien sagt, als viel eher davon, was man über eine Vielzahl anderer Dinge tatsächlich sagt oder möglicherweise sagen (oder tun) würde. Hinter dieser Formulierung verstecken sich natürlich Probleme — Probleme der Art, welche Fragen am ehesten die überlegten Ansichten einer Person hervorlocken, was Einzelabweichungen von Prinzipien von einem völligen Fehlen unterscheidet, welche Handlungen oder Äußerungen am besten belegen, daß eine Person ihre Gründe völlig universell meint. Im Rahmen der Argumentationsziele dieses Artikels ist es nicht nötig, diese Fragen zu beantworten. Es reicht, wenn wir beachten, daß, welche Lösung *auch immer* man akzeptieren wird, die Rolle von Prinzipien im Räsonieren einer Person nicht definitiv wird beurteilt werden können, ohne daß dabei einige spezifische und gezielte kontrafaktische Fragen gestellt werden. Da Gilligans Fragen nicht von dieser Art sind, belegen die Antworten, die sie erhält, keineswegs, daß die Entscheidungen von Frauen im allgemeinen nicht prinziporientiert sind (und nicht einmal, daß sie es weniger häufig sind als die Entscheidungen von Männern).

Damit ist meiner Meinung nach nicht gesagt, daß Gilligans Daten *keinerlei* Belege für eine solche Folgerung enthalten. Da diese Folgerung eine mögliche Erklärung für die Abneigung von Frauen bieten würde, sich explizit auf Prinzipien zu beziehen, erhält sie durch Gilligans Daten eine gewisse Bestätigung. Da aber diese Daten auch auf vielerlei andere Weise erklärt werden können, ist der Grad der Bestätigung minimal. Unter den naheliegenden konkurrierenden Erklärungen ist eine bereits erwähnt worden: daß den von Gilligan Befragten das etwas hermetische Verständnis prinzipiengeleiteten Handelns fehlt, das in philosophischen Diskussionen so zentral ist. Aber andere Erklärungen sind ebenfalls denkbar. Die Prinzipien von Frauen mögen mit einer größeren Zahl von Klauseln behaftet sein als die von Männern und deshalb schwieriger zu artikulieren und weniger leicht zugänglich. Frauen mögen sich aufgrund ihrer größeren Sensibilität gegenüber dem Kontext eher der Schwächen von Prinzipien bewußt sein, die einem spontan einfallen, und deshalb stärker zögern, sie zu äußern. Frauen legen möglicherweise weniger Gewicht auf die Universalität als auf eine detaillierte Ausformulierung ihrer Gründe. In Anbetracht dieser und weiterer Möglichkeiten sagt der Umstand, daß Frauen selten Moralprinzipien ausdrücklich anführen, wenig darüber aus, ob ihre tatsächlichen Entscheidungen prinziporientiert sind.

Das ist aber noch nicht alles. Gilligans Untersuchung deutet des weiteren darauf hin, daß die moralischen Entscheidungen von Frauen in zweierlei Hinsicht persönlicher sind als die von Männern. Einmal begreifen ihre weiblichen Probanden moralische Dilemmata häufig als Problem, die Bedürfnisse konkreter Individuen miteinander in Ausgleich zu bringen. (Zu diesen Individuen gehören sie manchmal auch selbst, aber nicht immer.) Zum anderen leiten sie die richtigen Lösungen dieser Dilemmata nicht aus einer unparteilichen Pflicht, sondern aus persönlichem Mitgefühl und Fürsorge ab. Da zumindest eine vordergründige Unverträglichkeit besteht zwischen der Pflicht, ein unpersönliches Prinzip anzuwenden, und der Sorge, die einer persönlichen Beziehung entspringt, scheinen diese Beobachtungen die Annahme zusätzlich zu untermauern (wenn auch indirekt), daß die Entscheidungen von Frauen nicht prinziporientiert sind. Außerdem scheinen sie der These zusätzliche Nuancen hinzuzufügen, daß Frauen mit Interessenkonflikten anders umgehen als Männer. Wenn diese Überlegungen zutreffen, kehren unsere früheren Fragen unausweichlich wieder, wie stark man sich auf die empirische Praxis stützen soll, um Maßstäbe des moralisch Vernünftigen festzulegen.

Doch bevor wir dies folgern, müssen wir die Spannung zwischen persönlichen Beziehungen und unpersönlichem Prinzip etwas genauer betrachten, sowie die Chancen, sie innerhalb der traditionellen Voraussetzungen aufzulösen. Beginnen wir mit der Frage, warum man überhaupt annehmen sollte, eine Unverträglichkeit bestehe. Obwohl hierfür sicher viele Faktoren denkbar sind, liegt ein offensichtlicher Grund in der Einmaligkeit und Unwiederholbarkeit persönlicher Beziehungen. Weil diese Beziehungen in der besonderen Geschichte der Interaktionen von einzelnen Personen verwurzelt sind, müssen alle Anforderungen, die sie auferlegen, auf diese Personen beschränkt bleiben. Auch wenn sich andere Personen in einer ähnlichen Situation befinden, werden ihre verschiedenen Interaktionsgeschichten bewirken, daß für sie nicht dieselben Anforderungen gelten. Außerdem, wenn persönliche Beziehungen Anforderungen auferlegen, dann werden diese Anforderungen von dem unpersönlich Gebotenen nicht nur verschieden sein, sondern mit ihm auch manchmal in Konflikt geraten. Insbesondere muß ein solcher Konflikt immer dann entstehen, wenn die Beziehung und ein Prinzip miteinander unvereinbare Handlungen gebieten.

In dieser Interpretation ist der Gegensatz zwischen dem Persönlichen und dem Unpersönlichen zumindest vordergründig plausibel. Aber die so dargestellte Herausforderung gegenüber den bekannten ethischen Theorien legt vor allem zwei Erwiderungen nahe. Die offenkundigere Erwiderung lautet: Auch wenn lebensgeschichtlich verankerte soziale Beziehungen die Hegemonie einer Prinzipienmoral in Frage stellen, so können sie sie doch nicht vollständig ersetzen. Denn viele dringliche moralische Entscheidungen betreffen nur Personen, mit denen ein Akteur *keine* persönlichen Beziehungen unterhält. Dieser Umstand mag verdeckt werden durch die überragende Rolle von Eltern, Ehemännern und Geliebten in den Berichten von Gilligans Gesprächspartnerinnen. Aber er wird zumindest deutlich, sobald wir die ›Beziehungen‹ zwischen den gerade schwanger gewordenen Frauen und ihren Föten betrachten. Er wird noch deutlicher, wenn wir Fälle wie den von Hilary berücksichtigen, die als Anwältin vor Gericht entdeckte, daß der gegnerische Anwalt

»ein Dokument übersah, das den ›berechtigten Anspruch‹ seines Klienten in entscheidender Weise unterstützte. Hilary überlegte, ob sie ihren Gegner auf das Dokument hinweisen sollte, das der Sache seines Klienten nützen würde, und dabei wurde ihr klar, daß [das auf Gegnerschaft ausgerichtete] Justizsystem nicht nur ›die angebliche Suche nach der Wahrheit‹ behindert, sondern auch die Äußerung von Anteilnahme für den Menschen auf der Gegenseite. Nachdem sie sich zum Teil wegen der Schwäche ihrer eigenen beruflichen Stellung zuletzt dafür entschied, am System festzuhalten, wirft sie sich jetzt vor, sowohl ihrem Grundsatz persönlicher Integrität als auch ihrem moralischen Ideal der Selbstaufopferung untreu geworden zu sein.« (167)[7]

Worin immer Hilarys kompromittiertes Ideal besteht, es handelt sich offensichtlich *nicht* um ein Ideal für persönliche Beziehungen, denn solche Beziehungen liegen hier nicht vor.[8]

Auch wenn Entscheidungen wie diejenige Hilarys nicht von den Forderungen aus persönlichen Beziehungen geleitet sind, können sie natürlich dennoch von Fürsorge und Anteilnahme für alle betroffenen Parteien motiviert und angeleitet sein. Daß dies ein Teil dessen ist, was Hilary Gilligan zufolge geopfert hat, wird durch ihre Bemerkung nahegelegt, das an Gegnern orientierte System behindere »die Äußerung von Anteilnahme für den Menschen auf der Gegenseite« (167). Sobald aber Fürsorge und Anteilnahme von den Anforderungen im Rahmen einmaliger und lebensgeschichtlich verankerter Beziehungen unterschieden werden — sobald man sie als Reaktion auf die mit den betroffenen Parteien geteilte menschliche Natur auffaßt, als durch den Umstand hervorgerufen, daß die anderen Interessen besitzen oder daß sie leidensfähig sind —, können Fürsorge und Anteilnahme ebenfalls als angemessene Reaktionen auf geteilte und wiederholbare Bedingungen angesehen werden. Wenn wir sie so betrachten, verflüchtigt sich vollständig der Kontrast zwischen einzigartigen Beziehungen und allgemeinen Prinzipien. Danach scheint uns nichts anderes zu bleiben als ein Ansatz, der moralische Dilemmata durch emphatische Identifikation mit allen Beteiligten zu lösen versucht. Dieser Ansatz ist alles andere als neu, vielmehr ist er mit dem des bekannten unparteilichen und wohlwollenden Beobachters mindestens eng verwandt und somit zentral für die herrschende Tradition.[9]

Es besteht außerdem eine tieferliegende Schwierigkeit bei der Vermutung, daß eine Moral, die gegenüber den Anforderungen sozialer Beziehungen sensibel ist, unverträglich sein müßte mit einer pflicht- und prinzipienorientierten Moral. So, wie ich es bislang interpretiert habe, entsteht die Unverträglichkeit dann, wenn die Anforderungen aus einer persönlichen Beziehung und aus einem Prinzip in Konflikt geraten. Aber die Annahme, daß ein solcher Konflikt unausweichlich ist, sollte nicht ohne weiteres akzeptiert werden. Auch wenn wir einräumen, daß persönliche Beziehungen Anforderungen stellen, die sich von den Geboten aufgrund moralischer Prinzipien *unterscheiden* (und ich glaube, das sollten wir zugestehen), bleibt die Möglichkeit, daß jede der beiden Gebotsmengen der anderen angepaßt und von ihr begrenzt werden kann. Zum einen ist es nicht abwegig, daß Freundschaft niemals fordern sollte, das Vertrauen von jemand anderen zu verletzen oder sonst etwas gravierend Falsches zu tun. Ebensowenig ist abwegig, daß die Anforderungen seitens bestimmter unpersönlicher Moralprinzipien von den vorrangigen Anforderungen seitens persönlicher Beziehungen abhängig sein können. Beispielsweise kann für uns manchmal erlaubt oder sogar gefordert sein, daß wir unsere Freunde und diejenigen, die wir lieben, bevorzugt behandeln. Oder ein anderes Beispiel: Auch wenn wir zu einer Wahl, wem wir helfen wollen, nicht gezwungen sind, kann doch moralisch geboten sein, gerade so zu handeln, wie es der Eigenart unserer Beziehung gemäß ist. Eine solche Konvergenz der Anforderungen an eine einzelne Handlung wäre nicht absonderlicher als eine Konvergenz, die sich ergibt, wenn beispielsweise eine bestimmte Handlung sowohl durch eine Verpflichtung gefordert wird, der man sich mit der Übernahme eines öffentlichen Amtes unterstellt hat, als auch durch die natürliche Pflicht, gerechte Institutionen zu unterstützen. Im allgemeinen werden die aus Beziehungen und aus Prinzipien entspringenden Anforderungen so eng miteinander verflochten sein, daß es nicht prinziell unmöglich ist, beide vollständig zu erfüllen.

Vermutlich bedarf es kaum der Erwähnung, daß in diesem Zusammenhang noch viele Fragen offen sind. Anzunehmen, daß sich die Anforderungen seitens sozialer Beziehungen und unpersönlicher Prinzipien miteinander versöhnen lassen, ist eines, eine einleuchtende und detaillierte Darstellung dieser Konvergenz zu geben, etwas anderes. Das vermutlich bekannteste Problem, auf das eine solche Darstellung sofort stößt, entspringt dem Einwand, daß das Pflichtmotiv irgendwie entfremdet und daß Menschen, die allein aufgrund von Prinzipien handeln, eben deshalb nicht die Herzlichkeit und Fürsorge zeigen, die bei persönlichen Beziehungen angebracht ist. Erhellend auf den Punkt gebracht hat dieses Bedenken Bernard Williams im Rahmen seiner einflußreichen Diskussion der Möglichkeit, daß sich die Entscheidung, eher die eigene Frau zu retten als einen Fremden, wenn nur einer gerettet werden kann, unter Rekurs auf ein moralisches Prinzip rechtfertigen lasse. Williams meint, daß »diese Konstruktion dem Akteur ein Argument zuviel liefert: einige (zum Beispiel seine Frau) mochten gehofft haben, daß sein Motiv, vollständig artikuliert, der Gedanke war, daß es um seine Frau ging, und nicht: daß es um seine Frau ging und daß es in derartigen Situationen erlaubt ist, seine Frau zu retten« (Williams 1981, 18). Williams' Bedenken, obwohl provozierend, ist keineswegs durchschlagend. In einem interessanten, kürzlich erschienenen Essay hat Marcia Baron gezeigt, daß dieser Einwand seine scheinbare Überzeugungskraft zum einen Teil unserer Neigung verdankt, Handeln aus Pflicht mit Motiven zu assoziieren, die, obzwar tatsächlich mit Sorge und Anteilnahme unvereinbar, mit Pflicht keineswegs notwendig verbunden sind, und zum anderen Teil dem Unvermögen, zu sehen, daß Moralprinzipien nicht als eigenständige Motivquellen fungieren, sondern vielmehr Filter darstellen, durch die andere Motive hindurchdringen müssen.[10] Da ich Barons Diagnose überzeugend finde, werde ich auf dieses Problem nicht weiter eingehen. Statt dessen will ich kurz ein anderes, weniger bekanntes Problem aufgreifen, mit dem der Versuch, die partikularistischen und universalistischen Anforderungen vereinbar zu machen, konfrontiert sein wird.

Im Kern geht es um das Problem des Rechtfertigens der persönlichen Pflichten. Gemeint ist das Problem, innerhalb des Standardangebots von Begründungsversuchen Ansatzpunkte zu finden, um nicht nur Prinzipien einer unparteilichen Moral zu begründen, sondern auch Prinzipien, welche die Art von Parteilichkeit rechtfertigen, die für das Harmonisieren der gegensätzlichen Anforderungen nötig ist. Um es knapp auszudrücken (vielleicht etwas zu knapp): die Schwierigkeit besteht hier darin, daß Deontologen wie Konsequentialisten üblicherweise versucht haben, die von ihnen bevorzugten Prinzipien aus einer abstrakten und allgemeinen Perspektive heraus zu begründen. Aus diesem Grund mag gerade die Unpersönlichkeit ihrer Ausgangspunkte dafür verantwortlich sein, daß jedes Prinzip ausgeschieden wird, welches Anforderungen aus persönlichen Beziehungen anerkennt. Wie Williams bemerkt, scheint dies auch der Fall zu sein,

»wenn der moralische Standpunkt seinerseits unter Bedingungen des Nichtwissens seitens einiger abstrakt vorgestellter Vertragsparteien erklärt wird ... Denn obwohl die Vertragsparteien so dargestellt werden, daß sie eine Menge von Regeln in einer Art selbstinteressierter und rationaler Wahl wählen, sind es doch völlig abstrakte Personen, die diese Wahl in Unkenntnis ihrer besonderen Eigenschaften, Vorlieben usw. vollziehen.«[11]

Wenn das zutrifft und wenn Gilligan recht hat damit, daß Frauen häufig Dilemmata lösen, indem sie den Forderungen persönlicher Beziehungen nachgeben, werden wir uns notgedrungen entscheiden müssen: entweder zu bestreiten, daß die Entscheidungen von Frauen überhaupt mit moralischen Gründen gefällt werden, oder unsere Auffassung radikal zu ändern, was als eine gutbegründete Moral angesehen werden kann.

Aber schließt die Unpersönlichkeit der bekannten Begründungsansätze die Rechtfertigung von Prinzipien *tatsächlich* aus, in denen die Anforderungen persönlicher Beziehungen aufgenommen sind? Obwohl wir offensichtlich nicht alle Möglichkeiten untersuchen können, lohnt es sich, eine bekannte Strategie etwas genauer zu betrachten. Da der Ansatz von Rawls bereits erwähnt wurde, werde ich mich auf ihn beziehen. In diesem Ansatz ist ein Prinzip gerechtfertigt, wenn es von rationalen und selbstinteressierten Personen gewählt würde, die sich in Unkenntnis über die besonderen Umstände ihrer Situation befinden und auf diese Weise gehindert sind, parteiliche Entscheidungen zu treffen. Obwohl ich kein besonderer Anhänger der hypothetischen Vertragstheorie bin, kann ich nicht erkennen, daß die Schwierigkeiten da liegen, wo Williams sie lokalisiert. Es ist richtig, daß Rawls selbst wenig über persönliche Beziehungen sagt, und ebenfalls, daß Richards' Adaption seines Ansatzes zu solchen ›moralistischen Absurditäten‹ führt wie der, daß Personen ihre Beziehungen nicht »allein an willkürlichen Körpermerkmalen« orientieren sollten.[12] Aber damit ist nicht gesagt, daß sich die Rawlsschen Vertragsparteien, was Beziehungen anlangt, nicht auf vernünftige Prinzipien einigen könnten. Es ist keineswegs gesagt, daß sie nicht Prinzipien annehmen könnten, welche vorschreiben, unter bestimmten Bedingungen in Übereinstimmung mit den Anforderungen persönlicher Beziehungen zu handeln, oder die ein gewisses Maß an Parteilichkeit gegenüber Freunden und geliebten Personen erlauben oder fordern. Insbesondere scheint die Wahl solcher Prinzipien *keineswegs* durch das Nichtwissen der Vertragsparteien ausgeschlossen zu sein. Das Nichtwissen der am Vertrag Beteiligten schließt die Wahl von Prinzipien aus, die entweder bestimmte Akteure, die parteilich sein dürfen oder sollen, oder bestimmte Personen als Objekte ihrer Parteilichkeit namentlich nennen. Beides ist jedoch nicht von Belang. Die Frage ist nicht, ob *eine bestimmte* Person gegenüber einer bestimmten anderen parteilich sein darf oder soll, sondern vielmehr, ob *alle* Personen parteilich sein dürfen gegenüber ihren Frauen, Ehemännern oder Freunden, oder es sein sollen. Die entsprechenden Prinzipien müssen, auch wenn sie Parteilichkeit erlauben oder vorschreiben, unparteilich sein. Deshalb gibt es keinen ersichtlichen Grund, warum solche Prinzipien nicht auch von Vertragspartnern angenommen werden könnten, die sich in Unkenntnis über ihre besonderen Lebensumstände befinden.

Können wir noch einen Schritt weiter gehen? Gibt es einen positiven Grund, warum rationale, selbstinteressierte, aber in ihrem Wissen eingeschränkte Vertragsparteien im Rawlsschen Sinn Prinzipien wählen sollten, die Pflichten und Verpflichtungen den Anforderungen persönlicher Beziehungen anpassen? Um diese Frage vollständig zu beantworten, müßten wir wesentlich mehr zu den Anforderungen von Beziehungen sagen, als hier möglich ist. Ein Punkt sei aber noch im Rahmen der gegenwärtigen, bloß kritischen Argumentationsstrategie angemerkt. Unsere Frage bezüglich der Rawlsschen Vertragsparteien kam auf, weil ihre Unfähigkeit, Prinzipien zu wählen, die den Anforderungen von Beziehungen angepaßt sind, die umfassendere These belegen würde, daß *alle* unpersönlichen Begründungsstrategien Prinzipien hervorbrächten, die teilweise mit den Anforderungen von Beziehungen in Konflikt geraten. Dies würde, in Verbindung mit Gilligans Beobachtungen, eine Reformulierung des moralischen Standpunkts in einer stärker persönlichen und beziehungsorientierten Weise nahelegen. Dieser letzte Schritt wird aber nur plausibel sein, wenn die Anforderungen persönlicher Beziehungen selbst mit hinreichender Notwendigkeit als moralische Anforderungen aufgefaßt werden müssen. Die Frage besteht für uns deshalb nicht darin, was die Rawlsschen Vertragsparteien *ohne weitere Annahmen* wählen würden, sondern was sie wählen würden *unter der Voraussetzung, daß die Anforderungen seitens persönlicher Beziehungen in diesem Ausmaß wichtig sind.*

Wenn die Frage auf diese Weise gestellt wird, tun die Rawlsschen Parteien gut daran, denke ich, Prinzipien zu wählen, die so wenig wie möglich mit den Forderungen seitens persönlicher Beziehungen in Konflikt geraten. Um das zu sehen, betrachte man, wie die Anforderungen von seiten der Beziehungen beschaffen sein müßten, so daß sie ausreichend wichtig sind, um als moralische zu gelten. Zum mindesten müßten sie so wichtig sein, daß die Akteure sie nicht verletzen könnten, ohne gleichzeitig ihre eigene Integrität zu verletzen. Die Anforderungen sollten der tiefen persönlichen Hingabe entspringen, die, wie Williams es audrückt, »zu einer Verbundenheit mit dem Leben selbst nötigt« (1981, 18). Außerdem sollten die Anforderungen, wenn man sie unter dem Blickwinkel der jeweils anderen an Beziehungen Beteiligten betrachtet, Reaktionen vorschreiben, deren Wahl nicht einfach offensteht, sondern die in bestimmter Weise geschuldet sind. Die Anforderungen nicht zu erfüllen wäre ein ernsthafter Grund für Kritik. Wie soziale Beziehungen solche Forderungen überhaupt hervorbringen können, ist natürlich gerade ein wesentlicher Teil ihres Mysteriums. Aber wenn sie Anforderungen erzeugen können (und ich denke, das ist häufig der Fall), dann muß das Erfüllen dieser Anforderungen, wenn aktuell, selbst ein Gut sein, das bloß persönliche Präferenzen übersteigt. Ähnlich wie Freiheit und andere Rawlssche Grundgüter muß die allgemeine Fähigkeit des Erfüllens oder Erfülltbekommens der Anforderungen seitens persönlicher Beziehungen etwas sein, das zu wünschen vernünftig ist, welche Wünsche immer man sonst hat. Wenn es sich so verhält, dürften die rationalen Vertragsparteien, ausgestattet mit vollständigem Wissen über die menschliche Psyche, kaum umhin kommen, diese Fähigkeit schützen zu wollen. Sie schützen bedeutet aber, Prinzipien zu wählen, die in dem, was sie gebieten, den Anforderungen wichtiger Beziehungen angepaßt sind. Deshalb folgere ich, daß sie solche Prinzipien tatsächlich wählen würden.

Dieses Ergebnis könnte angezweifelt werden, indem man sich auf den letzten der von Gilligan benutzten Gegensätze beruft. Der vorgetragenen Argumentation nach beruht die Folgerung auf der Prämisse, daß Moral grundsätzlich damit zu tun hat, was Personen anderen schulden. Sie scheint also vorauszusetzen, daß jedes echte Moralprinzip jemandes *Rechte* spezifizieren muß. Eine der durchgängigsten Thesen von Gilligan ist jedoch, daß die vorrangige Orientierung an Rechten, im Unterschied zu Verantwortung, selbst eine typisch männliche Erfindung darstellt. Wie sie häufig bemerkt, denken ihre weiblichen Probanden weniger darüber nach, welches ihre Rechtsansprüche sind, als wofür zu sorgen sie verantwortlich sind. Deshalb mag es verfehlt erscheinen, nur Forderungen moralische zu nennen, die Handlungsweisen betreffen, die man anderen gegenüber schuldet. Wenn wir das behaupten, scheinen wir denen gegenüber zirkulär zu argumentieren, die der Meinung sind, daß Gilligans Schriften eine neue Vision der Moral eröffnen.

Wiederum ist ein solches Bedenken überzogen. Unterstellen wir, daß Frauen, zumindest in den frühen Stufen ihrer Entwicklung, sich tatsächlich eher verantwortlich fühlen, für andere zu sorgen, als sich berechtigt fühlen, selbst Zuwendungen zu bekommen. Auch dann folgt nichts im Hinblick auf den Status der Verantwortung, die sie anerkennen. Eine sehr naheliegende Vermutung ist vielmehr, daß sie sich für verantwortlich halten, anderen mit Einfühlungsvermögen, Fürsorge und Hilfsbereitschaft zu begegnen, *genau weil* sie glauben, anderen diese Zuwendungen zu schulden. Wenn man es im Begriff von Rechten ausdrückt und die Schwierigkeiten und verschiedenartigen Interpretationen dieses Begriffs beiseite läßt, schließt nichts die Möglichkeit aus, daß Frauen anderen ein *Recht* auf ihr Einfühlungsvermögen, ihre Fürsorge und Hilfe zugestehen. Etwas anderes anzunehmen, würde die gut bestätigte These, daß Frauen weniger als Männer um die Wahrung ihrer *eigenen* Rechte besorgt sind, mit der ganz anderen These zusammenwerfen, daß Frauen weniger als Männer der Meinung sind, daß Menschen Rechte *haben* (oder eine inhaltlich vergleichbare Ansicht vertreten).

Alles in allem scheinen Gilligans Ergebnisse die bekannten Alternativen in der Ethik weder umzuwerfen noch zwischen ihnen auf eindeutige Weise zu entscheiden. Sie mögen uns in die Richtung einer bestimmten Theorie drängen, aber die Schritte, zu denen sie uns zwingen, führen uns nirgends auch nur bis an die Grenzen wohlbekannter Territorien. Damit soll nicht bestritten werden, daß ihre Beobachtungen nahelegen, daß Frauen in bestimmter Hinsicht über eine größere Fähigkeit verfügen als Männer, moralisch angemessene Entscheidungen zu treffen. Hingegen soll bestritten werden, daß ihre Ergebnisse eine völlig neue Formulierung unseres gewohnten Verständnisses vom ›moralisch Richtigen‹ erfordern. Ein Revisionist, der sich immer noch Hoffnungen macht, mag hiergegen einwenden, ich hätte die überkommenen ethischen Theorien so breit interpretiert, daß unklar bleibt, was *überhaupt* zeigen könnte, daß sie einer radikalen Revision bedürfen. Das ist in der Tat richtig — aber genau das war auch meine Absicht. Die Gegensätze von konkret und abstrakt, persönlich und unpersönlich, Pflicht und Fürsorge sind keine Neuentdeckungen, sondern allgemeine Bedingungen moralischer Konflikte. Man wußte immer schon, daß eine zufriedenstellende ethische Theorie jedem dieser Elemente einen angemessenen Ort zuweisen müßte. Was nicht so eindeutig war und wobei uns Gilligans Beobachtungen einer Klärung etwas nähergebracht haben, war die genauere Lokalisierung dieser Orte.

Übersetzt von Anton Leist

Anmerkungen

1 So schreibt beispielsweise Linda J. Nicholson in einem Heft von *Social Research,* das Gilligans Arbeiten gewidmet ist, daß »viele Feministinnen der Meinung waren, die männliche Geschlechtszugehörigkeit von Autoren habe den eigentlichen Inhalt von Theorien beeinflußt ... Ich teile diese feministische Position« (Nicholson 1983, 514). Damit will ich nicht sagen, daß Nicholson oder die anderen Beiträger zu diesem Heft die speziellen Ansichten vertreten, die ich im weiteren kritisiere.

2 Gilligan 1984. Alle Seitenverweise im Text beziehen sich auf dieses Buch *in der deutschen Fassung.*

3 Daß er auf diese Weise abgeschwächt werden muß, ist einer der wenigen Punkte, über den sich Owen Flanagan und Lawrence Kohlberg im Rahmen ihres Disputs zur Moralentwicklung einig sind: s. Flanagan 1982 und Kohlberg 1982.

4 Moralphilosophen haben eine Vielzahl von Ansätzen zu der Frage entwickelt, welche Aspekte des Kontextes, in dem man sich befindet, moralisch relevant sind. Einige beschränken sich auf einen einzigen Faktor, wie Glück oder Wunscherfüllung als Ergebnis möglicher Handlungen. Vgl. beispielsweise Mill 1979. Andere sind der Meinung, daß mehr als ein Faktor relevant ist, aber einige Faktoren Priorität vor anderen haben. Für diesen Ansatz steht exemplarisch die ›lexikalische Ordnung‹ von John Rawls' Prinzipien der Gerechtigkeit (Rawls 1971). Wieder andere sagen, daß mehr als ein Faktor wichtig ist, aber keine Prioritätsregeln existieren, um Konflikte zu entscheiden. S. beispielsweise Ross 1973 und Frankena 1973. R.M. Hare hat dagegen argumentiert, daß die moralische Bedeutung eines Faktors für einen Akteur darauf beruht, ob er bereit ist, ein Prinzip zu universalisieren, in dem dieser Faktor angesprochen ist: s. *Freiheit und Vernunft* (Hare 1963).

5 Für zwei Formulierungen dieser Ansicht von vielen, s. Sidgwick 1922, Buch III, Kap. 1, und Mackie 1977, Kap. 4.

6 Die Herausgeberinnen (E.F. Kittay, D.T. Meyers) haben mich darauf aufmerksam gemacht, daß Gilligans These nicht unbedingt besagt, daß Frauen bei ihren Entscheidungen überhaupt keine Prinzipien, sondern eben nicht die Prinzipien von Fairness und Gerechtigkeit verwenden. Ich räume ein, daß diese Interpretation möglich ist, betrachte aber die inhaltlich riskantere Interpretation weiter als zumindest ebenso plausibel. Wichtiger ist, daß, auch wenn Gilligan die riskantere Ansicht selbst nicht vertritt, sich immer noch sinnvoll fragen läßt, ob sie zutrifft und wie sie sich zu ihren Daten verhält.

7 Die eckige Klammer enthält eine notwendige Korrektur gegenüber der deutschen Originalübersetzung (Anm. des Übersetzers).

8 In einer öffentlichen Präsentation, die vor kurzem stattfand, hat Gilligan zwischen den Auffassungen unterschieden, daß Fürsorge auf Zuneigung beruht oder auf einem Wissen, das durch Zuneigung gewonnen wird. Wenn sie der Meinung ist, daß persönliche Beziehungen vorrangig wichtig sind, weil sie eine Art von Wissen erzeugen, das sogar unser Handeln gegenüber Fremden anleiten und orientieren kann, ist ihre Auffassung den eben vorgebrachten Einwänden natürlich nicht ausgesetzt. Für sie gilt dann jedoch der gleich folgende Einwand.

9 Zwei klassische Repräsentanten dieses Ansatzes sind David Hume (1960) und Adam Smith (1976). Als aktuellere Version s. Hare 1981, Teil 2.

10 Baron 1984. Für eine thematisch verwandte Erörterung s. Railton 1984.

11 Williams 1981, 2 f. Der Ansatz, auf den Williams anspielt, ist natürlich derjenige von Rawls in seiner *Theorie der Gerechtigkeit*.

12 Richards 1971, 94. Die treffende Bezeichnung »moralistische Absurdität« wird von Williams 1981, 16 benutzt.

Literatur

Baron, Marcia (1984), The Alleged Moral Repugnance of Acting from Duty, in: *The Journal of Philosophy* 81, 197–220.

Flanagan, Owen J. (1982), Virtue, Sex, and Gender: Some Philosophical Reflections on the Moral Psychology Debate, in: *Ethics* 92, 499–512.

Frankena, William (1973), *Ethics,* Englewood Cliffs/NJ (Dt.: *Analytische Ethik. Eine Einführung,* München 1972).

Gilligan, Carol, *Die andere Stimme. Lebenskonflikt und Moral der Frau,* München 1984.

Goodman, Nelson (1965), *Fact, Fiction, and Forecast,* Indianpolis (Dt.: *Tatsache, Fiktion und Prognose,* Frankfurt 1975)

Hare, Richard M. (1963), *Freedom and Reason,* Oxford (Dt.: *Freiheit und Vernunft,* Frankfurt 1973).

– (1981), *Moral Thinking,* Oxford (Dt.: *Moralisches Denken,* Frankfurt 1991).

Hume, David (1960), *Treatise of Human Nature,* A. Selby-Bigge, ed., Oxford (Dt.: *Traktat über die menschliche Natur, Hamburg 1978).*

Kohlberg, Lawrence (1982), A Reply to Owen Flanagan and some Comments on the Puka-Goodpaster Exchange, in: *Ethics* 92, 513–528.

Mackie, John L. (1977), *Ethics: Inventing Right and Wrong,* Harmondsworth (Dt.: *Ethik. Auf der Suche nach dem Richtigen und Falschen,* Stuttgart 1983).

Mill, John S. (1979), *Utilitarianism,* Indianapolis (Dt.: *Utilitarismus,* Stuttgart 1976).

Nicholson, Linda J. (1983), Women, Morality and History, in: *Social Research* 50.3.

Rawls, John (1971), *Eine Theorie der Gerechtigkeit,* Frankfurt 1975.

Railton, Peter (1984), Alienation, Consequentialism, and the Demands of Morality, in: *Philosophy & Public Affairs* 13.2, 134–171.

Richards, David A.J. (1971), *A Theory of Reasons for Action,* Oxford.

Ross, William D. (1973), *The Right and the Good,* Oxford.

Sidgwick, Henry (1922), *Methods of Ethics,* 7th. ed., London.

Smith, Adam (1976), *The Theory of Moral Sentiments,* Oxford (Dt.: *Theorie der ethischen Gefühle,* Hamburg 1977).

Williams, Bernard (1981), Persons, Character, and Morality, in: Bernard Williams, *Moral Luck,* Cambridge, 1–19.

Wohlwollen und Gerechtigkeit[*]

William K. Frankena

1. Wir haben gesehen, daß wir ein Prinzip der Gerechtigkeit anerkennen müssen. Aber sind wir in derselben Weise gezwungen, ein Prinzip der Wohltätigkeit oder Nützlichkeit zu akzeptieren? 2. Wenn ja, sollen wir es dann als grundlegend betrachten, oder gibt es ein anderes, grundlegendes Prinzip, aus dem wir es gewinnen können?

1. Ob wir eine prima facie bestehende Verpflichtung haben, das Übergewicht von Gutem gegenüber Schlechtem zu maximieren, hängt zum Teil davon ab, ob es sinnvoll ist, über »gut« und »schlecht« in einer quantitativen Sprache zu reden. Ist dies wenigstens annähernd der Fall, so dürfte man schwerlich leugnen können (wie es die reinen Deontologen tun), daß unter normalen Umständen eine unserer Pflichten darin besteht, ein möglichst großes Übergewicht von guten gegenüber schlechten Folgen herbeizuführen. Ja, im Gegensatz zu den Deontologen fällt es mir schwer zu glauben, irgendeine Handlung könnte im moralischen Sinn richtig, falsch oder pflichtgemäß sein, falls mit ihr nicht in irgendeiner Form, sei es direkt oder indirekt, gute oder schlechte Folgen verbunden sind. Das bedeutet nicht, daß es keine anderen Faktoren geben könnte, von denen die Richtigkeit oder Unrichtigkeit von

* Der Philosoph Frankena entwickelt in seinem Bändchen »Analytische Ethik« eine »gemischt deontologische« Position: Er versucht zu zeigen, daß Gerechtigkeit und Wohlwollen zwei gleichermaßen grundlegende und aufeinander nicht reduzierbare Moralprinzipien darstellen. Für die Unerläßlichkeit des Gerechtigkeitsprinzips führt er an, daß wir bei der gleichen Gesamtsumme erzeugter positiver Folgen (d.h. bei gleicher Erfüllung des Prinzips Wohlwollen) eine gerechte Verteilung als *in sich* (und nicht nur wegen des Zustands, den sie herbeiführt) richtig erachten und damit Gerechtigkeit als ein nicht auf Nützlichkeit reduzierbares Kriterium verwenden. Die Eigenständigkeit und Unerläßlichkeit von Wohlwollen diskutiert er in den im folgenden abgedruckten Abschnitten (Gertrud Nunner-Winkler).

Handlungen abhängt, oder daß unsere einzige Pflicht darin bestehen müßte, einen möglichst hohen Berg von Gutem aufzuhäufen, wie die Utilitaristen meinen; aber es scheint in der Tat zu bedeuten, daß zumindest eine unserer prima facie bestehenden Pflichten darauf hinausläuft, das Gute in der Welt zu mehren und das Schlechte zu mindern.

Man hat trotz allem behauptet, es gäbe nicht im eigentlichen Sinn eine Pflicht oder Verpflichtung zur Wohltätigkeit. Man geht dabei davon aus, daß Wohltätigkeit zwar eine lobenswerte Tugend ist, aber zu den Dingen gehört, die jenseits des Anspruchs sittlicher Pflichterfüllung liegen. Verlangen könne die Moral von uns lediglich, daß wir Gerechtigkeit üben, unsere Versprechen halten und ähnliches, aber keine Wohltätigkeit. In dieser Auffassung liegt ein Kern von Wahrheit. Im strengeren Sinne von »Pflicht« und »Verpflichtung« sind wir tatsächlich nicht verpflichtet, Wohltätigkeit zu üben. Aber wir gebrauchen diese Ausdrücke auch in einem weniger strengen Sinn, etwa gleichbedeutend mit »tun sollen« bzw. »getan werden sollen«; und die Behauptung, prima facie zumindest solle man Wohltätigkeit üben, dürfte, wie gesagt, kaum falsch sein. In jedem Fall aber wird man sagen müssen, daß Wohltätigkeit prima facie *richtig* ist, und das ist alles, was es zu zeigen galt.

Man könnte auch auf den Gedanken kommen, daß zwar nicht das Gerechtigkeitsprinzip aus dem Utilitätsprinzip ableitbar ist, wie die Utilitaristen meinen, daß man aber umgekehrt das Utilitätsprinzip aus dem Gerechtigkeitsprinzip gewinnen kann. Man könnte nämlich sagen, daß jemand, der nicht — sofern keine anderen Verpflichtungen ihn hindern — das Wohl seiner Mitmenschen fördert und ihr Unglück mindert, ungerecht ist. Das heißt, Gerechtigkeit würde im Regelfall Wohltätigkeit einschließen. Gegen diese Auffassung möchte ich sagen, daß Wohltätigkeit zwar *richtig* und mangelnde Wohltätigkeit *falsch* ist, daß sie aber nicht im eigentlichen Sinn gerecht bzw. ungerecht sind. Nicht alles, was richtig ist, ist gerecht — oder umgekehrt; und nicht alles, was falsch ist, ist ungerecht — oder umgekehrt. Inzest und Grausamkeit gegenüber Kindern sind falsch; aber es ist kaum angemessen, diese Handlungen als ungerecht zu bezeichnen. Einem anderen Menschen Vergnügen zu bereiten, mag richtig sein, aber nicht eigentlich gerecht. Der Bereich der Gerechtigkeit ist Teil der Moral, deckt sich aber nicht mit ihr. Der andere Teil der Moral bleibt dem Prinzip der Wohltätigkeit. Selbst John Stuart Mill unterscheidet zwischen der Gerechtigkeit und den übrigen Pflichten der Moral und reiht unter sie die Nächstenliebe oder Wohltätigkeit ein.

2. Unter dem Prinzip der Wohltätigkeit oder Nützlichkeit haben wir im strengen Sinne das Prinzip verstanden, nach dem man so handeln soll, daß

man *das größtmögliche Übergewicht von guten gegenüber schlechten Folgen* in der
Welt herbeiführt. Es ist jedoch klar, daß dieses Prinzip ein weiteres, grundlegenderes Prinzip voraussetzt, nämlich das Prinzip, daß man Gutes tun und
Schlechtes verhindern oder vermeiden soll. Ohne diese Pflicht als Grundlage
wären wir auch nicht verpflichtet, das genannte Übergewicht herbeizuführen.
Ja, das Prinzip der Nützlichkeit stellt einen Kompromiß mit dem Ideal dar.
Das Ideal ist, nur Gutes zu tun und kein Übel anzurichten (wenn wir die Gerechtigkeit im Augenblick außer Betracht lassen). Das aber ist unmöglich,
und so sind wir gezwungen, uns für das größtmögliche Übergewicht von Gutem gegenüber Schlechtem einzusetzen. Wenn das richtig ist, dann setzt das
Nützlichkeitsprinzip ein grundlegenderes Prinzip voraus, aus dem es ableitbar ist — das Gebot, Gutes zu tun und Schlechtes zu verhindern. Wir haben
dann und nur dann die prima facie bestehende Pflicht, das Übergewicht von
Gutem gegenüber Schlechtem zu vergrößern, wenn wir zuvor die prima facie
bestehende Pflicht haben, Gutes zu tun und Schlechtes zu verhindern. Ich bezeichne dieses Urprinzip als *Prinzip des Wohlwollens.*

Das Prinzip des Wohlwollens

Es ist, wie schon angedeutet, meine Auffassung, daß wir keine — prima facie
oder tatsächlich bestehenden — Verpflichtungen haben, die nicht direkt oder
indirekt mit dem zu tun haben, was das Leben unserer Mitmenschen gut oder
schlecht, besser oder schlechter macht. Wenn schon nicht unsere konkreten
Handlungen, so müssen zumindest unsere Handlungsregeln auf die Meh-
rung des Guten oder die Minderung des Schlechten abzielen. Die Moral ist
für den Menschen geschaffen, nicht der Mensch für die Moral. Selbst die Gerechtigkeit hat mit der Verteilung von *Wohl* und *Übel* zu tun. Mit anderen
Worten, alle unsere Pflichten, selbst die der Gerechtigkeit, setzen das Prinzip
des Wohlwollens *voraus,* obzwar nicht alle aus ihm *ableitbar* sind. Insoweit —
und nur insoweit — hat jene alte Weisheit recht, nach der Liebe Anfang und
Ende aller Moral ist. Daß sie die Bedeutung des Prinzips des Wohlwollens
nicht erkennen, läßt so viele deontologische Systeme unbefriedigend erscheinen.

Das Prinzip des Wohlwollens besagt nicht nur, daß wir nur dann, sondern
daß wir prima facie immer dann Pflichten haben, wenn es in irgendeiner
Form um die Verbesserung oder Verschlechterung des Wohles unserer Mit-

menschen geht. William James drückt das in seiner unnachahmlichen Art so aus: »Nimm irgendein noch so geringfügiges Verlangen irgendeines noch so schwachen Geschöpfes. Sollte es nicht allein um seiner selbst willen befriedigt werden? Wenn nicht, gib einen Grund dafür an.« Diese Auffassung scheint mir richtig, wenn auch nicht selbstverständlich zu sein.

Das alles bedeutet, daß wir zur Bestimmung unserer konkreten Pflichten eine ganze Reihe von Regeln darüber, was prima facie richtig, falsch oder pflichtgemäß ist, benötigen und daß diese Regeln aus dem Prinzip des Wohlwollens ableitbar sind. Immer wenn sich ein allgemeiner Satz darüber aufstellen läßt, was das Leben der Menschen besser oder schlechter macht, haben wir ein gültiges Prinzip einer prima facie bestehenden Pflicht vor uns – z.B.: »Man soll seine Mitmenschen nicht in die Hacken treten.« Die meisten der üblichen Regeln – wie etwa die Forderungen, ein Versprechen zu halten, die Wahrheit zu sagen, Dankbarkeit zu zeigen, Schadenersatz zu leisten, die Freiheit der anderen zu respektieren – kann man auf dieser Grundlage als prima facie gültige Regeln erkennen. So folgt z.B. aus dem Prinzip des Wohlwollens zusammen mit der Tatsache, daß die Kenntnis der Wahrheit (in sich oder als Mittel) etwas Gutes ist, daß wir prima facie verpflichtet sind, die Wahrheit zu sagen.

Somit ergeben sich einige unserer Regeln des prima facie Pflichtgemäßen unmittelbar aus dem Prinzip des Wohlwollens. Einige mögen sich natürlich ebenfalls aus dem Prinzip der Nützlichkeit ergeben. So läßt sich die Regel, die Wahrheit zu sagen, (vielleicht mit gewissen in sie eingebauten Ausnahmen) wohl auch mit der Begründung verteidigen, daß ihre Befolgung dem größten allgemeinen Wohl dient – wie Regelutilitaristen annehmen.

Nicht sämtliche unserer prima facie bestehenden Verpflichtungen lassen sich jedoch aus dem Prinzip des Wohlwollens ableiten; ebensowenig wie aus dem Prinzip der Nützlichkeit. Denn das Prinzip des Wohlwollens sagt uns nicht, wie wir Gutes und Schlechtes verteilen sollen. Es weist uns lediglich an, das eine zu fördern und das andere zu verhindern. Wenn uns miteinander konkurrierende Ansprüche entgegentreten, erhalten wir bestenfalls die Antwort, das größte Übergewicht von guten gegenüber schlechten Folgen herbeizuführen; und das ist, wie wir schon sahen, nicht genug. An dieser Stelle muß das Prinzip der Gerechtigkeit auf den Plan treten.

Das Prinzip der Gerechtigkeit: Gleichheit

Was ist Gerechtigkeit? Wir können hier nicht den gesamten Problemkreis der sozialen Gerechtigkeit behandeln, aber wir müssen zumindest unsere Skizze einer normativen Theorie der moralischen Verpflichtung vervollständigen, in welcher das Prinzip der Gerechtigkeit eine entscheidende Rolle spielt. Unsere Theorie ergab, daß alle unsere prima facie bestehenden Pflichten das Prinzip des Wohlwollens zwar *voraussetzen,* aber nicht aus ihm allein *ableitbar* sind; letzteres trifft nur auf einige von ihnen zu, wie das Prinzip der Nützlichkeit oder Wohltätigkeit. Das Prinzip des Wohlwollens ist für alle unsere prima facie bestehenden Pflichten eine notwendige, aber nur für einige von ihnen eine hinreichende Bedingung. Denn einige von ihnen beziehen sich auf die Art und Weise, in der Gutes und Schlechtes verteilt wird, und zur Begründung dieser Pflichten ist ein Prinzip der Gerechtigkeit erforderlich. Als wichtigstes Problem unserer normativen Theorie der Verpflichtung bleibt uns also die Frage: »Welches sind die Kriterien oder Prinzipien der Gerechtigkeit?«

Es geht uns hier um die *austeilende Gerechtigkeit,* die Gerechtigkeit bei der Verteilung von Gutem und Schlechtem. Daneben gibt es die *ausgleichende Gerechtigkeit* (etwa des Strafens). Die austeilende Gerechtigkeit hat es mit der *vergleichsweisen Behandlung* von Einzelpersonen zu tun. Der typische Fall von Ungerechtigkeit liegt dann vor, wenn von zwei Individuen mit ähnlichen Eigenschaften und in ähnlichen Situationen das eine besser oder schlechter als das andere behandelt wird. Mit Recht wird man hier die für die Behandlung verantwortliche Person oder Gruppe der Ungerechtigkeit bezichtigen, es sei denn sie kann zeigen, daß die beiden Individuen und ihre Situationen sich doch in wesentlicher Hinsicht unterscheiden. Aus diesem Grund formulierte Sidgwick, Gerechtigkeit sei die gleiche und Ungerechtigkeit die ungleiche Behandlung ähnlicher Fälle. In dieser Formel besitzen wir in der Tat eine notwendige Bedingung der Gerechtigkeit. Ähnliche Fälle müssen gleich behandelt werden, soll den Forderungen der Gerechtigkeit Genüge geschehen — wobei es freilich möglich ist, daß diese Forderungen im Einzelfall von anderen Gesichtspunkten verdrängt werden. Aber Sidgwicks Formel reicht nicht aus. Sie besagt im Grunde nur, daß wir nach Regeln handeln müssen, wenn wir gerecht sein wollen. Obschon das richtig ist, wissen wir damit noch nicht, wie die Regeln lauten sollen; darauf aber kommt es an, da ja, wie wir schon sahen, die Regeln selbst ungerecht sein können. Andernfalls könnte es keine ungerechten Gesetze oder Institutionen geben, denn Gesetze und Institutionen sind Regeln. Alles hängt davon ab, welche Ähnlichkeiten oder Unähnlichkeiten von Individuen zur Grundlage einer Gleich- bzw. Ungleichbehandlung gemacht werden sollen.

Die Frage bleibt also, nach welchen Kriterien wir die Verteilung von Gutem und Schlechtem bzw. die gerechte Behandlung von Individuen vornehmen sollen. Die folgenden Kriterien der Gerechtigkeit hat man vorgeschlagen: 1. Die Behandlung der Individuen nach ihren Verdiensten; 2. Die Gleichbehandlung aller Individuen, d.h. eine gleiche Verteilung von Gütern und Lasten (außer vielleicht im Fall der Strafe); 3. Die Behandlung der Individuen nach ihren Bedürfnissen und/oder ihren Fähigkeiten. Das erste Kriterium ist das klassische des Aristoteles; auch W. D. Ross hat es vertreten. Danach ist Verdienst eine Sache der Tugend, und Gerechtigkeit besteht in der Verteilung des Guten (des Glücks) entsprechend der Tugend. Man kann natürlich das Verdienst auch von etwas anderem abhängen lassen, wie der Fähigkeit, Leistung, Intelligenz, Abstammung, Hautfarbe, dem sozialen Rang oder dem Reichtum; das Kriterium gerechter Verteilung ändert sich dann entsprechend. Die zweite der genannten Auffassungen mit ihrer Forderung der Gleichbehandlung ist charakteristisch für die moderne demokratische Theorie. Auch die dritte ist eine moderne Auffassung. Sie kann verschiedene Formen annehmen; heute steht die marxistische Form dieser Auffassung im Vordergrund: »Jeder nach seinen Fähigkeiten, jedem nach seinen Bedürfnissen.«

Einige der genannten Kriterien des Verdienstes sind offensichtlich ungerechter Natur oder gehören zumindest nicht in den Bereich der Moral. Das gilt etwa für die Kriterien der Abstammung, der Hautfarbe, der Intelligenz, des sozialen Ranges oder des Reichtums. Das Abstellen auf die Fähigkeit würde auf eine Form der dritten Auffassung hinauslaufen. Damit bleiben uns als mögliche Anknüpfungspunkte sittliche Tugend und Leistung für die Gesellschaft. Wir benötigen dann allerdings ein Kriterium dafür, worin Leistung und sittliche Tugend bestehen sollen. Nach welchem Maßstab sollen wir die sittliche Tugend einer Person oder ihre Leistung für die Gesellschaft bestimmen? Wir können uns nicht einfach danach richten, wieviel die betreffende Person zum größtmöglichen Wohl der Gesellschaft beiträgt; denn wir haben gefunden, daß das kein ausreichender Maßstab dafür ist, was vom moralischen Standpunkt aus richtig oder falsch ist. Es wird vielmehr deutlich, daß der Maßstab für Leistung und Verdienst, der uns fehlt, genau jenes Kriterium sittlichen Handelns ist, nach dem wir noch suchen. Da wir aber gesehen haben, daß das Prinzip der Gerechtigkeit einen Teil des Kriteriums bilden muß, können wir nicht gleichzeitig Leistung oder Verdienst zum letzten Kriterium der Gerechtigkeit machen. So zu verfahren, wäre zirkulär. Wir müssen eine Konzeption der Gerechtigkeit entwickeln, die nicht auf das Verdienst abstellt.

Bei der Frage, wie wir andere Menschen behandeln sollen, müssen wir ganz sicher ihre Fähigkeiten und Bedürfnisse in Betracht ziehen. Das verlangt das Prinzip des Wohlwollens, denn die Sorge um das Wohl der Mitmenschen schließt die Rücksicht auf ihre Bedürfnisse und die Förderung ihrer Fähigkeiten ein. Verlangt das aber auch das Prinzip der Gerechtigkeit? Genauer: verlangt das Prinzip der Gerechtigkeit, jemandem seinen Bedürfnissen entsprechend zu helfen oder jemanden seinen Fähigkeiten entsprechend heranzuziehen? Es ist ungerecht, mehr von einem Menschen zu verlangen, als er leisten kann, oder ihm Aufgaben zu übertragen, die seine Fähigkeiten übersteigen; aber das ist so, weil Sollen Können voraussetzt. Die Gerechtigkeit verlangt auch, daß wir in Fällen besonderer Bedürftigkeit eingreifen, daß wir etwa schwer benachteiligten Menschen unsere besondere Aufmerksamkeit schenken, da sie nur so annähernd die gleiche Chance wie ihre Mitmenschen haben werden, ein glückliches Leben zu führen. Fordert aber die Gerechtigkeit stets von uns, zumindest prima facie das Maß unserer Hilfe dem Maß ihrer Bedürfnisse und das Maß unserer Wünsche dem Maß ihrer Fähigkeiten anzupassen? Verhalten wir uns immer dann prima facie ungerecht, wenn wir A, aber nicht B entsprechend seinen Bedürfnissen helfen oder wenn wir C, aber nicht D entsprechend seinen Fähigkeiten eine Aufgabe übertragen? Die grundlegende Frage scheint mir zu sein, ob wir uns dabei für ein glückliches Leben der betreffenden Personen in gleichem Maße einsetzen oder nicht. Ob wir verpflichtet sind, sie ihren Bedürfnissen und Fähigkeiten entsprechend zu behandeln, hängt, soweit die *Gerechtigkeit* im Spiel ist, davon ab, ob unser Verhalten sie in gleichem Maße unterstützt oder hindert, ein glückliches Leben zu führen. Wenn es erforderlich ist, sie ihren Bedürfnissen und Fähigkeiten entsprechend zu behandeln, um so einen gleich großen Betrag zum Glück ihres Lebens zu leisten, dann und nur dann ist es ungerecht, ihnen eine solche Behandlung zu verweigern. Mit anderen Worten: Der grundlegende Maßstab der austeilenden Gerechtigkeit ist die *Gleichheit* der Behandlung. Aus diesem Grunde verlangt die Gerechtigkeit z.B., benachteiligten Personen besondere Aufmerksamkeit zu widmen.

Wenn dies alles stimmt, dann müssen wir uns der Gleichheitstheorie über die austeilende Gerechtigkeit anschließen. Danach beinhaltet das Prinzip der Gerechtigkeit die prima facie bestehende Verpflichtung, andere gleich zu behandeln. Hier liegt die Antwort auf unsere Frage. Das bedeutet nicht, daß es prima facie ungerecht wäre, Menschen derselben Hautfarbe verschieden oder

Menschen von unterschiedlicher Körpergröße gleich zu behandeln. Hautfarbe und Körpergröße sind nicht sittlich relevante Merkmale. Sittlich relevant sind nur solche Merkmale, die sich auf Glück oder Unglück der Menschen auswirken, wie gleiche oder ungleiche Fähigkeiten und Bedürfnisse. Die Menschen gleich zu behandeln, bedeutet nicht, sie identisch zu behandeln; so einförmig ist die Gerechtigkeit nicht. Es bedeutet vielmehr, denselben relativen Beitrag zu ihrem Glück zu leisten (ihnen in gleichem Maße, d.h. ihren Bedürfnissen entsprechend zu helfen) sowie dieselben relativen Opfer von ihnen zu fordern (sie in gleichem Maße, d.h. ihren Fähigkeiten entsprechend zu belasten).

Die Menschen in diesem Sinn gleich zu behandeln bedeutet nicht, ihr Leben gleich glücklich zu machen. Es wäre ein Fehler anzunehmen, daß die Gerechtigkeit das verlangt. Denn obgleich die Menschen gleichermaßen fähig sind, ein *gewisses* Maß an Glück (oder an Abwesenheit von Unglück) in ihrem Leben zu erreichen, gibt es hier Gradunterschiede. Das Leben, das einige Menschen ihrer Anlage gemäß führen können, ist einfach besser — im außermoralischen wie im moralischen Sinn — als das Leben, das anderen offensteht. Insofern sind die Menschen nicht gleich, da ihre Fähigkeiten nicht dieselben sind. Gleich sind sie nur in dem Sinn, daß sie prima facie gleich behandelt werden sollen; und sie sollen gleich behandelt werden nur in dem Sinn, daß wir prima facie verpflichtet sind, einen verhältnismäßig gleichen Beitrag zu ihrem Glück zu leisten — sobald alle ein gewisses Minimum erreicht haben. Das meinen wir, wenn wir einen für unsere Kultur so wichtigen Begriff wie den von der gleichen Würde jedes menschlichen Individuums gebrauchen.

Wir dürfen nicht vergessen, daß diese Pflicht zur Gleichbehandlung zwar grundlegenden Charakter hat, aber nur prima facie besteht und daß sie unter Umständen (wobei es eine Formel zur Bestimmung dieser Umstände nicht gibt) von den Prinzipien des Wohlwollens und der Wohltätigkeit verdrängt werden kann. Trotzdem dürfen wir die Behauptung aufstellen, daß die Menschen bei der Verteilung von Gutem und Schlechtem, bei der Vergabe von Hilfe, Aufgaben und sozialen Funktionen in dem angeführten Sinn gleich zu behandeln sind, es sei denn eine ungleiche Behandlung erscheint entweder unter dem Gesichtspunkt des Wohlwollens (einschließlich der Nützlichkeit) oder deshalb gerechtfertigt, weil sie auf lange Sicht zu größerer Gleichheit führen wird. Eine ungleiche Behandlung bedarf stets der Rechtfertigung, und nur gewisse Arten von Argumenten können diese geben.

Im Licht der vorangehenden Erörterungen, so scheint es mir, müssen wir versuchen, solche sozialen Probleme zu lösen wie das der Erziehung, der wirtschaftlichen Chancengleichheit, der Rassenintegration und der Hilfe für unterentwickelte Länder. Dabei müssen wir immer bedenken, daß das Prinzip des Wohlwollens von uns fordert, die Freiheit unserer Mitmenschen zu respektieren. Unsere Erörterungen liefern uns natürlich nur allgemeine Leitgedanken für die Lösung dieser Probleme; alles, was wir darüber hinaus benötigen, ist guter Wille, Klarheit im Denken und Kenntnis der Fakten.

Zusammenfassung unserer Theorie der Verpflichtung

Unsere bisherigen Ergebnisse lassen sich wie folgt zusammenfassen. Es gibt zwei grundlegende, prima facie gültige Prinzipien sittlicher Verpflichtung, das des Wohlwollens und das der Gerechtigkeit oder Gleichheit. Aus dem erstgenannten folgen verschiedene weniger grundlegende, ebenfalls prima facie gültige Verpflichtungsprinzipien: das Prinzip der Nützlichkeit, das Prinzip, anderen keinen Schaden zuzufügen, das Prinzip, die Freiheit der anderen zu respektieren, und ähnliche Prinzipien. Aus dem Prinzip der Gerechtigkeit ergeben sich z.B. die Grundsätze der Gleichbehandlung und der Gleichheit vor dem Gesetz. Andere Grundsätze, wie das Gebot, ein Versprechen zu halten, sind möglicherweise aus beiden genannten Prinzipien ableitbar. Was Regeln tatsächlicher Verpflichtung (wie »Sag die Wahrheit, außer unter den und den Umständen«) oder Urteile tatsächlicher Verpflichtung (wie »In diesem Fall muß ich die Wahrheit sagen«) betrifft, so sind sie aus unseren prima facie gültigen Verpflichtungsprinzipien nicht *ableitbar*, es sei denn, nur eines dieser Prinzipien ist anwendbar. Ansonsten muß man so gut es geht im Licht der Tatsachen und der Prinzipien des Wohlwollens und der Gerechtigkeit eine Entscheidung treffen.

Übersetzt von Norbert Hoerster

Das Prinzip Verantwortung

Hans Jonas

1. Verantwortung als kausale Zurechnung begangener Taten

a. Bedingung von Verantwortung ist kausale Macht. Der Täter muß für seine Tat antworten: er wird für deren Folgen verantwortlich gehalten und gegebenenfalls haftbar gemacht. Dies hat zunächst rechtliche und nicht eigentlich sittliche Bedeutung. Der angerichtete Schaden muß gutgemacht werden, auch wenn die Ursache keine Übeltat war, auch wenn die Folge weder vorausgesehen noch beabsichtigt war. Es genügt, daß ich die aktive Ursache gewesen bin. Aber doch nur in enger kausaler Verbindung mit der Tat, so daß die Zuschreibung eindeutig ist und die Folge sich nicht im Unvorhersehbaren verliert. Der berühmte fehlende Hufnagel macht nicht wirklich den Schmiedegesellen verantwortlich für die verlorene Schlacht und den Verlust des Königreiches. Aber der direkte Kunde, Reiter des Pferdes, hätte wohl einen Regreßanspruch an den Schmied, der für die Nachlässigkeit seines Gesellen, ohne daß ihn selber ein Vorwurf trifft, »verantwortlich« ist. Die Nachlässigkeit ist hier das einzige, was allenfalls moralisch schuldhaft zu nennen ist, und das in einem trivialen Grade; aber das Beispiel zeigt (wie das alltägliche des Haftens von Eltern für ihre Kinder), daß zahlpflichtige Verantwortung von jeder Schuld frei sein kann. Das Prinzip der ursächlichen Zurechenbarkeit ist immer noch gewahrt in dem Verhältnis, kraft dessen der Vorgesetzte generell die Ursächlichkeit der Untergebenen in seiner Person vereinigt (für deren zuverlässige Leistung er ja auch das Lob erntet).

b. Nun hat sich frühzeitig mit der Idee der rechtlichen Bußeleistung die der Bestrafung vermischt, die moralischen Sinn hat und die ursächliche Tat als moralisch schuldhaft qualifiziert. Hier hat die Erklärung »schuldig!« einen andern Sinn als »Peter ist Paul Wiedergutmachung schuldig«. Bestraft wird die Tat mehr als die Folgen, wenn es sich um ein Verbrechen handelt, und nach ihr wird die Sühne bemessen. Hierfür muß die Tat selbst untersucht werden — Vorsatz, Überlegung, Motiv, Zurechenbarkeit: War die Tat verbrecherisch »in sich«? Die Abrede zur Begehung eines Verbrechens, die durch rechtzeitige Entdeckung folgenlos blieb, ist selbst ein Verbrechen und straffällig. Die hier bewirkte Sühne, mit der der Täter zur Verantwortung gezogen wird, dient nicht der Gutmachung des von andern erlittenen Schadens oder Unrechts, sondern der Wiederherstellung der gestörten moralischen Ordnung. Also ist hier die Qualität und nicht die Kausalität der Tat der entscheidend zu verantwortende Punkt. Dennoch bleibt zumindest potentielle Macht die conditio sine qua non. Niemand wird für das ohnmächtige Ersinnen gräßlichster Untaten zur Verantwortung gezogen, und die hierbei etwa auftretenden Schuldgefühle sind so privat wie das psychologische Delikt. Eine Tat in der Welt muß begangen oder mindestens begonnen sein (wie in der Abrede). Und es bleibt wahr, daß die gelungene Tat schwerer wiegt als die mißlungene.

c. Der angezeigte Unterschied zwischen legaler und moralischer Verantwortung spiegelt sich in dem Unterschied von Zivilrecht und Kriminalrecht, in deren divergenter Entwicklung die anfänglich vermischten Begriffe von Bußleistung (aus Haftpflicht) und Strafe (für Schuld) entmischt wurden. Beiden gemeinsam ist aber, daß die »Verantwortung« sich auf getane Taten bezieht und in Verantwortlich*machung* von außen real wird. Das hier beim Täter etwa mitgehende *Gefühl*, mit dem er die Verantwortung innerlich annimmt (Schuldgefühl, Reue, Sühnebereitschaft, aber auch trotziger Stolz) ist ebenso retroaktiv wie das objektive Verantwortenmüssen; und auch dessen Antizipation am Anfang des Handelns dient nicht als Tatmotiv, sondern (wirksamenfalls) als Tatauslese, das heißt als Zulassungs- oder Ausscheidungsmotiv. Schließlich hat man um so weniger zu verantworten, je weniger man tut, und bei Abwesenheit positiver Pflicht kann Tatvermeidung zum Rat der Klugheit werden. Kurz, »Verantwortung«, so verstanden, setzt nicht selber Zwecke, sondern ist die ganz formale Auflage auf *alles* kausale Handeln unter Menschen, daß dafür Rechenschaft verlangt werden kann. Sie ist damit die Vorbedingung der Moral, aber noch nicht selber Moral. Das mit ihr sich identifizierende Gefühl — Nachgefühl wie Vorgefühl — ist zwar moralisch (Bereitschaft, für sein Tun einzustehen), aber in seiner puren Formalität kann es nicht das affektive Prinzip für die ethische Theorie abgeben, die es zuerst und zuletzt doch mit der Präsentierung, Beglaubigung und Motivierung von positiven Zwecken auf das bonum humanum hin zu tun hat. Aus der Inspiration solcher Zwecke, aus der Wirkung des Guten auf das Gefühl, kann Verantwortungsfreudigkeit entstehen; ohne sie, daß heißt ohne verpflichtende Werte, ist Verantwortungsscheu vielleicht zu bedauern (da die Vorsicht, rein hedonistisch, ein schlechtes Geschäft sein kann), aber nicht zu verurteilen.[1]

2. Verantwortung für Zu-Tuendes: Die Pflicht der Macht

Nun gibt es aber noch einen ganz anderen Begriff von Verantwortung, der nicht die ex-post-facto Rechnung für das Getane, sondern die Determinierung des Zu-Tuenden betrifft; gemäß dem ich mich also verantwortlich fühle nicht primär für mein Verhalten und seine Folgen, sondern für die *Sache,* die auf mein Handeln Anspruch erhebt. Verantwortung zum Beispiel für die Wohlfahrt Anderer »sichtet« nicht nur gegebene Tatvorhaben auf ihre moralische Zulässigkeit hin, sondern verpflichtet zu Taten, die zu keinem andern Zweck vorgehabt sind. Das »für« des Verantwortlichseins hat hier offenbar einen völlig anderen Sinn als in der vorigen, selbstbezogenen Klasse. Das »wofür« liegt außer mir, aber im Wirkungsbereich meiner Macht, auf sie angewiesen oder von ihr bedroht. Ihr setzt es entgegen sein Recht auf Dasein aus dem, was es ist oder sein kann, und nimmt durch den sittlichen Willen die Macht in ihre Pflicht. Die Sache wird meine, weil die Macht meine ist und einen ursächlichen Bezug zu eben dieser Sache hat. Das Abhängige in seinem Eigenrecht wird zum Gebietenden, das Mächtige in seiner Ursächlichkeit zum Verpflichteten. Für das so ihr Anvertraute wird die Macht objektiv verantwortlich und durch die Parteinahme des Verantwortungsgefühls affektiv engagiert: in dem Gefühl findet das Verbindliche seine Verbindung zum subjektiven Willen. Die Parteinahme des Gefühls aber hat ihren ersten Ursprung nicht in der Idee der Verantwortung überhaupt, sondern in der erkannten selbsteigenen Güte der Sache, wie sie das Empfinden affiziert und die bloße Selbstsucht der Macht beschämt. Das Erste ist das Seinsollen des Objekts, das Zweite das Tunsollen des zur Sachwaltung berufenen Subjekts. Das Heischen der Sache einerseits, in der Unverbürgtheit ihrer Existenz, und das Gewissen der Macht andererseits, in der Schuldigkeit ihrer Kausalität, vereinigen sich im bejahenden Verantwortungsgefühl des aktiven, immer schon in das Sein der Dinge übergreifenden Selbst. Tritt Liebe dazu, so wird die Verantwortung beflügelt von der Hingebung der Person, die um das Los des Seinswürdigen und Geliebten zu zittern lernt.

Diese Art Verantwortung und Verantwortungsgefühl, nicht die formal-leere »Verantwortlichkeit« jedes Täters für seine Tat, meinen wir, wenn wir von der heute fälligen Ethik der Zukunftsverantwortung sprechen. Und sie müssen wir mit dem bewegenden Prinzip früherer Moralsysteme und ihrer Theorien vergleichen. Wir kommen diesem substantiellen, zweckverpflichteten Begriff der Verantwortung empirisch am besten näher, wenn wir fragen (da wir im Sinne der zwei verschiedenen Verantwortungsbegriffe widerspruchslos sagen können, daß man noch für seine unverantwortlichsten Handlungen verantwortlich ist), was mit »unverantwortlichem Handeln« gemeint sein kann. Auszuschließen ist hierbei der formalistische Sinn von »unverantwortlich« = der Verantwortungsfähigkeit bar, daher nicht verantwortlich zu machen.

3. Was heißt »unverantwortlich handeln«?

Der Glücksspieler, der im Kasino sein Vermögen aufs Spiel setzt, handelt leichtsinnig; wenn es nicht seines sondern eines Andern ist, dann verbrecherisch; aber wenn er Familienvater ist, dann unverantwortlich auch bei unstreitigem Eigentum und einerlei, ob er verliert oder gewinnt. Das Beispiel sagt: Nur wer Verantwortungen hat, kann unverantwortlich handeln. Die hier verleugnete Verantwortung ist umfassendster und andauernder Art. Der waghalsige Fahrer ist leichtsinnig für sich, aber unverantwortlich, wenn er damit auch Passagiere gefährdet: durch ihr Aufnahme hat er auf Zeit und auf *eine* Sachwaltung beschränkt eine Verantwortung übernommen, die er sonst für diese Personen und für ihr sonstiges Wohlergehen nicht trägt. Gedankenlosigkeit, andernfalls unschuldig und manchmal liebenswert, wird hier Schuld in sich, auch wenn alles gut gehen sollte. In beiden Beispielen besteht ein definierbares, nicht-reziprokes *Verhältnis* der Verantwortung. Das Wohlergehen, das Interesse, das Schicksal Anderer ist, durch Umstände oder Vereinbarung, in meine Hut gekommen, was heißt, daß meine Kontrolle dar*über* zugleich meine Verpflichtung da*für* einschließt. Die Ausübung der Macht ohne die Beobachtung der Pflicht ist dann »unverantwortlich«, das heißt ein Bruch des Treueverhältnisses der Verantwortung. Eine deutliche Unebenbürtigkeit der Macht oder Befugnis gehört zu diesem Verhältnis. Der Kapitän ist Meister des Schiffes und seiner Insassen und trägt die Verantwortung dafür; der Millionär unter den Passagieren, der zufällig Hauptaktionär der Schiffahrtsgesellschaft ist und den Kapitän anstellen oder entlassen kann, hat im ganzen größere Macht, aber nicht innerhalb der Situation. Der Kapitän würde unverantwortlich handeln, wenn er dem Gewaltigen gehorchend gegen sein besseres Urteil handeln würde, zum Beispiel um einen Geschwindigkeitsrekord zu schlagen, obwohl er im anderen Verhältnis (dem des Angestellten) eben ihm »verantwortlich« ist und für seine gehorsame Unverantwortlichkeit von ihm belohnt, für seine ungehorsame Verantwortlichkeit bestraft werden kann. Im gegenwärtigen Verhältnis ist er der Überlegene und kann darum die Verantwortung haben.

4. Verantwortung: ein nicht-reziprokes Verhältnis

Ob es zwischen völlig Ebenbürtigen (innerhalb der betreffenden Situation) Verantwortung im strikten Sinn geben kann, ist nicht ganz klar. Kains Gegenfrage an Gottes Frage nach Abel, »Bin ich meines Bruders Hüter?«, weist das (fingierte) Ansinnen einer Verantwortung für den Gleichen und Unabhängigen nicht ganz grundlos zurück. In der Tat will Gott ihn nicht der Verantwortungslosigkeit sondern des Brudermords verklagen. Gewiß lassen sich auch gegenseitige Verantwortungsverhältnisse beschreiben, wie in einem gefährlichen Team-Unternehmen, etwa einer Bergbesteigung, wo jeder sich für seine Sicherheit auf den Andern verlassen können muß, also alle untereinander »ihres Bruders Hüter« werden. Aber solche Solidaritätsphänomene, das Einstehen für einander in gemeinsamer Sache und Gefahr (die Kameradschaft im Krieg zum Beispiel, wovon Soldaten so eindrucksvoll zu berichten wissen) gehören doch mehr auf ein anderes Blatt der Ethik und des Gefühls; und der eigentliche Gegenstand der Verantwortung ist hier am Ende das Gelingen des gemeinschaftlichen Unternehmens, nicht das Wohl und Wehe der Genossen, vor denen ich nichts voraus habe, was mich zu besonderer Verantwortlichkeit für sie auswählt.[2] Die Zweck-Bruderschaft ist dem Zweck verantwortlich; unter Brüdern im natürlichen Sinne tritt Verantwortung erst ein, wenn einer von ihnen in Not gerät oder sonst spezieller Hilfe bedarf — also wieder mit der Einseitigkeit, die für das nicht-reziproke Verantwortungsverhältnis kennzeichnend ist. Immer wird solche »horizontale« Familienverantwortung schwächer, weniger unbedingt sein als die »vertikale« der Eltern für die Kinder, die für ihr jeweiliges Objekt nicht spezifisch sondern global ist (das heißt sich auf alles erstreckt, was an ihnen betreubar ist) und nicht gelegentlich sondern permanent, solange sie Kinder sind. Permanent ist daher hier auch die Gefahr der Verantwortungsversäumnis — eine Form der »Unverantwortlichkeit«, die keinen positiven Akt der Verleugnung wie den des Spielers, kein im üblichen Sinne unethisches Verhalten involviert. Diese unmerkliche, unachtsame, ungewollte Form der Unverantwortlichkeit, die deshalb um so gefährlicher ist und sich durch keine bestimmte Tat identifizieren läßt (da sie eben im nichttuenden Geschehenlassen besteht), wird uns später im weiteren Zusammenhang noch beschäftigen.

Anmerkungen

1   Die Bereitschaft der Amoralität, den äußersten Preis in der schließlichen schrecklichen Abrechnung zu zahlen, ist der einzige ethische oder adelnde Zug des Mozartschen Don Giovanni: er macht deutlich, daß die formale Verantwortungsbejahung, obschon sie ihre eigene Größe haben kann, kein zulängliches Prinzip der Moral ist.

2   Geteilte Gefahr stiftet wohl *gegenseitige Verpflichtung* eigener Art; aber solange ich nicht einseitig die Ursache dieser Gefahr oder einer besonderen Gefährdung im Verlauf des Unternehmens war (und *dafür* eben schon im formalen Sinne »verantwortlich« geworden bin), sind jene Pflichten allgemein die einer Situation, in der jeder sich auf den anderen »verlassen können« muß. Hier aus Schwäche versagen ist Sünde gegen Treue und die sonstigen Tugenden, welche die Bewährung in der Situation verlangen mag (wie Mut, Entschlußkraft, Standhaftigkeit), aber nicht eigentlich gegen Verantwortung. Strikt »unverantwortlich« handle ich allerdings, wenn ich die Gefährten und das ganze Unternehmen durch einen Akt positiven Leichtsinns gefährde — der mich dann eben auch allen kausal überlegen macht.

Gerechtigkeit und Solidarität

Jürgen Habermas

Ein Platz fürs Gute in der Theorie des Gerechten?

Deontologische Ansätze in der Ethik haben von Anbeginn den Verdacht auf sich gezogen, daß sie mit der Ausgangsfrage nach den Bedingungen des unparteilichen moralischen Urteils — und dem Sinn des moralischen Gesichtspunkts, der Unparteilichkeit verbürgt — falsche Weichen stellen. Sie provozieren insbesondere den Verdacht, daß sie unter den Zwang, praktische Fragen an wissenschaftliche zu assimilieren, den Begriff der Moral auf Fragen der Gerechtigkeit einengen und aus der spezifisch neuzeitlichen Optik des bürgerlichen Verkehrs von Privatrechtssubjekten verzerren. Diese Kritik hat mehrere Aspekte. Teils läuft sie auf eine Verteidigung klassischer Ethiken hinaus, die den Primat von Fragen des guten Lebens, der gelingenden individuellen Lebensführung und der glückenden sozialen Lebensformen — Charakter und Ethos — betonen. Teils gilt sie einer Verteidigung von Motiven des neuzeitlichen Utilitarismus, der die Wohlfahrt aller im Auge behält und die Rechte der einzelnen unter die distribuierbaren Güter subsumiert. Teils zielt sie ab auf eine Verteidigung der Mitleids- und Liebesethiken, die der altruistischen Sorge für das Wohl des hilfsbedürftigen Nächsten einen privilegierten Platz einräumen. Stets geht es um das Wohlergehen und die konkreten Güter — sei es der Gemeinschaft, der größten Zahl oder des schwachen einzelnen; eingeklagt wird eine Dimension von Glück und Leid, die von der deontologischen Frage nach der intersubjektiv anerkannten Berechtigung von Normen und Handlungsweisen gar nicht berührt zu werden scheint. Wird nicht die Frage nach dem moralisch rechten Handeln und Leben von vornherein verfehlt, wenn man, wie Kant, auf das Phänomen der Sollgeltung, des verpflichtenden Charakters von Geboten, fixiert ist und damit auf ein Problem zusteuert, das von allen konkreten Lebensverhältnissen, interpersonalen Beziehungen und Identitäten abgekoppelt ist — eben auf die Frage nach den Gründen für die Gültigkeit von Maximen des Handelns?

Dieser Streit der Philosophen wiederholt sich nun auf dem Feld einer Moralentwicklungstheorie, die deren Autor als einen Schüler Kants ausweist. Der Streit ist durch Carol Gilligans Vorschlag, der Ethik der Gerechtigkeit eine Ethik der Fürsorge gegenüberzustellen, noch dramatisiert worden. Diese Diskussion ist schon von Bill Puka auf ihr rechtes Maß zurückgeführt worden; aber auch er pocht noch auf Ergänzungen, die in die gleiche Richtung weisen. Auf diese Kritik antwortet Kohlberg in seinem Beitrag* mit dem Versuch, die beiden Aspekte der Gerechtigkeit und der Sorge für das Wohl der anderen im Rahmen seiner nach wie vor deontologisch ansetzenden Theorie zusammenzuführen. Um den Stellenwert dieses interessanten, tatsächlich über Kant hinausgehenden Vorschlags richtig einschätzen zu können, müssen wir freilich klarmachen, auf welche Kontroverse sich Kohlberg *nicht* einläßt — und auch nicht einzulassen braucht.

(a) Auf den ersten Blick erinnert Kohlbergs Zusammenführung von *justice* und *benevolence* an Hegels Kantkritik und alle jene Versuche, die zwischen klassischen und modernen Ansätzen der Ethik vermitteln möchten. Schon Hegel hat ja gesehen, daß die Einheit des moralischen Grundphänomens verfehlt wird, wenn wir das Prinzip der Gerechtigkeit dem Prinzip des allgemeinen Wohls bzw. der Fürsorge für das Wohl des Nächsten entgegensetzen und diese beiden Aspekte auseinanderreißen. Sein Konzept der »Sittlichkeit« begründet er mit einer Kritik an zwei spiegelbildlichen Vereinseitigungen. Hegel wendet sich gegen den abstrakten Universalismus der Gerechtigkeit, wie er in den individualistischen Ansätzen der Neuzeit, im modernen Vernunftrecht wie in Kants Pflichtethik, zum Ausdruck gelangt. Ebenso entschieden lehnt er den Partikularismus des konkreten Wohls ab, wie er sich in der Polis-Ethik des Artistoteles oder in der thomistischen Güterethik ausspricht. Diese Grundintention Hegels nimmt Kohlberg zwar auf, aber unter der strikt nachmetaphysischen Prämisse, daß die evaluativen Fragen des guten Lebens von den normativen Fragen des gerechten Zusammenlebens getrennt bleiben müssen, weil sie nicht wie diese theoriefähig, d.h. einer (allgemeine Verbindlichkeit beanspruchenden) rationalen Erörterung zugänglich sind. Kohlberg will nur untersuchen, ob die Eingrenzung rational entscheidbarer morali-

---

* Kohlberg, Lawrence/Dwight R. Boyd/Charles Levine: Die Wiederkehr der sechsten Stufe. Gerechtigkeit, Wohlwollen und der Standpunkt der Moral, in Edelstein/Nunner-Winkler (Hg.), *Zur Bestimmung der Moral*, Frankfurt/M. 1986.

scher Probleme auf Fragen der Gerechtigkeit zu restriktiv ist und möglicherweise Elemente ausschließt, die nichts zu tun haben mit der Bewertung von konkreten Ganzheiten, seien es Lebensgeschichten und Personen oder Lebensformen und Kollektive.

(b) In anderer Hinsicht erinnert Kohlbergs Einbeziehung von *benevolence* an den wieder einmal aktuellen Streit zwischen utilitaristischen und deontologischen Ansätzen. Auch hier bezieht Kohlberg jedoch keine vermittelnde Position. Wohl sprengt das Verfahren der idealen Rollenübernahme die Grenzen einer Gesinnungsethik, die aus moralischen Begründungen jede Folgenorientierung als unzulässig ausschließt. Die ideale Rollenübernahme soll vielmehr sicherstellen, daß ein begründeter Konsens von der Berücksichtigung der Folgen abhängig gemacht wird, die eine strittige allgemeine Praxis für die Befriedigung der Interessen eines jeden Betroffenen haben müßte. Das bedeutet aber keineswegs ein Einschwenken auf eine rein konsequentialistische Betrachtungsweise. Kohlberg stimmt, wie aus seiner Behandlung des *life-boat*-Dilemmas hervorgeht, mit Dworkin und Rawls darin überein, daß fundamentale Freiheiten und Rechte der Individuen nicht durch Gesamtnutzenerwägungen eingeschränkt werden dürfen. Kohlberg hat also keine Einschränkung des Prinzips der Gerechtigkeit zugunsten des Nutzenprinzips im Sinn, sondern nur die Frage, ob das Gerechtigkeitsprinzip im Sinne der gleichen Achtung für die Integrität eines jeden so ausgelegt werden kann, daß Aspekte der Fürsorge und des konkreten Wohls zum Vorschein kommen, die nur auf den ersten Blick mit dem Aspekt der Gerechtigkeit zu konkurrieren scheinen.

(c) Schließlich mag es den Anschein haben, als wolle Kohlberg eine zunächst auf Rechtsverhältnisse beschränkte Moraltheorie derart erweitern, daß jetzt Recht mit Moral — in einem weiteren, sei es artistotelisch oder utilitaristisch oder christlich verstandenen Sinne — vermittelt werden könnte. Davon scheint Bill Puka in seinem Beitrag* auszugehen. Die meisten seiner kritisch verwendeten Beispiele beziehen sich nämlich auf Rechtskonflikte im engeren Sinne. An einer Stelle spricht Puka davon, daß Rechte erzwungen (enforced) werden können. Selbst wenn wir diese offensichtliche Verwechslung von moralischen mit erzwingbaren positiven Rechten außer Betracht lassen, suggeriert die Wahl der Beispiele die stillschweigend gemachte Voraussetzung, daß Fragen der Gerechtigkeit mit Rechtsfragen identisch seien. Puka befaßt sich mit den Grenzen einer Moraltheorie, die sich auf Fragen der Harmonisierung

---

* Vom Nutzen und Nachteil der Stufe 6, in Edelstein/Nunner-Winkler (Hg.), *Zur Bestimmung der Moral*, Frankfurt/M. 1986.

und Gleichverteilung subjektiver Rechte konzentriert: darauf also, wie die Freiheit der Willkür eines jeden mit jedermanns Freiheit nach allgemeinen Gesetzen zusammenbestehen kann. Genau so lautet aber das oberste Prinzip der Kantischen Rechtslehre und nicht das Moralprinzip. Wenn ich recht sehe, liegen dieser Auffassung mindestens drei Mißverständnisse zugrunde.

Gerechte, d.h. verfahrensethisch begründbare Prinzipien und Regeln können, zumal wenn es sich um die institutionelle Regelung »äußerer Lebensverhältnisse« in modernen Gesellschaften handelt, natürlich auch die Form negativer Freiheiten und subjektiver Rechte annehmen — prototypisch im Bereich von Grundrechten und Eigentumsrechten. Ebenso natürlich erstrecken sich aber verfahrensethische Begründungen auch auf Prinzipien und Regeln anderer Art; etwa auf Prinzipien der Verteilungsgerechtigkeit, die je nach der Struktur des regelungsbedürftigen Handlungsbereichs (der Haushalte, des Beschäftigungssystems, der Schule, der Familie, der Nachbarschaft usw.) ganz verschieden sind; oder auf Prinzipien der Fürsorge und des Beistandes für Hilfsbedürftige; auf Konventionen der Selbstbegrenzung, des schonenden Umgangs, der Wahrhaftigkeit, der Aufklärungspflicht usw.

Zweitens muß man sich klar machen, daß deontologische Ansätze Begründungs- und Anwendungsfragen trennen. Die beklagte Abstraktion von den lebensweltlichen Kontexten, von den konkreten Umständen des Einzelfalls ist in der Tat unumgänglich bei der Beantwortung der Frage, ob strittige Normen und Handlungsweisen moralisch richtig sind und die intersubjektive Anerkennung der Adressaten verdienen. Diese Abstraktion muß aber bei der unparteilichen Anwendung gerechtfertigter Prinzipien und Regeln auf den einzelnen Fall rückgängig gemacht werden. Im Lichte der konkreten Umstände und der besonderen Interessenkonstellation müssen gültige Prinzipien gegeneinander abgewogen oder können Ausnahmen von akzeptierten Regeln begründet werden. Auf andere Weise könnte dem Prinzip, daß Gleiches gleich und Ungleiches ungleich behandelt werden soll, gar nicht Genüge geschehen.

Schließlich können aber moralische Gebote über das positiv-rechtlich Gebotene hinausgehen; und zwar auch dann, wenn die Rechtsverhältnisse ihrerseits aus moralisch gerechtfertigten Grundnormen begründet sind. Das erklärt sich aus einem Ergänzungsverhältnis von positivem Recht und Moral, auf das ich hier nicht näher eingehen kann. Fälle, in denen jemand von seinen subjektiven Freiheiten einen legal unverdächtigen, aber moralisch fragwürdigen Gebrauch macht (destroy my ressources — burn my property, blow my brain out — regardless of what my ressources could do to others), finden, wenn nicht schon unter Gesichtspunkten der Rechtsinhaltsgleichheit, spätestens dann eine befriedigende Auflösung, wenn man jenes Ergänzungsverhältnis berücksichtigt.

Ein Bedenken aus dem Spektrum der von Bill Puka vorgetragenen Einwände muß Kohlberg allerdings ernst nehmen. Die autonome Moral der Neuzeit ist in den modernen Naturrechtslehren und in (einer bestimmten Lesart) der Kantischen Ethik einseitig individualistisch begriffen worden; in dieser Hinsicht sind die deontologischen Ansätze nicht radikal genug durchgeführt worden. Sie bleiben ihrem Entstehungskontext und damit der bürgerlichen Ideologie insoweit verhaftet, als sie von vereinzelten, privatautonomen, sich selbst besitzenden, über sich selbst als Eigentum verfügenden Subjekten ausgehen — und nicht von den Verhältnissen reziproker Anerkennung, in denen die Subjekte ihre Freiheit intersubjektiv erwerben und behaupten.

Mit dem Mead entlehnten Begriff der idealen Rollenübernahme verfügt Kohlberg freilich über eine Basis, auf der er die Kantische Grundintention ohne possessiv-individualistische Verkürzungen einholen kann. Schon Mead selbst hat Kant in diesem Sinne rezipiert: »Die Allgemeinheit unserer Urteile, die von Kant so sehr betont wird, leitet sich aus der Tatsache ab, daß wir die Haltung der ganzen Gemeinschaft, die Haltung aller vernunftbegabten Wesen einnehmen.« Er fügt dann den charakteristischen Satz hinzu: »Wir sind, was wir sind, durch unser Verhältnis zu anderen. Unser (moralisch gerechtfertigtes J.H.) Ziel muß daher unvermeidlich ein gesellschaftliches Ziel sein, sowohl in bezug auf seinen Inhalt als auch in bezug auf seine Form. Die Sozialität ist die Ursache der Universalität moralischer Urteile und bildet die Grundlage der verbreiteten Behauptung, daß die Stimme aller die allgemeine Stimme sei; d.h. daß jeder, der die Situation vernünftig beurteilt, auch (einem moralisch gerechtfertigten Ziel J.H.) zustimmen kann« (Mead 1969, 429 f.). Gültige Normen stützen ihren verpflichtenden Charakter auf den Umstand, daß sie ein verallgemeinerbares Interesse verkörpern und daß mit der Wahrung dieses Interesses gleichzeitig Autonomie und Wohlergehen der einzelnen wie auch Integration und Wohl des gesellschaftlichen Kollektivs auf dem Spiel stehen. Diesen Gedanken vermute ich hinter Kohlbergs Versuch, das Prinzip der Sorge für das Wohl des anderen neben dem Gerechtigkeitsprinzip zur Geltung zu bringen. Vor dem Hintergrund der gegenwärtigen moralphilosophischen Diskussion ist dieses Programm, das man nicht mit den unter (a) bis (c) diskutierten Vorhaben verwechseln darf, bahnbrechend. Nicht ebenso überzeugend wie die Intention finde ich die Art der Durchführung des Programms.

Kohlberg stellt im wesentlichen drei Überlegungen an. Er relativiert zunächst die aus dem moralischen Gesichtspunkt der unparteilichen Beurteilung von Handlungskonflikten gewonnene Idee der Gerechtigkeit; sie wird zu einem Prinzip herabgestuft und durch ein zweites Prinzip, den Grundsatz der Benevolenz ergänzt. Das Prinzip, Gutes zu tun und Schaden zu vermeiden, bezieht sich ebenso auf das individuelle wie auf das allgemeine Wohl. Auf der Einstellungsebene entsprechen diesem Prinzip die Sorge für das Wohl des anderen, Mitleid, Liebe zum Nächsten, Hilfsbereitschaft im weitesten Sinne, aber auch Gemeinsinn. Beide Prinzipien stehen in einem Spannungsverhältnis zueinander, sollen jedoch aus einem gemeinsamen Oberprinzip abgeleitet werden können.

In einem zweiten Schritt begründet Kohlberg Gerechtigkeit und Benevolenz aus einem Grundsatz, der seit Kant als Äquivalent für das Prinzip der Gleichbehandlung, also für das Gerechtigkeitsprinzip galt: das Prinzip der gleichen Achtung für die Integrität oder Würde einer jeden Person entspricht ja der Zweckformel des Kategorischen Imperativs. Den Zusammenhang mit dem Grundsatz der Benevolenz stellt Kohlberg dadurch her, daß er sich eine Äquivokation im Begriff der Person zunutze macht. Gleiche Achtung für jede Person als autonom handlungsfähiges Subjekt *überhaupt* bedeutet Gleichbehandlung; gleiche Achtung für jede Person als lebensgeschichtlich individuiertes *einzelnes* Subjekt kann aber etwas anderes als Gleichbehandlung bedeuten, nämlich nicht den Schutz der Person als eines sich selbst *bestimmenden*, sondern die Förderung der Person als eines sich selbst *verwirklichenden* Wesens. In dieser zweiten Variante verändert sich unter der Hand die Bedeutung von »Respekt«: aus der *Achtung* für die Integrität einer verletzbaren Person ergibt sich strenggenommen nicht die *Fürsorge* für deren Wohl. Ohne implizite Bedeutungsverschiebung kann Kohlberg also den Grundsatz der Benevolenz beim Grundsatz des gleichen Respekts für jeden nicht unterbringen. Schwerer wiegt eine weitere Schwierigkeit. Der Grundsatz des gleichen Respekts bezieht sich wie das Prinzip der Gleichbehandlung überhaupt nur auf Individuen. Ein daraus »abgeleiteter« Benevolenzgrundsatz könnte also allenfalls die Sorge für das individuelle Wohl des Nächsten (oder auch das eigene Wohl) begründen, nicht aber die fürs Allgemeinwohl, auch nicht den entsprechenden Gemeinsinn.

In einem dritten Schritt muß Kohlberg zeigen, wie sich beide Prinzipien aus dem Verfahren der idealen Rollenübernahme ergeben. Bisher hatten ja die Begriffe »moralischer Gesichtspunkt« und »Gerechtigkeit« eine äquivalente Bedeutung. Es war also der Sinn von Gerechtigkeit, der mit Hilfe der idealen Rollenübernahme expliziert wurde. Jetzt schafft Kohlberg Platz für den Sinn von Benevolenz, indem er den Begriff der idealen Rollenübernahme, wie erwähnt, in drei Momente zerlegt; die Perspektivenübernahme verbindet sich mit zwei weiteren Operationen: mit Einfühlung in bzw. Identifikation mit dem jeweils anderen einerseits, mit Universalisierung andererseits. Daraufhin läßt sich Sympathie mit der Sorge für das Wohl des anderen, Universalisierung mit Gerechtigkeit in einen wenigstens assoziativen Zusammenhang bringen. Auch dieses eher angedeutete Argument verliert viel von seiner Überzeugungskraft, wenn man bedenkt, daß von der zunächst auf konkrete Bezugspersonen gerichteten Sympathie beim Übergang zur universalisierten, vollständig reversibel gewordenen Perspektivenübernahme nicht viel mehr als eine rein kognitive Verstehensleistung übrigbleibt.[1]

Die diskursethische Alternative

Kohlberg bringt eine richtige Intuition auf falsche Begriffe, wenn er dem Prinzip der gleichen Achtung für jeden eine expandierte, sowohl Gleichbehandlung als auch Benevolenz umgreifende Bedeutung zuschreibt. Seine Intuition läßt sich an Meads zentraler Einsicht erläutern, daß Personen als sprach- und handlungsfähige Subjekte nur auf dem Wege der Vergesellschaftung individuiert werden. Sie werden zu Individuen allein dadurch herangebildet, daß sie in eine Sprachgemeinschaft und damit in eine intersubjektiv geteilte Lebenswelt hineinwachsen. In diesen Bildungsprozessen entstehen und erhalten sich gleichursprünglich die Identität des einzelnen und die des Kollektivs, dem dieser angehört. Je weiter die Individualisierung fortschreitet, um so mehr verstrickt sich das einzelne Subjekt in ein immer dichteres und zugleich subtileres Netz reziproker Abhängigkeiten und exponierter Schutzbedürftigkeiten. Die Person formt deshalb ein inneres Zentrum nur in dem Maße, wie sie sich zugleich an die kommunikativ hergestellten interpersonalen Beziehungen auch entäußert. Daraus erklärt sich die Gefährdung und chronische Anfälligkeit einer versehrbaren Identität. Und eben auf deren Schonung sind Moralen zugeschnitten. Weil nun Moralen die Versehrbarkeit von Lebewesen kompensieren sollen, die derart durch Vergesellschaftung individuiert werden, daß sie ihre Identität niemals für sich allein behaupten können, läßt sich die Integrität der einzelnen nicht ohne die Integrität ihrer gemeinsamen, interpersonale Beziehungen und Verhältnisse reziproker Anerkennung erst ermöglichenden Lebenswelt wahren. Diesen *doppelten* Aspekt möchte Kohlberg herausarbeiten, indem er die intersubjektiven Bedingungen für die Erhaltung der Integrität des einzelnen betont. Die moralischen Schutzvorrichtungen können die Integrität der einzelnen Person nicht sichern, ohne *in einem* das lebensnotwendige Geflecht von Anerkennungsverhältnissen zu sichern, in denen Individuen ihre zerbrechliche Identität nur wechselseitig und zugleich mit der Identität ihrer Gruppe stabilisieren können.

Dieser pragmatistischen Grundeinsicht kann Kohlberg aber moraltheoretisch nicht dadurch genügen, daß er den Begriff des gleichen Respekts für die Würde eines jeden *überdehnt* und dann auf halbem Wege stehen bleibt, nämlich bei einer Benevolenz für den Nächsten. Aus kommunikationstheoretischer Sicht ergibt sich vielmehr ein enger Zusammenhang der Sorge für das Wohl des Nächsten mit dem Interesse für das allgemeine Wohl: die Identität der Gruppe reproduziert sich über intakte Verhältnisse reziproker Anerkennung. Darum ist der zur individuellen Gleichbehandlung komplementäre Gesichtspunkt nicht Benevolenz, sondern Solidarität. Dieses Prinzip wurzelt in der Erfahrung, daß einer für den anderen einstehen muß, weil alle als Genossen an der Integrität ihres gemeinsamen Lebenszusammenhangs in derselben Weise interessiert sein müssen. Die deontologisch begriffene Gerechtigkeit fordert als ihr Anderes Solidarität. Dabei handelt es sich nicht so sehr um zwei Momente, die sich ergänzen, als vielmehr um zwei Aspekte derselben Sache. Jede autonome Moral muß zwei Aufgaben in einem lösen: Sie bringt die Unantastbarkeit der vergesellschafteten Individuen zur Geltung, indem sie Gleichbehandlung und damit gleichmäßigen Respekt vor der Würde eines jeden fordert; und sie schützt die intersubjektiven Beziehungen reziproker Anerkennung, indem sie von den Individuen als Angehörigen einer Gemeinschaft, in der sie sozialisiert worden sind, Solidarität fordert. *Gerechtigkeit* bezieht sich auf die gleichen Freiheiten unvertretbarer und sich selbst bestimmender Individuen, während sich *Solidarität* auf das Wohl der in einer intersubjektiv geteilten Lebensform verschwisterten Genossen bezieht — und damit auch auf die Erhaltung der Integrität dieser Lebensform selbst. Moralische Normen können nicht eins ohne das andere schützen: die gleichen Rechte und Freiheiten des Individuums nicht ohne das Wohl des Nächsten und der Gemeinschaft, der sie angehören.

Als Bestandteil einer universalistischen Moral verliert freilich Solidarität ihren bloß partikularen, auf die Binnenverhältnisse eines ethnozentrisch gegen andere Gruppen sich abschließenden Kollektivs beschränkten Sinn — jenen Charakter von erzwungener Opferbereitschaft für ein kollektives Selbstbehauptungssystem, das in vormodernen Formen der Solidarität stets mitschwingt. Auf die Formel des »Alle für Einen, und Einer für Alle« kann sich die Formel »Führer befiehl, wir folgen Dir« — wie auf den Plakatsäulen meiner Jugend in Nazi-Deutschland — reimen, weil in jedem traditionalistischen Sinn von Solidarität die Genossenschaft mit der Gefolgschaft verflochten blieb. Die postkonventionell begriffene Gerechtigkeit kann mit Solidarität als *ihrem* Anderen erst konvergieren, wenn sie im Lichte der Idee einer allgemeinen diskursiven Willensbildung transformiert worden ist. Gewiß, die Grundvorstellungen von Gleichbehandlung, Solidarität und allgemeinem Wohl, um die *alle* Moralen kreisen, sind auch in vormodernen Gesellschaften bereits in die Symmetriebedingungen und Reziprozitätserwartungen jeder kommunikativen Alltagspraxis eingebaut, und zwar in der Form von allgemeinen und notwendigen pragmatischen Voraussetzungen kommunikativen Handelns. Ohne diese idealisierenden Unterstellungen kann niemand, unter wie immer repressiven gesellschaftlichen Strukturen, verständigungsorientiert handeln. Vor allem in der reziproken Anerkennung zurechnungsfähiger Subjekte, die ihr Handeln an Geltungsansprüchen orientieren, sind die Ideen von Gerechtigkeit und Solidarität gegenwärtig. Aber diese normativen Verpflichtungen reichen nicht *von sich* aus über die Grenzen einer konkreten Lebenswelt der Familie, des Stammes, der Stadt oder der Nation hinaus. Diese Schranken können erst in Diskursen durchbrochen werden, soweit diese in modernen Gesellschaften institutionalisiert sind. Argumentationen reichen per se über partikulare Lebenswelten hinaus; denn in deren pragmatischen Voraussetzungen ist der normative Gehalt der Voraussetzungen kommunikativen Handelns verallgemeinert, abstrahiert und entschränkt, auf eine ideale, alle sprach- und handlungsfähigen Subjekte einbeziehende Kommunikationsgemeinschaft (wie Apel im Anschluß an Peirce sagt) ausgedehnt.

Aus diesem Grunde kann die Diskursethik, die die Gehalte einer universalistischen Moral aus den allgemeinen Voraussetzungen von Argumentation überhaupt ableitet[2], auch der gemeinsamen Wurzel der Moral gerecht werden: weil Diskurse dem verständigungsorientierten Handeln als Reflexionsform gleichsam aufsitzen, können sie *demselben* Medium sprachlich vermittelter Interaktionen, dem die vergesellschafteten Individuen ihre Versehrbarkeit verdanken, auch die zentralen Gesichtspunkte für die moralische Kompensation dieser tiefsitzenden Schwäche entnehmen. Aufgrund ihrer pragmatischen Eigenschaften ermöglichen Diskurse eine einsichtsvolle Willensbildung von der Art, daß die Interessen eines jeden einzelnen zum Zuge kommen können, ohne das soziale Band zu zerreißen, das einen jeden mit allen

vorgängig verknüpft. Als Teilnehmer an praktischen Diskursen wird nämlich
jeder auf sich gestellt und bleibt doch in einen objektiv allgemeinen Zusammenhang eingebunden. Das auf Diskurs umgestellte Rollenübernahmemo-
dell ist in dieser Hinsicht mit dem Vertragsmodell nicht gleichwertig.
Die Verfahrensethik wird einseitig ausgeprägt, solange nicht die Idee der
Vereinbarung zwischen originär vereinzelten Subjekten ersetzt wird durch
die Idee einer vernünftigen Willensbildung innerhalb einer Lebenswelt ver-
gesellschafteter Individuen überhaupt. Das Verfahren des Diskurses verweist durch die argumentativen Mittel wie durch seine kommunikativen
Voraussetzungen auf das existentielle Vorverständigtsein der Teilnehmer
in den allgemeinsten Strukturen einer immer schon intersubjektiv geteilten Lebenswelt. Sogar dieses Verfahren diskursiver Willensbildung verleitet
noch zu der einseitigen Interpretation, als solle mit der Verallgemeinerungs-
fähigkeit strittiger Interessen ausschließlich die Gleichbehandlung aller
Betroffenen garantiert werden. Dabei wird der andere Umstand übersehen,
daß jede Universalisierungsforderung ohnmächtig bleiben müßte, wenn
nicht auch noch aus der Zugehörigkeit zu einer idealen Kommunikationsgemeinschaft ein Bewußtsein unkündbarer Solidarität, die Gewißheit der Ver-
schwisterung in einem gemeinsamen Lebenszusammenhang entspringen
würde.

Gerechtigkeit ist ohne wenigstens ein Element von Versöhnung undenk-
bar. Noch in den kosmopolitischen Ideen des ausgehenden 18. Jahrhunderts
sind die archaischen Bindungsenergien der Verwandtschaft nicht restlos ver-
dampft, sondern nur geläutert zur Solidarität mit allem, was Menschenantlitz
trägt. *Alle* Menschen werden Brüder, kann Schiller sagen. Dieses Doppelte
kennzeichnet auch die Kommunikationsform des praktischen Diskurses: Das
Band der sozialen Integration reißt nicht, obwohl die Übereinkunft, die allen
abverlangt wird, die Grenzen jeder naturwüchsigen Gemeinschaft transzendiert. Einerseits bleibt jeder einzelne Argumentationsteilnehmer mit seinem
»Ja« und »Nein« letzte Instanz; er kann sich in der Rolle dessen, der zu kriti-
sierbaren Geltungsansprüchen Stellung nimmt, nicht vertreten lassen. Andererseits sind noch die Interpretationen, unter denen der einzelne seine ureige-
nen Bedürfnisse identifiziert, offen für einen Revisionsprozeß, an dem *alle*
teilhaben; darin, und in der Gemeinsamkeit eines Konsenses, der der Summe
der einzelnen Stimmen die Reziprozität des sich im Anderen Erkennens hin-
zufügt, verrät sich die gesellschaftliche Natur des Individuellsten. Beides trifft
zu: ohne die uneingeschränkte individuelle Freiheit der Stellungnahme zu
normativen Geltungsansprüchen könnte die faktisch erzielte Übereinstim-

mung nicht wahrhaft allgemein sein; aber ohne die solidarische Einfühlung eines jeden in die Lage aller anderen könnte es zu einer konsensfähigen Lösung gar nicht kommen. Weil Argumentationen das verständigungsorientierte Handeln mit reflexiven Mitteln bloß fortsetzen, ist auch das Bewußtsein nicht verschwunden, daß die egozentrische Perspektive kein Erstes, sondern gesellschaftlich produziert ist. So trägt das Verfahren diskursiver Willensbildung dem inneren Zusammenhang beider Aspekte Rechnung: der Autonomie unvertretbarer Individuen und ihrer vorgängigen Einbettung in intersubjektiv geteilte Lebensformen überhaupt.

Das bedeutet nicht etwa die Versöhnung von Kant mit Artistoteles. Die Diskursethik schöpft nur den modernen Begriff von Gerechtigkeit aus, wenn sie den individualistischen Vereinseitigungen entgegentritt und Solidarität als die Kehrseite von Gerechtigkeit hervorkehrt. Einbezogen werden jene strukturellen Aspekte des »guten Lebens«, die sich *allgemein* unter dem Gesichtspunkt der kommunikativen Vergesellschaftung *überhaupt* von den konkreten Totalitäten jeweils besonderer Lebensformen — und Lebensgeschichten — abheben lassen. Die Diskursethik steht unter den Prämissen nachmetaphysischen Denkens und kann nicht das ganze Bedeutungspotential dessen einholen, was die klassischen Ethiken einmal als heilsgeschichtliche oder kosmische Gerechtigkeit gedacht haben. Die Solidarität, auf die sie baut, bleibt in die Grenzen irdischer Gerechtigkeit gebannt.

Kohlberg will diesen Verzicht auf Metaphysik leisten — und möchte doch, so scheint es, den vollen Preis dafür nicht entrichten. Joans Antworten auf das Korea-Dilemma (welches dieselbe Struktur hat wie das Dilemma, das in jenem Rettungsboot entsteht, von dessen drei Passagieren nur zwei echte Überlebenschancen hätten) bieten Kohlberg die Gelegenheit, nicht nur den Grundsatz der Benevolenz ins Spiel zu bringen, sondern auch den Dialog als Mittel zum Zweck der Sorge für den Nächsten. Mir will scheinen, daß sich jenes Dilemma eher dazu eignet, sich über die Grenzen der Diskursethik klar zu werden. Niemand würde leugnen, daß sich der Anführer eines Stoßtrupps, der einen seiner Leute auf ein Himmelfahrtskommando schicken müßte, um allen übrigen eine Chance des Überlebens offen zu halten, in einem moralischen Dilemma befindet. Aber »gelöst« werden könnte das Dilemma nur durch ein Opfer, das niemandem moralisch zugemutet werden darf — und daher nur freiwillig geleistet werden könnte. Supererogatorische Handlungen — das sagt schon der Name — sind als moralische Verpflichtungen nicht zu begründen; deshalb kann auch ein Diskurs, soweit er als Begründungsverfahren dient, nicht weiterhelfen. Begründen kann man nur, warum eine utilitaristische Lösung des Dilemmas, die zur Rechtfertigung den Gesamtnutzen heranzieht, moralisch unzulässig ist.

Daß es um moralisch nicht begründbare supererogatorische Handlungsalternativen geht, sieht man sofort, wenn man das vorgelegte Dilemma als Aufforderung versteht, Prinzipien und Regeln aufzusuchen, die auf einen solchen
Fall angewendet werden könnten: es gibt in dieser Hinsicht kein Interesse, das
verallgemeinert werden könnte, und keine entsprechende Norm, der alle, die
nicht apriori ausschließen können, je in eine vergleichbare Situation zu kommen, müßten zustimmen können.[3] Darum läßt sich an diesem Dilemma
noch etwas anderes klarmachen. Der supererogatorische Charakter des Falles
kann auf den ersten Blick nur verborgen bleiben, wenn man das Dilemma anders versteht, nämlich nicht als heuristische Anregung zur Begründung von
Normen, sondern als Anwendungsproblem, nämlich so, daß auf einen gegebenen Fall vermeintlich gültige Prinzipien oder Regeln Anwendung finden
sollen. Die postkonventionelle Ebene des moralischen Urteils zeichnet sich
unter anderem dadurch aus, daß hier beide Sorten von Problemen streng auseinandertreten. Insbesondere Verfahrensethiken stellen sich zunächst die
Aufgabe, eine Prozedur anzugeben, nach denen Normen und Handlungsweisen *begründet* bzw. kritisiert werden können. Weil sie diese Aufgabe isoliert behandeln müssen, ergibt sich die unparteiliche *Anwendung* gültiger Prinzipien
und Regeln erst als ein *Folgeproblem*.[4]

Auf der konventionellen Ebene fallen Begründungs- und Anwendungsprobleme noch nicht auseinander, weil hier die substantielle Sittlichkeit eines
Traditionsmilieus noch nicht grundsätzlich in Frage gestellt ist; die konventionelle Sittlichkeit bildet einen Horizont, in dem die Mannigfaltigkeit konkreter Pflichten und Normen noch auf die zugehörigen typischen Rollen und
Situationen verweist. Auf dieser Ebene ist das Erhebungsinstrument der Fallgeschichte eines dilemmatischen Handlungskonflikts angemessen. Vom narrativen Einzelfall ausgehend kann der Befragte sich nach beiden Seiten hin
vortasten: zu den Normen und Pflichten einerseits, den typischen Anwendungssituationen andererseits, denn beide bilden noch einen internen Zusammenhang. Dieser Kontext der Sittlichkeit wird durch den postkonventionellen Einstellungswechsel gegenüber einer reflexiv entwerteten, ihrer Naturwüchsigkeit entkleideten Sozialwelt zerrissen. Die Befragten, die sich auf der
Ebene des prinzipiengeleiteten moralischen Urteils bewegen, müssen ein solches Dilemma unter zwei verschiedenen Gesichtspunkten analysieren: einmal in der Rolle des Gesetzgebers, der unparteilich prüft, welche Handlungsweise, als eine allgemeine Praxis betrachtet, Zustimmung verdient; zum ande-

ren in der Rolle des Richters, der gültige Prinzipien und Regeln auf einen konkreten Fall unparteilich anzuwenden hat. In der Forderung nach Unparteilichkeit des Urteils verschafft sich die praktische Vernunft beidemal Gehör, aber der moralische Gesichtspunkt kommt in beiden Funktionen auf eine je andere Weise zur Geltung — damit übrigens auch die Solidarität. Solidarität mit dem unverwechselbar Besonderen des Einzelfalls wird dem Richter, der erst die Kriterien finden muß, nach denen Gleiches gleich behandelt werden kann, in höherem Maße abverlangt als dem virtuellen Gesetzgeber, der das »Nein« unterdrückter Bedürfnisse nicht ignorieren darf.

Wie die Moralphilosophen, an denen er sich orientiert, hat Kohlberg sein Interesse in erster Linie auf Begründungsprobleme gerichtet. Für autonome Moralen bilden Anwendungsprobleme einen anderen, weiteren Fragenbereich, für den der Entwicklungspsychologe vielleicht sogar andere Instrumente der Erhebung und der Analyse entwickeln müßte.

Anmerkungen

1   Vollends problematisch wird Kohlbergs Überlegung, wenn er die ideale Rollenübernahme von der kommunikativen Form des Diskurses so weit abkoppelt, daß er den »Dialog« der Einfühlung in den anderen und dem Prinzip der Sorge für dessen Wohl zuordnen kann.

2   Vgl. meine Notizen zur Begründung der Diskursethik in: J. Habermas 1983, 53 ff.

3   Es mag faktisch so sein, daß sich die im Einzelfall Betroffenen auf ein Losverfahren einigen; verallgemeinerbar wäre diese Prozedur wiederum nur unter der Bedingung der ad hoc festzustellenden Freiwilligkeit. Ich sehe keinen Grund, der in einer solchen Situation die Zumutbarkeit des Losverfahrens moralisch rechtfertigen könnte.

4   Vgl. Apel 1986 und Habermas 1986.

Literatur

Apel, K.O., Kann der postkantische Standpunkt der Moralität noch einmal in substantielle Sittlichkeit aufgehoben werden? In: Kuhlmann, W. (Hg.), *Moralität und Sittlichkeit. Das Problem Hegels und die Diskursethik,* Frankfurt/Main 1986, S. 217 ff.

Habermas, J., *Theorie des kommunikativen Handelns,* Bd. 1, Frankfurt/Main 1981.

— *Moralbewußtsein und Kommunikatives Handeln.* Frankfurt/Main 1983.

— Moralität und Sittlichkeit — Treffen Hegels Einwände gegen Kant auch auf die Dis-
    kursethik zu? In: Kuhlmann, W. (Hg.), *Moralität und Sittlichkeit. Das Problem Hegels
    und die Diskursethik.* Frankfurt/Main 1986.
Mead, G.H., Fragmente über Ethik. In: *Geist, Identität und Gesellschaft,* Frankfurt/Main
    1969.

Arm und Reich

Peter Singer

Einige Fakten

In der Euthanasie-Diskussion in Kap. 7 haben wir die Unterscheidung zwischen Töten und Sterbenlassen in Frage gestellt, mit dem Ergebnis, daß die Unterscheidung keine ethische Bedeutung an sich besitzt. Dieses Ergebnis hat Folgerungen, die weit über die Euthanasie hinausgehen.

Man halte sich folgende Fakten vor Augen: Nach den vorsichtigsten Schätzungen leiden vierhundert Millionen Menschen Mangel an Kalorien, Proteinen, Vitaminen und Mineralstoffen, die für ein körperlich und geistig gesundes Leben notwendig sind. Millionen haben ständig Hunger; andere leiden an Mangelkrankheiten und an Infektionen, die sie bei einer besseren Ernährung abwehren könnten. Am schlimmsten betroffen sind die Kinder. Nach einer Schätzung sterben jedes Jahr vierzehn Millionen Kinder unter fünf Jahren an Unterernährung und den damit verbundenen Infektionen. In einigen Gegenden ist von der Hälfte der geborenen Kinder zu erwarten, daß sie vor ihrem fünften Geburtstag sterben . . .*

Das Problem besteht nicht darin, daß die Welt nicht genug produzieren kann, um die auf ihr lebenden Menschen zu ernähren und ihnen Obdach zu geben. Die Menschen in den armen Ländern konsumieren im Durchschnitt

---

* Aus Platzgründen wurden folgende Streichungen vorgenommen: Abschnitt 1 ca. 3—4 Seiten, in denen Singer die Armutsverhältnisse in der dritten Welt sowie den Luxus in der ersten Welt konkret beschreibt und durch statistisches Zahlenmaterial belegt; Abschnitt 4.1 ca. 2 Seiten, in denen Singer besondere Pflichten gegen Nahestehende herausarbeitet; und Abschnitt 4.3 ca. 5—6 Seiten, in denen Singer argumentiert, bessere Lebensbedingungen könnten zur Senkung der Geburtenzahlen beitragen. Streichungen sind durch . . . gekennzeichnet. (Anm. d. Hrsg.)

jährlich 180 Kilo Getreide; die Nordamerikaner dagegen durchschnittlich mehr als 900 Kilo. Die Differenz kommt dadurch zustande, daß wir in den reichen Ländern das meiste Getreide an Tiere verfüttern und somit in Fleisch, Milch und Eier »verwandeln«. Weil dies ein höchst ineffizientes Verfahren ist, durch das 95 % des Nährwerts der tierischen Nahrung verschwendet werden, sind die Menschen in den reichen Ländern für den Verbrauch von viel mehr Nahrung verantwortlich als jene Menschen in armen Ländern, die nur wenig tierische Produkte essen. Würden wir aufhören, Tiere mit Getreide und Sojabohnen zu füttern, würde die Summe der eingesparten Nahrung mehr als ausreichen, um — falls sie an die verteilt würde, die sie brauchen — überall auf der Welt den Hunger zu beenden . . .

Daß es diesen Reichtum gibt, ist klar. . . Viele Länder — und Individuen — verfügen über einen Wohlstand, den sie auf die absolut Armen übertragen könnten, ohne die Grundlage ihres Wohlergehens zu gefährden.

Gegenwärtig geschieht da sehr wenig. . . . Großbritannien steckt 0,31 % seines Bruttosozialprodukts in offizielle Entwicklungshilfe . . . Man vergleiche das mit den 5,5 % des Bruttosozialprodukts, die für Alkohol, oder mit den 3 %, die für Tabak ausgegeben werden. Andere, selbst reichere Nationen, führen kaum mehr ab: Deutschland 0,41 % und Japan 0,32 %. Die Vereinigten Staaten führen lediglich 0,15 % ihres Bruttosozialprodukts ab.

Das moralische Äquivalent zu Mord?

Wenn dies die Fakten sind, läßt sich die Schlußfolgerung nicht umgehen, daß die Menschen in den reichen Ländern, indem sie nicht mehr geben, als zur Zeit geschieht, zulassen, daß die Bewohner der armen Länder absolute Armut leiden, woraus wiederum Unterernährung, Krankheit und Tod folgen. Diese Schlußfolgerung läßt sich nicht nur auf Regierungen anwenden, sondern auf jedes Individuum, das absolut wohlhabend ist; denn jeder von uns hat die Gelegenheit, die Situation zu verbessern, indem wir unsere Zeit und unser Geld zum Beispiel freiwilligen Hilfsorganisationen zur Verfügung stellen. Falls grundsätzlich kein Unterschied zwischen Sterbenlassen und Töten besteht, könnte es fast scheinen, daß wir alle Mörder sind.

Ist dieses Urteil zu hart? Viele werden es als augenscheinlich absurd ablehnen. Sie werden es eher als Beweis dafür werten, daß Sterbenlassen eben nicht gleichbedeutend sein kann mit Töten; nicht aber als Hinweis darauf, daß, wer im Wohlstand lebt, ohne zum Beispiel einen Beitrag für eine internationale Hilfsorganisation zu leisten, ethisch auf derselben Stufe steht wie einer, der nach Äthiopien geht und ein paar Bauern erschießt. Zweifellos — wenn man es so plump wie hier formuliert, ist das Urteil in der Tat zu hart.

Es gibt mehrere bedeutsame Unterschiede zwischen dem Geldausgaben für Luxusartikel (statt das Geld zu verwenden, um Leben zu retten) und dem vorsätzlichen Erschießen von Menschen.

Erstens ist normalerweise die Motivation verschieden. Wer jemand anders vorsätzlich erschießen will, legt es darauf an zu töten; es ist anzunehmen, daß er den Tod seines Opfers wünscht, und zwar aus Bosheit, Sadismus oder irgendeinem ähnlich abscheulichen Grund. Eine Person, die eine neue Hifi-Anlage kauft, will ihren musikalischen Genuß steigern, was an sich nicht weiter schrecklich ist. Schlimmstenfalls zeugt es von Selbstsucht und Gleichgültigkeit gegenüber den Leiden anderer, wenn man sein Geld für Luxusartikel ausgibt, anstatt zu karitativen Zwecken; aber wenn solche Eigenschaften auch nicht wünschenswert sein mögen, so sind sie doch mit wirklicher Bosheit oder ähnlichen Motiven nicht vergleichbar.

Zweitens ist es für die meisten von uns nicht schwierig, nach einer Regel gegen das Töten von Menschen zu leben; dagegen ist es sehr schwierig, einer Regel zu gehorchen, die befiehlt, alle Menschenleben, die wir retten können, zu retten. Um ein angenehmes oder gar luxuriöses Leben zu genießen, ist es nicht notwendig, jemanden zu töten; aber es ist notwendig, einige sterben zu lassen, die wir hätten retten können, denn das Geld, das wir zu einem angenehmen Leben brauchen, hätten wir spenden können. Die Pflicht, das Töten zu vermeiden, ist also viel leichter vollständig zu erfüllen als die Pflicht, Leben zu retten. Jedes Leben retten, das wir retten könnten, würde bedeuten, unseren Lebensstandard auf das zu reduzieren, was wir brauchen, um uns am Leben zu erhalten.* Diese Pflicht vollständig zu erfüllen, würde ein Maß an moralischem Heroismus verlangen, das völlig verschieden ist von dem, welches die bloße Vermeidung des Tötens erfordert.

---

* Streng genommen, müßten wir ihn auf das Minimum reduzieren, welches mit dem Einkommen vereinbar ist, das uns nach der Befriedigung unserer Bedürfnisse ein Maximum für karitative Spenden übrigließe. Wenn ich beispielsweise in meiner gegenwärtigen Stellung 40.000 Dollar im Jahr brauche, um mich anständig zu kleiden und ein Auto zu halten, dann kann ich nicht mehr Menschen retten, indem

Ein dritter Unterschied besteht in der größeren Gewißheit über das Ergebnis des Erschießens im Vergleich zu der unterlassenen Hilfeleistung. Wenn ich ein geladenes Gewehr auf jemand richte und abdrücke, ist es so gut wie sicher, daß der oder die Betroffene verletzt, wenn nicht gar getötet wird; wogegen das Geld, das ich spenden könnte, vielleicht für ein Projekt ausgegeben wird, das sich als erfolglos herausstellt und niemandem hilft.

Viertens: Wenn Menschen erschossen werden, gibt es identifizierbare Individuen, denen Schaden zugefügt worden ist. Wir können auf sie und ihre trauernden Familien zeigen. Wenn ich meine Hifi-Anlage kaufe, kann ich nicht wissen, wen mein Geld gerettet hätte, falls ich es gespendet hätte. Wenn wieder irgendwo eine Hungersnot herrscht, kann es sein, daß ich Leichen und trauernde Familien in den Nachrichtensendungen sehe und ich könnte nicht zweifeln, daß mein Geld einige von ihnen hätte retten können; selbst dann ist es aber unmöglich, auf einen bestimmten Körper zu zeigen und zu sagen, daß genau diese Person überlebt hätte, wenn ich die Anlage nicht gekauft hätte.

Fünftens könnte man sagen, daß die Notlage der Hungernden nicht die Folge meines Tuns ist, und somit kann man mich nicht dafür verantwortlich machen. Die Hungernden würden hungern, auch wenn ich nie existiert hätte. Wenn ich hingegen töte, bin ich verantwortlich für den Tod meiner Opfer, denn diese Menschen wären nicht gestorben, wenn ich sie nicht getötet hätte.

Diese Unterschiede brauchen unser früher erreichtes Ergebnis, daß es zwischen Töten und Sterbenlassen keinen Unterschied an sich gibt, nicht zu erschüttern. Denn es handelt sich um Unterschiede äußerer Art, das heißt solche, die im Regelfall, aber nicht mit Notwendigkeit bei der Unterscheidung zwischen Töten und Sterbenlassen eine Rolle spielen. Wir können uns Fälle vorstellen, in denen jemand einen anderen aus bösartigen oder sadistischen Gründen sterben läßt; wir können uns eine Welt vorstellen, in der so wenig Menschen der Hilfe bedürfen und ihnen so leicht zu helfen ist, daß sich unsere Pflicht, niemand sterben zu lassen, ebenso leicht erfüllen läßt wie unsere Pflicht, niemand zu töten; wir können uns Situationen ausdenken, in denen das Resultat unterlassener Hilfe ebenso gewiß ist wie beim Erschießen; wir können uns Fälle vorstellen, in denen wir die Personen identifizieren können, die wir sterben lassen. Wir können uns sogar einen Fall von Sterbenlassen vorstellen, in dem die Person nicht gestorben wäre, wenn ich nicht existiert hätte

ich das Auto und die Kleider hergebe, weil das unter Umständen bedeuten würde, daß ich eine Arbeit annehmen muß, die mir, obwohl ich diese Ausgaben dann nicht haben werde, nur 20.000 Dollar einbringt.

— etwa dergestalt, daß, wenn ich nicht in der Position gewesen wäre, von der aus ich hätte helfen können (ohne es dann getan zu haben), jemand anders in dieser Position gewesen wäre und geholfen hätte.

Unsere vorhergehende Euthanasiediskussion illustriert die äußerliche Natur dieser Unterschiede; denn sie bieten keine Grundlage zur Unterscheidung von aktiver und passiver Euthanasie. Wenn eine Ärztin nach Rücksprache mit den Eltern entscheidet, einen Säugling mit Down-Syndrom und Darmverschluß nicht zu operieren — und somit sterben zu lassen —, wird ihre Motivation der eines Arztes gleichen, der lieber eine tödliche Spritze gibt, als daß er das Kind sterben läßt. In keinem von beiden Fällen ist ein außerordentliches Opfer oder moralischer Heroismus erforderlich. Nicht operieren führt genauso sicher zum Tod wie das Verabreichen der Spritze. Sterbenlassen hat ein identifizierbares Opfer. Schließlich ist es gut möglich, daß die Ärztin persönlich für den Tod des Säuglings verantwortlich ist, gegen dessen Operation sie sich entscheidet, etwa weil sie weiß, daß andere Ärzte in demselben Krankenhaus operiert hätten, wenn sie diesen Fall nicht übernommen hätte.

Dennoch ist Euthanasie ein spezieller Fall und etwas ganz anderes, als zuzulassen, daß Menschen den Hungertod sterben. (Der wesentliche Unterschied ist der, daß, wenn die Euthanasie sich rechtfertigen läßt, der Tod eine gute Sache ist.) Die äußeren Unterschiede, die *normalerweise* Töten und Sterbenlassen trennen, erklären, warum wir *normalerweise* Töten für viel schlimmer halten als Sterbenlassen.

Unsere traditionellen moralischen Einstellungen erklären, heißt nicht sie rechtfertigen. Vermögen die fünf Unterschiede unsere Einstellung nicht nur zu erklären, sondern auch zu rechtfertigen? Betrachten wir sie nacheinander:

(1) Nehmen wir das Fehlen eines identifizierbaren Opfers zuerst. Angenommen, ich bin Vertreter für Konservennahrung und erfahre, daß eine Sendung von Konserven ein Gift enthält, das, wenn es in den Körper gelangt, bei den Konsumenten das Risiko, an Magenkrebs zu sterben, verdoppelt. Angenommen, ich verkaufe die Konserven trotzdem weiter. Meine Entscheidung mag keine identifizierbaren Opfer treffen. Einige von denen, die die Nahrung zu sich nehmen, werden an Krebs sterben. Der Anteil der Konsumenten, die auf diese Weise sterben, wird für die Gemeinschaft insgesamt doppelt so hoch sein; aber welche von den Konsumenten sind deshalb gestorben, weil sie aßen, was ich verkauft habe, und welche von ihnen hätten sich die Krankheit ohnehin zugezogen? Das festzustellen ist nicht möglich; aber diese Unmög-

lichkeit macht meine Entscheidung sicher nicht weniger verwerflich, als wenn das Gift zwar leichter zu ermittelnde, aber ebenso fatale Wirkungen gehabt hätte.

(2) Der Mangel an Gewißheit, ob ich ein Leben retten könnte, indem ich Geld spende, vermindert das Unrecht, keines zu geben, gegenüber vorsätzlichem Töten; aber das genügt nicht, um zu zeigen, daß es ein akzeptables Verhalten ist, nichts zu spenden. Die Autofahrerin, die über den Zebrastreifen rast, ohne darauf zu achten, ob jemand gerade die Straße überquert, ist keine Mörderin. Es mag sein, daß sie niemals einen Fußgänger wirklich erwischt; dennoch, was sie tut, ist ein sehr großes Unrecht.

(3) Daß der Begriff der Verantwortung eher für Handlungen als für Unterlassungen gilt, bietet größere Schwierigkeiten. Einerseits fühlen wir uns mehr verpflichtet, denen zu helfen, deren Unglück wir verursacht haben (so argumentieren die Befürworter der Entwicklungshilfe oft damit, daß die westlichen Nationen die Armut der Länder der Dritten Welt durch wirtschaftliche Ausbeutung während der Kolonialzeit erst geschaffen haben). Andererseits würde jeder Konsequentialist darauf bestehen, daß wir für alle Konsequenzen unserer Handlungen verantwortlich sind, und wenn eine Konsequenz dessen, daß ich Geld für einen Luxusartikel ausgebe, darin besteht, daß jemand stirbt, dann bin ich für diesen Tod verantwortlich. Es stimmt, daß die Person auch dann gestorben wäre, wenn ich nie existiert hätte, aber inwiefern ist das relevant? Tatsache ist, daß ich existiere, und die Konsequentialisten werden sagen, daß unsere Verantwortlichkeiten von der wirklichen Welt herrühren und nicht von der Welt, wie sie hätte sein können.

Eine Möglichkeit, der nichtkonsequentialistischen Ansicht von der Verantwortlichkeit Sinn zu verleihen, besteht darin, daß man sie auf eine Rechtstheorie gründet, wie sie John Locke oder in neuerer Zeit Robert Nozick vorgeschlagen haben. Wenn jeder ein Recht auf Leben hat und dieses Recht ein Recht *gegen* andere ist, die mein Leben bedrohen könnten, aber nicht ein Recht *auf* Hilfe von anderen, wenn mein Leben in Gefahr ist, dann können wir die Meinung verstehen, daß wir zwar für eine Tötungshandlung verantwortlich seien, aber nicht dafür, daß wir eine Rettung unterlassen. Ersteres verletzt die Rechte von anderen, letzteres nicht.

Sollen wir eine solche Rechtstheorie akzeptieren? Wenn wir diese so aufbauen, daß wir uns, wie es Locke und Nozick tun, Individuen vorstellen, die unabhängig voneinander in einem »Naturzustand« leben, dann mag es ganz natürlich scheinen, daß man einen Begriff von Recht entwickelt, bei dem niemandes Rechte verletzt werden, solange jeder den anderen in Ruhe läßt.

Nach dieser Ansicht hätte ich meine unabhängige Existenz durchaus beibehalten können, wenn ich es gewollt hätte, ich dich also nicht in eine schlechtere Lage bringe als die, in der du gewesen wärst, wenn ich überhaupt nichts mit dir zu tun gehabt hätte, wie kann ich dann deine Rechte verletzen? Warum aber von einer solch unhistorischen, abstrakten und letztlich unverständlichen Idee wie der eines unabhängigen Individuums ausgehen? Wir wissen heute, daß unsere Vorfahren — wie andere Primaten —, lange bevor sie menschliche Wesen waren, soziale Wesen waren und die Fähigkeiten und die Fertigkeiten menschlicher Wesen nicht hätten entwickeln können, wenn sie nicht zuerst soziale Wesen gewesen wären. Auf jeden Fall sind wir heute keine isolierten Individuen. Warum sollten wir also annehmen, daß Rechte auf Rechte gegen äußere Beeinträchtigung beschränkt sein müssen? Statt dessen könnten wir zu der Ansicht gelangen, daß es unvereinbar ist, einerseits Rechte auf Leben ernst zu nehmen, andererseits aber dabeizustehen und zuzuschauen, wie Menschen sterben, die man mühelos retten könnte.

(4) Und wie steht es mit dem Unterschied in der Motivation? Daß eine Person den Tod einer anderen nicht wirklich wünscht, mindert die Schärfe des Tadels, den sie verdient; aber nicht so sehr, wie es unsere gegenwärtigen Einstellungen gegenüber der Hilfeleistung vermuten lassen. Wiederum ist unser Verhalten dem des rasenden Autofahrers vergleichbar, denn solche Autofahrer haben gewöhnlich durchaus nicht den Wunsch, jemanden zu töten. Sie haben nur Spaß am rasanten Fahren und machen sich nichts aus den Konsequenzen. Obwohl sie nicht böswillig sind, verdienen diejenigen, die mit Autos töten, nicht nur Tadel, sondern auch schwere Strafe.

(5) Die Tatsache, daß es normalerweise nicht schwierig ist, das Töten von Menschen zu vermeiden, während es heroisch ist, alle zu retten, die man möglicherweise retten könnte, muß schließlich unsere Haltung wesentlich differenzieren gegenüber der Unterlassung dessen, was zu tun die jeweiligen Prinzipien fordern. Nicht zu töten ist ein Minimum für akzeptables Verhalten, das wir von jedem verlangen können; alle zu retten, die man möglicherweise retten könnte, ist etwas, das man realistischerweise nicht von jedem verlangen kann, insbesondere nicht in Gesellschaften, die gewohnt sind, so wenig herzugeben wie die unseren. Nach den allgemein akzeptierten Maßstäben werden Leute, die im Jahr etwa 1000 Dollar für eine Entwicklungshilfeorganisation spenden, mit größerer Wahrscheinlichkeit für ihre überdurchschnittliche Großzügigkeit gelobt als dafür getadelt, daß sie weniger spenden, als sie könnten. Die Angemessenheit von Lob und Tadel ist jedoch ein Problem, das von der Frage nach Recht oder Unrecht einer Handlung geschieden werden

muß. Ersteres bewertet den Handelnden; letzteres bewertet die Handlung. Vielleicht sollten viele Leute, die 1000 Dollar geben, mindestens 5000 Dollar geben, aber sie dafür zu tadeln, daß sie nicht mehr geben, könnte die gegenteilige Wirkung haben. Es könnte sie veranlassen, das, was gefordert wird, als zu anspruchsvoll zu empfinden, und wenn man ohnehin Gefahr läuft, getadelt zu werden, dann kann man ebensogut überhaupt nichts geben.

(Daß eine Ethik, welche die Rettung aller, die man möglicherweise retten kann, mit dem Nichttöten gleichstellt, eine Ethik für Heilige und Heroen wäre, sollte uns nicht zu der Annahme verleiten, daß die Alternative eine Ethik sein muß, die es obligatorisch macht, nicht zu töten, aber uns keinerlei Verpflichtung auferlegt, überhaupt jemanden zu retten. Es gibt Positionen zwischen diesen Extremen, wie wir bald sehen werden.)

Um unsere Diskussion der fünf Unterschiede, die normalerweise zwischen Töten und Sterbenlassen im Zusammenhang mit der absoluten Armut und der Entwicklungshilfe bestehen, zusammenzufassen: Das Fehlen eines identifizierbaren Opfers ist nicht von moralischer Bedeutsamkeit, obwohl es für die Erklärung unserer Einstellung eine wichtige Rolle spielen mag. Die Vorstellung, daß wir direkt verantwortlich sind für diejenigen, die wir töten, aber nicht für jene, denen wir nicht helfen, beruht auf einem fragwürdigen Begriff der Verantwortung und ließe sich wohl nur mit einer umstrittenen Rechtstheorie begründen. Unterschiede bezüglich Gewißheit und Motivation sind ethisch bedeutsam und zeigen, daß den Armen nicht zu helfen nicht als Mord an ihnen zu verurteilen ist; gleichwohl könnte man es mit der Tötung einer Person durch rücksichtsloses Fahren auf eine Stufe stellen, was gravierend genug ist. Aufgrund der Schwierigkeiten schließlich, die sich ergeben, wenn wir die Pflicht, alle zu retten, die wir retten können, vollständig erfüllen wollten, ist es unangemessen, diejenigen, die hinter diesem Ziel zurückbleiben, in derselben Weise zu verurteilen wie jene, die töten; aber damit ist nicht gesagt, daß die Handlung selbst weniger gravierend ist. Und es wird damit auch nichts über die gesagt, die, weit davon entfernt, alle zu retten, die sie möglicherweise retten können, keine Anstrengung machen, überhaupt jemand zu retten.

Diese Schlußfolgerungen legen einen neuen Ansatz nahe. Statt zu versuchen, mit dem Gegensatz zwischen Reichtum und Armut in der Weise umzugehen, daß das Nichthelfen mit vorsätzlichem Töten verglichen wird, müssen wir von neuem erwägen, ob wir nicht doch eine Verpflichtung haben, denen zu helfen, deren Leben in Gefahr ist, und wenn ja, wie sich diese Verpflichtung auf die gegenwärtige Weltsituation anwenden läßt.

Die Verpflichtung zu helfen

Das Argument für eine Verpflichtung zu helfen

Der Weg von der Bibliothek meiner Universität zum Hörsaalgebäude der Geisteswissenschaften führt an einem flachen Zierteich vorbei. Angenommen, ich bemerke auf meinem Weg zur Vorlesung, daß ein kleines Kind hineingefallen ist und Gefahr läuft zu ertrinken. Würde irgendwer bestreiten, daß ich hineinwaten und das Kind herausziehen sollte? Dies würde zwar bedeuten, daß ich mir die Kleidung beschmutze und meine Vorlesung entweder absagen oder verschieben muß, bis ich etwas Trockenes zum Umziehen finde; aber verglichen mit dem vermeidbaren Tod eines Kindes wäre das unbedeutend.

Ein plausibles Prinzip zur Stützung des Urteils, daß ich das Kind retten sollte, lautet folgendermaßen: Wenn es in unserer Macht steht, etwas Schreckliches zu verhindern, ohne daß dabei etwas von vergleichbarer moralischer Bedeutung geopfert wird, dann sollten wir es tun. Dieses Prinzip scheint unumstritten zu sein. Es wird offensichtlich die Zustimmung der Konsequentialisten gewinnen; aber Nicht-Konsequentialisten sollten es ebenfalls akzeptieren, denn das Gebot, etwas Schlimmes zu verhindern, bezieht sich nur auf Situationen, in denen nichts von vergleichbarer Bedeutung auf dem Spiel steht. Daher kann das Prinzip nicht zu Handlungen von der Art führen, wie sie die Nicht-Konsequentialisten stark mißbilligen — ernste Verletzungen individueller Rechte, Ungerechtigkeit, nicht gehaltene Versprechen usw. Wenn Nicht-Konsequentialisten irgendeinen dieser Punkte in moralischer Hinsicht für vergleichbar halten mit der schlechten Sache, die es zu verhindern gilt, dann werden sie das Prinzip automatisch in den Fällen für unanwendbar halten, wo die schlechte Sache nur durch Verletzung von Rechten, Begehen von Ungerechtigkeit, Nichteinhalten von Versprechen oder was sonst auch immer auf dem Spiel steht, verhindert werden kann. Die meisten Nicht-Konsequentialisten sind der Ansicht, daß wir verhüten sollten, was schlecht ist, und fördern, was gut ist. Ihr Streit mit den Konsequentialisten geht darum, daß sie darauf beharren, dies sei nicht das einzige und grundlegende ethische Prinzip: daß es *ein* ethisches Prinzip ist, wird von keiner plausiblen ethischen Theorie verneint.

Der Anschein, als sei das Prinzip unumstritten, daß wir Schlechtes verhüten sollten, wenn wir dazu nichts von vergleichbarer moralischer Bedeutung opfern müssen, trügt gleichwohl. Wenn es ernst genommen und wenn danach gehandelt würde, würde sich unser Leben und unsere Welt grundlegend verändern. Denn das Prinzip läßt sich nicht nur auf jene seltenen Situationen anwenden, wo ein Kind aus einem Teich zu retten ist, sondern auf die alltägliche Situation, wo wir denen helfen können, die in absoluter Armut leben. Hierbei unterstelle ich, daß absolute Armut mit Hunger und Unterernährung, mit Obdachlosigkeit, Analphabetismus, Krankheit, hoher Säuglingssterblichkeit und niedriger Lebenserwartung eine schlechte Sache ist. Und ich unterstelle ferner, daß es in der Macht der Reichen steht, diese absolute Armut zu vermindern, ohne irgend etwas von vergleichbarer moralischer Bedeutung zu opfern. Wenn diese beiden Annahmen und das eben diskutierte Prinzip richtig sind, dann haben wir eine Verpflichtung, denen zu helfen, die in absoluter Armut leben, eine Pflicht, welche ebenso stark ist wie die, ein ertrinkendes Kind aus einem Teich zu retten. Nicht zu helfen wäre unrecht, ganz gleich, ob dies für sich genommen mit einer Tötung gleichbedeutend wäre oder nicht. Helfen ist nicht, wie man üblicherweise denkt, eine wohltätige Handlung, die zu tun lobenswert ist, die zu unterlassen aber nicht unrecht ist; es ist etwas, das jedermann tun soll.

Das ist das Argument für die Verpflichtung zu helfen. Formal dargestellt sähe es etwa folgendermaßen aus:

Erste Prämisse: Wenn wir etwas Schlechtes verhüten können, ohne irgend etwas von vergleichbarer moralischer Bedeutsamkeit zu opfern, sollten wir es tun.
Zweite Prämisse: Absolute Armut ist schlecht.
Dritte Prämisse: Es gibt ein bestimmtes Maß von absoluter Armut, das wir verhüten können, ohne irgend etwas von vergleichbarer moralischer Bedeutsamkeit zu opfern.
Schlußfolgerung: Wir sollten ein bestimmtes Maß von absoluter Armut verhüten.

Die erste Prämisse ist die wesentliche moralische Prämisse, auf der das Argument beruht, und ich habe zu zeigen versucht, daß es durchaus von Menschen akzeptiert werden kann, die verschiedene ethische Positionen einnehmen.

Es ist unwahrscheinlich, daß die zweite Prämisse bestritten wird. Absolute Armut ist, wie McNamara sagt, »jenseits jeder vernünftigen Definition von menschlicher Würde«, und es wäre schwierig, einen plausiblen moralischen Standpunkt zu finden, der sie nicht als etwas Schlechtes betrachten würde.

Die dritte Prämisse ist stärker umstritten, obgleich sie vorsichtig formuliert ist. Sie behauptet lediglich, daß ein bestimmtes Maß von absoluter Armut verhütet werden kann, ohne daß irgend etwas von vergleichbarer moralischer Bedeutung geopfert werden muß. Sie entgeht also dem Einwand, daß jede Hilfe, die ich leisten kann, nur »ein Tropfen auf den heißen Stein« ist, denn wesentlich ist nicht, ob mein persönlicher Beitrag irgendeinen nennenswerten Einfluß auf die Weltarmut in ihrer Gesamtheit hat (natürlich hat er das nicht), sondern ob er einige Fälle von Armut vermeiden wird. Das ist alles, was das Argument zur Stützung seiner Schlußfolgerung braucht, denn die zweite Prämisse besagt, daß jede absolute Armut schlecht ist, und nicht nur die vollständige Summe der absoluten Armut. Wenn wir, ohne irgend etwas von vergleichbarer moralischer Bedeutung zu opfern, auch nur *einer* Familie so weit helfen können, daß sie sich aus der absoluten Armut erhebt, dann ist die dritte Prämisse bestätigt.

Ich habe den Begriff der moralischen Bedeutung ungeprüft übernommen, um zu zeigen, daß das Argument nicht von irgendwelchen spezifischen Werten oder ethischen Prinzipien abhängt. Ich meine, daß die dritte Prämisse für die meisten in den Industriestaaten lebenden Menschen gilt, welche vertretbare Ansicht darüber, was moralisch bedeutsam ist, man auch nimmt. Unser Reichtum bedeutet, daß wir Einkommen haben, über das wir verfügen können, ohne den lebensnotwendigen Bedarf aufzugeben, und daß wir dieses Einkommen dazu verwenden können, absolute Armut zu verringern. Wieviel genau aufzugeben wir uns für verpflichtet halten, wird davon abhängen, was wir angesichts der Armut, die wir verhüten könnten, als vergleichbar moralisch bedeutsam betrachten: modische Kleider, teure Restaurantbesuche, eine raffinierte Stereoanlage, Ferienreisen nach Übersee, ein (zweites?) Auto, eine größere Wohnung, Privatschulen für unsere Kinder usw. Für Utilitaristen kann kaum etwas davon so bedeutsam sein wie die Verringerung absoluter Armut; und wer kein Utilitarist ist, muß, wenn er das Prinzip der Universalisierbarkeit unterschreibt, auf jeden Fall akzeptieren, daß zumindest einige dieser Dinge eine weit geringere moralische Bedeutung haben als die absolute Armut, die mit dem Geld, das diese kosten, verhütet werden könnte. So scheint die dritte Prämisse nach jeder plausiblen ethischen Ansicht Gültigkeit zu haben — wenngleich das genaue Maß der Armut, das verhütet werden kann, bevor irgend etwas von moralischer Bedeutung geopfert wird, entsprechend der jeweils vertretenen ethischen Ansicht variieren wird.

Einwände gegen das Argument

Für die Unseren sorgen. Wer immer sich dafür einsetzt, die Entwicklungshilfe zu verstärken, wird dem Argument begegnet sein, daß wir zuerst für die sorgen sollten, die uns nahestehen, für unsere Familien und dann für die Armen in unserem eigenen Land, bevor wir an die Armut in weit entfernten Gegenden denken könnten . . .

Das Element der Wahrheit, das sich in der Ansicht findet, wir sollten zuerst für die Unseren sorgen, liegt in dem Vorteil eines anerkannten Systems der Verantwortlichkeiten. Wenn Familien und lokale Gemeinschaften für ihre eigenen armen Mitglieder sorgen, dann erreichen Bande der Zuneigung und persönliche Beziehungen Ziele, die ansonsten eine große unpersönliche Bürokratie erforderten. Daher wäre es absurd vorzuschlagen, daß wir alle uns von heute an für das Wohl eines jeden in der Welt im gleichen Maße verantwortlich fühlen sollten; aber das Argument für eine Verpflichtung zu helfen schlägt dies auch gar nicht vor. Es findet nur da Anwendung, wo einige in absoluter Armut leben und andere helfen können, ohne irgend etwas von vergleichbarer moralischer Bedeutung zu opfern . . .

Eigentumsrechte. Haben die Menschen ein Recht auf Privateigentum, ein Recht, das der Ansicht widerspräche, daß sie eine Verpflichtung haben, etwas von ihrem Reichtum für jene abzugeben, die in absoluter Armut leben? Einigen Rechtstheorien zufolge (etwa der von Robert Nozick) mag man, vorausgesetzt man hat sein Eigentum nicht mit ungerechten Mitteln wie Gewalt oder Betrug erworben, ein Anrecht auf enormen Reichtum geltend machen, während andere aus Armut sterben. Diese individualistische Rechtsvorstellung steht freilich im Gegensatz zu anderen Ansichten wie der frühchristlichen Lehre, die sich in den Werken des Thomas von Aquin findet, wonach »ein Mann, was immer er im Überfluß hat, nach einem natürlichen Recht den Armen für ihren Unterhalt schuldet«, weil Eigentum zur Befriedigung von menschlichen Bedürfnissen da ist. Ein Sozialist würde natürlich Reichtum ebenfalls als etwas betrachten, das eher der Gemeinschaft als dem Individuum gehört, während Utilitaristen, ob Sozialisten oder nicht, bereit wären, sich über Eigentumsrechte hinwegzusetzen, um größere Übel zu verhüten.

Setzt also das Argument für eine Verpflichtung, anderen zu helfen, eine von diesen anderen Eigentumstheorien voraus — statt einer individualistischen Theorie wie der von Nozick? Nicht unbedingt. Eine Eigentumsrechtstheorie kann auf unserem *Recht*, Reichtum zu behalten, insistieren, ohne sich darüber auszusprechen, ob die Reichen den Armen etwas abgeben *sollten*. Nozick zum Beispiel lehnt Zwangsmaßnahmen wie Steuern zur Einkommensumverteilung ab und behauptet, daß wir die Ziele, die wir als moralisch wünschenswert ansehen, auch durch freiwillige Mittel erreichen können. Nozick würde also die Behauptung zurückweisen, daß reiche Leute eine »Verpflichtung« haben, den Armen etwas zu geben, insofern dies impliziert, daß die Armen ein Recht auf unsere Hilfe haben; aber er könnte akzeptieren, daß Geben etwas ist, das wir tun sollten, und daß Nicht-Geben, obwohl man dazu ein Recht hat, unrecht ist — denn die Respektierung der Rechte anderer ist nicht alles, was zu einem ethischen Leben gehört.

Das Argument für eine Verpflichtung zu helfen kann mit nur geringfügigen Modifikationen selbst dann aufrechterhalten werden, wenn wir eine individualistische Rechtstheorie akzeptieren. Ich meine jedoch, daß wir eine solche Theorie auf keinen Fall akzeptieren sollten. Sie überläßt zu vieles dem Zufall, um einen akzeptablen ethischen Standpunkt zu bieten. So sind zum Beispiel jene, deren Vorfahren zufällig einige Sandwüsten um den Persischen Golf bewohnten, heute sagenhaft reich, weil sich unter diesem Sand Erdöl befindet; dagegen leben diejenigen, deren Vorfahren besseres Land im Süden der Sahara besiedelten, wegen Dürre und schlechter Ernten in absoluter Armut. Ist eine solche Verteilung, vom unparteiischen Standpunkt aus betrachtet, akzeptabel? Stellen wir uns vor, wir müßten unser Leben entweder als Bürger von Bahrein oder als Bürger des Tschad beginnen, wüßten jedoch nicht, welches der beiden Länder es sein wird: würden wir das Prinzip akzeptieren, daß die Bürger von Bahrein keine Verpflichtung haben, den im Tschad lebenden Menschen zu helfen?

Bevölkerung und die Ethik des Dreier-Schemas. Der vielleicht schwerwiegendste Einwand gegen das Argument, daß wir eine Verpflichtung haben zu helfen, lautet: Weil die Hauptursache der absoluten Armut die Überbevölkerung ist, wird die Hilfe für diejenigen, die heute arm sind, nur dafür sorgen, daß in Zukunft noch mehr Menschen geboren werden, die in Armut leben müssen.

In seiner extremsten Form wird dieser Einwand als Hinweis dafür genommen, daß wir eine Politik des »Dreier-Schemas« betreiben sollten. Der Begriff bezeichnete ursprünglich ein medizinisches Verfahren, das in Kriegszeiten Anwendung fand. Es gab zu wenig Ärzte, um mit allen Verwundeten fertig zu werden. Die Verwundeten wurden in drei Kategorien eingeteilt; solche, die voraussichtlich ohne ärztliche Hilfe überleben würden; solche, die eventuell überleben würden, wenn sie Hilfe erhielten, andernfalls jedoch voraussicht-

lich nicht; und solche, die selbst mit ärztlicher Hilfe voraussichtlich nicht
überleben würden. Nur denen der zweiten Kategorie wurde ärztliche Hilfe
gewährt. Natürlich lag dem die Vorstellung zugrunde, begrenzte medizinische Mittel so effektiv wie möglich einzusetzen. Für diejenigen in der ersten Kategorie war eine medizinische Behandlung im strikten Sinne nicht
notwendig; für die der dritten Kategorie war sie wahrscheinlich nutzlos. Es ist
vorgeschlagen worden, daß wir dasselbe Verfahren für Länder anwenden sollten, je nach ihren Aussichten, ob sie sich werden selbst erhalten können oder
nicht . . .

Zur Stützung dieser Auffassung hat Garret Hardin eine Metapher angeboten: Wir in den reichen Nationen sind wie die Insassen eines überfüllten Rettungsbootes, das in einem Meer voll ertrinkender Menschen treibt. Wenn wir
die Ertrinkenden zu retten versuchen, indem wir sie an Bord bringen, wird
unser Boot überladen sein, und wir werden alle ertrinken. Weil es besser ist,
daß einige überleben als keiner, sollten wir die anderen ertrinken lassen. In
der heutigen Welt hat nach Hardin die »Rettungsboot-Ethik« ihre Berechtigung. Die Reichen sollten die Armen verhungern lassen; andernfalls werden
die Armen die Reichen mit sich hinabziehen . . .

Wenn die Theorie (des demographischen Übergangs — nach der mit steigendem Lebensstandard die Geburtenziffer sinkt; G.N.W.) richtig ist, dann
gibt es eine Alternative zu den von den Vertretern des Dreier-Schemas als unausweichlich akzeptierten Katastrophen. Wir können den armen Ländern
helfen, den Lebensstandard der ärmsten unter ihren Bewohnern anzuheben.
Wir können die Regierungen dieser Länder ermutigen, Maßnahmen zu Landreformen zu treffen, die Ausbildung zu verbessern und die Frauen von der
Rolle, lediglich Kinder zu gebären, zu befreien. Wir können auch anderen
Ländern dabei helfen, Empfängnisverhütung und Sterilisation in großem
Umfang verfügbar zu machen. Die Chance, daß diese Maßnahmen das Einsetzen des demographischen Übergangs beschleunigen und das Bevölkerungswachstum auf eine kontrollierbare Stufe zu senken, ist durchaus gegeben. . . . Der Erfolg läßt sich natürlich nicht garantieren; aber die Anhaltspunkte dafür, daß sich durch verbesserte ökonomische Sicherheit und verbesserte Ausbildung sowie die Bereitstellung von Verhütungsmitteln in großem
Umfang das Bevölkerungswachstum reduzieren läßt, sind stark genug, um
das Dreier-Schema vom ethischen Standpunkt aus abzulehnen. Wir können
nicht Millionen an Hunger und Krankheit sterben lassen, wenn es eine vernünftige Wahrscheinlichkeit gibt, das Bevölkerungswachstum ohne solche
Schrecken unter Kontrolle zu bringen.

Das Bevölkerungswachstum ist also kein Grund gegen die Entwicklungshilfe, obwohl es uns dazu veranlassen sollte, darüber nachzudenken, welche Hilfe am sinnvollsten ist. Statt Almosen in Form von Nahrungsmitteln zu geben, mag es besser sein, einen Beitrag zur Eindämmung des Bevölkerungswachstums zu leisten. Dies könnte in Form von landwirtschaftlicher Hilfe für die armen Bauern geschehen, oder durch Beihilfe zur Ausbildung, durch die Versorgung mit empfängnisverhütenden Mitteln. Welche Art von Hilfe auch immer sich unter den besonderen Gegebenheiten als die wirksamste erweist, die Verpflichtung zu helfen wird in keinem Falle gemindert . . .

Sache der Regierung: Wir hören oft, daß die Entwicklungshilfe in Regierungsverantwortung liege und nicht privaten Wohltätigkeitsorganisationen überlassen werden sollte. Das private Spendenwesen jedoch, heißt es, gestattet der Regierung, sich ihren Verpflichtungen zu entziehen. Weil wachsende staatliche Hilfe der sicherste Weg ist, eine bedeutende Steigerung der Gesamtsumme der Hilfeleistungen zu erreichen, plädiere ich dafür, daß die Regierungen der reichen Nationen viel mehr echte, bedingungslose Hilfe leisten sollten als bisher. Weniger als ein Sechstel Prozent vom Bruttosozialprodukt ist eine skandalös geringe Summe für eine so reiche Nation wie die Vereinigten Staaten. Selbst das offizielle UN-Ziel von 0,7 % liegt offensichtlich unter dem, was die reichen Nationen geben können und sollten — und doch ist es ein Ziel, das erst wenige erreicht haben. Aber ist das ein Grund dagegen, daß jeder von uns privat über freiwillige Organisationen so viel spendet, wie ihm möglich ist? Wenn ja, dann nimmt man offenbar an, daß je mehr Menschen über private Wohltätigkeitsorganisationen spenden, es desto weniger wahrscheinlich ist, daß die Regierung ihren Teil dazu leistet. Aber ist dies plausibel? Die entgegengesetzte Ansicht ist vernünftiger: wenn niemand freiwillig spendet, wird die Regierung zu der Annahme gelangen, daß ihre Bürger mit der Entwicklungshilfe nicht einverstanden sind, und ihr Programm entsprechend kürzen. Wie dem auch sei — falls nicht die definitive Wahrscheinlichkeit besteht, daß wir durch die Verweigerung privater Spenden eine Zunahme staatlicher Hilfe erreichen, ist die Weigerung zu spenden aus dem gleichen Grund falsch, aus dem das Dreier-Schema falsch ist; es ist die Weigerung, ein mit Gewißheit eintretendes Übel zu verhindern, um eines sehr ungewissen Vorteils willen. Die Beweislast dafür, wieweit eine Verweigerung privater Spenden die Regierung veranlassen wird, mehr Entwicklungshilfe zu leisten, liegt bei denen, die sich weigern zu spenden.

Damit ist nicht gesagt, daß private Spenden ausreichen. Gewiß sollten wir für völlig neue Maßstäbe sowohl bei der öffentlichen als auch bei der privaten Entwicklungshilfe eintreten. Wir sollten uns auch um fairere Handelsvereinbarungen zwischen den reichen und den armen Ländern bemühen und darum, daß die Wirtschaft der armen Länder nicht so sehr durch multinationale Gesellschaften beherrscht wird, denen es mehr um die Profite ihrer Aktionäre zu Hause geht als darum, daß die Armen des Landes genügend zu essen haben. Vielleicht ist es sogar wichtiger, die Interessen der Armen politisch zu vertreten, als ihnen persönliche Spenden zukommen zu lassen — aber warum nicht beides tun? Leider dient vielen die Ansicht, daß Entwicklungshilfe Pflicht der Regierung sei, als Grund, selber nicht zu spenden, aber nicht als Grund dafür, politisch in der entsprechenden Richtung aktiv zu sein.

Zu hohe Anforderungen? Der letzte Einwand gegen das Argument, man sei zum Helfen verpflichtet, besagt, dadurch würden die Anforderungen so hochgeschraubt, daß nur ein Heiliger sie erfüllen könne. . . . Ist es nicht vielleicht kontraproduktiv von den Menschen zu verlangen, daß sie soviel aufgeben? Könnten sie nicht sagen: »Da ich sowieso nicht leisten kann, was moralisch von mir verlangt wird, lasse ich es ganz sein«? Wenn wir jedoch realistische Forderungen aufstellen würden, bemühten sich die Menschen vielleicht echt darum, sie zu erfüllen. Niedrige Anforderungen dürften demnach in der Praxis zu größeren Hilfeleistungen führen.

Es ist wichtig, den Status dieses Einwandes deutlich zu erkennen. Seine Richtigkeit als eine Voraussage über menschliches Verhalten ist durchaus vereinbar mit der Behauptung, daß wir verpflichtet sind, bis zu dem Punkt zu spenden, an dem wir, wenn wir mehr spenden würden, etwas von vergleichbarer moralischer Bedeutung opfern würden. Aus dem Einwand würde folgen, daß eine öffentliche Befürwortung dieses Maßstabs für Spenden nicht wünschenswert ist. Das würde bedeuten, daß wir, um das Maximum für eine Verringerung der absoluten Armut zu leisten, einen Maßstab propagieren sollten, der niedriger ist als der Betrag, der nach unserer Meinung wirklich gespendet werden sollte. Natürlich würden wir selbst — jedenfalls die unter uns, die die ursprüngliche Argumentation mit ihren höheren Anforderungen akzeptieren — wissen, daß wir mehr tun sollten, als wir öffentlich den Menschen nahelegen, und wir selbst würden vielleicht tatsächlich mehr spenden, als wir andere zu geben ermuntern. Darin liegt keine Inkonsequenz, weil wir sowohl in unserem privaten als auch in unserem öffentlichen Verhalten das zu tun versuchen, was absolute Armut am meisten verringert.

Für Konsequentialisten ist dieser offensichtliche Konflikt zwischen öffentlicher und privater Moral immer eine Möglichkeit und an sich kein Anzeichen dafür, daß das zugrunde liegende Prinzip falsch ist. Die Konsequenzen eines Prinzips sind eine Sache, die Konsequenzen seiner öffentlichen Propagierung eine andere. . . .

Stimmt es nun aber, daß der in unserer Argumentation angesetzte Maßstab so hoch ist, daß er kontraproduktiv wirkt? Darüber gibt es keine genaue Anhaltspunkte, doch bin ich in Diskussionen mit Studenten und anderen zu der Meinung gelangt, daß es möglicherweise so ist. Andererseits sind die traditionellen Anforderungen — ein paar Münzen in eine Sammelbüchse zu werfen, wenn dir eine unter die Nase gehalten wird — offensichtlich viel zu niedrig. Welche Höhe sollten wir befürworten? Jegliche Zahlangabe muß willkürlich bleiben, aber vielleicht spräche manches für einen runden Anteil vom Einkommen, beispielsweise 10 % — mehr als eine bloß symbolische Spende, aber dennoch nicht so hoch, daß nur Heilige dafür in Frage kommen. (Dieser Prozentsatz hat den zusätzlichen Vorteil, daß er an das alte Zehntel oder den Zehnten erinnert, den man in früheren Zeiten traditionellerweise der Kirche entrichtete, zu deren Aufgaben die Fürsorge für die Armen in ihrer Gemeinde gehörte. Vielleicht kann die Idee wiederbelebt und auf die Weltgemeinschaft angewendet werden.) Manche Familien werden natürlich 10 % als eine beträchtliche finanzielle Belastung empfinden. Andere dürften in der Lage sein, ohne Schwierigkeiten mehr zu spenden. Keine Quote sollte als starres Minimum oder Maximum propagiert werden; aber es läßt sich schon vertreten, daß diejenigen, die in Überflußgesellschaften über ein durchschnittliches oder überdurchschnittliches Einkommen verfügen, sofern sie nicht eine ungewöhnlich große Zahl von abhängigen Familienangehörigen oder andere spezielle Bedürfnisse haben, ein Zehntel ihres Einkommens abgeben sollten, um die absolute Armut zu verringern. Nach jedem vernünftigen ethischen Maßstab ist dies das mindeste, was wir tun sollten, und wir tun unrecht, wenn wir weniger tun.

Übersetzt von Oscar Bischoff, Jean-Claude Wolf und Dietrich Klose

Literaturhinweise

Zu dem Unterschied — oder dem Fehlen eines Unterschieds — zwischen Töten und Sterbenlassen vgl. (zusätzlich zu den vorangehenden Verweisen auf aktive und passive Euthanasie): Jonathan Glover, *Causing Death and Saving Lives*, Kap. 7, Richard Trammel, »Saving Life and Taking Life«, in: *Journal of Philosophy 72* (1975), und John Harris, »The Marxist Conception of Violence«, in: *Philosophy and Public Affairs* 3 (1974).

John Lockes Auffassung von Rechten wird in seinem *Second Treatise on Civil Government* entwickelt; die von Robert Nozick in *Anarchy, State and Utopia*, New York 1974. Thomas von Aquins ganz andere Ansicht ist aus *Summa Theologiae* II, 11, quaest 66, art. 7, zitiert.

Garrett Hardin hat seine »Rettungsboot-Ethik« in »Living on a Lifeboat«, in: *Bioscience*, Oktober 1974, vorgeschlagen; eine weitere Version davon wiederabgedruckt, in: W. Aiken/H. La Follette (Hg.), *World Hunger and Moral Obligation*, Engelwood Cliffs 1977. Hardin führt das Argument aus in: *The Limits of Altruism*, Bloomington, Indiana, 1977. Ein früheres Argument gegen Hilfe wurde von W. und P. Paddock unter dem irreführenden Titel *Famine 1975!*, Boston 1967, geäußert, aber der Ehrenplatz in der Geschichte dieser Auffassung gebührt sicher Thomas Malthus für *An Essay on the Principles of Population*, London 1798.

Widerspruch gegen die Auffassung, daß die Welt überbevölkert sei, erheben Susan George, *How the Other Half Dies*, Kap. 2, und Roger Revelle, »Food and Population«, in: *Scientific American*, September 1974. Die Schätzung der Bevölkerung verschiedener Länder im Jahr 2000 sind dem *World Development Report, 1978* entnommen. Für Belege dafür, daß ausgeglichenere Verteilung des Einkommens, bessere Ausbildung und bessere Gesundheitseinrichtungen das Bevölkerungswachstum vermindern können, siehe: John W. Ratcliff, »Poverty, Politics and Fertility: The Anomaly of Kerala«, in: *Hastings Center Report 7* (1977); für allgemeinere Erörterung der Vorstellung von demographischer Transition siehe: William Rich, *Smaller Families Through Social and Economic Progress*, Washington (D.C.) 1973, und: Julian Simon, *The Effects of Income on Fertility*, Chapel Hill (N.C.) 1974. Über ethische Probleme im Zusammenhang mit Bevölkerungskontrolle vgl.: Robert Young, »Population Policies, Coercion and Morality«, in: D. Mannison/R. Routley/M. McRobbie (Hg.), *Environmental Philosophy*, Canberra 1979.

Eine nützliche, umfassende Sammlung ist W. Aiken/H. La Follette (Hg.), *World Hunger and Moral Obligations. Food Policy: The Responsibility of the United States in the Life and Death Choices*, hrsg. von Peter Brown und Henry Shue, New York 1977, ist mehr eine Art Tuttifrutti, enthält aber gute Beiträge sowohl zu philosophischen als auch zu Sachfragen.

Zur Begrenzung moralischer Pflichten

David Heyd

Individuen haben das Recht, ihre eigenen Ziele zu verfolgen, ihre Bedürfnisse zu befriedigen und zu versuchen, ihre persönlichen Ideale zu verwirklichen. Wenn ein bestimmtes Handeln ihren eigenen Interessen dient, so ist dies für sie ein hinreichender Grund, es auszuführen. Als System von Pflichten und Verpflichtungen schränkt Moral diese elementare Freiheit des Individuums *in manchem* ein. Wie andere soziale Institutionen und Regelsysteme sollte indes Moral (verstanden als Pflicht und Gerechtigkeit) eher dem Individuum bei seiner Suche nach Selbstverwirklichung dienen, als daß das Individuum ihr um ihrer selbst willen dient. In diesem Sinn haben Rechte Vorrang vor Pflichten. Autonomie des Individuums bedeutet, daß es guten Grund hat, sich vorrangig um die Realisierung der eigenen Bedürfnisse zu kümmern und erst in zweiter Linie um die Realisierung der Bedürfnisse anderer Menschen. Die allgemeine moralische Sicht auf die Beziehung zwischen Individuum und Gesellschaft, die hier entworfen wird, entspricht im wesentlichen dem Ausgangspunkt von Vertragstheorien auf der einen Seite und Mills Ansatz in seiner Schrift *Über Freiheit* auf der anderen. In Dworkins Terminologie (seiner Klassifikation der Grundtypen politischer Theorien) ist unsere *Rechtfertigung* von Supererogation »auf Recht gegründet« (Dworkin 1984, 285). Nichts destoweniger enthält unsere *Definition* von Supererogation* auch Elemente der

---

* Eine Handlung ist dann und nur dann supererogatorisch, wenn gilt:
  1. Sie ist weder ge- noch verboten.
  2. Ihre Unterlassung ist nicht unrecht und verdient keine — formellen oder informellen — Sanktionen.
  3. Sie ist moralisch gut, sowohl aufgrund ihrer (beabsichtigten) Konsequenzen als auch um ihrer selbst willen (über die Pflicht hinausgehend).
  4. Sie wird freiwillig für das Wohl eines anderen vollzogen und ist insofern verdienstlich.

anderen Theorietypen — des ›auf Pflichten gegründeten‹ und des ›auf Ziele gegründeten‹ Typus. Die von Dworkin vorgeschlagene Dreierklassifikation deckt sich in etwa mit der von Wrights (in deontische, axiologische und anthropologische Konzepte), und damit sind wir nun in der Lage, die Bedeutung aller drei Dimensionen für supererogatorisches Handeln zu erkennen. Obwohl der Begriff der Supererogation mit dem der Pflicht einerseits und dem des Wertes (des Guten) andererseits logisch verbunden ist, muß die Rechtfertigung dafür, daß man, um das Gute zu befördern, mehr tun muß als die Pflicht, auf der Basis individueller Rechte geschehen. In dieser Hinsicht stimme ich völlig mit Mackies These (Mackie 1978) überein, daß Moral auf Rechte zu gründen nicht nur möglich, sondern geradezu notwendig ist, wenngleich auch die dritte (axiologische) Bedingung für die moralische Rechtfertigung von Supererogation notwendig ist.

Die negative Rechtfertigung von Supererogation läuft auf die Bekräftigung der Auffassung hinaus, daß, wann immer es Konflikte zwischen den Belangen des Gemeinwohls und denen des individuellen Wohls gibt, nicht notwendigerweise immer die ersteren mehr Gewicht haben — selbst wenn sie vom Standpunkt des *Gesamt*wohls aus tatsächlich gewichtiger sind. Bernard Williams entwickelt diesen Punkt in seiner Kritik des Utilitarismus überzeugend: Dem Utilitarismus zufolge sollte ein Handelnder sich »das allgemeine Ziel, maximal wünschenswerte Ergebnisse herbeizuführen«, zu eigen machen, aber er kann dieses Projekt nur durchführen, wenn andere »niedriger gestufte Projekte« haben, zu deren Verwirklichung er beitragen kann. Diese Projekte sind persongebunden, und sie hängen von individuellen Neigungen, Interessen, Fähigkeiten und Präferenzen ab. Aber »ohne Projekte erster Stufe hätte das allgemeine utilitaristische Projekt nichts, woran es arbeiten könnte, und es wäre ganz ohne Inhalt« (Williams, 1979, 74). Williams' Argument ist utilitaristisch ausgerichtet, es ist aber als Kritik eines extremen universellen Altruismus oder reinen Anti-Supererogationismus genau so stichhaltig. Denn wenn alle für die Förderung des *Allgemein*wohls arbeiteten, *wessen* Wohl würde dann eigentlich gefördert? Ich stimme mit Williams darin überein, daß als Ausgangspunkt die Lebenspläne und Ziele erster Stufe dienen sollten und daß Moral als ein System von Anforderungen auf diese Pläne und Ziele mit der Absicht »einwirkt«, ihre freie Verfolgung und die gerechte Verteilung der Mittel zu ihrer Verwirklichung zu sichern. Obwohl es also vom moralischen Standpunkt aus sicher gut ist, einem anderen zu helfen, seine Ziele zu erreichen, kann dies nicht allgemein gefordert werden, selbst wenn die Ziele des anderen höher oder wichtiger sind als die des Handelnden selbst. Obwohl ferner im Rahmen des moralischen Systems von Pflicht oder Gerechtigkeit jedes Individuum gleichviel zählt, kann von niemandem Unparteilichkeit erwartet werden, wenn er das Gewicht seiner eigenen Wünsche mit dem anderer vergleicht. Denn die Integrität des Individuums besteht gerade in dem besonderen Gewicht, das er seinen eigenen Zielen beimißt. Das abstrakte Ideal, das Gemeinwohl zu befördern, führt dazu, daß der individuelle Handelnde auf eine bloße ›Instanz kausaler Intervention in die Welt‹ im Hinblick auf das Erreichen dieses Ideals reduziert wird.

Diese allgemeine Auffassung des Menschen und der Beziehung zwischen individuellen Lebensplänen und öffentlicher (Gesamt-)Wohlfahrt erklärt die begrenzte Rolle der Pflichtethik. Sie ist kein System von Forderungen, das auf die Maximierung des Allgemeinwohls oder des allgemeinen Glücks zielt, sondern lediglich ein Mittel, um minimale Bedingungen der Kooperation und Gerechtigkeit zu sichern. Ein solcher Minimalbegriff moralischer Pflicht kann daher nicht den ganzen Bereich des moralisch Wertvollen ausschöpfen und läßt folglich Raum für Handlungen jenseits des Pflichtmäßigen, die nichtsdestoweniger moralisch gut sind. Ich habe zu begründen versucht, daß Menschen nicht Werkzeuge für die Beförderung des Guten sind und daß sie daher das Recht auf Lockerung moralischer Standards haben — d.h. daß die *Bedürfnisse* von anderen nicht immer als *Anspruch* auf Hilfe verstanden werden müssen, selbst wenn eine solche Hilfe zu einem vernünftigen Preis geleistet werden könnte. Menschen sind dazu berechtigt, verschieden zu sein und mehr zu haben als andere. Dennoch ist es moralisch gut und supererogatorisch, von seinem Vermögen anderen (mehr als die Gerechtigkeit fordert) abzugeben. Mein Argument für die Begrenzung der Pflicht zugunsten individueller Autonomie entspricht der weithin akzeptierten Überzeugung, daß Individuen nicht der Beförderung eines allgemeinen Glücks geopfert werden sollten (wie dies geschieht, wenn ein unschuldiger Mensch bestraft wird, um die Leben vieler anderer zu retten). In Abwägung dessen, was gerecht ist, ist es unannehmbar, von irgendeinem Individuum zu verlangen, unaufhörlich für die Wohlfahrt anderer zu arbeiten (oder solange, bis der Grenznutzen seiner Mühe gegen Null geht). Die nichtutilitaristische Auffassung von Gerechtigkeit dient sowohl dazu, utilitaristischen Argumenten für die Bestrafung eines unschuldigen Individuums entgegenzutreten, als auch dazu, die Unterscheidung zwischen Pflicht und Supererogation zu schützen.

Es sollte angemerkt werden, daß die vorgeschlagene negative Rechtfertigung für ein Festhalten an der Unterscheidung zwischen Supererogation und Pflicht sich auf eine weite Auffassung von Supererogation bezieht. Sie besagt,

daß wir keine Entschuldigung dafür benötigen, wenn wir nicht über das Gebot der Pflicht hinaus tätig werden, und daß wir selbst dann, wenn wir fähig
wären, heldenhaft zu handeln (und dies zu unserem Charakter und unseren
Neigungen passen würde), immer noch frei sind, es nicht zu tun.

Der positive Aspekt der Rechtfertigung von Supererogation bezieht sich
auf den Wert supererogatorischen Handelns als solchen und weniger auf die
Gründe für eine Begrenzung des Bereichs der Pflicht. Individuelle Autonomie gewährt nicht nur ein Recht darauf, nicht zum Handeln für das Wohl anderer gezwungen zu sein, sondern stellt auch selbst einen intrinsischen Wert
dar. Die Moral der Supererogation basiert auf Freiheit und Freiwilligkeit in einem radikaleren Sinn, als er mit Freiheit und Freiwilligkeit in der Pflichtethik
gegeben ist. Die Entscheidung, über das hinaus zu handeln, was gefordert ist,
ist nicht nur frei von gesetzlichem oder physischem Zwang, sondern auch
von informellem Druck, der Androhung moralischer Sanktionen oder innerer Schuldgefühle. Sie ist vollkommen freigestellt.

Freiheit dieser Art erlaubt, individuelle Charakterzüge geltend zu machen
und die eigenen persönlichen Werte und Standards moralischen Verhaltens
zum Ausdruck zu bringen. Als gänzlich freie Entscheidung ist die supererogatorische Handlung spontan und in der Eigeninitiative des Handelnden begründet. Da es nicht universell (von jedermann in einer vergleichbaren Situation)
gefordert wird, durchbricht supererogatorisches Handeln den unpersönlichen und egalitären Rahmen der Pflichtethik — weil es individuelle Präferenzen und Tugenden entfalten läßt und weil es gewisse Formen der Begünsti-
gung erlaubt, z.B. der besonderen und einseitigen Behandlung von jemand,
dem der Handelnde besondere Aufmerksamkeit zeigen möchte. Dies kann
zu Freundschaft und dazu führen, daß man einen supererogatorischen
Dienst zu erwidern sucht (und kann damit einen höheren Typ von Reziprozität erzeugen als den, der von einem System wechselseitiger Pflichten
und Rechte gefordert wird). Diese Eigenschaften supererogatorischen Verhaltens sind auch deshalb wertvoll, weil gewisse Formen tugendhaften
Verhaltens sich nur unter Bedingungen vollständiger Freiheit verwirklichen
lassen und unter einem stärker totalitären Pflichtbegriff ersticken würden.
Supererogation ist notwendig, da sie die Möglichkeit schafft, bestimmte
Tugenden zu üben. Dabei ist anzumerken, daß ich bei der Diskussion des
Wertes supererogatorischen Handelns selbstverständlich nur die gewichtigeren
Beispiele von Handlungen jenseits der Pflicht im Auge habe. Der beson-
dere Wert relativ trivialer oder aus schlechten Motiven erwachsender For-
men von Supererogation wäre schwerlich zu rechtfertigen, wiewohl ich auch

diese aus theoretischen Gründen in die Definition von Supererogation einbezogen habe.

John Stuart Mill trägt eine Reihe starker Argumente zugunsten individueller Freiheit und Autonomie vor. Diese Argumente sind für unsere Diskussion hier nicht *direkt* relevant, da sie im Kontext von Mills Zurückweisung paternalistischer Einmischung der Gesellschaft in die *Privat*angelegenheiten des Individuums (d.h. in solche ›moralischen‹ Handlungen, die nicht direkt andere Individuen betreffen) vorgetragen werden. Es ist nicht klar, ob Mill gewillt wäre, seine individualistischen Argumente dahingehend zu erweitern, daß Individuen vor sozialer Einmischung auch in Fragen, die sich auf andere auswirken (wie etwa supererogatorisches Verhalten), geschützt würden. Einige Bemerkungen in *Über Freiheit* lassen es mir plausibel erscheinen, daß Mill bereit wäre, sein Argument so zu erweitern, daß eine Einschränkung der moralischen Pflicht, das Gute (den Nutzen) in der Welt zu maximieren, gerechtfertigt würde. Zum Beispiel nennt Mill, wenn er von Handlungen spricht, die »moralische Verdammung und in schweren Fällen moralische Vergeltung und Bestrafung (verdienen)«, solche, die für andere schädlich sind oder Rechte verletzen, unfaire und ungerechte Handlungen und Fälle, in denen die Verteidigung anderer gegen Unrecht unterlassen wird (Mill 1969, 94). Aber er erwähnt an dieser Stelle *nicht* jedes Unterlassen moralisch wertvollen oder altruistischen Handelns, von dem man sagen könnte, daß es vom Nutzenprinzip gefordert wäre. Es scheint, daß Mill derartige supererogatorische Handlungsformen in eine Kategorie mit strikt privaten Handlungen zusammenfassen würde, wobei alle diese Handlungen gleichermaßen aufgrund des Prinzips individueller Freiheit vor sozialer Intervention geschützt sein sollten. Aber selbst wenn man diese Interpretation von Mill verwirft, lassen sich seine Gründe für individuelle Autonomie und eine pluralistische Gesellschaft auf unsere Rechtfertigung von Supererogation anwenden.

Die Rechtfertigung der Unterscheidung zwischen Supererogation und Pflicht weist einige Ähnlichkeiten mit der Argumentation auf, die hinter den Einwänden gegen gesetzliche Verpflichtung zu barmherzigem Samaritertum steht (Ratcliffe 1986). Die gesetzliche Regelung der Barmherzigkeit macht bestimmte moralisch falsche Handlungen (z.B. die Weigerung, Menschen in Gefahr Hilfe zu leisten) durch Gesetz strafbar. Diejenigen, die eine solche Gesetzgebung einschränken möchten, vertreten die Auffassung, daß nicht alle moralischen Pflichten rechtlich bindend sein sollten. In ähnlicher Weise meinen Supererogationisten, daß nicht alle moralisch wertvollen Handlungen als (moralische) Vorschriften betrachtet werden sollten. Für beide ist Zwang (sei es rechtlicher oder moralischer) als solcher schlecht; er kann nicht einfach dadurch gerechtfertigt werden, daß die Wünschbarkeit des erzwungenen Handelns nachgewiesen wird. Die Gegner des Versuchs, moralische Fragen rechtlich zu regeln, argumentieren, daß es nicht nur selbstwidersprüchlich ist — in dem Sinn, daß es das Wesen der Handlungen selbst verändert, wenn man Menschen zwingt, die moralische Pflicht der Dankbarkeit, der Aufrichtigkeit oder der Achtung zu erfüllen —, sondern daß es auch einer illegitimen Verletzung individueller Freiheit gleichkommt. Dieser Auffassung zufolge gibt es eine *moralische* Differenz zwischen der Androhung physischer Bestrafung durch Gesetz und dem eher informellen gesellschaftlichen Druck auf das Individuum, bestimmte moralische Standards zu erfüllen. Es gibt Bereiche (die oft als ›Gewissensfragen‹ bezeichnet werden), in denen ein moralisch tadelnswertes Verhalten eine (gesetzliche) Bestrafung nicht rechtfertigt. Dementsprechend ist es völlig konsistent, zumindest unter bestimmten Bedingungen Blutspenden als eine moralische Pflicht zu betrachten, aber jedem Vorschlag, es gesetzlich vorzuschreiben, entgegenzutreten.*

Der Einwand gegen eine gesetzliche Verpflichtung zu barmherzigem Samaritertum gründet sich daher nicht nur auf die höchst widersprüchliche Natur solchen Zwanges oder auf seine praktischen Schwierigkeiten (hohe Kosten, verfahrensrechtliche Probleme), sondern auch darauf, daß es der Natur der Sache nach besser ist, aus Pflichtgefühl als aus Furcht vor rechtlichen Sanktionen zu handeln. Dieser Auffassung liegt ein umfassendes Konzept von Freiheit zugrunde; es impliziert mehr als nur das Interesse, das Recht aus dem Bereich privater Moral (i.e. Handlungen, die anderen schaden) herauszuhalten; es impliziert, daß bestimmte Handlungen auch dann, wenn sie anderen schaden (hauptsächlich, weil sie ihnen nicht nützen), frei von gesetzlichen Eingriffen bleiben sollten.

Die Analogie zwischen den Grenzen der rechtlichen Erzwingung moralischen Handelns und den Grenzen moralischer Pflicht bezieht sich auf die negative wie auf die positive Rechtfertigung von Supererogation mit Hilfe

---

* Für ein gesetzlich vorgeschriebenes barmherziges Samaritertum im engen Sinn — Menschenleben zu retten, wenn kein Risiko damit verbunden ist, oder die Polizei zu informieren, wenn man Zeuge eines Verbrechens geworden ist — lassen sich stärkere Gründe beibringen. Ich persönlich glaube, daß eine viel umfassendere Gesetzgebung als die, die gegenwärtig in westlichen Gesellschaften gilt, sich rechtfertigen läßt. Das Argument gegen gesetzliche Regelung in vielen anderen Bereichen moralisch falschen Verhaltens wird indes durch diese Auffassung nicht notwendig entkräftet.

des Begriffs individueller Autonomie. Sie beruht auf der Auffassung, daß sowohl das Gesetz als auch die Pflichtethik Mittel sind, bestimmte grundlegende Ziele, wie Sicherheit, soziale Interaktion oder elementare Gerechtigkeit zu realisieren, daß sie aber auf diese vitalen Funktionen begrenzt bleiben sollten. Dies ist ein minimalistischer Ansatz, der die grundlegend individualistische Auffassung des Menschen weiterführt, die ich zuvor dargelegt habe. Es liegt kein Widerspruch darin, den Menschen rechtlich die Freiheit zu lassen, bestimmte moralisch falsche Handlungen auszuführen. Ebenso sollten Menschen die moralische Freiheit haben, nicht tugendhaft zu sein.

Schließlich kann die Analogie zwischen dem Problem der Gesetzgebung und der Supererogation auf die Reaktion des Nutznießers der Handlung ausgeweitet werden. Selbst erbitterte Gegner einer gesetzlichen Regelung barmherzigen Samaritertums sind dafür, daß der freiwillige Helfer gegen eine gerichtliche Verfolgung (durch den Nutznießer seiner Handlung) geschützt sein sollte und daß er in bestimmten Fällen sogar für Verluste, die er durch sein freiwilliges Handeln erlitten hat, entschädigt werden sollte. Dies entspricht unserer strengen Mißbilligung von Undankbarkeit in Fällen von Supererogation. Die Tatsache, daß bestimmte gute Handlungen uns nicht als gesetzliche oder moralische Pflichten auferlegt werden sollten, impliziert nicht die Ermächtigung zu Undankbarkeit oder die Behandlung von Dankbarkeit als bloßer Option.

Soziale Aspekte

Eine berühmte Stelle im Talmud besagt: »Jerusalem wurde nur deshalb zerstört, weil Urteile strikt biblischem Gesetz folgten und nicht über die Forderungen des Gesetzes hinausgingen« (Baba Metsia, 30 b). Diese Stelle drückt epigrammatisch unsere moralische Mißbilligung von Gesellschaften aus, in denen supererogatorisches Verhalten selten anzutreffen ist, Gesellschaften, die den Wert eines über die Pflicht hinausgehenden Handelns nicht anerkennen. Soziale Organisationen oder Gruppen, die supererogatorisches Handeln nicht ermutigen (und erst recht solche, die ihm überhaupt keinen Raum geben) sind in unseren Augen im allgemeinen mit moralischen Mängeln behaftet. Eine derartig kritische Einschätzung ist mit einer minimalistischen Auffassung des Geltungsbereichs der Pflichtethik sehr wohl verträglich.

Denn obwohl soziale Institutionen, wie Clubs oder Streitkräfte, nur jene Handlungen obligatorisch machen sollten, die für die Existenz der Institution als solche und ihr vernünftiges Funktionieren von vitaler Bedeutung sind, sollten sie so angelegt sein, daß sie supererogatorisches Verhalten möglich und manchmal auch lohnend machen.

In der Tat sind manche Leute der Ansicht (wie etwa der Autor der genannten Stelle des Talmud), daß ein bestimmtes Maß supererogatorischen Verhaltens für die Existenz einer Gesellschaft notwendig ist. Obwohl nicht alle (oder bestimmte) Mitglieder einer Gruppe verpflichtet sein sollten, mehr zu tun, als unbedingt verlangt ist — außer im Falle verbindlicher Verhaltensvorschriften, die universell gültig sein müssen —, erfordert es das Überleben der Gruppe, daß einige Mitglieder mehr tun als die Minimalstandards fordern. Eine solche Auffassung entspricht der Position des Supererogationismus, weil sie nicht impliziert, daß supererogatorische Standards *aufgezwungen* werden sollten — im Gegenteil, es ist das Moment der Freiwilligkeit des Nichtpflichtgemäßen, das ihnen ihren sozialen Wert gibt. In dieser Hinsicht kann der soziale Nutzen supererogatorischen Verhaltens als eine zusätzliche Rechtfertigung dienen, die den Verweis auf individuelle Autonomie ergänzt.

Wie im Bereich persönlicher Beziehungen kann supererogatorisches Handeln dazu beitragen, soziale Bindungen zu festigen und die Gefühle einer eng verbundenen Gemeinschaft zu verstärken. Wenn ein Mitglied einer Gruppe mehr tut als gefordert ist, zeigt es, daß es ein Interesse an den anderen Gruppenmitgliedern hat, das weiter reicht als seine vertraglichen Verpflichtungen oder der persönliche Nutzen, den es aus seiner Mitgliedschaft in der Gruppe ziehen kann. Als Folge davon werden die Beziehungen zwischen den Gruppenmitgliedern freundlicher, persönlicher und stärker von Wohlwollen getragen. Güte und Dankbarkeit befördern Zuversicht und Vertrauen zueinander, da supererogatorisches Handeln im allgemeinen ein stärkeres altruistisches Motiv indiziert, als wenn man nur seinen Teil tut oder seine Pflicht erfüllt. Supererogatorische Moral fügt der Pflicht zur Achtung vor anderen die Liebe für seine Mitmenschen hinzu.

Obwohl also theoretisch eine Pflichtenethik ausreicht, elementare Formen der Kooperation in der Gesellschaft zu sichern, so sind doch sozialer Zusammenhalt und Würde abhängig von der Bereitschaft einiger, die Orientierung an Gerechtigkeit, d.h. dem angemessenen Verhältnis von Ansprüchen und Gegenansprüchen, zu transzendieren. Der soziale Nutzen von Supererogation bestätigt insofern die Nichtreduzierbarkeit von Supererogation auf Pflichterfüllung. Aber selbst wenn eine Gesellschaft (oder eine Institution) überleben könnte, deren Mitglieder sich nur an Vorschriften und Regeln halten, wäre sie mit einem moralischen Mangel behaftet. Unsere Kritik an einer solchen Gesellschaft entspricht unserem Urteil über einen Menschen, der niemals vergibt, der im Umgang mit anderen niemals großherzig ist, und der immer und ausnahmslos auf seinen Rechten besteht. Obwohl Gesellschaften, anders als Individuen, Pflichten im eigentlichen Wortsinn nicht haben können, d.h. im strikten Sinn nicht tugendhaft und *ipso facto* nicht supererogatorisch handeln können, können sie moralisch höherstehend oder unvollkommen sein.

Über den sozialen Wert bestimmter supererogatorischer Verhaltensformen ist jüngst im Zusammenhang mit karitativem Handeln und Blutspenden diskutiert und debattiert worden. In seiner umstrittenen Untersuchung unterschiedlicher Blutbanksysteme sucht Richard Titmuss sehr detailliert die Vorteile eines Freiwilligkeitssystems (wie es in England existiert) nachzuweisen — in ökonomischer, medizinischer, sozialer und politischer Hinsicht. Seine Argumentation ist für unsere Zwecke höchst relevant, denn er macht geltend, daß selbst wenn eine Kosten-Nutzen-Analyse zeigen würde, daß die Kommerzialisierung des Systems der Blutversorgung, was Effizienz und Kosten anlangt, ökonomisch nicht unterlegen sein würde, dennoch ethische Erwägungen das System der Freiwilligkeit wünschenswerter machen würden (Titmuss 1973, 84 f., 101 f.). In anderen Worten, ökonomische Erwägungen decken nicht alle für gesellschaftliche Entscheidungen relevanten Gesichtspunkte ab. Die ethische Rechtfertigung des Systems der Freiwilligkeit liegt darin, daß »das Vorhandensein oder das Fehlen altruistischer Gesinnungen in einer Gesellschaft nicht in Geldwerten bemessen werden kann« und daß altruistisches Verhalten »jeden Aspekt des Lebens berührt und das gesamte Gefüge der Werte beeinflussen kann«. Es ist die Funktion eines freiwilligen Blutspendesystems, das »biologische Bedürfnis, zu helfen« zu befriedigen (ebd. 223; vgl. diesbzgl. aber Arrow 1972, 350 f.). Ich stimme eher mit Titmuss überein, daß es höchst wahrscheinlich ist, daß ein Verfall altruistischer Gesinnung (oder des Prinzips der Freiwilligkeit) von tiefgreifenden Veränderungen in anderen Bereichen menschlicher Beziehungen begleitet sein wird.

Titmuss' These läßt sich so erweitern, daß sie mit unserer allgemeinen Auffassung vom Wert der Supererogation übereinstimmt. Die Inkommensurabilität ökonomischer und, in Titmuss' Worten, sozialer Überlegungen ist vergleichbar mit unserer Kritik des Utilitarismus (in seinen antisupererogationistischen Versionen). Es entspricht meiner und Titmuss' Auffassung, daß Effizienz in der Realisierung wünschenswerter Ziele, z.B. öffentlicher Wohlfahrt oder maximalen Glücks, durch den Gesichtspunkt individueller Autonomie oder durch Werte, die nicht in ökonomischen Begriffen meßbar sind, mehr als aufgewogen werden kann. Darüber hinaus sollte die Gesellschaft die Menschen mit Hilfe der Sozialpolitik in die Lage versetzen, ihre Freiheit, freiwillig zu geben, auszuüben — eine Freiheit, die in einem völlig kommerzialisierten System oder in einem, das Geben obligatorisch macht, ernsthaft beeinträchtigt wäre. Soziale Institutionen müssen Möglichkeiten schaffen, sich altruistisch zu betätigen.

Titmuss' Untersuchung ist neuerdings heftig von Ökonomen angegriffen worden, die sowohl seine empirischen Befunde als auch allgemein sein Verständnis der Ökonomie und ihrer Rolle in sozialpolitischen Entscheidungen bestreiten (vgl. Seldon 1973, bes. darin den Beitrag von A. Allen). Sie behaupten, daß kommerzielle Blutspendesysteme sich weder als weniger effizient noch als gefährdend für soziale Stabilität erwiesen hätten. Es würde den Rahmen der gegenwärtigen Erörterungen sprengen, die Berechtigung dieser Kritiken im Detail zu untersuchen. Meiner Auffassung nach ist jedoch ein Teil der Kritik Titmuss gegenüber unfair. Sie schreibt ihm fälschlich die Ansicht zu, daß altruistisches Spenden der Kommerzialisierung auch dann vorgezogen werden sollte, wenn es verheerende Folgen für die Gesamtmenge des für die Rettung von Leben zur Verfügung stehenden Blutes haben würde. Überhaupt ist die ökonomische Analyse karitativen Handelns für unseren Gegenstand irrelevant, weil sie dieses, wie das Schenken, nicht in ethischen Begriffen (nämlich im Verhältnis zu Pflicht und Recht als etwas Supererogatorisches) definiert, sondern »als eine Allokation zu einem Preis unter dem auf dem freien Markt erzielbaren durch diejenigen, die ihre Güter ›verschenken‹«. Die ökonomische Analyse könnte karitativem Handeln gerecht werden, wenn sie die moralische Befriedigung und den Wert, die sich aus ›gutem‹ Handeln (der zweiten Quelle von Wert nach unserer Definition) herleiten, als ökonomischen Nutzen einbeziehen würde, d.h. als etwas, das einen ›Preis‹ hat. Aber eine solche Analyse würde über rein kommerzielle Gesichtspunkte hinausgehen, und sie würde im Versuch, den Wert der Handlungsergebnisse mit dem ethischen Wert des altruistischen Verhaltens zu vergleichen, auf extreme Schwierigkeiten stoßen. Nichtsdestoweniger stimme ich mit Titmuss' Kritikern darin überein, daß eine *soziale* Rechtfertigung karitativen Handelns (oder der Supererogation) höchst komplexe empirische Analysen voraussetzt, weitaus mehr, als eine Rechtfertigung unter Rekurs auf individuelle Autonomie. Überdies ist es wichtig, daß die Gesellschaft, wie im Fall der Einkommensteuerermäßigung für Spenden, supererogatorisches Verhalten mit Mitteln der Wirtschaftspolitik zu ermutigen vermag.

Supererogation und Ideale

Die Rechtfertigung des Supererogationismus beruht zum Teil auf der weithin akzeptierten Unterscheidung zwischen Pflichten und Idealen. Supererogatorisches Handeln kann zweifellos als ein bestimmter Typus moralischer Ideale gelten. Supererogatorisches Verhalten wird durch ein regulatives Prinzip geleitet, das spezifiziert, was man zu tun hat, wenn man moralische Vollkommenheit oder moralischen Verdienst erlangen will — ein Fall ist etwa das hypothetische ›sollte‹ der Evangelischen Räte. Aber wie wir sogleich sehen werden, deckt sich die Unterscheidung zwischen Supererogation und Pflicht nicht völlig mit der zwischen Idealen und Pflichten.

Viele Ethiktheoretiker glauben an die Doppelnatur von Moral: Auf der einen Seite steht die Pflichtethik, die Moral von Verpflichtung und Gerechtigkeit, die wesentlich sozial und in universellen Prinzipien formuliert ist. Ihre Vorschriften sind unbedingt verbindlich, da sie das für die Fortdauer der Gesellschaft erforderliche Minimum konstituieren. Auf der anderen Seite steht die ›Idealmoral‹, die der Liebe, der Tugend und des Strebens nach Höherem; sie ist nicht in universalisierbaren Prinzipien formuliert. Sie bezieht sich auf die Vielfalt der Werte individueller Personen; sie ist ›grenzenlos‹ in dem Sinn, daß immer noch etwas mehr zu tun möglich ist auf dem Weg, den die Ideale weisen. Manchmal vergleicht man die ›Idealmoral‹ mit der Religion oder Ästhetik, während die Pflichtethik oft mit Rechtssystemen verglichen wird (Strawson 1961; Fuller 1969, Kap. 1; Bergson 1933, Teil 1).

Einige Aspekte dieser vagen und allgemeinen Unterscheidung sind für unsere Zwecke irrelevant. Denn nach der hier entwickelten Theorie hängt das Supererogatorische mit dem Obligatorischen in sehr spezifischer Weise zusammen; es kann nur als eine Art erweiterter Pflichtethik verstanden werden. In dieser Hinsicht ist Supererogation nicht Teil einer ›Idealmoral‹; sie ist mehr als ein individuelles Ideal oder eine ›ethische Lebensanschauung‹. Sie liegt irgendwo zwischen sozialer Moral und individuellen Idealen und Bestrebungen. Sie ist sozial in dem Sinn, daß ein supererogatorischer Akt an anderen orientiert sein muß und gerade *die* Art des Guten befördern muß, die auch von anderen als gut angesehen wird. Sie ist individuell in dem Sinn, daß der

Grund ihrer Geltung eher im Individuum als in der Gesellschaft (in sozialen Regeln, im Vertrag oder in einem sozial vermittelten Gewissen) liegt. Aufgrund fließender Übergänge zur Pflicht können supererogatorische Standards, obwohl sie gänzlich der freien Entscheidung anheimgestellt sind, öffentlich gefordert werden. In anderen Worten, sie werden nicht notwendig nur privat verfolgt wie bestimmte individuelle Ideale des Strawsonschen Typs. Die besondere Beziehung von Supererogation und Pflicht macht es leichter, supererogatorische Ideale zu rechtfertigen, da sie Werte der gleichen Art verwirklichen wie Pflichten. Supererogation gehört daher (in der Terminologie von Strawson) eher zum Bereich des Moralischen als zu dem des Ethischen.

Nichtsdestoweniger teilen supererogatorische Verhaltensstandards mit Idealen den Charakter des Exemplarischen, und wie diese haben sie eine wichtige Funktion in der Moralerziehung. Individuen, die supererogatorische Handlungen vollbringen, werden oft als nachahmenswert, als Vorbilder, dargestellt. Wem ihr Handeln vermittelt wird, der erfährt gleichzeitig, daß es lobenswert ist. Lob dient ebenso als Ermutigung wie als Quelle des Stolzes (Brandt 1979, 289). Moralerziehung versucht auf der einen Seite Gewissenhaftigkeit, Verantwortlichkeit, Gehorsam gegenüber dem Gesetz und Fairneß einzuschärfen, auf der anderen Seite aber hebt sie die Gelegenheiten und die Möglichkeiten hervor, über die Pflicht hinaus tätig zu werden und individuelle Freiheit in virtuoser Weise zu gebrauchen. Einige Theoretiker verwischen die Unterscheidung zwischen diesen beiden erzieherischen Funktionen der Supererogation. Sie glauben, daß die Einschärfung supererogatorischer Standards wertvoll ist, weil sie die Befolgung moralischer Prinzipien von Pflicht und Gerechtigkeit (Gewirth 1978, 330) oder die Erfüllung unvollkommener Pflichten (Schumaker 1977, 43) *garantiert*. Wie wir aber gezeigt haben, heißt Supererogation rechtfertigen mehr als nur sich ›absichern‹ wollen mit Bezug auf unvollkommene Pflichten oder Gerechtigkeit und gegen Verfehlung und Rechtsverletzung. Sie ist als solche gut. Obwohl wir keinen Druck auf Individuen ausüben sollten, supererogatorisch zu handeln, können wir sie auf vielfältige Weise mit Beispielen ›moralischen Virtuosentums‹ konfrontieren, was sie zu dem Versuch veranlassen mag, diesen Beispielen nachzueifern.

Der Anspruch meiner Rechtfertigung von Supererogation bedarf jedoch einer Einschränkung. Ich habe versucht, ein breit gefächertes Bild des Wertes individueller Autonomie und ihrer Priorität gegenüber Gesichtspunkten des Allgemeinwohls und des allgemeinen Nutzens zu umreißen. Es muß indes zugegeben werden, daß ein solches Bild des Menschen und der Natur von

Moral nicht ›bewiesen‹ werden kann. Hier liegen die Grenzen einer moralischen Rechtfertigung. Die Vertreter einer alternativen moralischen Auffassung können geltend machen, daß Achtung vor dem Moralgesetz oder Handeln nach universalisierbaren Prinzipien als solche gut sind. Sie können ausführen, daß der Wert individueller Autonomie den Wert eines Systems von Vorschriften, die alle moralisch guten Zwecke umfassen, nicht aufwiegen kann. Wie in manch anderem Grundlagenstreit der Philosophie drückt sich die entscheidende Divergenz der Auffassungen in der methodologischen Zurechnung der Beweislast aus: Nach meiner minimalistischen Theorie moralischer Pflicht liegt die Beweislast bei jenen, die ein bestimmtes Handeln, eine Regel oder einen Standard zur Pflicht erheben möchten. Aber für den Anti-Supererogationisten scheint es nur natürlich, die Beweislast jenen aufzuerlegen, die die Menschen von der Pflicht, die am höchsten gepriesenen Taten zu vollbringen, entlasten möchten. Ich bin im Zweifel, ob eine solche tiefgreifende Meinungsverschiedenheit der moralischen Auffassung sich durch rationale Argumentation auflösen läßt, und es war in der Tat nicht der Anspruch dieses Buches, eine solche Argumentation zu entwickeln.

Übersetzt von Elisabeth Seyfarth-Konau

Literatur

Arrow, K.J. (1972), Gifts and exchanges. In: *Philosophy and Public Affairs* 1, 343–62.

Bergson, H. (1933), *Die beiden Quellen der Moral und der Religion,* Jena.

Brandt, R.B. (1979), *A Theory of the Right and the Good.* London: Oxford University Press.

Dworkin, R. (1977), *Taking Rights Seriously,* Cambridge, Mass.: Harvard University Press. (Dt.: *Bürgerrechte ernstgenommen.* Frankfurt/M. 1984).

Fuller, L.L. (1969), *The Morality of Law.* New Haven: Yale Univ. Press.

Gewirth, A. (1978), *Reason and Morality.* Chicago: The University of Chicago Press.

Mackie, J.L. (1978), Can there be a right-based moral theory? In: *Midwest Studies in Philosophy* 3, 350–9.

Mill, J.S. (1865), *On Liberty.* (Dt.: Über Freiheit. Frankfurt/M. 1969).

Ratcliffe, J.M. (Ed.) (1966), *The Good Samaritan and the Law.* Garden City, N.Y.: Doubleday.

Schumaker, M. (1972), Deontic morality and the problem of supererogation. In: *Philosophical Studies* 23, 427–8.

Seldon, A. (Ed.) (1973), *The Economics of Charity.* The Institute of Economic Affairs.

Smart, J.J.C./Williams, B. (1973), *Utilitarianism,* Cambridge: Cambridge Univ. Press.
  (Dt.: *Kritik des Utilitarianismus.* Frankfurt/M. 1979).
Strawson, P.F. (1961), Social morality and individual ideal. In: *Philosophy* 36, 1—17.
Titmuss, R.M. (1973), *The Gift Relationship.* Harmonsdsworth: Penguin Books.

Gewicht und Bedeutung der Autonomie

Thomas E. Hill, Jr.

Seit vielen Jahren hören wir, daß *Autonomie* wichtig ist.[1] Nach Immanuel Kant ist Autonomie der Grund der menschlichen Würde und die Quelle der Moralität schlechthin, und zeitgenössische Philosophen, denen zweckrationales Denken nicht genügt, sind dabei, unterschiedliche neue Theorien zu entwickeln, die — wie sie oft betonen — von Kant inspiriert sind. Autonomie wurde als ein wesentliches Ziel der Erziehung proklamiert, und feministische Philosophinnen haben für die Rechte der Frauen im Namen der Autonomie gekämpft.[2] Opposition gegen unterdrückerische politische Systeme entsteht, weil diese die individuelle Autonomie leugnen. Des weiteren ist die Anerkennung der Autonomie von Patienten zum Hauptthema der rapide angewachsenen Literatur auf dem Gebiet der medizinischen Ethik geworden. Autonomie ist ein Symbol für alle, die gegen konventionelle und autoritäre Moralen opponieren, und für einige Existentialisten ist die Anerkennung individueller Autonomie offenbar ein Grund, die Geltung objektiver moralischer Normen zu bestreiten. Sowohl neuere Vertreter einer Theorie moralischer Rechte als auch moderne Verfechter der Sozialvertragstheorie behaupten, daß ihre Theorien jeweils am besten die Autonomie gewährleisten.[3] Schließlich, und keineswegs geringer in ihrer Wertschätzung, sprechen bekannte Psychologen von der Autonomie als der höchsten Stufe moralischer Entwicklung.

Kürzlich jedoch wurde das Gewicht und die Bedeutung der Autonomie von verschiedenen Seiten in Frage gestellt. Utilitaristische Kritiker konterten den Neo-Kantianern, und eine Gruppe von Moralphilosophen, gelegentlich auch »Personalisten« genannt, haben das Kantische Ideal, nämlich daß wir uns von überpersönlichen Prinzipien und nicht von der Sorge um einzelne Individuen leiten lassen sollten, kritisiert.[4] Eine »andere Stimme« verschafft sich Gehör, die Aspekte der Moralität artikuliert, welche in der beharrlichen Lobrede auf die Autonomie nur zu oft ignoriert wurden. Einige argumentie-

ren so, daß Autonomie — weit davon entfernt, die Quelle und die höchste
Entwicklungsstufe der Moral zu sein — das spezifische Ideal einer bestimmten
dominanten Gruppe sein könnte, ein Ideal, das sich zur Verstärkung alter Unterdrückungsmuster in der Tat instrumentalisieren läßt.[5] Wenn das stimmt,
hätten jene Feministinnen, die an die Autonomie appellieren, die vorherrschende männliche Ideologie übernommen — möglicherweise, ohne sich
dessen bewußt zu sein — und dabei das Beste in einer weiblichen Moralperspektive übersehen. Tierschützer stimmen mit Feministinnen, Personalisten
und utilitaristischen Kritikern darin überein, daß die Kategorie des Mitleids
im moralischen Leben wieder aufgewertet werden sollte, denn die klassischen
Autonomie-Theorien messen dem Leiden der Tiere, wie sie sagen, keinerlei
Bedeutung bei.[6]

Um aus dieser Konfusion von Ansprüchen und Gegenansprüchen herauszukommen, möchte ich in dreierlei Hinsicht aufzeigen, inwiefern meiner Ansicht nach die Autonomie von Bedeutung ist; oder anders, da »Autonomie«
für verschiedene Leute Verschiedenes meint, sollte ich besser sagen, daß ich
mich auf drei *Bedeutungen* oder Ideen von Autonomie konzentrieren und erklären will, warum ich, trotz der kürzlich vorgebrachten Kritik, immer noch
glaube, daß jede dieser Ideen einen wichtigen Platz in einer idealen Moralkonzeption einnimmt. Übertriebene Reaktionen auf ebenso übertriebene
Lobpreisungen der Autonomie haben uns, fürchte ich, in Gefahr gebracht, einige elementare Aspekte zu übersehen, die in der Autonomie-glorifizierenden Tradition enthalten sind. Diese Aspekte treten klar und unbedrohlich
hervor, sobald sie von einem gewissen überflüssigen Beiwerk befreit sind. Zudem sind sie vollständig kompatibel mit der Anerkennung der moralischen
Bedeutung von Mitleid.

Mein Standpunkt ist ein moralphilosophischer und kein entwicklungspsychologischer. Deshalb werde ich wenig zu sagen haben über die Stufen moralischer Entwicklung und darüber, ob Autonomie einen spezifisch männlichen Standpunkt repräsentiert, was Gilligans Arbeit nahezulegen scheint.
Mein Ziel ist statt dessen, drei bescheidene Thesen zur Autonomie zu explizieren, unbelastet von dem Kantischen Gepäck, das gewöhnlich mitreist.
Dennoch hoffe ich, daß diese Punkte, richtig verstanden, als wichtiger Teil jeder vollständigen Moralkonzeption anerkannt werden.

I. Autonomie als Unparteilichkeit in der Kritik und Rechtfertigung moralischer Prinzipien und Werte

»Autonomie« ist, wie viele Lieblingswörter von Philosophen, nicht der Name für eine einzige Sache; verschiedene Leute verstehen sehr Unterschiedliches darunter. Keine dieser Autonomie-Ideen ist einfach, und die Beziehungen zwischen den differenten Bedeutungen sind höchst komplex. Wenig Fortschritte können deshalb in Diskussionen über Autonomie gemacht werden, solange diese verschiedenen Bedeutungen von Autonomie nicht geklärt worden sind.[7] Um diese Aufgabe in Angriff zu nehmen, lassen Sie mich zunächst eine klassische Auffassung von Autonomie betrachten, die von Immanuel Kant eingeführt und von John Rawls und anderen modifiziert wurde.

Kant zufolge ist Autonomie eine Beschaffenheit des Willens aller erwachsenen Menschen, insofern sie als ideale Moralgesetzgeber angesehen werden, die sich selbst rational, frei von kausalen Zwängen und nicht durch sinnliche Begierden motiviert, allgemeine Prinzipien vorschreiben. Für unsere Frage sind zwei Aspekte dieser Konzeption relevant. *Erstens,* Autonomie zu haben bedeutet, Prinzipien von einem Standpunkt aus zu prüfen, der zeitweilig losgelöst ist von je besonderen Neigungen und Aversionen, von kontingenten Präferenzen und Abneigungen; *zweitens,* Autonomie ist die ideale Beschaffenheit einer Person in der *Rolle* des moralischen Gesetzgebers, d.h. einer Person, die verschiedene moralische Prinzipien kritisch daraufhin prüft, inwieweit diese miteinander konfligieren oder vereinbar sind, um schließlich zu *urteilen,* welche Prinzipien mit welchen Modifikationen die größte Anerkennung verlangen.

Der erste Punkt läßt sich folgendermaßen erläutern: Die Autonomie moralischer Gesetzgebung bedeutet, daß eine Person, die grundlegende moralische Prinzipien und Werte diskutiert, idealerweise weder durch blinde Traditions- und Autoritätshörigkeit oder äußere Bedrohungen bzw. Bestechungen, noch durch unreflektierte Impulse oder unhinterfragte Denkgewohnheiten motiviert ist. Wichtiger noch, ein autonomer, moralgesetzgebender Mensch muß versuchen, seinen oder ihren besonderen Präferenzen und persönlichen Vorlieben keine *spezielle* Bedeutung beizumessen. Angenommen, man diskutiert die Standards der Streitschlichtung zwischen Schäfern und Viehzüchtern, so muß man von seiner persönlichen Vorliebe für oder Abneigung gegen Schafe abstrahieren. Sucht man nach adäquaten Bewertungen der Geschlechtsbeziehungen, so muß man versuchen, die Entscheidung nicht zugunsten des Geschlechts zu treffen, dem man zufällig selbst angehört. Kant

nannte dies das »Abstrahieren von dem persönlichen Unterschiede vernünftiger Wesen«[8], und Rawls spricht vom Wählen »hinter einem Schleier des
Nichtwissens«[9]. Der zentrale Punkt für beide ist, daß zum Zweck gerechter
und vernünftiger Beurteilung von konkurrierenden Prinzipien und Werten
gewisse Überlegungen unzulässig sind. So ist zum Beispiel die Tatsache, daß
ein Prinzip *mir, meiner* Familie und *meinem* Land und nicht jemand anderem,
seiner Familie oder seinem Land zugute kommt, für jemand als Moralgesetzgeber kein Grund *an sich,* dieses Prinzip zu favorisieren. In anderen Worten,
auf der Ebene der Abwägung von grundlegenden Prinzipien erfordert Moral
eine unparteiliche Berücksichtigung aller Personen.

Der zweite Punkt formuliert jedoch eine wichtige Einschränkung. Autonomie als Unparteilichkeit ist Teil eines Ideals für die Moralgesetzgebung bzw.
für die allgemeine Diskussion über moralische Prinzipien und Werte; sie ist
aber nicht eine Empfehlung für das Alltagsleben. Leider scheinen einige Philosophen, einschließlich Kant, dieses legislative Ideal zuweilen mit einer anderen Idee zu vermischen, die jedoch nicht daraus folgt; die Idee nämlich,
daß wir im Angesicht der moralischen Entscheidungen des täglichen Lebens
immer danach streben sollten, nach unparteilichen Prinzipien zu handeln,
uns von persönlichen Neigungen zu befreien und die besonderen Eigenschaften von Personen zu ignorieren. In der Tat, diese Idee, daß wir fixiert auf abstrakte, objektive Prinzipien leben sollten, ist — weit davon entfernt, die Konsequenz von Autonomie in der Gesetzgebung zu sein — genau das Gegenteil
dessen, was autonome Moralgesetzgeber empfehlen würden. Selbst aus einer
unvoreingenommenen Perspektive, die vermeidet, Interessen zu begünstigen, nur weil es die *eigenen* sind, kann man gute Gründe anführen für moralische Prinzipien wie »Habe Mitleid«, »Sei — innerhalb bestimmter Grenzen —
verantwortlich für deine Familie, dein Land, für dich selbst«, »Behandle konkrete moralische Probleme nicht so, als ob sie mathematische Rätsel wären,
sondern sei einfühlsam und finde eine ›fürsorgliche‹ Lösung«.

Nun könnte man sich natürlich fragen, warum Unparteilichkeit in bezug
auf grundlegende Prinzipien *Autonomie* genannt wurde, zumal solche Unparteilichkeit wenig mit dem Recht auf Selbstbestimmung oder ähnlichem, das
heutzutage als Autonomie gilt, zu tun zu haben scheint. Ich denke, um dies
zu erklären, muß man auf die Kantische Konzeption rekurrieren, nämlich
daß das »wahre Selbst« in gewissem Sinne das ist, was jemand ist, wenn er oder
sie so weit wie möglich frei ist von zeitweiligen Interessen, von persönlicher
Exzentrik und von besonderen Neigungen, die man von Natur aus oder
umstandshalber hat. Dieser Konzeption zufolge ist man dann am meisten

man selbst und bringt seine wahre Natur zum Ausdruck, wenn man sich über die persönlichen natürlichen und konditionierten Begierden »erhebt«, durch die man sich von den anderen unterscheidet. Und das tut man, indem man Prinzipien vom Standpunkt der Unparteilichkeit aus wählt und aus Achtung vor ihnen handelt. Auf diese Weise sei man selbstbestimmend oder autonom, d.h. bestimmt durch das wahre (unvoreingenommene) Selbst.

Obwohl dies der historische Ursprung des Gebrauchs von »Autonomie« als Wort für die Idee der Unparteilichkeit bei der Wahl grundlegender Prinzipien ist, machen diese ursprünglichen Assoziationen nicht den wesentlichen Teil dieser Idee aus. Anders gesagt, man kann sehr wohl das Konzept zurückweisen, daß eine Person nur dann wirklich selbstbestimmend ist, wenn sie unparteiliche Prinzipien aufstellt und nach ihnen handelt, und dennoch mit dem Hauptpunkt übereinstimmen, nämlich, daß Autonomie als Unparteilichkeit wesentlich die ideale Pespektive konstituiert, aus der moralische Prinzipien kritisiert oder legitimiert werden sollten.

Ist diese Sache einmal klargestellt, wer wollte dem etwas entgegensetzen? Höchstens jene extremen Relativisten, die glauben, ein vernünftiger Diskurs über grundlegende Moralprinzipien sei entweder gar nicht möglich oder setze ein dezisionistisches, persönliches Engagement voraus, welches jemandem mit einer anderen Auffassung nicht rational überzeugend dargelegt werden könne.[10] Die Unparteilichkeitsthese aber besagt nichts anderes, als daß immer dann, wenn die Frage nach den fundamentalen Moralstandards erhoben wird, die anzurufende Instanz ein Gericht ist, vor dem kein Individuum, keine Gruppe und kein Land einen Sonderstatus hat. Vor diesem Gericht ist es unerheblich zu sagen »Ich mag das«, »Es dient *meinem* Land« oder ähnliches; Prinzipien müssen gegenüber jeder Person verteidigt werden können, indem die Sache unabhängig von persönlichen Neigungen aus einer umfassenderen menschlichen Perspektive betrachtet wird.

Ist es nicht in der Tat genau das, was die meisten von uns, Männer wie Frauen, denken? Natürlich lassen wir uns, wenn wir mit einem konkreten moralischen Problem konfrontiert sind, von Gedanken leiten wie etwa »Schließlich ist er mein Freund« und »Ich habe Verantwortung zu tragen für meine Familie, für mich selbst«. Wird aber die philosophische Frage gestellt, »Warum hat man solche Verantwortungen und wo liegen ihre Grenzen?«, glauben wir dann wirklich, eine befriedigende Antwort *allein* über den Bezug zu unseren eigenen Bedürfnissen und Wünschen bzw. zu den Wünschen anderer, die wesentlich durch ihre Relation zu uns (z.B. Familie) definiert sind, zu erhalten? An dieser Stelle, da die moralischen Gründe und Grenzen persönlicher

Verantwortung hinterfragt werden, verschiebt sich die Diskussion auf eine abstrakte Ebene, auf der die Unparteilichkeit eine wichtige Rolle spielt. Wenn man an diesem Punkt sagt, »Es kümmert mich nicht, was unvoreingenommene Leute sagen würden«, dann hat man schlicht den Versuch aufgegeben, eine vernünftige moralische Begründung und Verteidigung seiner eigenen Vorstellungen zu finden.

Um Mißverständnissen vorzubeugen, ist es zweckmäßig, noch einmal zu betonen, daß die These der Unparteilichkeit, die wir diskutiert haben, nicht mit ihren eher kontroversen Ablegern verwechselt werden darf. Beispielsweise behauptet sie nicht, und dies im Einklang mit Kant, daß elementare Moralprinzipien in der reinen Vernunft begründet seien, unabhängig von allen kontingenten Merkmalen menschlicher Natur, daß sie keine Ausnahmen zulassen oder daß sie nur unseren Willen und nicht unsere Gefühle bestimmen. Unsere These impliziert nicht, daß Selbstgenügsamkeit besser sei als Abhängigkeit oder daß die emotionale Distanz eines Richters besser sei als das Mitgefühl eines Liebhabers. Niemand wird gezwungen, mit starrem Blick auf abstrakte Moralprinzipien zu leben oder, und dies erst recht nicht, fixiert auf deren Rechtfertigung aus der Perspektive der Unparteilichkeit. Nichts ist darüber ausgesagt, welche Motive Handlungen moralisch vertretbar machen. Unparteilichkeit hat ihren wichtigen Platz, aber ihr Platz ist nicht der eines Modells für moralische Heiligsprechung.

Eine Anmerkung mag hier sinnvoll sein. Moderne Philosophen sprechen manchmal ziemlich vage über »den moralischen Standpunkt«. Es wird häufig gesagt, daß der moralische Standpunkt ein Standpunkt der Unparteilichkeit sei, losgelöst von eigenen Emotionen wie Liebe und Haß.[11] In Wirklichkeit gibt es nicht *den* »Standpunkt der Moral«; welcher Standpunkt moralisch angemessen ist, hängt davon ab, was jeweils zur Debatte steht und um welches konkrete Problem es sich handelt. Wenn etwa eine gewissenhafte Mutter mit der Frage konfrontiert wird, wie sie auf die ungewollte Schwangerschaft ihrer Tochter reagieren soll, werden Mitgefühl und Sensibilität für individuelle Bedürfnisse wesentlich die moralische Perspektive bestimmen. Wenn hingegen später die Wahrnehmung kultureller Differenzen sie dazu motiviert, nach Wesen und Grund der moralischen Werte zu fragen, auf die sie sich verlassen hatte, werden ihr Mitgefühl und ihre Sensibilität allein nicht ausreichen. Ein anderer Standpunkt ist gefordert, eine Perspektive, aus der sie diese Themen mit Leuten, die andere spezifische Neigungen haben, rational diskutieren kann. Genau an diesem Punkt wird Unparteilichkeit wichtig. So zu reden, als ob es nur einen »moralischen Standpunkt« gäbe, schafft nur Verwirrung.

II. Autonomie als ein Recht, gewisse persönliche Entscheidungen zu treffen

Oft wird darüber geklagt, daß jemand die Autonomie einer anderen Person verletzt hat, zum Beispiel durch den Versuch, sie durch Lügen oder Drohungen zu manipulieren. Die Bedeutung von Autonomie hier ist sehr verschieden von der zuvor betrachteten philosophischen Idee. Autonomie in diesem Zusammenhang ist nicht eine Beschaffenheit idealer Moralgesetzgeber, sondern ein *Recht,* das jede verantwortliche Person hat, ein Recht, gewisse Entscheidungen für sich selbst zu treffen, ohne die nicht gewollte Einmischung anderer. Jemanden in diesem Sinn als autonome Person zu respektieren, bedeutet anzuerkennen, daß gewisse Entscheidungen nur ihr zustehen, und somit davon Abstand zu nehmen, diese Entscheidungen zu kontrollieren. Zu sagen, eine Person sei autonom, bedeutet in diesem Zusammenhang nicht, diese Person zu *beschreiben* (z.B. als reif, reflektiert oder unabhängig); es bedeutet vielmehr, dieser Person das *Recht zuzugestehen,* gewisse Dinge selbst zu kontrollieren. Eine operative Analogie besteht hier zu autonomen Nationen. Es mag sein, daß sie nicht besonders klug oder gut regiert werden, aber sie haben ein Recht, ihre inneren Angelegenheiten ohne Einmischung von außen selbst zu bestimmen.

Was diese Rechte auf Autonomie genau sind, ist natürlich eine umstrittene Frage. Um die Diskussion jedoch auf den Punkt zu bringen, kann man sich das Recht auf individuelle Autonomie etwa so vorstellen: Es ist ein Recht, moralisch statthafte Entscheidungen über Angelegenheiten zu treffen, die das eigene Leben tief berühren, ohne Einmischung durch kontrollierende Maßnahmen wie Drohung und Bestechung, Manipulationen oder bewußte Verzerrung relevanter Informationen. Wie die meisten Rechte, kann auch das Recht auf Autonomie unter Umständen annulliert oder hintangestellt werden; dennoch ist es wichtig.

Das Recht auf Autonomie ist eine Art Freiheitsrecht, aber es ist natürlich nicht das unlimitierte Recht, einfach zu tun, was man will. Es ist eingeschränkt, zum Beispiel durch Prinzipien von Gerechtigkeit, Unverletzbarkeit, Vertrag und Verantwortung gegenüber anderen. Autonome Personen haben nicht die Freiheit, Steuerbetrug zu begehen, ihre Kinder zu schlagen oder ihre Versprechen nicht einzuhalten. Autonomie meint aber auch nicht die Freiheit, aus einem fairen Wettbewerb als Sieger hervorzugehen; denn du beeinträchtigst meine Autonomie keineswegs, wenn du mich an der Plazierung im Team hinderst, weil du es im Test besser machst als ich. Noch einmal, Auto-

nomie bedeutet nicht die Freiheit, das Leben anderer in ihren eigenen Angelegenheiten zu kontrollieren, zum Beispiel bei einem Freund sich in die Wahl
seiner Bekannten, seiner Jobs, seiner Haarfrisur einzumischen. Im Gegenteil,
das persönliche Recht auf Autonomie schützt gewisse Entscheidungen, die
das eigene Leben betreffen, vorausgesetzt, sie befinden sich in Übereinstimmung mit anderen grundlegenden Moralprinzipien, einschließlich der Anerkennung vergleichbarer Freiheiten anderer Personen.

Wenn wir sagen, daß ein Mensch ein Recht auf Autonomie hat, so sagen
wir nicht nur, daß er oder sie moralisch *befugt* ist, seine oder ihre Entscheidungen innerhalb eines adäquaten Rahmens zu treffen; wir sagen gleichzeitig,
daß sich hier niemand einmischen sollte. Welche Arten von Einmischung
werden dabei ausgeklammert? Zunächst natürlich physisch ausgeübter Druck
und Drohungen, die auszuüben in jedem Fall falsch wäre: z.B. Rufmord an-
zudrohen, falls man in einer Wahl seine Stimme nicht nach Wunsch abgibt.
Aber auch andere Einmischungen können illegitim sein. Man betrachte etwa
die manipulative elterliche Drohung, »Wenn du ausziehst, bringe ich mich
um«. Wenn man also nicht einfach seine »kontingenten Pläne« darlegt, sondern sie so formuliert, daß sie die Entscheidung des anderen qua Drohung beeinflussen sollen, untergräbt man die Autonomie dieser Person. Allgemeiner
gesagt, sobald wir versuchen, die Entscheidungsfreiheit anderer unter Anwendung nicht rationaler Techniken zu manipulieren, etwa in der Wahl des Part-
ners, der Karriere oder des Lebensstils, mischen wir uns auf unzulässige Weise
in Entscheidungen ein, die uns nichts angehen. Die individuelle Autonomie
zu respektieren bedeutet, zumindest die *Möglichkeit* zu geben, daß jemand in
den eigenen Lebensbereichen in rationaler Weise eine Wahl treffen kann. Informationen zu verschweigen oder zu verzerren, die für solche Entscheidungen wichtig sind, kann ebenfalls eine Methode sein, jemandem diese Möglichkeit zu nehmen, selbst wenn man gar nicht intendiert, jemanden zu beeinflussen. Ein Vater zum Beispiel, wie wohlmeinend er auch sei, könnte sich
in unzulässiger Weise in die Lebensentscheidungen seiner schüchternen
Tochter einmischen, wenn er sie in wohlwollender Absicht davon zu überzeugen versuchte, daß Frauen in der Jurisprudenz oder anderen kompetitiven
Berufen immer unattraktiv seien.

Das Recht auf Autonomie ist meines Erachtens nicht darin begründet, daß
rationale Urteilsfindung an sich ein Wert ist, auch nicht in dem optimisti-
schen Glauben, daß die Leute ihre Chance wahrnehmen, die jeweils bestmög-
liche Wahl zu treffen. Und erst recht würde ich nicht behaupten wollen, daß
die Menschen nur insoweit ein Recht auf Autonomie haben, als man erwar-

ten kann, daß sie rationale Entscheidungen treffen. Innerhalb gewisser Grenzen sollte es Menschen erlaubt sein, ihre eigene Wahl zu treffen, selbst wenn diese sich als töricht erweist. Fragen der Rechtfertigung bzw. Limitierung des Autonomie-Rechts sind schwer zu beantworten. Aber ich hoffe, die meisten würden nach einiger Überlegung darin übereinstimmen, daß wir nicht befugt sind, uns in die Lebensentscheidungen anderer einzumischen, bloß weil wir glauben, diese könnten unvernünftig oder unklug sein.

Dieses Recht auf Autonomie zu akzeptieren, heißt nicht, daß wir auch die eher extremen Ansichten teilen müssen, die manchmal mit dem Wort »Autonomie« verbunden werden. Beispielsweise können wir das Recht anerkennen, ohne in irgendeiner Weise zu implizieren, daß Selbstgenügsamkeit, Unabhängigkeit und Distanz gegenüber anderen erstrebenswerte Ziele darstellen. Die Autonomie von Menschen zu respektieren erfordert, der Versuchung zu widerstehen, ungefragt ihr Leben in die Hand zu nehmen, aber niemand wird daran gehindert, mit anderen etwas zu teilen, die eigene Abhängigkeit einzugestehen, Ratschläge anzunehmen oder sich sogar für die Interessen anderer aufzuopfern. Das Recht auf Autonomie gesteht den Menschen einen Spielraum für ihre eigenen Entscheidungen zu; es diktiert nicht, welche Entscheidungen es sein sollten.

Auch bedeutet die Anerkennung des Rechts auf Autonomie nicht, daß solche Menschen moralisch besser sind oder sich auf einer höheren Entwicklungsstufe befinden, die moralische Probleme eher für Konflikte zwischen individuellen Rechten halten als für Gelegenheiten, Sensibilität und Mitgefühl zu zeigen. Das Recht ist nur ein Aspekt des komplexen Moralitätsproblems, und die Fixierung auf diesen Aspekt unter Ausschluß anderer kann ein ebenso großer Fehler im Moralverhalten sein wie der, Rechte überhaupt zu übersehen. Zu sagen, daß wir das Recht auf Autonomie respektieren sollten, heißt nicht, das wir alles andere ignorieren.

Aber, so mag man fragen, gerät nicht das Recht auf Autonomie oft in Konflikt mit der einfühlsamen Reaktion auf ein moralisches Problem? Angenommen, ich kann durch eine wohlmeinende Lüge einen Freund von einer möglicherweise katastrophalen Entscheidung abbringen, etwa davon, sich mit einem wertlosen und unpassenden ehemaligen Partner erneut zusammenzutun. Würde mein Mitgefühl mir nicht den Rat geben, zu lügen, obwohl ich dadurch die Autonomie meines Freundes untergrabe? Oder, ein anderes Beispiel, würde nicht das Recht auf Autonomie einen sensiblen Arzt daran hindern, angesichts der tödlichen Krankheit eines Patienten die Wahrheit mitleidig zu verschleiern?

Ich denke, solche Konflikte sind unvermeidbar; die Frage ist nur, wie wir damit umgehen. Sollten wir abstreiten, daß in diesem Fall irgendetwas außer Mitleid überhaupt in Frage kommt? Oder sollten wir solche Konflikte eher als tragische Entscheidungen zwischen zwei konkurrierenden Werten ansehen, von denen beide gleich wichtig sind – die Verhütung unnötigen Leidens und die Chance des Individuums, die eigenen lebenswichtigen Entscheidungen selbst zu treffen? Letzteres wäre sicherlich die Antwort einer ausbalancierten Moralkonzeption, die Gilligans männliche und weibliche Perspektiven umfassen würde. Dies würde bedeuten, daß die Berücksichtigung von Rechten zuweilen das erzwingt, was eine mitfühlende Person ohnehin tun würde; aber das schmälert in keiner Weise die moralische Bedeutung des Mitleids.

III. Autonomie als ein Ziel persönlicher Entwicklung

Keine der beiden dargestellten Ideen impliziert, daß es allgemein ein moralisch wünschenswertes Ziel ist, ein autonomer Mensch zu sein oder autonom zu leben – mögen einige die Autonomie auch so auffassen, als müsse man immer allein durch Achtung vor unparteilichen Prinzipien und könne nicht durch Mitleid motiviert werden. Aber, wie ich schon sagte, ich halte dies nicht für ein plausibles moralisches Ideal. Andere wieder scheinen Autonomie als Selbstgenügsamkeit, Unabhängigkeit, als »etwas auf eigene Faust machen« zu verstehen. Aber obwohl manche Leute diese Idee favorisieren, ist es doch schwer einzusehen, warum sie ein *moralisches* Ziel sein soll. Ist ein Mensch moralisch schlechter, bloß weil er die eigene Abhängigkeit anerkennt und enge Bindungen zu anderen der Selbstgenügsamkeit vorzieht? Sicherlich nicht; und jede Entwicklungstheorie, die so etwas impliziert, würde sich – wie Carol Gilligan zu Recht sagt – der Vorurteile verdächtig machen.

Es gibt jedoch eine etwas limitiertere Idee von Autonomie, die als moralisches Ideal empfohlen werden könnte; und diese Idee kennzeichnet eine dritte Hinsicht, in der ich Autonomie für wichtig halte.

Angenommen, wir konzentrieren uns auf die Situation eines normalen Menschen, der im Alltag mit einer moralischen Entscheidung konfrontiert wird. Der Kontext ist nicht, wie zuvor, die allgemeine philosophische Reflexion oder die Diskussion über Natur und Rechtfertigung von Moralprinzipien, sondern die unmittelbare Notwendigkeit zu entscheiden, was in einem aktuellen Fall zu tun ist. Gibt es hierbei irgendeinen Aspekt, der die autonome

Entscheidung als moralisches Ideal erscheinen läßt, so daß wir bestrebt sein sollten, solche Probleme als autonome Personen anzugehen?

Unvoreingenommene Distanzierung von partikularen Interessen, so sagte ich, ist nicht ein solch erstrebenswertes Ziel. Das *Recht* auf Autonomie, das wir betrachtet haben, befaßt sich eher mit dem Problem, daß wir andere durch unsere Entscheidungen beeinflussen, als damit, wie wir unsere eigenen moralischen Entscheidungen treffen. Gibt es also noch eine weitere Bedeutung von Autonomie, der zufolge wir bestrebt sein müßten, singuläre moralische Entscheidungen als autonome Agenten zu treffen?

Einen Hinweis erhalten wir durch das Wort »Autonomie« selber, das soviel wie »Selbstherrschaft« oder »Selbstbestimmung« heißt. In gewisser Weise sind Menschen dann nicht selbstbestimmend, wenn ihre Reaktionen auf Probleme verblendet, von unbewußten neurotischen Impulsen diktiert oder durch Vorurteile geprägt sind, die im Widerspruch stehen zu den noblen Gefühlen, welche von ihnen für die eigentliche Motivation gehalten werden. Wenn wir auf diese Weise Entscheidungen treffen, sind wir in uns gespalten. Und wenig ergiebig ist die Diskussion darüber, welches nun unser »wahres Selbst« ist — das »Selbst«, das sich in hochmeinenden, bewußt gewählten Prinzipien kundtut, oder das »Selbst« der Vorurteile und neurotischen Impulse, das das Ergebnis schließlich bestimmt; ein einheitliches »Selbst«, das die Entscheidung leitet, gibt es hier nicht.

Man mag darüber streiten, ob es allgemein ein moralisches Ziel ist, eine einheitliche Persönlichkeit zu haben, darin aber werden wir übereinstimmen, daß es ein moralisch wertvolles Ziel ist, unseren wichtigen moralischen Entscheidungen mit möglichst wenigen dieser selbstspalterischen Hindernisse gegenüberzutreten. Im Idealfall würden autonome, selbstbestimmende Moralagenten auf die realen Fakten einer Situation reagieren, mit der sie konfrontiert sind, und nicht auf eine Wahrnehmung, die durch moralisch irrelevante Bedürfnisse und Vorurteile verzerrt ist. Die Prinzipien und Werte, die sie in ihren Entscheidungen zum Ausdruck zu bringen versuchen, wären die genuin leitenden Gedanken, und nicht bloß Epiphänomene, die mit ihrer wahren moralischen Motivation nichts zu tun haben. Wenn Mitleid der leitende Wert ist, wäre es echtes Mitleid und keine sich selbst belügende Maskierung eines Wunsches nach Reputation. Wenn die Anerkennung der Rechte die leitende Überlegung ist, wäre es eine ehrliche Anerkennung und nicht die Angst vor Bestrafung. Das heißt nicht, daß andere Motive schlecht oder unangemessen sind (obwohl sie es sein können), es heißt auch nicht, daß die moralische Urteilsfindung qua Autonomie hinreichend ist, um die richtige Ent-

scheidung zu treffen. Der Punkt ist eher der, daß moralisch Handelnde ihre
Entscheidungen idealerweise im Bewußtsein sowohl der relevanten Aspekte
des Problems als auch des effektiven Verständnisses ihrer wirklichen Werte
angehen.

Zu sagen, daß Autonomie in diesem Sinn ein Ideal ist, bedeutet nicht notwendigerweise, diejenigen zu verachten, denen sie fehlt; denn Autonomie ist
keineswegs das einzige moralische Ideal, und sie ist sehr schwer zu erlangen.

Ist diese dritte Vorstellung von Autonomie mit dem Mitleid vereinbar?
Natürlich ist sie das. Autonomie dieser Art als Ideal zu betrachten, ist neutral
im Streit darüber, was wichtiger ist, Mitleid oder Achtung vor individuellen
Rechten. Was es uns sagt, ist lediglich, daß wir moralische Entscheidungen
mit Integrität und Selbsterkenntnis angehen sollten. Oder vielleicht besser gesagt, wenn eine der beiden Seiten favorisiert werden sollte, so zwingt uns das
für partikulare moralische Entscheidungen relevante Autonomie-Ideal, solche Probleme mitfühlend zu lösen: denn ich glaube, daß man ohne Mitleid
der moralisch wichtigen, situativ vermittelten Tatsachen niemals wirklich ge-
wahr wird. Die inneren Bedürfnisse und die Gefühle anderer sind virtuell immer relevant, und ohne Mitleid kann man wahrscheinlich niemals vollständig wissen, was diese sind bzw. ihnen die angemessene Beachtung schenken.

Ich fasse also zusammen, daß es mindestens drei einfache, aber wichtige
Aspekte von Autonomie gibt, die in einer vollständigen Moralkonzeption zu
berücksichtigen sind. Jeder kennt die Bedeutung der Mitleidsethik an; während das eine Autonomie-Ideal sich nicht auf das Mitleid allein verlassen
möchte, scheint das andere Autonomie-Ideal Mitleid immanent zu erfordern. Wenn, nach Carol Gilligan, Autonomie einen männlichen Wert repräsentiert und Mitleid einen weiblichen Wert, dann kann ich nur folgern, daß
wir die Geschlechter zusammenbringen müssen.

Übersetzt von Käthe Trettin

Anmerkungen

1 Dieser Vortrag wurde vor den Studenten und der Fakultät des Ripon College im
Zusammenhang mit dem Kolloquium »Autonomy and Caring« gehalten, das von
Carol Gilligans Buch *Die andere Stimme* (München/Zürich: Piper, 1984), angeregt
worden war. Ich danke den Teilnehmerinnen und Teilnehmern für ihre Kom-
mentare, besonders Robert Hannaford.

2 Ein bemerkenswertes Beispiel des Letzteren ist Sharon Bishop Hills Aufsatz »Self-determination and Autonomy«, in: Richard Wasserstrom, *Today's Moral Problems* (Macmillan, Third Edition, 1985).

3 Vgl. etwa John Rawls, *A Theory of Justice* (Cambridge: Harvard University Press, 1971) und Robert Nozick, *Anarchy, State and Utopia* (New York: Basic Books, Inc., 1974).

4 Hervorzuheben ist hier Lawrence Blum, dessen Buch *Friendship, Altruism and Morality* (London, Boston and Henley: Routledge & Kegan Paul, 1980) interessante Diskussionen stimuliert hat.

5 Diese Bemerkung bezieht sich nur auf diejenigen, die bestimmte moralische und politische Schlußfolgerungen aus Carol Gilligans Untersuchung gezogen haben. Gilligan selber beansprucht lediglich, Tendenzen bei männlichen und weiblichen Interviewpartnern aufgedeckt, nicht aber ideologische Verallgemeinerungen etabliert zu haben.

6 Vgl. etwa Peter Singer, *Animal Liberation* (New York: Avon Books, 1977).

7 Zur Diskussion dieser Distinktionen vgl. meinen Text »Autonomy and Benevolent Lies«, *Journal of Value Inquiry* 18: 251–67 (1984).

8 Vgl. Immanuel Kant, *Grundlegung zur Metaphysik der Sitten* (1785). (Stuttgart: Reclam, 1970), S. 85.

9 Vgl. John Rawls, *A Theory of Justice*, S. 136–42.

10 Beispiele sind etwa Nietzsche, die frühen »Emotivisten« sowie kürzlich Andrew Oldenquist in seinem provokanten Aufsatz »Loyalties« in: *Journal of Philosophy* 79 (1982), 173–93.

11 Z.B. Kurt Baier, *The Moral Point of View* (Ithaca: Cornell University Press, 1958).

Filiale Moralität

Christina Hoff Sommers

> Wir finden es nicht nur schwierig, genau zu sagen, wieviel ein Sohn
> seinen Eltern schuldet, sondern wir sind sogar unwillig, dies zu
> untersuchen.
> *Henry Sidgwick*[1]

Welches Recht auf die besondere Zuwendung ihrer erwachsenen Kinder haben Eltern? Bis zum Beginn dieses Jahrhunderts wurde nie in Frage gestellt, daß die filiale Beziehung eine natürliche Verpflichtung beinhaltet; Philosophen mochten sich zwar über die Natur der Kind-Eltern-Verpflichtung streiten, nicht aber über deren Faktizität. Heute hingegen halten nicht wenige Moralisten diese Verpflichtung für eine Illusion oder räumen ihr nur noch einen sekundären Status ein. A. John Simmons[2] äußert »Zweifel daran, daß es ein ›filiales Schuldgefühl‹ gibt«, und Michael Slote[3] versucht nachzuweisen, daß das Konzept des filialen Gehorsams auf einer Illusion beruht, nämlich auf der falschen Vorstellung, daß man einem göttlichen Wesen Gehorsam schulde. Jeffrey Blustein[4] behauptet, daß solchen Eltern, die bloß ihre Pflicht getan haben, nichts zu schulden sei, und Jane English[5] bestreitet rundheraus die Existenz filialer Verbindlichkeiten, es sei denn, sie beruhten auf gegenseitiger Freundschaft.

Die gegenwärtige Tendenz, filiale Verpflichtung entweder abzustreiten oder zu rekonstruieren, hängt zusammen mit den Problemen, die zeitgenössische Moralphilosophen haben, wenn sie sich mit spezifischen Pflichten auseinandersetzen. Eine Untersuchung besonderer Verpflichtungen gegenüber Verwandten und Freunden, gegenüber der Gemeinschaft oder dem Land bringt Moraltheorien wie den Kantianismus und den Utilitarismus in Bedrängnis, Theorien also, die eher darauf zugeschnitten scheinen, uns zu sagen, was wir unparteilich für irgendjemanden tun sollten, als darauf, Erklärungen für Phänomene wie filiale Obligation zu liefern. Der Moralphilosoph zweckrationaler oder Kantischer Überzeugung, der zu zeigen versucht, daß eine gewisse Parteilichkeit aufgrund von Familiengefühlen statthaft ist, *könnte* sich nun einer ernsthafteren Untersuchung der Frage widmen, wie es zu begründen ist, daß die Sorge für und der Respekt vor den Eltern als spezifische Pflicht erfahren wird — aber dies käme ihm nur als nachträgliche Überlegung. Insgesamt schien die Frage besonderer aktorspezifischer Pflichten bisher kein brennendes Problem zu sein. Im folgenden vertrete ich eine strenge Konzeption filialer Verpflichtung, allgemeiner gesagt, ich setze mich ein für besondere moralische Beziehungen. Zunächst gebe ich einige Beispiele zur Illustration der These, daß die filiale Verpflichtung, die Eltern zu respektieren, nicht auf einer Illusion beruht.

I. Die konkreten Konflikte

Mein Interesse gilt den filialen Pflichten von erwachsenen Kindern, insbesondere der Pflicht zu Achtung und Respekt. Ich habe aufs Geratewohl drei Situationen gewählt, die jeweils ein tadelnswertes Versagen erwachsener Kinder hinsichtlich der Respektierung ihrer Eltern oder Ernährer zeigen. Es wäre nicht schwer, diesen Fällen weitere hinzuzufügen, denn das reale Leben vermehrt sie permanent.

1. Ein älterer Mann wurde von National Public Radio in einem Programm über das Alter interviewt. Dabei sagte er folgendes über seine Tochter.

Ich wohne in einem Mietshaus. Meine Frau starb vor zwei Jahren, und sie fehlt mir sehr . . . Meine einzige kleine Freude war, Freitag abends zu meiner Tochter in Anaheim zum Essen zu gehen . . . Sie kochte immer eins meiner Lieblingsgerichte . . . Eines Tages wurde mein Schwiegersohn wegen einer Kleinigkeit böse auf mich und warf mich aus dem Haus . . . Ich war dann nochmal da, tagsüber, als er auf der Arbeit war. Das war ungefähr vor zweieinhalb oder drei Monaten. Ich blieb zwei Stunden und ging, bevor er zurückkam. Aber dieser Besuch machte mir nicht viel Spaß. Das war das letzte Mal, daß ich meine Tochter besucht habe.

2. Eine zweiundachtzigjährige Frau (nennen wir sie Miss Tate) verbrachte dreißig Jahre als Haushälterin und Kindermädchen bei der Familie eines Richters in Massachusetts. Der Richter und seine Frau überließen ihr eine kleine Pension, die aber von der Inflation reduziert wurde. Nachdem ihre Arbeitgeber gestorben waren, verlor sie den Kontakt zu deren Kindern, die sie selbst großgezogen hatte. Eines Tages bat Miss Tate eine Freundin, den Kindern, die inzwischen im mittleren Alter waren, zu schreiben, daß sie krank sei und sie gerne sehen würde. Sie kamen aber weder zu Besuch, noch halfen sie ihr anderweitig. Sie starb letztes Jahr, ohne von ihnen gehört zu haben.

3. Die Anthropologin Barbara Meyerhoff untersuchte eine Gemeinschaft älterer Leute in Venice, California.[6] Sie berichtet von der Enttäuschung einer Gruppe dieser Alten, deren Kinder es nicht für nötig gehalten hatten, zur Examensfeier nach Abschluß ihrer Erwachsenenbildung zu kommen.

Die Gradulierten, insgesamt 26, hatten sich in zwei Reihen neben dem Podest aufgestellt. Sie trugen ihre besten Kleider und Anzüge und darüber blau-weiß-gestreifte Satinbänder. Die meisten waren feierlich ernst und erröteten vor Aufregung ... Niemand sprach offen über die auffällige Abwesenheit ihrer Kinder (Meyerhoff, 187, 104).

Ich glaube, man kann davon ausgehen, daß der Vater, der einmal wöchentlich bei seiner Tochter zu Abend aß, sich zu Recht beklagt. Und obwohl Miss Tate während ihres langen Dienstes bei der Richter-Familie angemessen entlohnt wurde, scheint es plausibel zu sein, daß die Kinder dieser Familie ihr dafür, daß sie sie großgezogen hat, eine gewisse Aufmerksamkeit und Achtung schulden. Die Graduierungszeremonie ist schließlich ein weiteres Beispiel für kränkende Mißachtung und Vernachlässigung. Einige der kürzlich vorgetragenen Kritiken (z.B. von Jane English und John Simmons) an traditionellen Konzeptionen filialer Pflichten berufen sich vielfach auf Beispiele schlechter Eltern. Zugegeben, bestimmte Eltern können ihre moralischen Ansprüche an ihre Kinder verwirken. (Was kann Fjodor Karamasow bei seinem Verhalten noch an filialer Zuneigung erwarten?) Aber hier geht es darum, was einer durchschnittlichen Mutter oder einem durchschnittlichen Vater geschuldet werden sollte, Eltern also, die vernachlässigt oder deren Wünsche mißachtet werden, obwohl sie ohne übertriebenen Aufwand respektiert werden könnten. Ich halte eine solche filiale Mißachtung für falsch. Obwohl diese Auffassung dogmatisch ist, kann man sie rechtfertigen — allerdings nicht im Schnellverfahren. Filiale Moral ist nur ein Aspekt der Moral in spezifischen Beziehungen. Der Versuch, filiale Moral zu verstehen, bedeutet also, die moralische Gemeinschaft als ganze mit einem synoptischen Blick zu erfassen und die Rechte und Pflichten zu befragen, die ihre Mitglieder binden.

II. Konzeptionen im Wandel

Jeffrey Blusteins Buch *Parents and Children* (loc. cit.) enthält einen ausgezeichneten historischen Überblick über die moralischen Auffassungen in der Kind-Eltern-Beziehung. Für Aristoteles kommt die Verpflichtung, den Eltern zu dienen und ihnen zu gehorchen, der Verpflichtung gleich, eine Schuld zurückzuzahlen. Auch Thomas von Aquin erläutert das Gebot, die Eltern zu ehren, als »ein Zurückgeben empfangener Gaben«.[7] Beide, Aristoteles und Thomas von Aquin, zählen das Leben selbst zur ersten und wichtigsten Gabe, die das Kind erhält.

Mit Locke verändert sich der Topos filialer Moral: Die Diskussion verlagert sich von der Perspektive der Autorität und Macht der Eltern zu einer Perspektive des weniger formalen, weniger zwingenden Rechts auf Respekt.[8] Hume äußert sich emphatisch über die filiale Undankbarkeit. »Von allen Verbrechen, die menschliche Geschöpfe zu begehen fähig sind, ist Undankbarkeit das scheußlichste und unnatürlichste, besonders, wenn es gegen Eltern begangen wird.«[9] Bei Sidgwick schließlich werden die besonderen Verpflichtungen erstmals problematisiert: »Gefragt werden muß, aufgrund welcher Prinzipien wir Inhalt und Umfang der besonderen Ansprüche auf Zuneigung und Liebesdienste bestimmen sollen, die aus spezifischen Beziehungen von Menschen hervorgehen« (Sidgwick, 242). Dennoch ist Sidgwick insofern traditionell, als er »einen Konsens« unterstellt, »daß es solche Pflichten gibt, deren Nichterfüllung verurteilt werden muß«, und er selbst bemüht sich zu zeigen, wie »unsere normale Auffassung von Gerechtigkeit auf diese Pflichten nicht weniger anwendbar (ist) als auf andere« (Sidgwick, 243).

Wenn wir uns hingegen die Schriften zeitgenössischer Utilitaristen, etwa die Peter Singers[10], ansehen, finden wir keinerlei Äußerungen über Gerechtigkeit oder Pflicht oder Rechte und, *a forteriori*, keine Äußerungen über spezifische Pflichten oder elterliche Rechte. Sehen wir uns an, wie Singer unter Anwendung eines modifizierten Utilitarismus von R.M. Hare einen Fall angeht, in dem filialer Respekt involviert ist. Er stellt sich die Situation vor, gerade im Begriff zu sein, mit drei Freunden essen zu gehen, als sein Vater anruft, ihm mitteilt, daß er krank sei, und ihn bittet zu kommen. Was soll er tun?

Um unparteilich zu entscheiden, muß ich die Präferenzen für und gegen das Essen mit meinen Freunden sowie jene für und gegen den Besuch meines Vaters aufrechnen. Die Handlungsweise, die die meisten Präferenzen, gemessen an ihrer jeweiligen Stärke, für sich verbuchen kann, ist diejenige, nach der ich mich richten sollte (Singer, 101).

Bemerkenswert ist, daß die Idee einer spezifischen Obligation hier überhaupt nicht auftaucht. Ebenfalls unberücksichtigt bleibt die Geschichte dieser filialen Beziehung, die normalerweise etwa zwei Jahrzehnte elterlicher Pflege und Versorgung einschließt. Singer zufolge ist »das Addieren und Subtrahieren von Präferenzen in dieser Weise« die einzige rationale Methode, zu einem ethischen Urteil zu gelangen.

Utilitaristische Theorien sind nicht besonders zugeschnitten auf spezifische Beziehungen. Und es scheint so, daß Bernard Williams recht hat, wenn er dasselbe vom Kantianismus behauptet. Williams zufolge ist Kants »moralischer Standpunkt vor allem charakterisiert durch Unparteilichkeit und Indifferenz gegenüber allen partikularen Beziehungen zu einzelnen Personen«.[11] Meiner Ansicht nach wird durch die fehlende Berücksichtigung verwandtschaftlicher Beziehungen so etwas wie ein »Jellyby Trugschluß« herbeigeführt. Mrs. Jellyby, eine Figur in Charles Dickens' Roman *Bleak House*[12], widmet ihre gesamten, nicht unbeträchtlichen Energien den Armen, während sie ihre Familie vollständig vernachlässigt. Beschrieben wird sie als eine »hübsche, kleine Frau mit schönen Augen, welche jedoch die eigenartige Angewohnheit hatten, in eine weite Ferne zu blicken. Als ob sie nichts Näheres als Afrika wahrnehmen könnte.« Dickens entwirft sie zweifellos als eine Person, deren moralische Prioritäten auf lächerliche Weise durcheinander geraten sind. In modernem Licht betrachtet könnte Mrs. Jellyby jedoch als Musterbeispiel unparteilicher Korrektheit gelten. In den nächsten beiden Abschnitten will ich zu zeigen versuchen, was am unparteilichen Standpunkt falsch ist, und einen Vorschlag machen, wie man es korrigieren kann.

III. Die Domäne der Moral

Unter einer Domäne der Moral verstehe ich eine Domäne, die, wie G.J. Warnock[13] es nennt, von »Moralpatienten« bewohnt wird. Anders gesagt, sie besteht aus Lebewesen, die nach Robert Nozick eine »ethische Zugkraft«[14] haben. Ein Lebewesen hat eine ethische Zugkraft, wenn es ethisch »in Betracht kommt«; es ist ein Wesen, das von einem Moralagenten zumindest nicht schlecht behandelt werden sollte, und dessen schlechte Behandlung den Moralagenten direkt ins Unrecht setzt. Der Umfang der Domäne der Moral ist eine Streitfrage (Mill schließt Tiere ein, Kant nicht). Und das Wesen der Moraldomäne ist ebenfalls umstritten. Aber hier finden wir eher einen Konsens. Utilitaristen und Deontologen sind sich darin einig, daß die Domäne der Moral aus Lebewesen besteht, deren ethische Zugkraft auf alle Moralagenten in gleicher Weise wirkt. Um die Sache zu vereinfachen, wollen wir eine Domäne betrachten, die nur aus Moralpatienten besteht, die gleichzeitig auch Moralagenten sind. (Für Kant ist dies der Normalfall.) Wir haben dann so etwas wie ein Gravitationsfeld, in dem die Schwerkraft unabhängig von der Distanz wirksam ist und alle Objektpaare die gleiche Anziehungskraft aufeinander ausüben. Oder, falls diese Art von Gravitationsfeld seltsam erscheint, stellen wir uns eine Gesellschaft der Gegenseitigen Bewunderung vor, in der kein Mitglied attraktiver ist als irgendein anderes. In dieser Gruppe ist die Zugkraft aller die gleiche. Oder nehmen wir an, daß Buridans Esel nicht exakt in der Mitte der Brücke, sondern etwas näher zu einem der Futtersäcke an den beiden Brückenenden steht. Auch dann noch würden wir sagen, daß er gleichermaßen von beiden Säcken angezogen wird, aber natürlich den näheren wählt. Genau in diesem Sinn sagt ein Utilitarist oder Kantianer, daß die ethische Zugkraft eines bedürftigen Ostafrikaners und diejenige eines bedürftigen Verwandten gleich sind, daß wir aber dem Verwandten einfacher helfen können. Diese Theorie des gleichen Bedürfnisses und der ungleichen Reaktion bewahrt den Schein der Unparteilichkeit, während zugegeben wird, daß in der Praxis die Wohltätigkeit oft zu Hause beginnt und manchmal auch da aufhört.

In dieser Weise erscheint das Prinzip der Unparteilichkeit in den Moraltheorien von Kant und Mill. Selbstverständlich sind ihre Konzeptionen der ethischen Zugkraft verschieden. Für den Kantianer ist jeder Mensch teleologisch eine Verkörperung des moralischen Gesetzes, dessen Kraft ungeteilt und bedingungslos ist. Für die Utilitaristen sind die Wünsche eines jeden moralisch in Betracht zu ziehen und üben die gleiche Anziehungskraft auf alle Moralagenten aus. Insofern haben Kant und Mill, trotz der Differenzen, einen gemeinsamen Standpunkt hinsichtlich der Domäne der Moral als einer Domäne von Moralpatienten, die auf alle Moralagenten eine gleichförmige Zugkraft ausüben. Ich will dies als *Equal Pull (EP) These* bezeichnen. Es lohnt sich, die zugrundeliegenden Annahmen zu diskutieren, die Kant und Mill zu dieser Ansicht der Moraldomäne geführt haben.

Bekanntlich war Kant daran gelegen, moralisches Handeln von seinen psychologischen oder »anthropologischen« Determinationen zu befreien. Dabei legte er uns eine Konzeption von Moralagenten als rationale Wesen vor, die beträchtlich von der menschlichen und animalischen Natur abstrahiert. Weniger geläufig ist, daß die modernen Versionen der utilitaristischen Theorie ebenfalls dahin tendieren, bedeutenden empirischen Aspekten der menschlichen Natur zu widersprechen. Für den Kantianer befindet sich der empirische Dämon, den es zu bekämpfen und auszutreiben gilt, im Individuum. Für den Utilitaristen ist er in der Gesellschaft und ihren Sitten lokalisiert, inklusive der Praktiken, die auf das soziobiologische Erbe der Spezies zurückführbar sind. Für einen Handlungsutilitaristen wie Singer befreit die Vernunft das ethische

Denken von der früheren Verwandtschaftsmoral und vom reziproken Altruismus und erweitert es im Sinne einer umfassenderen Moralität der Uneigennützigkeit und des Universalismus: »Das Prinzip unparteilicher Überprüfung von Interessen allein ... garantiert eine rationale Fundierung der Ethik« (Singer, 109). Die »Equal Pull«-These ist also als Folge eines der Kantischen und utilitaristischen Ethik gemeinsamem Unparteilichkeitsprinzips zu sehen, das uns vermeintlich vom parteilichen Diktat unserer psychologischen, biologischen und gesellschaftlichen Konventionen befreit.[15]

IV. Differential Pull*

Die Lehre von der gleichen ethischen Zugkraft ist eine moderne Entwicklung innerhalb der Geschichte der Ethik. Sie ist sicherlich weder Aristoteles oder Thomas von Aquin noch Locke nachweisbar zuzuschreiben. Erst Kants Autorität verlieh ihr allgemeine Geltung und machte sie sozusagen zur Grundlegung. Es ist deshalb wichtig festzustellen, daß EP ein Dogma ist. Warum sollte man von der Annahme ausgehen, daß die ethische Zugkraft konstant sei, unbeeinflußt von den Umständen, der Familiarität, von verwandtschaftlichen und anderen spezifischen Beziehungen? Die akzeptierte Antwort ist, daß EP die Unparteilichkeit plausibel macht. Der Verfechter spezifischer Pflichten hat dies als Herausforderung anzunehmen: alternative Vorschläge zur Moralontologie müssen zeigen, wie die Unparteilichkeit mit differenten ethischen Kräften vereinbar sein kann.

Ich nenne die rivalisierende These die These des *Differential Pull (DP)*. Der DP-These zufolge ist die ethische Zugkraft eines Moralpatienten immer teilweise davon abhängig, wie der Moralpatient auf den Moralagenten bezogen ist, auf den die Zugkraft ausgeübt wird. Darüber hinaus wird das »Wie« der Bezogenheit teilweise durch die gesellschaftlichen Praktiken und Institutionen bestimmt, in denen Patient und Agent ihre Rollen spielen. Das bedeutet nicht, daß jeder Moralagent unterschiedlich beeinflußt wird, denn es kann

---

* Ich behalte die englische Terminologie bei, da die beiden entgegengesetzten Theorien des *Equal Pull* und des *Differential Pull* in der Formelhaftigkeit und Kürze im Deutschen nicht wiedergegeben werden können. Dennoch geht aus dem Text deutlich hervor, daß es sich um Theorien gleicher bzw. unterschiedlicher ethischer Zugkraft handelt. – Anm. d. Ü.

sein, daß verschiedene Moralagenten in der gleichen Beziehung zu verschiedenen Moralpatienten stehen. Aber dort, wo die Beziehungen in relevanter Weise differieren, wird auch die Zugkraft differieren. Die relevanten Faktoren, die die ethische Zugkraft determinieren, sind im weiten Sinne von den Umständen geprägt, also auch von den besonderen sozialen Arrangements, die das, was vom Moralagenten erwartet wird, determinieren. Wie besondere Umstände und Konventionen die spezifischen Pflichten prägen, ist eine komplexe Frage, der wir hier nicht hinreichend nachgehen können. Immerhin wollen wir eine Annäherung von einem grundlegenden Standpunkt aus versuchen, der die EP-These zu kritisieren und der konventionellen Praxis, den Verwandtschaftsverhältnissen und -beziehungen eine entscheidende Rolle in der Bestimmung des Wesens und der Kraft moralischer Verpflichtungen zuerkennen erlaubt. Die Gravitationsmetapher kann hier erneut hilfreich sein. In der DP-Moralität ist die Gemeinschaft von Agenten und Patienten einem Gravitationsfeld analog, in dem die Entfernung eine Rolle spielt und die Kräfte gemäß lokaler Bedingungen variieren.

V. Filiale Pflicht

Filiale Pflicht ist im Unterschied zu der Verpflichtung, ein Versprechen zu halten, nicht selbstauferlegt. Ein gegebenes Versprechen zu halten ist jedoch ebenfalls eine spezifische Verpflichtung, an der das Wechselspiel von Unparteilichkeit und spezifischer Pflicht vielleicht deutlicher erkennbar ist. Es erscheint deshalb sinnvoll, das Prozedere des Versprechengebens und -haltens auf die spezifischen Faktoren zu prüfen, die die Verpflichtungen charakterisieren.

A.I. Melden hat die Moralität des Versprechenhaltens eingehend analysiert, und ich denke, daß einige Ergebnisse seiner Analyse auch zur Beschreibung der spezifischen Umstände herangezogen werden können, die den Grad der ethischen Zugkraft, die auf einen Moralagenten ausgeübt wird, bestimmen.[16] Mit Locke setzt Melden ein natürliches Recht auf Nichteinmischung in die Freiheit, seine Interessen zu verfolgen (inklusive des Interesses am Wohlergehen anderer) voraus, wenn eine solche Interessenverfolgung nicht gegen die gleiche Freiheit anderer verstößt. Ein Interesse werde *zudringlich* genannt, wenn es ein Interesse an der Einmischung in die Verfolgung von Interessen anderer ist. Demnach ist das Recht, das jeder Moralpatient hat, ein

Recht auf Nichteinmischung in die Verfolgung seiner nicht-zudringlichen Interessen. (Im folgenden bedeutet »Interesse« immer nicht-zudringliches Interesse.)

Melden zufolge »überträgt ein Versprechender dem Empfänger seines Versprechens die Handlung als dessen eigene«. Das wortbrechende Ausbleiben der Handlung ist dann »äquivalent der Einmischung in und der Untergrabung von Bestrebungen, die er (der Empfänger des Versprechens) zu Recht verfolgt« (Melden, 47). Der Empfänger des Versprechens ist »genauso zum Anspruch (auf die Handlung) berechtigt, wie er als verantwortlicher Moralagent berechtigt ist, seine Interessen wahrzunehmen«. Was an dieser Analyse auffällt, ist die formale Begründung der spezifischen positiven Pflicht des Worthaltens mit der minimalistischen Negativ-Verpflichtung der Nichteinmischung. Die negative, allgemeine und nicht-unterscheidende Obligation der Nichteinmischung wird durch die Praxis des Versprechengebens als positive, spezifische und unterscheidende Handlungsverpflichtung bestimmt. Man beachte, wie der Kontext hier die zugrundeliegende Verpflichtung der Nichteinmischung formt und führt und deren Kraft steigert. Die Konventionen des Versprechengebens vorausgesetzt, hat der Moralpatient neue und legitime Erwartungen auf Leistungen, die durch die expliziten Versicherungen des Versprechenden hervorgerufen wurden, der dem Empfänger des Versprechens diese Leistungen gleichsam übertragen hat. Und diese legitimen Erwartungen vorausgesetzt, stellt das Nichterbringen der Leistung seitens des Agenten ein zudringliches Verhalten dar und kommt einer aktiven Einmischung in das Recht des Moralpatienten auf diese Leistung gleich.

Diesem Ansatz entsprechend wären auch andere spezielle Verpflichtungen zu analysieren. Wir gehen aus von einem DP-System und einem minimalen allgemeinen deontologischen Prinzip (der Pflicht, sich der Einmischung in das Leben anderer zu enthalten). Diese Negativ-Pflicht wird durch die je gegebene Situation als spezifische Pflicht modifiziert, die positiven Charakter haben kann, indem der Moralagent zu bestimmten Handlungen oder Unterlassungen gegenüber spezifischen Moralpatienten verpflichtet ist. Diese Betrachtungsweise spezieller Verpflichtungen bedarf der Rechtfertigung. Aber im Augenblick geht es mir lediglich darum, sie ausführlicher darzustellen.

Für den Moralagenten liegt dann eine spezielle positive Verpflichtung vor, wenn zwei Bedingungen erfüllt sind: (1) In einem gegebenen sozialen Arrangement oder einer sozialen Praxis gibt es eine spezifische Interaktion oder Transaktion zwischen Moralagent und -patient — wie Versprechen Geben und Versprechen Empfangen, Ernähren und Ernährt Werden, Freundschaft

Erweisen und Freundschaft Annehmen. (2) Die Interaktion in diesem Kontext gibt Anlaß zu gewissen konventionellen Erwartungen (z.B., daß ein Versprechen gehalten wird, daß ein Ehepartner treu ist, daß ein Kind seine Eltern respektiert). Im Fall des Versprechens wird der Inhalt der Verpflichtung explizit geäußert. Dieses Merkmal ist jedoch nicht wesentlich für die Formation anderer spezifischer Pflichten. In der filialen Situation ist die grundlegende Beziehung die zwischen Ernährtem und Ernährer, ein Beziehungstypus, der sehr konkret, intim und lang andauernd ist und der vor jeder anderen Beziehung als moralisch determinierend gilt, da er eine Vielzahl von Rechten und Pflichten bestimmt. Ich zitiere eine von Alasdair MacIntyres Beschreibungen der Bewohner der Domäne der Moral:

»Ich bin Bruder, Vetter und Enkel, Mitglied dieses Haushalts, jener Dorfgemeinschaft, dieses Stammes. Das sind keine Eigenschaften, die zufällig zum Menschen gehören, die entfernt werden müßten, um ›das wahre Ich‹ zu entdecken. Sie sind Teil meines Wesens und definieren — zumindest teilweise, manchmal ganz — meine Bindungen und Pflichten.« (1987, 54)

MacIntyres Beschreibung gibt dem Aristotelischen Diktum, der Mensch sei ein soziales Tier, eine soziologische Richtung. Ein soziales Tier hat eine spezifische soziale Rolle inne, durch deren Vorrechte und Verpflichtungen es als Person charakterisiert wird. Ein Vater oder eine Mutter zu sein ist sowohl sozial als auch biologisch deskriptiv; definiert wird nicht nur, was man ist, sondern auch, wer man ist und was man schuldet.

Weil die soziale Rolle verletzt wird, ist ein filialer Bruch gravierender als die Nichteinhaltung eines Versprechens. Im Versprechen wird die Ausführung desselben legitimerweise erwartet, da sie dem Empfänger des Versprechens explizit als »seine« vermacht wurde. In der filialen Situation ist das erwartete Verhalten implizit, und das Ausbleiben entsprechender Handlungen trifft die Eltern direkt und persönlich. Seine Ansprüche zu verlieren, bedeutet eine Beeinträchtigung als Person. Die Literatur ist voll von Beispielen solcher Beeinträchtigung; König Lear kann hier wohl als Paradigma gelten. Als Lear die Treulosigkeit von Goneril entdeckt, fragt er seinen Gefährten: »Wer bin ich?« und erhält die Antwort: »Ein Schatten«. Daß sie Erniedrigung verursacht, ist der Hauptgrund dafür, daß filiale Vernachlässigung als aktive Einmischung zu gelten hat. Das Gefühl für Würde variiert, je nach Temperament. Aber Würde selbst — im Kontext einer Institution wie der Familie — ist objektiv, da untrennbar vom Status und der Rolle, die jemand in diesem Kontext hat.

Die filialen Verpflichtungen erwachsener Kinder bestehen darin, loyal, aufmerksam, respektierend und rücksichtsvoll gegenüber den Eltern zu sein

(und zwar mehr als Fremden gegenüber). Viele erwachsene Kinder begegnen
ihren Eltern freilich mit Respekt und Aufmerksamkeit aus Liebe, nicht aus
Pflichtbewußtsein. Aber, wie Melden sagt: »Die Tatsache, daß normalerweise
Liebe und Zuneigung die Familienmitglieder verbindet . . . unterläuft keines-
wegs die Tatsache, daß es eine charakteristische Verteilung von Rechten und
Pflichten innerhalb des Familienkreises gibt« (Melden, 67).

Das gegenseitige Verstehen, das durch ein Versprechen bewirkt wird, ist
simpel im Vergleich zu der Bandbreite des erwarteten Verhaltens, das der filiale Respekt umfaßt. Was im Fall des Versprechens erwartet wird, ist durch
den Moralagenten klar und deutlich spezifiziert, bei den meisten anderen
speziellen Verpflichtungen gibt es hingegen wenig, das explizit ausgesprochen wird. Filiale Verpflichtung ist also wesentlich unterdeterminiert, obwohl es auch eindeutige Fälle von Respektlosigkeit gibt — wie wir in unseren
drei Beispielen sahen. Die Komplexität und Unbestimmtheit des erwarteten
Verhaltens, das den häuslichen Arrangements eingeschrieben ist, beeinträch-
tigen jedoch nicht das, was der Versprechenssituation und der Kind-Eltern-Si-
tuation gemeinsam ist: beide können als besondere Kontexte gelten, in denen
der Moralagent ein Verhalten unterlassen muß, das die normalen Vorrechte
des Moralpatienten untergräbt.[17]

Nimmt man die Praxis des Versprechens als Ausgangspunkt der Diskussion über spezifische Verpflichtungen, riskiert man, den Eindruck zu vermitteln, daß DP generell als eine Form der Sozialvertragstheorie zu verstehen ist.
Aus einer eher ausgewogenen Perspektive jedoch erscheinen die bei jeder spezifischen Verpflichtung involvierten Handlungen als natürlich und implizit
»übertragene« im Rahmen von Praktiken und Institutionen, die den Moralagenten in seiner bestimmten Rolle als ein »soziales Tier« definieren. Aus dieser Perspektive betrachtet, sind das Versprechengeben sowie andere Vertrags-
formen selber Spezialfälle und keine Paradigmen. Die bindende Kraft der
Verpflichtung, einen expliziten Kontrakt zu erfüllen, wird selbst erst erklärbar
durch die zusammenhängende Darstellung spezifischer Verpflichtungen im
Rahmen einer DP-Theorie.

VI. Dankbarkeitspflicht

Eine Gruppe zeitgenössischer Moralphilosophen, die ich tendenziell als *Sentimentalisten* bezeichnen will, hat unüberhörbar auf die Mängel der mainstream Theorien hinsichtlich der Moralität in spezifischen Beziehungen hingewiesen. Sie würden jedoch meinen formalen und traditionellen Ansatz ebenfalls für unangemessen halten. Die Sentimentalisten opponieren gegen deontologische Annäherungen an die Moral der Kind-Eltern-Beziehung mit dem Argument, daß Dankbarkeits*pflichten* ein Paradoxon darstellen und daß das »Soll-Idiom« das moralische Ideal der Eltern-Kind-Beziehung zerstört, das durch Liebe und gegenseitigen Respekt charakterisiert sein sollte. Für sie ist jede Familienbeziehung einzigartig, und deren moralischer Charakter ist bestimmt durch persönliche Bindungen ihrer Mitglieder. Carol Gilligan hat unterschieden zwischen einer »Ethik der Fürsorglichkeit«, und einer »Ethik der Rechte«.[18] Die Philosophen, die ich meine, weisen die Unfruchtbarkeit der »Rechte-Perspektive« zurück und drängen die Moralphilosophen, die Moralität spezifischer Beziehungen aus einer »Fürsorglichkeitsperspektive« zu betrachten. Diese Distinktion ist zwar sinnvoll, aber die beiden Perspektiven schließen sich nicht notwendig aus. In dem, was man spontan oder allgemein tut, kann man durchaus seine Pflicht erkennen. Und genauso wie es eine Karikatur des Kantianismus ist, denjenigen höher einzuschätzen, der das, was richtig ist, gegen seine Neigung tut, so ist auch die Idee der Fürsorglichkeit, Verantwortung und des persönlichen Engagements ohne formale Verpflichtung eine gefährliche Karikatur.

Theorien, die Fürsorge und Freundschaft gegen Rechte und Pflichten ausspielen, erweisen sich als arg unangemessen, sobald sie mit dem wirklichen Leben konfrontiert werden. Die folgende Situation, beschrieben in einem Brief an Ann Landers, ist nicht untypisch:

Liebe Ann Landers,
wir haben fünf Kinder, alle Übererfolgreiche, die fleißig studiert und ihre Sache gut gemacht haben. Zwei sind Ärzte, und einer ist Banker . . . Durch die Rückzahlung der Schulden für ihre Hochzeiten und Ausbildungen sind wir blank . . . Letzte Woche bat mein Mann unseren ältesten Sohn um finanzielle Hilfe. Er kriegte zur Antwort: ›Meldet Bankrott an und zieht in ein kleines Apartment.‹ Ann, persönliche Gefühle spielen keine Rolle mehr: Es ist eine Frage des Überlebens. Gibt es denn kein Gesetz, das sagt, unsere Kinder müssen uns helfen?[19]

In einigen Staaten gibt es Gesetze, nach denen solche Kinder ihren bedürftigen Eltern eine minimale Unterstützung gewähren müßten. Aber nicht wenige zeitgenössische Philosophen könnten von jenen, die solche Vorschriften anfechten wollten, als Argumentationshilfe herangezogen werden. A. John Simmons, Jeffrey Blustein und Michael Slote bezweifeln zum Beispiel, daß filiale Pflicht im Sinne spezieller moralischer Verbindlichkeiten zu verstehen ist, die den Eltern *geschuldet* wird. Simons glaubt »begründen zu können, daß (das) der spezifischen Pflicht gemäße Verhalten (von Eltern ihren Kindern gegenüber) dem Kind keine Dankverpflichtung auferlegt« (Simmons, 182). Und Blustein weist das von ihm und Jane English so genannte »Soll-Idiom« für Leistungen, die Eltern verpflichtet waren zu erbringen, zurück. »Wenn Eltern irgendeinen Anspruch an ihre Kinder auf Rückzahlung haben, so könnte er sich nur darauf beziehen, was die elterliche Pflichterfüllung überstiegen hat oder qua elterlicher Pflicht gar nicht gefordert wurde.«[20] (Die »Übererfolgreichen« könnten dem nur beipflichten.) Slote findet es »schwierig zu glauben, daß man eine *Pflicht* hat, Dankbarkeit zu zeigen für Wohltaten, die man nicht verlangt hat« (Slote, 320). Jane English charakterisiert filiale Pflicht im Sinne der Pflichten, die gute Freunde sich gegenseitig schulden. «Wenn eine Freundschaft endet, enden auch die Freundschaftspflichten« (English, 354, 356).

Mit ihrer sentimentalischen Auffassung von Dankbarkeit sind diese Philosophen bemüht, den möglichst spontanen und freien Wunsch, sich um seine Eltern zu kümmern, vom Makel der lästigen Pflicht zu befreien. Man kann nun mit den Sentimentalisten darin übereinstimmen, daß es moralisch unbefriedigend ist, wenn man sich *nur* aus Pflichtgefühl um seine Eltern kümmert. Der Fehler liegt vielmehr in dem Gedanken, daß Pflicht und Neigung notwendigerweise unvereinbar sind. Im Gegenteil, gewisse Gefühle und Neigungen zu *haben,* kann nötig sein, um seine Pflicht überhaupt zu erfüllen. Personen, die keine Gefühle für ihre Eltern haben, können genau wegen dieses Gefühlsmangels eine moralische Schuld auf sich laden. Das sentimentalische Argument, daß dies zu der paradoxen Pflicht, (dankbare, loyale etc.) *Gefühle* zu haben, führt, ignoriert das Ausmaß, in dem Menschen für ihren Charakter selbst verantwortlich sind; darin versagt zu haben, sich um andere zu kümmern, heißt, moralisch versagt zu haben, und sei es nur, weil viele Pflichten durch einen kalten und gefühlsarmen Moralagenten einfach nicht erfüllt werden können.[21] Kant selbst spricht von »der allgemeinen Pflicht des Menschen gegen sich selbst, sich so zu disponieren, daß er zur Beobachtung aller moralischen Pflichten fähig sey«.[22] Und MacIntyre, der kein Kantianer ist, stimmt dem zu, wenn er sagt, moralische Erziehung sei eine »éducation sentimentale«.

Sentimentalismus ist nicht auf harmlose Weise falsch. Seine moralische Auffassung von Familienbeziehungen als spontan, freiwillig und ohne Pflichten ist schlicht unrealistisch. Anthropologische Beobachtungen stellen da eine gültigere Auffassung von filialer Verpflichtung zur Verfügung. So warnt Corinne Nydegger vor der Gefahr der Schwächung formaler Zwänge, die die Einhaltung von Verpflichtungen sicherstellen. »Keine Gesellschaft, inklusive unserer eigenen, beruht allein auf . . . Zuneigung, Wohlwollen und aufgeklärtem Eigeninteresse.«[23] Sie schreibt, daß insbesondere die Alten »ein wohlbegründetes Interesse an der sozialen Kontrolle der Verpflichtungen haben«.

Festzuhalten ist, daß der Sentimentalist für eine Moral eintritt, die gegenüber spezifischen Beziehungen und persönlicher Bindung aufgeschlossen ist; dies ist auf seine Weise eine Kritik an der EP-Moralität. Der Sentimentalismus verkennt jedoch das Ausmaß, in dem die »Fürsorglichkeitsperspektive« selber abhängig ist von einer formalen Bestimmung dessen, was moralisch angemessen und richtig ist. Die ideale Beziehung kann nicht »pflichtfrei« sein, und sei es nur, weil gefühlsmäßige Bindungen sich lösen können, wobei oft eine der Parteien mit materiellem Schaden zurückbleibt. Der Sentimentalismus plaziert also jene in eine prekäre Situation, die nicht (oder nicht mehr) die glücklichen Nutznießer eines aufrichtigen persönlichen Engagements sind. Während der EP-Moralist dahin tendiert, auf unplausible Weise abstrakt und daher unzugänglich für eine Moral spezifischer Beziehungen zu sein, hat der Sentimentalist die Tendenz, auf der Seite exzessiver Nähe herumzuirren und dabei die unpersönlichen, »institutionellen« Erwartungen und Normen zu vernachlässigen, die alle spezifischen Beziehungen prägen.

VII. DP-Moralität: Einige Merkmale

Man könnte denken, daß der Unterschied zwischen EP und DP tendenziell verschwindet, sobald die Theorien auf konkrete Fälle angewendet werden, da man in jedem einzelnen Fall die Umstände berücksichtigen muß, um die praktische Reaktion zu bestimmen. Das bedeutete jedoch, den Einfluß zu unterschätzen, den die *zugrundegelegte* Auffassung von der Verantwortung des Moralagenten gegenüber dem Moralpatienten auf die praktischen Entscheidungen in spezifischen Situationen hat. Erinnern wir uns, wie Peter Singers EP-Prozedur die Präferenzen der drei Freunde gegen die Präferenzen des Vaters aufrechnet, und konfrontieren wir dies mit der Theorie der differenten Zugkraft, die qualitativ unterschiedene und im Brennpunkt stehende Verpflichtungen gegenüber dem Vater vertritt. In ähnlicher Weise maßen die er-

wachsenen Kinder der graduierten Eltern und die von Miss Tate großgezoge-
nen Kinder der filialen Verpflichtung kein besonderes Gewicht bei.

Es gibt demnach in konkreten Fällen bedeutende praktische Unterschiede
zwischen einem DP- und einem EP-Ansatz. Der EP-Moralist respektiert die
Person als autonomes Individuum, aber er respektiert sie nicht als soziales
Tier innerhalb seiner parochialen Grenzen. Darüber hinaus ist die DP-Theorie, die die Pflicht im Minimal-Prinzip der Nichteinmischung begründet, sensibel für die Unterscheidung zwischen strikter Pflicht und Wohlwollen. Sich
so zu verhalten, wie man sich pflichtgemäß zu verhalten hat, macht nicht das
ganze moralische Leben aus. Aber Pflicht (im engen Sinn) und Wohltätigkeit
sind nicht kommensurabel. Wenn ich recht habe, ist die Frau aus Anaheim
auf schuldhafte Weise respektlos. Es wäre jedoch absurd, wenn sie (wie Mrs.
Jellyby) den Rausschmiß ihres Vaters dadurch zu kompensieren versuchte,
daß sie statt dessen ein paar bedürftige alte Herren zum Essen einlädt.

Ich vertrete eine DP-Theorie der Moral spezifischer Beziehungen. Williams, Nozick, MacIntyre und andere kritisieren den Utilitarismus und Kantianismus wegen der unplausiblen Konsequenzen in dieser Hinsicht. Ich denke, daß ihre Einwände gegen vieles in der zeitgenössischen Ethik symptoma-
tisch sind für eine wachsende Unzufriedenheit mit dem EP-Ansatz der geläufigen Theorien. Die Theorien lassen sich jedoch revidieren, um einige der unplausiblen Konsequenzen zu vermeiden. Der Regel-Utilitarismus scheint ein
Schritt in diese Richtung zu sein. Aber sein EP-Charakter liefert ihn immer
noch der Kritik aus. EP ist ein Dogma. Aber DP ebenfalls. Ich behaupte dennoch, daß DP-Moraltheorien unseren präanalytischen Urteilen, der Entscheidung, was in einer Vielzahl von konkreten Fällen richtig und was falsch ist,
besser entsprechen. Dies einmal festgestellt, will ich durchaus zugestehen,
daß das wirkliche Antidoton zu der Malaise, die Williams und andere aufzeigen, erst dann zur Verfügung steht, wenn die DP-Moralansätze theoretisch so
fundiert und ausgearbeitet sind wie die mainstream Theorien. Alasdair Mac-
Intyre ist der zeitgenössische DP-Moralist, der vielleicht am weitesten in diese
Richtung gegangen ist. Nozick und Williams sind sich immerhin bewußt,
daß ein »partikularistischer« Ansatz notwendig ist.[24]

Die DP-Moraltheorie ist in jedem Fall eher in der Lage, auf klar begegrenzte
Pflichten einzugehen, die mit spezifischen sozialen Rollen und Erwartungen
korrespondieren. Freilich sind nicht alle Pflichten deutlich abgegrenzt: Es
gibt Forderungen, die gleichermaßen an alle gestellt werden müssen. Dazu gehören nicht nur die negativen Forderungen, seinem Mitmenschen keinen
Schaden zuzufügen, sondern auch, ihm unter gewissen Umständen zu hel-

fen, wenn man als einziger in der Lage ist, es zu tun. Man erwartet zum Beispiel von mir, daß ich einem Kind, das sich verlaufen hat, helfe, seine Eltern wiederzufinden, oder daß ich einem Fremden, der hungernd vor meiner Tür steht, etwas zu essen gebe. Solche Dinge zu unterlassen, verletzt eine Verständnisbereitschaft, die auch die losesten sozialen Bindungen unter den Menschen kennzeichnet. Die »Vereinzeltheit«, von der Hobbes spricht, ist ein Mythos; wir befinden uns nie in einem total beziehungslosen »Naturzustand«. Der DP-Moralist erkennt Abstufungen der Bezogenheit und graduell verschiedene Erwartungen an. Die allgemeinsten Typen positiven Verhaltens, das von jedem moralisch Handelnden erwartet wird, gehorchen dem Minimalprinzip des Guten Samariters, das auf »den Fremden in Eurer Mitte« anwendbar ist.

Die vielleicht größte Schwierigkeit beim DP-Ansatz besteht darin, daß er dem ethischen Relativismus Tür und Tor zu öffnen scheint. Wenden wir uns jetzt diesem Problem zu.

VIII. DP und ethischer Relativismus

Eine Theorie ist nicht-relativistisch, wenn sie über die Ressourcen verfügt, moralische Urteile auf ganze Gesellschaften zu übertragen. Meine Version der DP-Moraltheorie vermeidet einen ethischen Relativismus dadurch, daß ein deontologisches Prinzip (Nichteinmischung) vorausgesetzt wird, das sich in der Beurteilung und Kritik der moralischen Legitimität traditioneller Arrangements entfalten kann, in denen vorgeblich moralische Interaktionen stattfinden. Wir unterscheiden zwischen ungerechten und unzulänglichen Arrangements. Arrangements, die im wesentlichen zudringlich sind, sind ungerecht und erteilen den Erwartungen, die an die Beteiligten gerichtet werden, keine moralische Legitimation. Um den Mißbrauch einer ungerechten Institution wie die Sklaverei oder die Praxis der Witwenverbrennung zu korrigieren, muß man die Institution oder Praxis abschaffen. Im Gegensatz dazu wird eine Institution wie die Ehe oder die Familie oft einige ungerechte Merkmale haben, aber diese sind in der Regel korrigierbar, und die Institution selber ist legitim und moralisch determinierend in einem direkten Sinn.

In jedem Fall ist der DP-Moralist in der Position zu behaupten, daß nicht alle sozialen Einrichtungen moralische Imperative vorschreiben. Ich kann mir nicht vorstellen, daß DP den Relativismus ohne *irgendeine* deontologische

Minimalannahme vermeiden kann. Denkbar ist jedoch, daß es ein anderes
Prinzip gibt, das im Vergleich zur Nichteinmischung eine bessere universale
Begründung spezifischer Pflichten abgibt. Wesentlich für jede deontologisch
begründete DP-Moralität ist die Erkenntnis, daß das universale deontologische Prinzip durch lokale Arrangements differenziert und spezifiziert wird,
die bestimmen, was legitimerweise vom Moralagenten erwartet wird.

Es mag nun klar geworden sein, in welchem Sinn ich DP-Theorien für
plausibel halte. Eine Moraltheorie ist in dem Maße plausibel, in dem sie unsere vortheoretischen moralischen Urteile berücksichtigt. Solche intuitiven Urteile sind zugegebenermaßen idiosynkratisch und vorurteilsbehaftet, bedingt
durch unsere Sozialisation und die Tradition, in der wir leben. Der EP-Moralist hofiert nobel die Unplausibilität, indem er Vorurteile über Bord wirft und
sich jedesmal ganz *neu* den Moralentscheidungen stellt. Im Unterschied dazu
werfen die DP-Moralisten nur solche Vorurteile über Bord, die nachweislich
durch ein ungerechtes soziales Arrangement bedingt sind. Hinsichtlich der
Institutionen aber, die nicht ungerecht sind, gelten unsere alltagsweltlichen
Urteile darüber, »was man erwarten kann« (von Eltern, Bürgern, erwachsenen
Kindern), im allgemeinen als verläßliche Führer durch das moralische Leben.

Die von mir favorisierte Version des DP akzeptiert die Aufklärungs-Maxi-
me von den natürlichen Rechten in der Minimalform eines universalen
Rechts auf Nichteinmischung und der korrelierenden Pflicht der Moralagenten, dieses Recht zu respektieren. MacIntyres Version des DP sagt dem aufge-
klärten »Modernismus« den Kampf an und hütet sich, über universale Rechte
oder deontische Prinzipien zu sprechen. Sie ist in diesem Sinne klassischer.
Eine adäquate Version des DP muß dennoch die Art des ethischen Relativismus vermeiden, die dem Moralphilosophen keine Möglichkeit läßt, bestimmte soziale Arrangements als unmoralisch zu verwerfen. MacIntyre
meint offenbar, daß dies erreicht werden kann, wenn gewisse teleologische
Einschränkungen auf gute Gesellschaften gemacht werden. Ohne hier ins Detail zu gehen, bin ich nicht überzeugt, daß ein teleologischer Ansatz aus sich
heraus die kritische Arbeit leisten kann, die getan werden muß, wenn wir einen unakzeptablen ethischen Relativismus vermeiden wollen. Aber andere
nicht-deontische Ansätze sind möglich. David Wong hat eine Konfuziani-
sche Bedingung der Angemessenheit vorgestellt, die Gesellschaften als besser
oder schlechter einstuft, je nachdem, wie gut sie das menschliche Gedeihen
fördern.[25] Mein eigener deontischer Ansatz steht nicht im Gegensatz zu teleo-
logischen oder Konfuzianischen Methoden, die Akzeptierbarkeit sozialer
Einrichtungen zu beurteilen. Wenn ein gegebenes Arrangement degeneriert

ist, dann ist dies an sich ein guter Grund, dessen Normen als moralisch nicht mehr bindend anzusehen. Aber theoretisch kann selbst eine florierende Gesellschaft ungerecht sein; dennoch sollten ihre sozialen Normen als moralisch hohl und illegitim bewertet werden können. Ich bin deshalb der Auffassung, daß MacIntyres Version der DP-Moralität in seiner Zurückweisung aller liberalen deontischen Prinzipien wahrscheinlich zu weit geht.

Ich habe behauptet, daß DP am besten erklärt, was wir intuitiv akzeptieren als unsere moralischen Verpflichtungen gegenüber Eltern und anderen Personen, die in einer spezifischen Beziehung zu uns stehen. Und obwohl meine DP-Version die Kritik an ungerechten sozialen Arrangements zuläßt, mag sie gleichwohl noch unzulässig relativistisch erscheinen. Denn erlaubt sie nicht zu sagen, daß das, was für eine Tochter oder einen Sohn in einer Gesellschaft richtig, in einer anderen falsch ist? Und hebt sie nicht die Bedingung auf, daß das, was richtig und falsch ist, auch allgemein richtig und falsch sein muß? Ich denke, es muß zugestanden werden, daß der Konservatismus, der ein Merkmal des Theorems der Differenten Zugkraft ist, in gewisser Weise den ethischen Relativismus anzieht. Anders gesagt: DP macht Gebrauch vom großen Kern der Wahrheit, der im ethischen Relativismus steckt, aber so, daß er nicht den Anspruch aufgibt, die Normen verschiedener Gesellschaften und Institutionen moralisch einschätzen zu können. Institutionen, die die Einmischung in nicht-zudringliche Interessen gestatten oder fördern, sind ungerecht, und wir haben festgestellt, daß ein Verfechter der Differenten Zugkraft ebensogut ein universales Prinzip bei der Beurteilung einer Institution anwenden kann wie jemand, der von der Theorie der Gleichen Zugkraft überzeugt ist. Die Anwendung des DP wird jedoch einige Einrichtungen aussortieren und *diverse* andere als legitim und gerecht gelten lassen. Nur eine gerechte Institution kann die moralische Verpflichtung für jene formulieren und beanspruchen, die in ihr ihre Rollen spielen. Es gibt aber eine Vielzahl von gerechten Institutionen, und deshalb gibt es insbesondere viele Möglichkeiten, wie filiale Verpflichtungen innerhalb verschiedener sozialer und kultureller Kontexte geprägt sein können. Was in einem Kontext als filialer Respekt gilt, mag in einem anderen Kontext nicht als filialer Respekt gelten. Das Gute an unserem Ansatz ist, daß er nicht nur verschiedene moralische Normen toleriert, sondern auch die Methode zeigt, wie sie zu rechtfertigen sind.

IX. Allgemeiner Menschenverstand

Der Soziologe Edward Shils warnt vor den Folgen moderner Traditionsfeindlichkeit im Stil von Ökologen, die uns davor warnen, in die delikaten natürlichen Systeme hineinzupfuschen, die Tausende von Jahren zu ihrer Evolution brauchten.[26] Der EP-Charakter weiter Bereiche der modernen Philosophie ermutigt zu einem hastigen und lockeren Umgang mit Praktiken und Institutionen, die die traditionellen Bindungen definieren, durch die die Mitglieder der Familie oder Gemeinschaft zusammengehalten werden. Und ein pflichtloser Sentimentalismus ist traditionellen Sitten keineswegs freundlicher gesonnen.

Der Appell an den Menschenverstand ist oft ein Weg, partikularen Umständen und sozialer Praxis Aufmerksamkeit zu schenken, die die Verpflichtungen als solche formen. Dies macht meiner Ansicht nach die Eigentümlichkeit und rettende Grazie von Sidgwicks Ansatz aus. Aber vielen Moralphilosophen fehlt Sidgwicks standfeste Wertschätzung der akzeptierten Praxis und des gesunden Menschenverstands. Ich möchte das an einem letzten Beispiel illustrieren.

In seinem Aufsatz »Is Adultary Immoral?« fragt Richard Wasserstrom[27], ob die (angenommene) Verpflichtung, keinen Ehebruch zu begehen, so erklärt werden könnte, daß diese Erklärung allgemein auf zwei Leute zutreffen würde. Es ist zum Beispiel falsch, eine andere Person zu täuschen. Und er diskutiert die destruktiven Effekte, die der Ehebruch für die Liebe der Ehepartner hat. Was in Wasserstroms Analyse fehlt, ist irgendein Hinweis darauf, daß die Verpflichtungen, die aus der Heirat hervorgehen, durch die real existierende Institution der Ehe geprägt sind und daß die »Treue« entsprechend eine legitime institutionelle Erwartung darstellt, die die Partner davon in Kenntnis setzt, wie sie einander behandeln sollten. Was Wasserstrom zeigt, ist, »daß wir Gründe haben sollten zu glauben, daß die Ehe eine moralisch wünschenswerte und sozial gerechte Institution sei« (300). Aber was folgt daraus? Wasserstrom bleibt uns die Antwort schuldig. Was wir hier wissen wollen, ist, wie und warum eine verheiratete Person, die Ehebruch begeht, dem Partner Unrecht tut. Wie könnte insbesondere ein Ehebruch als ungerechtfertigte Einmischung interpretiert werden? Daß die Prüfung einer Verpflichtung, die sich innerhalb einer gegebenen Institution formiert, in eine Bewertung dieser Institution selber übergeht, ist legitim; aber oft genug ist es auch ein Weg, die konkrete und unmittelbare Untersuchung zu vermeiden, die das tägliche Brot der normativen Ethik ausmacht.

EP ist Ethik ohne Ethos. Desgleichen der Sentimentalismus. Beide haben einen desintegrierenden Effekt auf die Tradition. Während EP und Sentimentalismus über dem Ethos zu Gericht sitzen, respektiert DP das Ethos und versucht, es rational zu sehen. Der EP-Moralist ist ein reformerischer Geist, der traditionelle Arrangements tendenziell als Verhinderung von sozialer Gerechtigkeit einschätzt. John Rawls zum Beispiel sieht sich veranlaßt zu fragen, ob die Familie ethisch überhaupt gerechtfertigt werden kann.

»Selbst wenn man faire Möglichkeiten einräumt (wie ich sie dargestellt habe), scheint die Familie zu ungleichen Chancen für ihre individuellen Mitglieder zu führen. Muß die Familie also abgeschafft werden? An sich und falls man die Frage mit einer gewissen Priorität versieht, tendiert das Konzept der gleichen Möglichkeiten in diese Richtung. Im Kontext der Theorie der Gerechtigkeit insgesamt jedoch besteht weniger Dringlichkeit, diesen Weg einzuschlagen.«[28]

Vielleicht nicht dringlich, aber auch nicht vernünftig. Jemand, der die filiale Moralität verteidigt, kann nicht gleichmütig die Idee der Abschaffung der Familie vertreten. Hier ist Sidgwick das willkommene Gegenmittel. Für ihn verrät der Vorschlag, daß ethische Prinzipien die Eliminierung von etwas so Zentralem für die »etablierte Moral« erforderlich machen könnten, eine falsche Vorstellung vom Ethik-Job. Statt dessen verlangt Sidgwick von den Philosophen, daß sie »diese Rebellionshaltung aufgeben . . ., in die der reflektierende Geist immer gerne verfällt, wenn er plötzlich davon überzeugt ist, daß die etablierten Regeln nicht vernünftig sind«.[29] In seinem Bericht darüber, wie er zur Moralphilosophie kam, spricht Sidgwick von seiner erneuten Lektüre des Aristoteles:

»Mir schien ein Licht aufzugehen über die Bedeutung und die Absicht des (Aristotelischen) Vorgehens . . . Was er uns gab, war die allgemeinverständliche Moral Griechenlands, durch sorgfältige Vergleiche in eine konsistente Theorie verwandelt: nicht als etwas ihm Fremdes gegeben, sondern als das, was »wir« — er und die anderen — denken, vertieft durch Reflexion . . . Das gleiche für *unsere* Moral hier und jetzt tun, in der gleichen unparteilichen Reflexion auf die gängige Meinung: Könnte ich das nicht nachahmen?« (Sidgwick, XX)

Übersetzt von Käthe Trettin

Anmerkungen

1 Henry Sidgwick, *The Method of Ethics,* New York: Dover Publications 1966, 243.

2 A. John Simmons, *Moral Principles and Political Obligations,* Princeton: Princeton University Press 1979, 162.

3 Michael Slote, »Obedience and Illusion«, in *Having Children,* hrsg. v. Onora O'Neill und William Ruddick, New York: Oxford University Press 1979, 319–325.

4 Jeffrey Blustein, *Parents and Children: The Ethics of the Family,* Oxford: Oxford University Press 1982.

5 Jane English, »What Do Grown Children Owe Their Parents?«, in *Having Children,* hrsg. v. Onora O'Neill und William Ruddick, New York: Oxford University Press 1979, 351–356.

6 Barbara Meyerhoff, *Number Our Days,* New York: Simon and Schuster 1978, 87, 104.

7 Thomas von Aquin, *Summa theologica* (vollständ., ungekürzte deutsch-latein. Ausgabe, 1933 ff.). – (übers. aus d. Amerik., A.d.Ü.)

8 John Locke, *Two Treatises of Government* (1690). Dt.: Zwei Abhandlungen über die Regierung, hg. v. W. Euchner, Frankfurt/M., 1977, Abhandlung I, § 100.

9 David Hume, *A Treatise on Human Nature* (1739–40). Dt.: *Ein Traktat über die menschliche Natur,* Hamburg 1973, Buch III, 1. Teil, 208.

10 Peter Singer, *The Expanding Circle: Ethics and Sociobiology,* New York: Farrer, Straus and Giroux 1981, 101.

11 Bernard Williams, »Persons, Character and Morality«, in *Moral Luck,* Cambridge: Harvard University, 2.

12 Charles Dickens, *Bleak House* (1897), New York: New American Library 1964, 52.

13 G.J. Warnock, *The Object of Morality,* London: Methuen and Company 1971, 152.

14 Robert Nozick, *Philosophical Explanations,* Cambridge: Harvard University Press 1981, 451.

15 Vgl. Alasdair MacIntyre, *Der Verlust der Tugend,* Frankfurt/M. 1987. Vergleicht man diesen modernen Ansatz mit den klassischen Moral-Untersuchungen, die den sozialen und biologischen Faktoren eine determinierende Rolle im moralischen Verhalten der Agenten zuweisen, kann man die Geschichte der Ethik durchaus im Sinne MacIntyres als eine des Niedergangs lesen; MacIntyre spricht von dem entscheidenden Gegensatz zwischen dem liberalen Individualismus und seinen Spielarten und der Aristotelischen Tradition in der einen oder anderen Version. Für ihn ist die Aufklärung ein neues dunkles Zeitalter, sowohl aufgrund ihrer abstrakten Konzeption des autonomen Individuums, als auch wegen der Vernachlässigung des je spezifischen Kontextbezugs bei der Bestimmung spezifischer Verpflichtungen, die einst auf natürliche Weise im Sinne sozialer Rollen verstanden wurden.

16 A.I. Melden, *Rights and Persons,* Los Angeles: University of California Press 1977.

17 Unsere Analyse der besonderen moralischen Beziehungen konzentriert sich darauf, wie die universale Pflicht, sich einer zudringlichen Einmischung zu enthalten, durch die Umstände in eine Vielzahl von positiven und voneinander unterscheidbaren Pflichten aufgelöst wird. Ein spezifisches Arrangement kann jedoch auch

den gegenteiligen Effekt erzielen: Es kann nämlich die universale Verpflichtung, zudringliche Einmischung zu unterlassen, in der Weise modifizieren, daß dem Moralagenten Freiheiten zugestanden werden, die normalerweise verboten sind. Ein nicht unerhebliches Maß an zudringlichem Verhalten ist die Norm in bestimmten freiwillig eingegangenen, privaten Arrangements, in denen Einverständnis darüber besteht, daß hier außergewöhnliche Forderungen gestellt werden können. Mein besonderes Interesse an den positiven (filialen) Verpflichtungen hat mich veranlaßt, die Diskussion darauf zuzuspitzen, wie der Kontext Moralagenten zu Handlungen verpflichtet und nicht darauf, wie und bis zu welchem Grad er ihnen Handlungsfreiheit erteilt.

18 Carol Gilligan, *Die andere Stimme*, München 1984.

19 *The Boston Globe*, Thursday, March 21, 1985.

20 Blustein, S. 182. Blustein zufolge sind finanziell abgesicherte Eltern *verpflichtet*, für Kinder, die davon profitieren können, Ausbildungsmöglichkeiten bereitzustellen.

21 Vgl. Marcia Baron, »The Alleged Moral Repugnance of Acting from Duty«, *The Journal of Philosophy*, Vol. 81, 4 (April 1984), besonders S. 204 f. Sie spricht von »der Bedeutung der Haltungen und Dispositionen, die die Durchführung bestimmter Handlungen begleiten, insbesondere solchen, die Zuneigung oder Interesse zum Ausdruck bringen sollen« und argumentiert, daß diese Haltungen »spezifische Parameter« darstellen, »innerhalb derer befriedigende Möglichkeiten, pflichtgemäß zu handeln, lokalisiert werden müssen«.

22 Immanuel Kant, »Von den Pflichten gegen sich selbst«, in *Vorlesungen über Moralphilosophie* (1785) (Akademie-Ausgabe, Bd. 27.1, 273).

23 Corinne Nydegger, »Family Ties of the Aged in Cross-Cultural Perspective«, *The Gerontologist*, Vol. 23, No. 1, 1983.

24 Leider ist Nozicks Partikularismus »sentimentalisch«: »Einige (Philosophen) begünstigen partikularistische Theoreme in der Weise, daß sie sie aus ›universalistischen‹ Prinzipien, denen sie fundamentale Geltung zusprechen, ableiten. Mir scheint, dies verzerrt das moralische Gewicht partikularistischer Zusammenhänge. Es wäre eine lohnende Aufgabe, eine, der ich hier nicht nachkommen kann, eine konsistente partikularistische Theorie zu entwerfen — partikularistisch durch und durch.« Aus *Philosophical Explanations* (Cambridge: Harvard University Press, 1981), S. 456 f. Die partikularistischen Zusammenhänge, die Nozick meint, sind keine objektiv institutionellen sondern subjektiv interpersonelle (»die Bewertung der Besonderheit des anderen«).

25 David Wong, *Moral Relativity*, Berkeley: University of California Press 1984.

26 Edward Shils, *Tradition*, Chicago: University of Chicago Press 1981.

27 Richard Wasserstrom, »Is Adultory Immoral?« in *Today's Moral Problems*, ed. by Wasserstrom, S. 288—300. Michael Tooleys Argumente für die moralische Rechtfertigung der Kindstötung sind ein weiteres Beispiel für die Folgen eines uneingeschränkten EP-Eifers. Vgl. sein Buch *Abortion and Infanticide*, New York: Oxford University Press 1984, und meine Rezension »Tooley's Immodest Proposal«, *Hastings Center Report*, Vol. 15, No. 5, 1985.

28 John Rawls, *A Theory of Justice* (Cambridge: Harvard University Press), S. 511; (Dt.: *Eine Theorie der Gerechtigkeit*, Frankfurt/M. 1975).

29 Sidgwick, S. 574. C.P. Broad warnt besonders utilitaristische Leser von Sidgwick
    davor, diese Seite von ihm ernst zu nehmen. »Wenn alle relevanten Fakten in Be-
    tracht gezogen sind, wird es für einen Utilitaristen kaum jemals richtig sein, die
    Regeln der Moralität zu verletzen, welche in seiner Gesellschaft allgemein akzep-
    tiert werden.« Vgl. C.P. Broad, *Five Types of Ethical Theory,* New York: Humanities
    Press 1951, 157.

Über ein vermeintes Recht, aus Menschenliebe zu lügen

Immanuel Kant

In der Schrift: *Frankreich,* im Jahr 1797, Sechstes Stück, Nr. I: Von den politischen Gegenwirkungen, von *Benjamin Constant,* ist folgendes S. 123 enthalten:

»Der sittliche Grundsatz: es sei eine Pflicht, die Wahrheit zu sagen, würde, wenn man ihn unbedingt und vereinzelt nähme, jede Gesellschaft zur Unmöglichkeit machen. Den Beweis davon haben wir in den sehr unmittelbaren Folgerungen, die ein deutscher Philosoph aus diesem Grundsatze gezogen hat, der so weit geht, zu behaupten: daß die Lüge gegen einen Mörder, der uns fragte, ob unser von ihm verfolgter Freund sich nicht in unser Haus geflüchtet, ein Verbrechen sein würde.«

Der französische Philosoph widerlegt S. 124 diesen Grundsatz auf folgende Art:

»Es ist eine Pflicht, die Wahrheit zu sagen. Der Begriff von Pflicht ist unzertrennbar von dem Begriff des Rechts. Eine Pflicht ist, was bei einem Wesen den Rechten eines anderen entspricht. Da, wo es keine Rechte gibt, gibt es keine Pflichten. Die Wahrheit zu sagen, ist also eine Pflicht; aber nur gegen denjenigen, welcher ein Recht auf die Wahrheit hat. Kein Mensch aber hat Recht auf eine Wahrheit, die anderen schadet.«

Der erste Trugschluß liegt hier in dem Satze: »*Die Wahrheit zu sagen ist eine Pflicht, aber nur gegen denjenigen, welcher ein Recht auf die Wahrheit hat.*«

Zuerst ist anzumerken, daß der Ausdruck: ein Recht auf die Wahrheit haben, ein Wort ohne Sinn ist. Man muß vielmehr sagen: der Mensch habe ein Recht auf eine eigene *Wahrhaftigkeit (veracitas),* d.i. auf die subjektive Wahrheit in seiner Person. Denn objektiv auf eine Wahrheit ein Recht haben, würde so viel sagen, als: es komme, wie überhaupt beim Mein und Dein, auf seinen *Willen* an, ob ein gegebener Satz wahr oder falsch sein solle; welches dann eine seltsame Logik abgeben würde.

Nun ist die *erste Frage:* ob der Mensch, in Fällen, wo er einer Beantwortung mit Ja oder Nein nicht ausweichen kann, die *Befugnis* (das Recht) habe, unwahrhaft zu sein. Die *zweite Frage* ist: ob er nicht gar verbunden sei, in einer gewissen Aussage, wozu ihn ein ungerechter Zwang nötigt, unwahrhaft zu sein, um eine ihn bedrohende Missetat an sich oder einem anderen zu verhüten.

Wahrhaftigkeit in Aussagen, die man nicht umgehen kann, ist formale Pflicht des Menschen gegen jeden*, es mag ihm oder einem anderen daraus auch noch so großer Nachteil erwachsen; und ob ich zwar dem, welcher mich ungerechterweise zur Aussage nötigt, nicht unrecht tue, wenn ich sie verfälsche, so tue ich doch durch eine solche Verfälschung, die darum auch (obzwar nicht im Sinne des Juristen) Lüge genannt werden kann, im wesentlichsten Stücke der Pflicht *überhaupt* unrecht: d.i. ich mache, so viel an mir ist, daß Aussagen (Deklarationen) überhaupt keinen Glauben finden, mithin auch alle Rechte, die auf Verträgen gegründet werden, wegfallen und ihre Kraft einbüßen; welches ein Unrecht ist, das der Menschheit überhaupt zugefügt wird.

Die Lüge also, bloß als vorsätzlich unwahre Deklaration gegen einen anderen Menschen definiert, bedarf nicht des Zusatzes, daß sie einem anderen schaden müsse; wie die Juristen es zu ihrer Definition verlangen. Denn sie schadet jederzeit einem anderen, wenngleich nicht einem anderen Menschen, doch der Menschheit überhaupt, indem sie die Rechtsquelle unbrauchbar macht.

Diese gutmütige Lüge *kann* aber auch durch einen *Zufall* strafbar werden nach bürgerlichen Gesetzen; was aber bloß durch den Zufall der Straffälligkeit entgeht, kann auch nach äußeren Gesetzen als Unrecht abgeurteilt werden. Hast du nämlich einen eben jetzt mit Mordsucht Umgehenden *durch eine Lüge* an der Tat gehindert, so bist du für alle Folgen, die daraus entspringen möchten, auf rechtliche Art verantwortlich. Bist du aber strenge bei der Wahrheit geblieben, so kann dir die öffentliche Gerechtigkeit nichts anhaben; die unvorhergesehene Folge mag sein, welche sie wolle. Es ist doch möglich, daß, nachdem du dem Mörder auf die Frage, ob der von ihm Angefeindete zu Hause sei, ehrlicherweise mit Ja geantwortet hast, dieser doch unbemerkt ausgegangen ist und so dem Mörder nicht in den Wurf gekommen, die Tat also nicht geschehen wäre; hast du aber gelogen, und gesagt, er sei nicht zu Hause, und er ist auch wirklich (obzwar dir unbewußt) ausgegangen, wo denn der Mörder ihm im Weggehen begegnete und seine Tat an ihm verübte:

---

* Ich mag hier nicht den Grundsatz bis dahin schärfen, zu sagen: »Unwahrhaftigkeit ist Verletzung der Pflicht gegen sich selbst.« Denn dieser gehört zur Ethik; hier aber ist von einer Rechtspflicht die Rede. — Die Tugendlehre sieht in jener Übertretung nur auf die *Nichtswürdigkeit*, deren Vorwurf der Lügner sich selbst zuzieht.

so kannst du mit Recht als Urheber des Todes desselben angeklagt werden. Denn hättest du die Wahrheit, so gut du sie wußtest, gesagt: so wäre vielleicht der Mörder über dem Nachsuchen seines Feindes im Hause von herbeigelaufenen Nachbarn ergriffen und die Tat verhindert worden. Wer also *lügt,* so gutmütig er dabei auch gesinnt sein mag, muß die Folgen davon, selbst vor dem bürgerlichen Gerichtshofe, verantworten und dafür büßen, so unvorhergesehen sie auch immer sein mögen: weil Wahrhaftigkeit eine Pflicht ist, die als Basis aller auf Vertrag zu gründenden Pflichten angesehen werden muß, deren Gesetz, wenn man ihr auch nur die geringste Ausnahme einräumt, schwankend und unnütz gemacht wird.

Es ist also ein heiliges, unbedingt gebietendes, durch keine Konvenienzen einzuschränkendes Vernunftgebot: in allen Erklärungen *wahrhaftig* (ehrlich) zu sein.

Wohldenkend und zugleich richtig ist hierbei Constants Anmerkung über die Verschreiung solcher strenger und sich vorgeblich in unausführbare Ideen verlierender, hiemit aber verwerflicher Grundsätze. — »Jedesmal (sagt er S. 123 unten), wenn ein als wahr bewiesener Grundsatz unanwendbar scheint, so kommt es daher, daß wir den *mittleren Grundsatz* nicht kennen, der das Mittel der Anwendung enthält.« Er führt (S. 121) die Lehre von der *Gleichheit* als den ersten, die gesellschaftliche Kette bildenden Ring an:

»Daß (S. 122) nämlich kein Mensch anders als durch solche Gesetze gebunden werden kann, zu deren Bildung er mit beigetragen hat. In einer sehr ins Enge zusammengezogenen Gesellschaft kann dieser Grundsatz auf unmittelbare Weise angewendet werden und bedarf, um ein gewöhnlicher zu werden, keines mittleren Grundsatzes. Aber in einer sehr zahlreichen Gesellschaft muß man einen neuen Grundsatz zu demjenigen noch hinzufügen, den wir hier anführen. Dieser mittlere Grundsatz ist: daß die einzelnen zur Bildung der Gesetze entweder in eigener Person oder durch *Stellvertreter* beitragen können. Wer den ersten Grundsatz auf eine zahlreiche Gesellschaft anwenden wollte, ohne den mittleren dazu zu nehmen, würde unfehlbar ihr Verderben zuwege bringen. Allein dieser Umstand, der nur von der Unwissenheit oder Ungeschicklichkeit des Gesetzgebers zeugte, würde nichts gegen den Grundsatz beweisen.«

Er beschließt S. 125 hiemit: »Ein als wahr anerkannter Grundsatz muß also niemals verlassen werden; wie anscheinend auch Gefahr dabei sich befindet.« [Und doch hatte der gute Mann den unbedingten Grundsatz der Wahrhaftigkeit wegen der Gefahr, die er für die Gesellschaft bei sich führte, selbst verlassen: weil er keinen mittleren Grundsatz entdecken konnte, der diese Gefahr zu verhüten diente, und hier auch wirklich keiner einzuschieben ist.]

Wenn man die Namen der Personen, so wie sie hier aufgeführt werden, beibehalten will: so verwechselte »der französische Philosoph« die Handlung, wodurch jemand einem anderen schadet *(nocet)*, indem er die Wahrheit, deren Geständnis er nicht umgehen kann, sagt, mit derjenigen, wodurch er diesem *unrecht tut (laedit)*. Es war bloß ein *Zufall (casus)*, daß die Wahrhaftigkeit der Aussage dem Einwohner des Hauses schadete, nicht eine freie *Tat* (in juristischer Bedeutung). Denn aus seinem Rechte, von einem anderen zu fordern, daß er ihm zum Vorteile lügen solle, würde ein aller Gesetzmäßigkeit widerstreitender Anspruch folgen. Jeder Mensch aber hat nicht allein ein Recht, sondern sogar die strengste Pflicht zur Wahrhaftigkeit in Aussagen, die er nicht umgehen kann: sie mag nun ihm selbst oder anderen schaden. Er selbst *tut* also hiemit dem, der dadurch leidet, eigentlich nicht Schaden, sondern diesen *verursacht* der Zufall. Denn jener ist hierin gar nicht frei, um zu wählen: weil die Wahrhaftigkeit (wenn er einmal sprechen muß), unbedingte Pflicht ist. — Der »deutsche Philosoph« wird also den Satz (S. 124): »Die Wahrheit zu sagen ist eine Pflicht, aber nur gegen denjenigen, welcher ein *Recht auf die Wahrheit* hat,« nicht zu seinem Grundsatze annehmen: erstlich wegen der undeutlichen Formel desselben, indem Wahrheit kein Besitztum ist, auf welchen dem einen das Recht verwilligt, anderen aber verweigert werden könne; dann aber vornehmlich, weil die Pflicht der Wahrhaftigkeit (als von welcher hier allein die Rede ist), keinen Unterschied zwischen Personen macht, gegen die man diese Pflicht haben, oder gegen die man sich auch von ihr lossagen könne, sondern weil es *unbedingt Pflicht* ist, die in allen Verhältnissen gilt.

Um nun von einer *Metaphysik* des Rechts (welche von allen Erfahrungsbestimmungen abstrahiert) zu einem Grundsatze der *Politik* (welcher diese Begriffe auf Erfahrungsfälle anwendet) und vermittelst dieser zur Auflösung einer Aufgabe der letzteren dem allgemeinen Rechtsprinzip gemäß zu gelangen: wird der Philosoph 1. ein *Axiom*, d.i. einen apodiktisch gewissen Satz, der unmittelbar aus der Definition des äußeren Rechts (Zusammenstimmung der *Freiheit* eines jeden mit der Freiheit von jedermann nach einem allgemeinen Gesetze) hervorgeht, 2. ein *Postulat* des äußeren öffentlichen Gesetzes, als vereinigten Willens aller nach dem Prinzip der *Gleichheit*, ohne welche keine Freiheit von jedermann statthaben würde, 3. ein *Problem* geben, wie es anzustellen sei, daß in einer noch so großen Gesellschaft dennoch Eintracht nach Prinzipien der Freiheit und Gleichheit erhalten werde (nämlich vermittelst eines repräsentativen Systems); welches dann ein Grundsatz der *Politik* sein wird, deren Veranstaltung und Anordnung nun Dekrete enthalten wird, die, aus der Erfahrungserkenntnis der Menschen gezogen, nur den Mechanismus der Rechtsverwaltung, und wie dieser zweckmäßig einzurichten sei, beabsichtigen. — Das Recht muß nie der Politik, wohl aber die Politik jederzeit dem Rechte angepaßt werden.

»Ein als wahr anerkannter (ich setze hinzu: *a priori* anerkannter, mithin apodiktischer) Grundsatz muß niemals verlassen werden, wie anscheinend auch Gefahr sich dabei befindet,« sagt der Verfasser. Nur muß man hier nicht die Gefahr (zufälligerweise) zu *schaden*, sondern überhaupt *unrecht zu tun* verstehen: welches geschehen würde, wenn ich die Pflicht der Wahrhaftigkeit, die gänzlich unbedingt ist und in Aussagen die oberste rechtliche Bedingung ausmacht, zu einer bedingten und noch anderen Rücksichten untergeordneten mache, und, obgleich ich durch eine gewisse Lüge in der Tat niemanden unrecht tue, doch das Prinzip des Rechts in Ansehung aller unumgänglich notwendigen Aussagen *überhaupt* verletze (formaliter, obgleich nicht materialiter, unrecht tue): welches viel schlimmer ist, als gegen irgend jemanden eine Ungerechtigkeit begehen, weil eine solche Tat nicht eben immer einen Grundsatz dazu im Subjekte voraussetzt.

Der, welcher die Anfrage, die ein anderer an ihn ergehen läßt: ob er in seiner Aussage, die er jetzt tun soll, wahrhaft sein wolle oder nicht, nicht schon mit Unwillen über den gegen ihn hiemit geäußerten Verdacht: er möge auch wohl ein Lügner sein, aufnimmt, sondern sich die Erlaubnis ausbittet, sich erst auf mögliche Ausnahmen zu besinnen, ist schon ein Lügner (der Möglichkeit nach): weil er zeigt, daß er die Wahrhaftigkeit nicht für Pflicht an sich selbst anerkenne, sondern sich Ausnahmen vorbehält von einer Regel, die ihrem Wesen nach keiner Ausnahme fähig ist, weil sie sich in dieser geradezu selbst widerspricht.

Alle rechtlich-praktische Grundsätze müssen strenge Wahrheit enthalten, und die hier sogenannten mittleren können nur die nähere Bestimmung ihrer Anwendung auf vorkommende Fälle (nach Regeln der Politik), aber niemals Ausnahmen von jenen enthalten: weil diese die Allgemeinheit vernichten, derentwegen allein sie den Namen der Grundsätze führen.

Über die Zulässigkeit von Ausnahmen

Bernhard Gert

Um ein Urteil als moralisches auszugeben, muß man behaupten, daß es öffentlich befürwortet werden kann. Das haben die meisten jener Philosophen im Sinn, die sagen, daß moralische Urteile universalisierbar sein müssen. Die Behauptung, ein moralisches Urteil müsse öffentlich befürwortet werden können, bedeutet, daß die entsprechende Handlung so beschreibbar sein muß, daß alle rationalen Menschen die Art der Handlung verstehen können. Weiterhin bedeutet sie, daß die Handlung eine sein muß, der gegenüber die befürwortete Einstellung einzunehmen für keinen Menschen irrational wäre. Natürlich sind nicht alle Urteile, die öffentlich befürwortet werden können, moralische Urteile, aber wir können die Relevanz erkennen, die das Reden über eine öffentliche Einstellung bei der Diskussion der Moral hat.

Die öffentliche Einstellung des rationalen Menschen zu den moralischen Regeln fordert nicht zum blinden Gehorsam ihnen gegenüber auf. Im Gegenteil erlaubt sie, daß man ihnen oft nicht zu gehorchen braucht. Weniger oft kommt es vor, daß alle rationalen Menschen sogar öffentlich befürworten, daß ihnen nicht gehorcht werden soll. Es gibt nicht nur gerechtfertigte Verletzungen der moralischen Regeln, sondern auch ein ungerechtfertigtes Einhalten dieser Regeln. Ein rationaler Mensch macht das getreue Befolgen moralischer Regeln nicht zum Fetisch; er möchte vielmehr die unerwünschten schlechten Konsequenzen vermeiden, die normalerweise aus der Verletzung der moralischen Regeln entspringen. Aber manchmal kann die Verletzung einer moralischen Regel bedeutend schlimmere Konsequenzen verhindern als die, die durch die Verletzung der moralischen Regel entstehen. Dieser Möglichkeit muß Rechnung getragen werden, wenn man die öffentliche Einstellung eines rationalen Menschen zu den moralischen Regeln formuliert.

Lediglich jene Handlungen bedürfen der Rechtfertigung, die ohne Grund irrational wären. Außerdem können solche Handlungen durch Gründe gerechtfertigt werden, die entweder zeigen, daß die Handlung rational erlaubt ist, oder die zeigen, was seltener vorkommt, daß sie rational geboten ist. Ganz analog bedürfen nur solche Handlungen, die ohne Grund unmoralisch wären, der moralischen Rechtfertigung. Im allgemeinen sind dies Verletzungen der moralischen Regeln. Und solche Verletzungen können durch Angabe von Gründen gerechtfertigt werden, die entweder darin bestehen, daß ein rationaler Mensch diese Verletzung öffentlich befürwortet, oder darin, daß alle rationalen Menschen diese Verletzung öffentlich befürworten (was seltener vorkommt). Wenn alle rationalen Menschen die Verletzung öffentlich befürworten würden, spreche ich davon, daß sie von der öffentlichen Vernunft gefordert wird oder daß die Vernunft sie öffentlich fordert. Wenn eine Verletzung von der öffentlichen Vernunft gefordert wird, dann befürworten alle rationalen Menschen öffentlich die Verletzung der Regel in dieser Situation. Ein Befolgen der Regel ist moralisch ungerechtfertigt. Wenn rationale Menschen sich nicht darüber einig sind, ob sie die Verletzung öffentlich befürworten würden oder nicht, sage ich, daß sie von der öffentlichen Vernunft erlaubt ist, oder daß die Vernunft sie öffentlich erlaubt. Diese Arten der Verletzung sind Ursache der meisten moralischen Kontroversen. Wenn kein rationaler Mensch eine Verletzung öffentlich befürworten würde, sage ich, daß sie von der öffentlichen Vernunft verboten wird oder daß die Vernunft sie öffentlich verbietet. Diese Arten der Verletzungen sind moralisch ungerechtfertigt. Eine von der öffentlichen Vernunft geforderte Art der Verletzung besteht darin, daß man jemanden mit dessen Zustimmung ein Übel zufügt, um zu verhindern, daß er ein bedeutend größeres Übel erleidet. Eine von der öffentlichen Vernunft erlaubte Regelverletzung ist eine, bei der durch den Bruch der Regel ein bedeutend größeres Übel verhindert wird, als durch die Verletzung verursacht wird, wenn auch nicht für dieselben Personen. Eine von der öffentlichen Vernunft verbotene Regelverletzung besteht darin, daß sie mir selbst oder jemandem, der mir nahesteht, einen Vorteil verschaffen soll. Wir sind an einer Formulierung der öffentlichen Einstellung zu den moralischen Regeln interessiert, die den verschiedenen Arten der Regelverletzung Rechnung trägt. Folgende Formulierung scheint akzeptabel zu sein: »Jedermann soll der Regel im Hinblick auf jedermann gehorchen, es sei denn, er könnte ihre Verletzung öffentlich befürworten.« Die einschränkende Klausel bedeutet nicht, daß alle rationalen Menschen darüber übereinstimmen, daß einer die moralische Regel nicht befolgen soll, wenn er ihre Verletzung öffentlich befürworten könnte, sondern nur, daß sie nicht darüber übereinstimmen, daß man die Regel in dieser Situation befolgen soll.

Öffentliche und private Moral

Stuart Hampshire

1

Aristoteles hob die Rolle der Verdichtung als einer normalen Leistung des praktischen Urteilens hervor, die dieses der Wahrnehmung, genauer: der mit der Wahrnehmung verbundenen Identifikationsleistung, ähnlich macht. Ich kann feststellen, daß ein bestimmtes Flugzeug eine Dornier ist; und auch die Frage, woher ich das weiß, läßt sich beantworten. Die Stufen und Schritte beim Erkennen von Flugzeugtypen werden sichtbar, wenn man mit diesem Vorgang jemanden vertraut macht, der sich noch nicht auskennt. Im Verlauf des Lernprozesses werden die zahlreichen Stufen und Schritte, die zunächst bewußt und einer nach dem anderen vollzogen wurden, allmählich internalisiert; sie laufen schließlich nicht nur unbemerkt, sondern praktisch unbemerkbar ab. Wenn der Lernprozeß beendet und die Leistung vollständig internalisiert ist, macht man sich nicht einmal mehr klar, daß das Erkennen in Stufen und Schritten geschieht, es sei denn, man gerät in Schwierigkeiten. Aber selbst dann ist es nicht notwendig der Fall.

Die Urteilsprozesse, die in die perzeptuelle Identifikation typischer wie individueller Gestalten eingehen, dürften die verbreitetsten aller Urteilsformen sein; sie sind am gründlichsten gelernt und am vollständigsten internalisiert. Aristoteles selbst vergleicht praktische Entscheidungen in moralischen Grundsatzfragen (und die Schlußfolgerungen, die in diese eingehen) mit Wahrnehmungsurteilen (und den Schlußfolgerungen, die in diese eingehen), um herauszuarbeiten, daß erfahrene Menschen mit gefestigten Handlungsdispositionen Verhaltensnormen internalisiert haben. Offensichtlich trägt diese Analogisierung nicht sehr weit, für Aristoteles' begrenzte Zwecke aber reicht sie aus. Man kann sie durch Vergleiche mit anderen Typen verdichteten Urteilens ergänzen, die mit den Denkprozessen, die in moralische Urteile und in grundsätzliche moralische Entscheidungen eingehen, enger verwandt sind.

Betrachten wir die Regeln, Konventionen und Verhaltensgewohnheiten, die zum weiten Bereich der Umgangsformen gehören, soziale Anstandsregeln, die es in jeder Gesellschaft oder sozialen Gruppe gibt. Für Umgangsformen gilt gewöhnlich:

(a) Sie werden durch Vorschriften und Beispiele gelernt;

(b) sie sind letztendlich habitualisiert, unreflektiert und völlig internalisiert;

(c) sie werden in solchen Situationen angewandt, die man unmittelbar als unter den Geltungsbereich bestimmter Anstandsregeln fallend erkennt — wobei diese Erkenntnis wie auch die daraus folgende Wahl des Verhaltens auf verdichtetem Urteilen basiert. Schließlich ist ein viertes Merkmal der Wahl eines Verhaltens anzuführen:

(d) In schwierigen Situationen eines Konflikts zwischen Konventionen, Regeln oder Umgangsformen — Situationen, die normalerweise nicht allzu häufig sind — muß der Handelnde sich seine Wahl eines Verhaltens explizit verge-genwärtigen wie auch die Gründe, die diese Entscheidung stützen, reflexiv einholen.

Was das Verhältnis von impliziten oder expliziten Urteilen zum Handeln anlangt, ähneln Anstandsregeln der Moral im privaten Leben. Von Kindheit an durchdringen explizit gelernte und auch nachgeahmte Rituale und festgelegte Anredeformen, die in mehr oder weniger genau unterschiedenen gesellschaftlichen und familialen Situationen gelten, unsere Verhaltensweisen. Es gibt selbst in modernen Gesellschaften große Überschneidungen zwischen der Forderung nach guten Umgangsformen und moralischen Forderungen.

Im allgemeinen haben wir für die situationsgerechte Anpassung unseres Verhaltens an herrschende Umgangsformen Gründe, selbst wenn wir absolut nicht in der Lage sind, diese Gründe anzugeben, wenn man uns fragt. Daß ›jemand einen Grund hat, sich in einer bestimmten Situation so und so zu verhalten‹, bedeutet nicht, ›daß er in der Lage ist zu sagen, warum er sich so verhält, wie er es tut‹, ja nicht einmal, daß ›er den konkreten Grund dafür erkennt, daß er sich so verhält, wie er es tut, wenn dieser ihm genannt würde‹. Er könnte, etwa durch Nachahmung von Vorbildern, gelernt haben, sein Verhalten wechselnden Situationen anzupassen, und darin mit Regeln und Konventionen übereinstimmen, die ihm niemals explizit benannt worden sind, und selbst mit Regeln, die überhaupt niemals explizit formuliert worden sind.

Nehmen wir an, jemand habe über lange Jahre hin durch Nachahmung gelernt, seine Haltung und Anredeformen so anzupassen, daß sie dem Geschlecht, Alter und sozialen Rang seiner jeweiligen Interaktionspartner angemessen sind. Wenn er nun einen Fehler macht und sich ›unpassend‹ benimmt, so wird sein Fehler mit einem Minimum an Verallgemeinerung vermerkt. Es heißt etwa: ›Sie ist eine ältere Frau und die Ehefrau eines Verwandten von dir — warum also hast du dich so nachlässig benommen?‹ Man lernt Verhaltensdifferenzierungen so, wie man seine Muttersprache lernt; indem man andere nachahmt und mit stärkerer oder geringerer Bezugnahme auf allgemeine Regeln bei Fehlverhalten korrigiert wird. Man muß nicht einen explizit formulierten Verhaltenscode gelernt haben, genausowenig, wie man die Regeln der Grammatik, die in der Muttersprache gelten, gelernt haben muß. In beiden Fällen könnte man sagen, daß die Regeln und Konventionen internalisiert wurden.

Ich habe Umgangsformen als ein Beispiel gewählt, um sie im Hinblick auf internalisierte Regeln und Konventionen mit Fragen der Moral zu vergleichen, weil Umgangsformen einerseits der Moral nahestehen und andererseits der Sprache verwandt sind. Allgemein gilt es als vorteilhaft, wenn Umgangsformen internalisiert sind und man es nicht nötig hat, ein anerkanntes Benimmbuch zu konsultieren oder auf explizite Vorschriften zu rekurrieren, um sicher zu sein, wie man sich in bestimmten Situationen zu verhalten hat. Gute Umgangsformen sollten, so sagt man, ›natürlich‹ oder ›wie angeboren‹ wirken. Dies bedeutet: Korrektes Verhalten sollte nicht das Ergebnis sorgfältiger und mühevoller Berechnung und Reflexion sein. Es sollte unmittelbar, spontan und von Intuition geleitet sein. Etwas Ähnliches würde man für die richtige Beherrschung einer Sprache fordern: Man sollte in der Lage sein, spontan und intuitiv zu sprechen und das richtige Wort ohne Überlegung und ohne Rekurs auf ein Wörterbuch oder eine Grammatik zu finden. Die rasche und intuitive Wahl der richtigen Worte ist oft aber auch eine Frage der guten Umgangsformen und zuweilen auch der Moral, z.B. wenn es darum geht, das richtige Gefühl klar auszudrücken.

Artistoteles sah in dieser Hinsicht kaum einen Unterschied zwischen Moral und guten Umgangsformen (Sitten). Für beide gilt, daß sie als stabile Dispositionen voll internalisiert sein sollten, die es erlauben, sich ohne Anstrengung und unmittelbar vernünftig zu verhalten, und Situationen, die Handeln erfordern, vernünftig einzuschätzen sowie diese Einschätzungen ohne allzuviel Überlegung und Anstrengung vorzunehmen. Aristoteles vergleicht speziell das Handeln auf der Basis einer stabilen Disposition mit dem mühelos korrekten Gebrauch der Sprache: Es reicht nicht aus, zu tun, was der Sprecher einer Muttersprache tut; man muß es in derselben Weise tun.

Fragen wir nun, ob es in folgender, spezifischer Hinsicht einen Unterschied zwischen Umgangsformen und Moral gibt und geben muß: daß nämlich, allgemein gesagt, die Regeln, die guten Manieren zugrunde liegen, unter anderm notwendig internalisiert sind und daß sie in diesem Sinn ›natürlich‹ werden sollten, während eine solche Implikation für den rationalen Menschen nicht gilt, dessen Verhalten in der Politik oder im Privatleben moralisch vorbildlich ist. Ist dies eine sinnvolle Gegenüberstellung? Diese Frage zu stellen, heißt unmittelbar einzusehen, daß unterschiedliche Moraltheorien unterschiedliche Antworten ergeben und daß unsere vortheoretischen Intuitionen nicht ausschlaggebend sind. Aristoteles' Theorie zufolge gibt es in dieser Hinsicht zwischen Sitten und Moral keinen sehr bedeutsamen Unterschied. Dies ist, im Rahmen seiner Theorie, mit der Grund dafür, daß es für ihn beim normalen Lauf der Dinge auch keinen prinzipiellen Unterschied zwischen einem moralisch vorbildlichen und einem befriedigenden und glücklichen Leben gibt: Für den Menschen, der sich in wichtigen praktischen Angelegenheiten rational verhält, ist es zur zweiten Natur geworden, richtig zu handeln; er tut es mehr oder weniger mühelos, als eine Selbstverständlichkeit und mit Vergnügen. Die bedeutsamsten Vorteile der Explizitheit im moralischen Urteilen bestehen darin, daß (a) die explizite Kenntnis des ›Warum‹ als solche eine intellektuelle Tugend ist, und daß (b) die explizite Kenntnis des ›Warum‹ für diejenigen, die eine führende Rolle im öffentlichen Leben und in Staatsangelegenheiten spielen, notwendig ist; sie müssen ihre Politik anderen erklären und nahebringen. Explizites Urteilen ist (c) der Kontrolle besser zugänglich, und es ist im allgemeinen wahrscheinlicher, daß Ungereimtheiten im Urteilen bemerkt werden.

Es ist keine Implikation der Kantschen Theorie, daß die Imperative, denen die praktische Vernunft folgen muß, internalisiert sind. Dies gilt nur für das durch die Heiligkeit des Willens bestimmte Wesen. Und mit Sicherheit ist auch nicht impliziert, daß sich die moralischen Imperative mit den Imperativen eines Sittencodes vergleichen lassen oder daß sie ihnen wesentlich ähnlich sind. Es gilt geradezu die umgekehrte Implikation: gute Sitten erfordern, sorgfältig und peinlich genau beobachtend zwischen je neuen verschiedenartigen sozialen Situationen zu unterscheiden, und sie verlangen keine umfassenderen Verallgemeinerungen.

Der Gegensatz läßt sich folgendermaßen vorstellen: Auf der einen Seite kann man das Augenmerk auf eine große Anzahl und Mannigfaltigkeit von unabhängig voneinander variierenden Merkmalen konkreter Situationen richten, auf der anderen Seite kann man einige, vollständig explizite Prinzipien an Situationen herantragen, die unter diese Prinzipien subsumiert werden sollen, wie es in bestimmten Arten juristischen Urteilens geschieht. Kant verstand praktisches Urteilen und Entscheiden als Akt der Gesetzgebung, gerade so wie Gott Gesetze gibt. Demgegenüber verstand Aristoteles politische Entscheidungsprozesse und praktisches Urteilen überhaupt als verdichtete und geschulte Beurteilung konkreter Situationen durch Mitspieler, Handwerker und Künstler aller Art. Offensichtlich sind dies nur bildhafte Analogien, nicht die Behauptung identischer Sachverhalte. Der Unterschied zwischen diesen Analogien ist jedoch bedeutsam, weil sich mit ihnen unterschiedliche Rationalitätsmodelle des praktischen Urteilens verbinden.

Wie die sprachlichen Regeln und Konventionen müssen auch die Regeln und Konventionen der Umgangsformen kodifiziert oder zumindest gut verstanden sein, denn sie steuern die Interaktionen zwischen Personen und erfordern konforme Reaktionen. Die Reaktionen müssen im striktesten Sinn regelhaft und erwartet sein. Es ist von Vorteil, wenn sie habituell erfolgen und wenn sie eingebaute und verläßliche Dispositionen darstellen. Je weniger in schwierigen Fällen gegrübelt wird, desto besser steht es um die soziale Zwanglosigkeit und Harmonie. Noch grundsätzlicher: Umgangsformen sind wie Sprachen wesentlich differenziert; sie dienen dazu, einzelne Gruppen zu unterscheiden. Jede einzelne soziale Gruppe kann in der Tat glauben, daß ihre Umgangsformen die einzig guten sind, die eigentlich von allen sozialen Gruppen als Inbegriff guter Umgangsformen anerkannt werden müßten. Jeder, der einen solchen Anspruch ernsthaft erhebt, ihn mit Argumenten vertritt und behauptet, daß andere Auffassungen guter Sitten in irgendeiner Hinsicht falsch oder minderwertig sind, beansprucht im Ergebnis, daß seine guten Sitten ein Bestandteil der Moral selbst sind. Wenn einer behauptet, es gäbe gute Gründe dafür, daß jedermann eine spezifische Anstandsregel befolgen sollte — gleichgültig, ob diese zu den in den verschiedenen sozialen Gruppen anerkannten Umgangsformen zählt oder nicht —, dann hat er die unbestimmte Grenze zwischen Umgangsformen und Moral, wie diese heute unterschieden werden, überschritten. Wenn es eine richtige Form des Verhaltens gibt, mit der übereinzustimmen von allen Menschen gefordert werden kann, und wenn es einen schlüssigen Grund dafür gibt, daß dieses Verhalten von allen Menschen gefordert wird, dann ist schwer einzusehen, wie die Auszeichnung ›moralisch‹ dieser Forderung vorenthalten werden könnte.

2

Ist es für richtiges Verhalten im öffentlichen wie im privaten Leben von einem wohlbedachten moralischen Gesichtspunkt aus unbedingt notwendig, beständig explizit zu denken, sorgfältig Argumente abzuwägen und Berechnungen anzustellen? Die meisten utilitaristischen Moraltheoretiker werden behaupten, daß Rationalität im praktischen Urteilen, wo es um wirkliche moralische Belange geht, mit habitualisierten Reaktionen und internalisierten Dispositionen nicht verträglich ist. Rationalität im praktischen Urteilen über moralische Fragen erfordert beständige Kalkulation, insbesondere die Abschätzung von Konsequenzen. Solche Berechnungen mögen schnell und habituell vollzogen werden, immer aber können und sollten sie rekonstruiert und explizit gemacht werden. Diese Position müssen wir genauer untersuchen. Ist es eine notwendige Bedingung, daß jemand, der in seinen praktischen Entscheidungen rational verfährt, in der Lage sein sollte, in einem geeigneten Kontext über seine Gründe in befriedigender Weise Rechenschaft abzulegen? Werden wir sagen müssen, daß eine Entscheidung in einer moralischen Frage von Gewicht im schlechten Sinn irrational war, wenn jemand nicht in der Lage ist, sie als das Resultat einer Kalkulation zu erklären, einer Kalkulation, der man Achtung nicht versagen kann? Aristoteles' Analogie zur Wahrnehmung erlaubt, die Behauptung aufzustellen, daß aus der Tatsache, daß jemand seine Gründe für eine gerade gefällte Entscheidung nicht anzugeben weiß, nicht folgt, daß es keine guten Gründe gab, und daß er unter dem Einfluß von Ursachen handelte, die nicht als Gründe gelten können, daß er etwa gedankenlos und impulsiv handelte oder unbedacht auf irgendeinen Stimulus reagierte oder weil er es gerade so wollte, weil ein unbedachter Wunsch es ihm so eingab. Dafür, daß etwas ein Grund ist, ist es nicht wesentlich, daß die Überlegung, die diesen Grund konstituiert, unter günstigen Bedingungen dem Bewußtsein des Denkenden oder des Handelnden zugänglich sein muß.

Dem Hauptargument für diese Schlußfolgerung liegt eine philosophische Prämisse zugrunde, die ich in *Thought and Action* als die Unausschöpfbarkeit von Beschreibungen behandelt habe. Jede Situation, vor die ich mich gestellt sehe und die keine Spielsituation ist, weist eine unausschöpfbare Menge unterscheidbarer Merkmale auf, die auf jeden Fall größer ist als die Menge derjenigen Merkmale, die ich gerade explizit zur Kenntnis nehme, weil sie für mich von unmittelbarem Interesse sind. Zweitens besitzt die Situation Merkmale über diejenigen hinaus, die in dem mir verfügbaren Wortschatz vorkommen. Ich ›begreife‹ die Situation, indem ich die Merkmale wahrnehme, die im Augenblick für meine Interessen besonders relevant sind; ich antworte auf sie in Übereinstimmung mit meinen vorherrschenden Wünschen und Zwecken, meinen maßgeblichen Überzeugungen sowie der Kenntnis der Mittel, sie zu befriedigen. Die Gründe für meine Handlungen und mein Verhalten finden sich, wenn die Handlungen freiwillig und intendiert sind, in all meinen gegenwärtigen, situativen oder überdauernden Wünschen, in meinen gesamten Überzeugungen und meinem gesamten Wissen. Meine Bedürfnisse und Interessen bilden ein unermeßliches System; nur einige wenige spielen zu einem bestimmten Zeitpunkt eine Rolle. Für viele dieser Bedürfnisse und Interessen wüßte ich nicht zu sagen, wie stark sie sind oder ob sie überhaupt existieren, bis irgendwann eine bestimmte Situation, die sorgfältig überlegtes Handeln erfordert, mich auf sie aufmerksam werden läßt. Nur in wenigen Fällen handelt es sich um Bedürfnisse, die sich auf der Grundlage bewußten Nachdenkens gebildet haben und die deshalb bei ihrer Entstehung als solche erkannt wurden. Ähnlich ist für das System meiner Überzeugungen evident, daß es in meinem Bewußtsein einen enormen Vorrat unübersehbaren Hintergrundwissens und glaubensmäßiger Vorstellungen gibt. Meine spezifischen Überzeugungen hinsichtlich der gegenwärtigen Situation formen sich vor diesem Hintergrund aus.

Wenn es notwendig wird, über die Gründe für ein Handeln oder einen Verhaltensablauf Rechenschaft abzulegen, greift man einige wenige hervorstechende Bedürfnisse und Überzeugungen heraus, die sich im Vordergrund des Bewußtseins befinden, und speziell diejenigen, die auf die Besonderheit der Situation und der Person bezogen sind: die gewöhnlichen und durchschnittlichen Bedürfnisse und Überzeugungen sind nicht der Erwähnung wert. Selbst wenn eine Handlung aus voll explizierten Überlegungen resultiert und die Begründung der Entscheidung zeitgleich erfolgt, so sind diese Gründe doch nur eine Auswahl der relevanten Aspekte, deren selektiver Charakter bewußt ist.

Die Parallele zur Sprache ist nützlich. Bisher hat es sich als unmöglich erwiesen, eine Übersetzungsmaschine zu konstruieren, die die unendliche Vielfalt von linguistischen und äußeren Kontexten berücksichtigt, in denen eine gegebene Wortfolge verwendet wird; normalerweise haben die Kontexte Einfluß auf die Bedeutung. Wie elaboriert auch immer das der Maschine eingegebene Programm sein mag, es wird zu kurz greifen, und sei es nur aufgrund der schier unvorhersagbaren Vielfalt möglicher Kontexte. Die Vielfalt ist für den Menschen nicht nur unvorhersagbar, sondern auch unvorstellbar. Ein Übersetzer sieht indes die wiederkehrende Wortfolge unmittelbar vor dem

Hintergrund eines anderen Kontextes und vollzieht intuitiv die erforderliche Ausrichtung auf den gemeinten Sinn. Der Mensch ist ein komplexer Mechanismus, der über einen langen evolutionären Prozeß gleichsam natürlich in die Lage versetzt wurde, solche Anpassungen vorzunehmen.

Für jede Wortwahl, die ein Übersetzer in einem bestimmten Kontext trifft, gibt es eine Menge von guten oder schlechten Gründen, die die getroffene Wahl rechtfertigen können: Gründe, die sich aus dem Zusammenhang ergeben oder aus Assoziationen der Worte, die aus der Vergangenheit in der Erinnerung sind, oder aus der Syntax des Sprechenden oder Schreibenden, usw. Ein sehr erfahrener und erfolgreicher Übersetzer ist vielleicht nicht in der Lage, Gründe anzugeben, die ihn ein bestimmtes Wort als die angemessene Übersetzung anstelle eines anderen, nahezu synonymen wählen ließen. Aber er kann völlig sicher sein, daß es für die Wahl Gründe gab, die seine Gründe waren, und daß die Wahl nicht unbedacht war. Würde er die Gründe für seine Wahl reflektieren und versuchen, sie zu evaluieren, stünde er normalerweise vor den folgenden Schwierigkeiten: Die Gründe, die er anführen würde, wären die relevanten Kontexte, ausgewählte Paralleltexte und Assoziationen, die er aus dem unüberblickbaren Speicher seiner sprachlichen Erinnerungen an die Verwendung dieser und ähnlicher Worte herausgreift. Bei näherem Nachdenken scheinen ihm diese ausgewählten Kontexte in seinem Bewußtsein und im Vordergrund seiner Wahrnehmung präsent gewesen zu sein, dies aber vor einem gewaltigen Hintergrund von Kontexten und Assoziationen, die seine Entscheidung bestimmten, ohne aktuell erinnert gewesen zu sein. Es gibt für ihn kein Mittel, nicht einmal im Prinzip, die Gründe, die seine Entscheidung bestimmten, einzeln aufzuzählen und auf diese Weise zu einer exakten kausalen oder irgendeiner vollständigen Zuschreibung zu gelangen. Er wäre nicht in der Lage, sich die große Zahl augenscheinlicher wie unbemerkter Kontexte in Erinnerung zu rufen, in denen ihm die fraglichen Worte begegnet waren, und die ihm schließlich ein »Gefühl«, wie man sagen könnte, für die möglichen Standardverwendungen der Worte vermittelt haben.

Die Gewandtheit, die jemand, der zwei Sprachen gut beherrscht, im Übersetzen hat, beruht auf einer enormen Akkumulation vorbewußter Erinnerungen. Der vorbewußte oder unbewußte Charakter der Erinnerungen ist ein natürlicher Vorteil, weil Geschwindigkeit und Flüssigkeit für die sprachlichen Fertigkeiten wesentlich sind. Für einen Übersetzer bringt es wenig Vorteile, wenn er über die ganz andersartige Fähigkeit verfügt, um die es ginge, wenn er eine angemessene Erklärung der genauen Gründe für seine Wahl von

Synonymen geben wollte. Eine solche Fähigkeit wäre vorteilhaft, wenn es üblich wäre, eine öffentliche Verteidigung der Entscheidungen zu fordern und wenn Übersetzungen öffentlich gerechtfertigt werden müßten, bevor sie als adäquat akzeptiert werden. Selbst in dieser hypothetischen Situation würde die Rechtfertigung aus den bereits angeführten Gründen zu kurz greifen und nicht vollständig sein, und es bliebe dabei, daß er sich darauf beruft, daß bestimmte Wortwahlen ›richtig klingen‹ oder daß es Wortassoziationen gibt, die nicht präzise unterschieden und aufgelistet werden können. Die Begründung würde im allgemeinen in bloße Intuition übergehen, wobei geltend gemacht würde, daß etwas ›anders klingt‹ oder ›zu passen scheint‹. Man würde sich auf die gesammelte Spracherfahrung des Übersetzers berufen, die als solche eine Art Begründung dafür abgeben würde, seine Entscheidung als korrekt zu akzeptieren.

Die Analogie zwischen Entscheidungen beim Übersetzen von einer Sprache in die andere und den damit verbundenen intuitiven Angemessenheitsurteilen einerseits und Entscheidungen über richtiges Verhalten in einer Situation, die Urteilsvermögen erfordert, andererseits ist erstens eine Analogie mit Bezug auf die Mannigfaltigkeit zahlloser nicht vollständig ausweisbarer Hintergrundsmerkmale, die normalerweise für den Entscheidenden eine Rolle spielen. Die Analogie ergibt sich zweitens mit Bezug auf die Fähigkeit des Bewußtseins, bei komplizierten Handlungen wie bei Routinebewegungen auf einen enormen Vorrat an vorbewußten Erinnerungen zurückzugreifen, und drittens mit Bezug auf das Denken, das in beiden Fällen hochverdichtet ist und sich aus diesem Grund mit Argumenten, die für die überzeugende Untermauerung der Entscheidungen benützt werden könnten, nicht leicht rekonstruieren läßt.

Der geschulte Gebrauch der Sprache ist ein Extremfall verdichteten und nicht rekonstruierbaren Denkens. Unser Denken über politische und moralische Fragen ist normalerweise nicht in demselben Ausmaß verdichtet und unrekonstruierbar, und es sollte dies normalerweise auch nicht sein. Gefühle führen im Bereich moralischen Urteilens zu Konfusionen, und ein Mindestmaß an Explizitheit stellt bis zu einem gewissen Grad eine Sicherung gegenüber einer auf diese Weise erzeugten Konfusion dar. Aber das zugespitzte Beispiel der Fähigkeit des Übersetzers, die richtigen Worte zu finden, bringt jenes Element im praktischen Denken über moralische Fragen zum Vorschein, das eine ›rechenhafte Moral‹ entweder ignoriert oder glaubt vermeiden zu können. In schwierigen moralischen Fragen hat man oft das Bedürfnis, die Gründe für die Entscheidung zu rekonstruieren, und das Bedürfnis, diese Rekonstruktion als Teil einer Rechtfertigung der Entscheidung zu benützen. Allein aus diesem Grund kann man die Analogie mit der Sprache nicht zu weit treiben. Es gibt einen graduellen Unterschied zwischen beiden. Aber auch die entgegengesetzte Analogie zum Rechtssystem, die gewöhnlich angeführt wird, um das Urteilen über moralische Fragen zu erhellen, trägt nicht sehr weit. Überlegungen, die in eine rechtliche Entscheidung eingehen, müssen immer als ein potentielles Argument in der künftigen Rechtfertigung dieser Entscheidung rekonstruierbar sein. Ebenso muß es eine jedermann zugängliche Sammlung früherer einschlägiger Fälle und Entscheidungen geben, über die man Bescheid weiß, und nicht nur vage Erinnerungen an eine unendliche Vielzahl ähnlicher Fälle.

Es ist ein offensichtlicher Vorteil der menschlichen Gattung, daß Urteile über Verhalten normalerweise — wenn Schwierigkeiten, Unsicherheiten oder Auffassungsunterschiede zwischen Individuen nicht vorliegen — unreflektiert und implizit ablaufen. Über weite Bereiche muß das praktische Urteilsvermögen an die Stelle der wesentlich unflexiblen und festgelegten Reaktionsweisen und Routinen tierischen Verhaltens treten. Beim Gebrauch vieler Fertigkeiten, die Gefühl und gutes Urteil erfordern, müssen wir schnell denken. Wo Liebe und Freundschaft auf dem Spiel stehen, dürfen wir oft nicht allzuviel Energie für Nachdenken verausgaben.

Worin liegt die philosophische Bedeutung der Internalisierung von Denkprozessen? Warum lohnt es sich, auf diesen Sachverhalt ausführlicher einzugehen und ihn hervorzuheben? Eine Teilantwort liegt in Folgendem: Es gibt eine philosophische Tradition, die das Ideal der Rationalität mit der Explizitheit im Übergang von Gründen zu Schlußfolgerungen identifiziert — eine höchst respektable, bis auf Plato zurückführbare Tradition. Zweifellos gibt es in schwierigen Fällen und immer, wenn es um Gerechtigkeit und öffentliche Fragen der Politik geht, gute Gründe, Rationalität als ein anzustrebendes Ideal mit einem gewissen Grad der Explizitheit im Übergang von Gründen zu Schlußfolgerungen zu assoziieren. Dennoch sollte Rationalität nicht mit Explizitheit gleichgesetzt werden.

Diese Tradition besagt, daß zu wissen, warum moralische Ansprüche, die uns intuitiv richtig zu sein scheinen, tatsächlich richtig sind, bedeutet, zeigen zu können, daß sie ein kohärentes System bilden. In diesem Fall haben die moralischen Ansprüche die Unterstützung der Vernunft, wohingegen unsere Intuitionen durch wechselnde Gefühlslagen gefärbt sein können. Wenn man sich ihre Kohärenz klar macht, sind moralische Ansprüche, in einem psychologischen Sinn, sicherer als sie zuvor waren. Dies ist der erste Vorteil. Der zweite üblicherweise genannte Vorteil besteht darin, daß einige Intuitionen zurechtgerückt werden, wenn man die sie tragende Theorie voll versteht. Zweifelhafte Fälle moralischer Ansprüche erfahren im Kontext der Theorie eine Klärung und Klassifizierung; Konflikte zwischen Ansprüchen können durch eine Theorie einsichtig gemacht werden, die zu erklären vermag, warum die Konflikte entstehen müssen, und wie sie sich lösen lassen. Ohne Theorie gibt es keine klare Methode, um zwischen einem moralischen Anspruch und einem Vorurteil oder Aberglauben zu unterscheiden oder einen bloßen Effekt von Brauch und Gewohnheit als solchen zu erkennen. Die Theorie muß mit der Hauptrichtung moralischer Ansprüche, die als bindend erkannt sind, übereinstimmen; zugleich kann sie erklären, warum manche Ansprüche scheinbar verbindlich geworden sind, von denen sich bei systematischer Prüfung herausstellt, daß sie es nicht sein können. Dies ist eine der traditionellen Sichtweisen des Wertes von Moraltheorien. Sie bringt die Rationalität des moralischen Urteils in Verbindung mit Kohärenz, die umgekehrt das Fehlen unlösbarer Konflikte zwischen moralischen Ansprüchen impliziert. Für Rationalität ergibt sich insofern genau derselbe Sinn und dieselbe Verwendungsweise wie in theoretischen Untersuchungen. Eine Theorie, die den Überzeugungen eines rational Handelnden als Richtschnur dienen kann, sollte ungelöste Konflikte zwischen Ansprüchen ausschließen, und sie sollte umfassend sein und alle nur denkbaren Möglichkeiten abdecken. Auf der anderen Seite können Intuitionen, wie sorgfältig sie auch immer reflektiert sind, jederzeit zu unlösbaren praktischen Urteilskonflikten führen, wenn sie nämlich zwei inkompatible Handlungsweisen als notwendig und als von jedem moralisch achtenswerten Individuum erwartbar vorschreiben.

Wissenschaft und Recht erfordern als Institutionen öffentliche und argumentative Rechtfertigungen und eine öffentlich vertretbare Konsistenz. Unlösbare Konflikte und Inkompatibilitäten können nicht toleriert werden. Aber damit nicht genug: es ist zudem eine allgemeine und anerkannte Methode erforderlich, um anscheinend unlösbare Konflikte und aufkommende Widersprüche zu lösen. Infolgedessen denkt jeder, der allein und stumm an einem wissenschaftlichen oder rechtlichen Problem arbeitet, über die Gründe nach, die er, dazu aufgefordert, für eine bestimmte Schlußfolgerung anführen würde, die seinem intuitiven Urteil zufolge richtig ist. Er würde sich für das Zustandekommen seiner Schlußfolgerungen nicht auf sein intuitives Urteil verlassen, wenn er nicht zumindest im Umriß die Gründe formulieren könnte, die er in einer öffentlichen Argumentation benützen würde. Diese Gründe würden die Kohärenz des in Frage stehenden Urteils mit bereits akzeptierten

Aussagen erweisen. Das private Denken und die stumme Überlegung finden im Schatten der Institution der Öffentlichkeit statt.

Sofern es überhaupt keinen öffentlichen und institutionellen Test für bestimmte Arten von Schlußfolgerungen gibt und sofern jemand von dem besonderen Fall, mit dem er es zu tun hat, zutiefst betroffen ist und es ihm um äußerste Sorgfalt in seinem Urteil geht; wenn er ferner alleine darüber nachdenkt und kein besonderes Interesse daran hat, anderen zu beweisen, daß er die richtige Lösung hat: unter diesen Bedingungen wird er weniger beherrscht von der Vorstellung einer Rationalität, die die Ausarbeitung zureichender Gründe erzwingt. Sein Interesse allein zwingt niemanden, sich zu versichern, daß jedes Ergebnis, zu dem er kommt, durch hinreichende Gründe gestützt ist, und daß er ein zwingendes Argument bereit hat, sollte er zur Rede gestellt werden. Er muß seine Schlußfolgerungen nicht notwendigerweise explizit machen, obwohl ihm selbst aus Gründen, die nicht mit öffentlichen Institutionen zusammenhängen, daran gelegen sein mag. Vielleicht will er prüfen, ob er nicht aufgrund irgendeiner Ideenassoziation eine voreilige Schlußfolgerung gezogen hat, d.h. prüfen, ob er an seine Schlußfolgerung nicht vor allem deshalb glaubt, weil er an sie glauben möchte. Kenner ordnen Kunstwerke ihrer richtigen Provenienz zu und erschließen ihre Entstehungsdaten. Sie decken Fälschungen und Kopien ebenso auf wie die Arbeiten von Schülern und Nachfolgern. Dank ihrer reichen Erfahrungen und Studien erkennen sie das echte Werk und eine ganze Reihe von Varianten echter Werke, aber sie sind im allgemeinen nicht in der Lage zu sagen, wie sie das im einzelnen feststellen. Nicht nur Kunstkenner, auch Experten in zahllosen anderen Gebieten sind in derselben Lage. Sie treffen ihre Urteile nach konsistenten Kriterien, sind aber weit davon entfernt, präzise zu wissen, wie sie dies machen. Sie wissen nicht, was sie zu ihrer, gewöhnlich richtigen, Schlußfolgerung gelangen läßt, da sie keine explizit formulierte Methode haben, die sie in genauerer Kenntnis ihrer Natur anwenden würden. Sie wissen, daß sie sich wie der Übersetzer vom Gewicht ihrer Erfahrung in vielen ähnlichen Fällen und durch viele Assoziationen und Erinnerungen leiten lassen, die sie nicht alle auseinanderhalten und sich ins Gedächtnis rufen können. Die Erinnerungen sind zu umfassend, um zugänglich zu sein, aber sie sind systematisch gespeichert und durch eine innere Logik verbunden, die sie nicht verstehen und die zu komplex ist, um sie nachzuzeichnen. Der Kenner von Zeichnungen, Pferden, Weinen, dem Wind und Wetter auf dem Meer muß sich darauf konzentrieren, unerwartete Merkmale zu entdecken, seine Sinne zu gebrauchen, offen für Beobachtungen und empfänglich für überraschende Wahrnehmun-

gen zu sein, die sein Urteil ändern könnten. Negativ ausgedrückt, er darf seinen Beobachtungen nicht rational vorgefertigte Schemata überstülpen, die
ihn nur solche Aspekte erkennen lassen, die normal und erwartbar sind und
den verfestigten Relevanzerwartungen entsprechen.

Es ist möglich, daß der Kenner die einzelnen Schritte oder Wahrnehmungen, die ihn zu seinem Urteil führten, niemals durchschaut und auseinander-
legen kann und daß er niemals in der Lage ist, seine Vorgehensweise in eine
standardisierte Form zu bringen. Ein weiteres Beispiel: Die Verstehenslei-
stungen, die dazu führen, daß man die Äußerungen eines Ausländers in der
eigenen Sprache, aber mit fremdem Akzent, versteht, sind sehr komplex und
sehr erfolgreich. Normalerweise wird es aber nicht möglich sein, diese Leistungen, die zum Verstehen führen, in einer standardisierten Form zu rekonstruieren.

3

Mit welchem Recht kann ich behaupten, daß für Entscheidungen von sub-
stantieller moralischer Bedeutung intuitive Schlüsse durchaus ihren Platz neben expliziten und voll artikulierten Schlüssen haben? Daß wir manchmal,
selbst in gewichtigen Fragen der Politik, unseren intuitiven Urteilen darüber,
was am besten zu tun ist, folgen sollten, trotz der Tatsache, daß wir in einigen
Fällen keine überzeugenden Gründe angeben können, um unsere Intuition
zu untermauern?

Jemand, der Rationalität im praktischen Urteilen, im traditionellen Sinn
von ›rational‹, verteidigt, mag zugeben, daß es oft schwer ist, und manchmal
unmöglich, die Gründe für eine Entscheidung, die man in einer wesentlichen
moralischen Frage fällte, völlig explizit zu machen. Aber er wird doch argumentieren, daß man in der Darlegung der Hauptgründe für eine Entscheidung in einer schwierigen moralischen Frage vollständige Explizitheit anstreben
sollte, selbst wenn es einem nicht gelingt, alle Überlegungen einzeln ausein-
anderzulegen, die in das Ergebnis eingegangen sind. Aristoteles folgend, wird
dieser Verteidiger der traditionellen Rationalitätsauffassung argumentieren,
daß die Maxime, jede Überlegung, die einen beeinflußt, explizit zu prüfen, einen Schutz bietet gegen Selbsttäuschungen über Handlungsziele, irreführen-
de Assoziationen, subjektive Eindrücke, gefühlsgeleitete Vorurteile und
Aberglauben. Dies ist für ihn eine ausreichende Rechtfertigung der traditio-

nellen Rationalitätsauffassung beim moralischen Urteilen, über die gelegentliche Notwendigkeit hinaus, eine Entscheidung öffentlich zu verteidigen. Je sorgfältiger und methodischer die Überlegungen sind, die dem Handeln vorausgehen, mit explizitem Sichten von Argumenten und Gegenargumenten, desto weniger wahrscheinlich ist es, daß man von aufgeschnappten Meinungen und bloßen Gedankenverwirrungen fehlgeleitet wird.

Die Gegenargumente lassen sich wie folgt zusammenfassen: Der menschliche Geist ist ein Instrument, das durch natürliche Selektion die Fähigkeit entwickelt hat, Objekte zu erkennen, Sprachen zu erlernen und zu sprechen, eine enorme Menge von Routinehandlungen zu vollziehen, andere zu erkennen sowie angemessen und mit Empathie auf sie einzugehen, mit ihnen Beziehungen aufzunehmen und in all die Austauschprozesse einzutreten, die das soziale Leben ausmachen. Er ist ferner ein Instrument abstrakten Denkens und, spezifischer, ein Instrument, das erlaubt, Mathematik zu lernen und juristische Unterscheidungen zu begreifen. Die Schmähformel ›abstrakte rechenhafte Moral‹ enthält mit gutem Grund das Wort ›abstrakt‹. Abstraktionen haben in Urteilsprozessen ihren natürlichen und angemessenen Platz. Dasselbe gilt aber auch für ihr Gegenteil, nämlich die Offenheit des Geistes für eine große Vielfalt unerwarteter Merkmale einer Situation, die alle wahrgenommen werden und einen Einfluß auf die Reaktion gewinnen können. Kants Theorie der praktischen Vernunft insistierte auf dem abstrakten Willen, der sich kraft seiner Rationalität durch die Vielfalt konkreter Merkmale, die die einzelne Situation kompliziert, nicht vereinnahmen läßt. Kraft ihrer Rationalität versteht Kants praktische Vernunft, zumindest in wichtigen moralischen Fragen, Situationen abstrakt mit Blick auf ihre Subsumierbarkeit unter das relevante Moralprinzip.

Die entgegengesetzte Moraltheorie, der Utilitarismus, assoziiert Rationalität im moralischen Urteilen mit wissenschaftlicher Methode, also mit verifizierbaren Urteilen über richtig und falsch, sowie allgemeinen Kriterien und Tests, die in konkreten Fällen zu definitiven Ergebnissen führen. Daher ist, wie in jeder angewandten Wissenschaft, eine primäre Abstraktion erforderlich, d.h. die Form der Abstraktion, die bei der praktischen Abwägung alle Merkmale einer Situation außer Betracht läßt, die im utilitaristischen Kalkül keinen Platz haben. Der Handelnde kann sich mit seiner rationalen Methode sicher fühlen. Er hat die schlimmsten Unsicherheiten des Lebens beseitigt und hat es nur noch mit handhabbaren empirischen Berechnungen zu tun. Dies ist die Art von Berechnungen, die jeder kluge und tüchtige Mensch alltäglich anstellt, indem er vorhandene Mittel und gewünschte Ziele in Übereinstimmung bringt. Vieles, was im Hinblick auf die praktischen Probleme, die man moralische Fragen nennt, rätselhaft, außergewöhnlich und schwierig ist, ist für den Utilitaristen durch die Maxime der Abstraktion aus dem Weg geräumt.

4

Um mein Argument gegen abstraktes Denken in großen Bereichen moralischen Urteilens und bei der Führung öffentlicher Angelegenheiten weiter zu entwickeln, wäre es am besten, wahre, der unmittelbaren Erfahrung entnommene Geschichten von Ereignissen zu erzählen, mit denen tatsächlich schwierige Entscheidungen verbunden waren. Einige dieser Entscheidungen würden öffentliche Angelegenheiten betreffen; der Handelnde stünde in der Öffentlichkeit und hätte eine verantwortliche Funktion, was die Entscheidung für ihn komplizieren würde. Andere Entscheidungen könnten sich aus vertrackten Situationen im privaten Leben ergeben. Ihre Erzählung würde erfordern, die Dispositionen, die Gefühle und die Geschichte der beteiligten Personen ausführlich und sorgfältig zu beschreiben. Bestimmte Auswahlprinzipien sind notwendig, um diese Geschichten zu erzählen, deren Tatsachen der Erfahrung entnommen, nicht konstruiert oder aus zweiter Hand gewonnen sind. Man muß entscheiden, worin die Story besteht und um was für eine Situation es sich, aus dem Blickwinkel der Moral, handelt oder handelte. Wenn man die Geschichte erzählt, muß man die gegebenen und erwartbaren Merkmale auswählen, die zusammen die Situation ausmachen, vor die sich der Handelnde gestellt sieht. Wenn die Geschichte gut erzählt ist, ist nichts für die Entscheidung Relevantes ausgelassen und nicht viel für die Entscheidung Irrelevantes einbezogen. Keine Fragen zu den Umständen, die eine Entscheidung über die richtige Handlungsweise beeinflussen oder eine schon gefällte Entscheidung als richtig oder falsch beurteilen lassen, sollten offen bleiben. Mit der Sammlung von Beispielen, die der Erfahrung entnommen sind, wird sich allmählich durch den bloßen Prozeß des Geschichtenerzählens die Überzeugung verstärken, daß sich die unendlich vielen Merkmale des Einzelfalles nicht leicht in moralisch relevante und moralisch irrelevante einteilen lassen.

Es ist unmöglich, auf einer allgemeinen Ebene zwingend die allgemeine These zu belegen, daß die moralisch relevanten Merkmale von Situationen, in denen man handelt, nicht aufgezählt werden können. Man kann nicht a priori beweisen, daß man nicht doch im konkreten Fall ein bestimmtes Kriterium richtigen Verhaltens benützt, das eine endliche Menge moralisch relevanter Merkmale abgrenzt. Aber man kann auf Beispiele verweisen und persönliche Erfahrungen in Erinnerung rufen. Dabei wird man vermutlich auf den Umstand stoßen, daß die besonderen Bedingungen eines Falles zu einer Änderung der erwartbaren prinzipiengeleiteten Entscheidung geführt haben, und zwar aus Gründen, die nicht selbst unter irgendein anerkanntes Prinzip fallen. In Vorlesungen über Moralphilosophie habe ich oft die wahre Geschichte eines Kriegserlebnisses erzählt, um einen moralischen Konflikt zu illustrieren und anderen nahezubringen, daß solche Konflikte eine allgemeine Erfahrung sind und daß Konflikte das Spezifikum auch der moralischen Probleme sind, denen die Inhaber öffentlicher Ämter sich konfrontiert sehen. Die Episode betraf das Verhör eines gefangenen Spions und meine Schwierigkeit, zu entscheiden, wie er behandelt werden sollte. Das theoretische Interesse beim Erzählen dieser Geschichte bestand — wenn die Komplexität des zu lösenden moralischen Problems vollständig dargelegt werden sollte — in der Auswahl der mit dem Verhör verbundenen Umstände, die in die Geschichte einzubeziehen waren. Ich bemerkte, daß ich bei verschiedenen Gelegenheiten und ohne bestimmte Absicht dazu neigte, unterschiedliche Merkmale der Situation als für das Problem relevant hervorzuheben; ich bezog sogar nicht immer dieselben Elemente der Situation als zur Geschichte gehörig ein. Bereits die Rede von ›Elementen der Situation‹ oder ›Merkmalen‹, die die Geschichte ausmachen, bedeutet eine Übervereinfachung durch falsche Spezifikation. Ich beschrieb die Episode bei verschiedenen Gelegenheiten in unterschiedlichen Worten. Stets mußte ich einige Bedingungen auslassen, die ein anderer mit guten Gründen als für die Entscheidung relevant betrachten würde. Die Beschreibung einer durchlebten Situation und ihre Umsetzung in ein bestimmtes und klar formuliertes Problem birgt unvermeidliche Fehlerquellen. Oft denkt oder sagt man vom Standpunkt des Handelnden aus: »Vieles, worauf es ankam, wurde bei der Erzählung weggelassen, ganz so einfach war es nicht.«

Was ich in *Thought and Action* über falsche Spezifikation herausgearbeitet habe, ist für das Argument gegen Abstraktion von fundamentaler Bedeutung. Gerade so, wie wir uns täuschen können, wenn wir uns Situationen, denen wir begegnen, so vorstellen, als würden sie aus einer bestimmten und endlichen Menge von Elementen bestehen, so können wir uns auch täuschen, wenn wir uns einen Strang unseres Verhaltens so vorstellen, als wäre er durch eine klar begrenzte Zahl von Einzelhandlungen konstituiert. Wie das Verhalten während eines Zeitabschnitts in einzelne Handlungen unterteilt wird, ist oft nicht unproblematisch, ganz abgesehen von dem bekannten Tatbestand, daß ein- und dieselbe Handlung im allgemeinen viele unterschiedliche Beschreibungen erlaubt und daß die Unterschiede oft für das moralische Urteil relevant sind. Eine abstrakte Moral legt ein vorgefertigtes Raster über das Verhalten und über die Aktivitäten und Interessen eines Menschen. Man sieht dann tendenziell Stückelungen, die die Form des Rasters produziert hat. Vom Standpunkt der Moral ist ein skeptischer Nominalismus eine Denkhilfe.

5

*. . . Machiavelli vertrat die Auffasung, daß es unverantwortlich und moralisch falsch sei, auf politisches Handeln die moralischen Standards anzuwenden, die für das private Leben und für persönliche Beziehungen angemessen sind, also Standards der Freundschaft und der Gerechtigkeit. Wenn man darauf verzichtet, im politischen Bereich bei der Verfolgung von Zielen rücksichtsvoll zu sein, und es ablehnt, Täuschung und Arglist als Instrument der Politik zu benützen, betrügt man die, die darauf vertrauen, daß ihre Interessen vertreten werden. Täuschung und Gewalt, das Brechen von Versprechen und Garantien, sind in den Beziehungen zwischen Staaten normal, und es erscheint im 16. Jahrhundert unwahrscheinlich, daß sie irgendwann nicht mehr normal sein würden. Politische Strategien werden zu Recht nach ihren Folgen beurteilt, nicht nach der intrinsischen Qualität der Handlungen, deren es zu ihrer Durchsetzung bedurfte und die, wenn man sie für sich betrachtet, im Licht der moralischen Standards des Privatlebens häufig nicht akzeptierbar sind. Nach Machiavelli muß Moral in der Politik eine ›Verantwortungsethik‹ (consequentialist morality) sein, wobei das ›muß‹ ein moralisches Gebot bezeichnet. Eine Überempfindlichkeit hinsichtlich der eingesetzten Mittel, die in persönlichen Beziehungen angemessen ist, ist bei einem Politiker ein morali-

---

* Hier wurde aus Platzgründen eine Passage gestrichen, in der St. H. argumentiert, daß Lösungen für Konflikte zwischen moralischen Pflichten und anderen Wertorientierungen oder zwischen verschiedenen Lebensformen nicht erschöpfend begründbar sind, sondern vom Individuum aufgrund persönlicher Entscheidungen gewählt werden müssen.

sches Versäumnis. Das relevante moralische Kriterium für ein großes nationales Unternehmen ist dauerhafter Erfolg. Dieser aber bemißt sich nach der Elle des Historikers: Bewahrung der Macht, Wohlstand, entwickeltes nationales Bewußtsein, eine dauerhafte Dominanz des Staates oder der einzelnen Nation über das Handeln der Menschen – so die Position von Machiavelli. Unterhalb der Ebene der Politik des Staates erlegt jede Stellvertreter-Rolle oder jedes öffentliche Amt, das Macht verleiht, bis zu einem bestimmten Grad Verantwortlichkeit für das Wohlergehen von Menschen auf, die einem persönlich nicht bekannt sind.

Für die Unterscheidung zwischen öffentlicher und privater Moral gibt es einen weiteren Grund: für die öffentliche Moral ist ein höherer Grad an Explizitheit im Urteilen erforderlich als für die private. Sowohl wegen des stärkeren Gewichts des Verantwortungsaspektes als auch wegen der Stellvertreter-Rollen in der Politik ist es erforderlich, daß ein politisch Handelnder in der Lage sein sollte, über die Gründe für seine Politik Rechenschaft abzulegen. Normalerweise ist er darauf angewiesen, daß seine Anhänger die Richtigkeit seiner Politik bestätigen, und er muß von seinen Anhängern verstanden werden können. Andernfalls, wenn diese nicht wissen oder nicht zu wissen meinen, wie er über wesentliche moralische Fragen denkt und wie er die Konsequenzen seines Handelns einschätzt, würden sie dazu neigen, ihm zu mißtrauen. Zusammengefaßt ergibt sich das Erfordernis, daß seine Handlungen sich zu einer explizit formulierten Politik zusammenfügen und mehr oder weniger klar spezifizierte Konsequenzen erkennen lassen. Wenn eine bestimmte Politik kritisiert wird, besteht die adäquate Verteidigung im allgemeinen nicht darin, daß man an das intuitive Wissen, was richtig und was falsch ist, appelliert. Im Privatleben sind derartige Appelle häufig ganz selbstverständlich am Platz, um auf Kritik zu antworten, weil anerkannt ist, daß das erforderliche Urteil nicht ausschließlich auf berechenbare Konsequenzen, sondern auf komplexere und verschiedenartige Werte bezogen ist, darunter Werte, die nichts mit der Berechnung von Konsequenzen zu tun haben, wie es in Fragen der Liebe und der Freundschaft, der Fairneß und der Rechtschaffenheit der Fall ist.

Die Schändlichkeit der amerikanischen Intervention in Vietnam ergibt sich nicht aus der Tatsache, daß die verantwortlichen Politiker Amerikas zukunftsorientiert ein Kalkül über die Kosten einer Eindämmung der kommunistischen Expansion aufstellten. Sie ergibt sich aus der Tatsache, daß ihr Kalkül nicht durch die Achtung für den selbstverständlichen moralischen Anstand in Schranken gehalten wurde. Der Fehler lag nicht in der Tatsache

der Kalkulation, sondern in der extremen Rohheit und Gefühllosigkeit, dem
fehlenden Augenmaß, der falschen Entschiedenheit und Klarheit der Kalkulationen. Eine trügerische Vorstellung von Rationalität verzerrte das moralische Urteil der politischen Führer Amerikas. Sie hielten ihre Gegner in den
USA für sentimental und nur durch unreflektierte Gefühle geleitet. Sie dachten, daß sie selbst, die Politiker, präzise und objektiv, unter Benützung quanti-
tativer Methoden, Folgen berechneten. Sie hatten nicht das geringste Gefühl,
so gut wie kein natürliches Gespür und keinen Blick für die eigentümlich mechanische Brutalität und Gefühllosigkeit ihrer Kriegsführung, als die sie denen erschien, die sich nicht so einfachen Kalkulationen hingaben. Das notwendige Zusammenspiel zwischen rationaler Politikgestaltung auf der einen
Seite und natürlichen Gefühlen sowie reflektiert-intuitivem Wissen, was richtig und falsch ist, auf der anderen Seite, war durch einen naiven und mechanischen Machiavellismus verzerrt, der schließlich scheiterte. Die Politiker
waren in ihrem Urteil über die Folgen durch ein pseudorationalistisches Vokabular korrumpiert, in dem sie sogenannte ›Optionen‹ diskutierten. Unter
dem Einfluß schlechter Sozialwissenschaft — und der schlechten Moralphilosophie, die sich normalerweise mit ihr verbindet — übervereinfachten sie die
moralischen Fragen und gaben ein Beispiel für falsche Rationalität.

6

Das politische Wirken jeder Interessengruppe oder Partei hat normalerweise
ein theoretisches Fundament in allgemein anerkannten moralischen Überzeugungen. Spezifische politische Vorhaben müssen auf die moralischen
Überzeugungen rückbezogen werden, die innerhalb der sozialen oder natio-
nalen Gruppe oder Partei geteilt werden. Ein moralischer Konflikt, in dem
sich eine Kluft zwischen zwei Lebensformen ausdrückt, ist oft ein allgemeine-
rer Loyalitätskonflikt. Es geht oft um mehr als eine isolierte individuelle Entscheidung, es geht oft um eine politische Bindung.
      Ich vertrete nicht die Auffassung, daß im privaten und im öffentlichen Le-
ben unterschiedliche Formen der Moral im Sinne unterschiedlicher normati-
ver Grundsätze zur Anwendung kommen sollten, als ob beide in sich abge-
schlossene Handlungsbereiche wären. Hier geht es vielmehr darum, daß die
Übernahme einer politischen Funktion und damit von Macht, das Leben der
Menschen in großem Maßstab zu verändern, nicht nur neue Verantwortlich-

keiten mit sich bringt, sondern eine neue *Art* von Verantwortlichkeit, die erstens beinhaltet, daß man seinen Anhängern Rechenschaft schuldet, zweitens, daß politische Vorhaben prinzipiell mit Blick auf mögliche Konsequenzen gerechtfertigt werden müssen, und drittens ein Hintanstellen gewisser Skrupel, die einen im Privatleben abhalten würden, andere Menschen als Mittel für Zwecke zu benützen oder Gewalt und Täuschung einzusetzen. Die diesbezüglichen Unterschiede sind gradueller Natur und eine Sache der Gewichtung, aber es handelt sich gleichwohl um wirkliche Unterschiede. Neben den moralischen Prinzipien der Gerechtigkeit und der Fairneß anderen gegenüber, der Liebe und der Freundschaft, die die Sphäre des privaten Lebens ausmachen, gibt es auch politische Prinzipien, d.h. Prinzipien für den Gebrauch der Macht. Hier ist eine höhere Priorität für klar bestimmte Pflichten und entsprechende Tugenden und eine geringere Priorität für Feinheiten erforderlich. Insbesondere erfordert Politik Priorität für die Verpflichtung zu sorgfältiger und verantwortlicher Berechnung, für die Tugenden der Besonnenheit und der ›Klugheit‹, wobei letztere jene aristotelische Komponente moralischer Tugendhaftigkeit meint, die politische Verantwortlichkeit verlangt.

7

Die dreistufige Konzeption von Moral (die in einem vorhergehenden Kapitel des Buches dargelegt wurde — Anm. d. Hrsg.) zielt darauf, die komplexe Beziehung zwischen privater und politischer Moral einsichtig zu machen. Konflikte zwischen konkurrierenden Lebensformen — religiöse, ideologische und nationale Konflikte, Familien- und Klassenkonflikte — hat es immer gegeben, und Konflikt ist immer zu erwarten. Die Konflikte finden sich nicht nur im Bereich der Ideen, sie sind häufig auch politische Konflikte und mit Gewalt oder der Androhung von Gewalt verbunden. Jede Lebensform wird durch die Ausübung politischer Macht geschützt und aufrechterhalten, sie wird sich entwickeln und mit den sich ändernden Formen des Wissens verändern, solange sie ausreichenden politischen Schutz genießt.

Man darf indes die historischen und zeitabhängigen Elemente bewunderter, gewünschter und erstrebter Lebensformen nicht übertreiben. Die Tugenden der Liebe, der Freundschaft und der Gerechtigkeit sind offensichtlich universell. Dasselbe gilt für die verbindlicheren moralischen Regeln, die, diesseits einer primitivsten Stufe, in fast jeder bekannten sozialen Organisation gelten. Es gibt eine gewisse Beständigkeit der Tugenden, die fast universell als unerläßlich für jedermann erachtet werden, der Anerkennung finden und als Person respektiert werden will. Unterschiede ergeben sich in der Rangordnung zwischen den Tugenden, die, abhängig von den jeweiligen historischen Umständen, für verschiedene Lebensformen gelten, und den ihnen entsprechenden Pflichten, Rechten und Verpflichtungen sowie für die Rangordnung dieser unterschiedlichen moralischen Anforderungen untereinander.

8

Eine Moraltheorie läßt sich nicht ›abgerundet‹ darstellen und vollständig und sauber ordnen, teils, weil so vieles, was im menschlichen Leben wertvoll ist, von unkontrollierbaren Zufällen abhängt, teils, weil wir immer noch so wenig über die Determinanten des Verhaltens und über die menschliche Natur im allgemeinen wissen, teils aber auch, weil Individuen in ihren Dispositionen und Interessen so überaus unterschiedlich sind und weil man immer damit rechnen muß, daß neue Lebensformen im Zusammenhang mit neuem Wissen und mit neuen sozialen Ordnungen entstehen. Es gibt aber noch einen weiteren Grund: Wir müssen auch mit Sprüngen in der menschlichen Vorstellungskraft rechnen, umwälzenden Einsichten, die sehr selten und bei außergewöhnlichen Menschen auftreten und die zu Transformationen der Erfahrung, zu neuen moralischen Zielen und neuen Lebensfreuden führen.

Übersetzt von Elisabeth Seyfarth-Konau

Veröffentlichungsnachweise

1 Benderly, B.L.: »Why is gender?«, aus: Benderly, B.L., *The myth of two minds. What gender means and doesn't mean.* New York: Doubleday 1987, 26–46.

2 Butler, J.: »Variations on sex and gender. Beauvoir, Wittig and Foucault«, aus: S. Benhabib/D. Cornell (Eds.), *Feminism as critique. Essays on the politics of gender in late-capitalist societies.* Cambridge: Polity Press 1987, 128–142.

3 Gilligan, C.: »Moral orientation and moral development«, aus: E.F. Kittay/D.T. Meyers (Eds.), *Women and moral theory.* Totowa, NJ: Rowman & Littlefield 1987, 19–33.

4 Nails, D.: »Social-scientific sexism: Gilligan's mismeasure of man«, *Social Research,* 1983, *50,* 643–663.

5 Walker, L.J.: »Sex differences in the development of moral reasoning: A critical review«, *Child Development,* 1984, *55,* 677–691.

6 Döbert, R.: »Männliche Moral — weibliche Moral?«, aus: U. Gerhardt/Y. Schütze (Hg.), *Frauensituation.* Frankfurt a.M.: Suhrkamp 1988, 81–113 (Teil 1 dieses Beitrags wurde vom Autor selbst leicht verändert und gekürzt.)

7 Nunner-Winkler, G.: »Gibt es eine weibliche Moral?«, aus: M. Haller/H.J. Hoffmann-Novotny/W. Zapf (Hg.), *Kultur und Gesellschaft. Verhandlungen zum gemeinsamen Kongress der Deutschen, Österreichischen und Schweizerischen Gesellschaft für Soziologie in Zürich 1988,* Frankfurt/New York: Campus 1988, 165–178.

8 Harding, S.: »The curious coincidence of feminine and African moralities: Challenges for feminist theory«, aus: E.F. Kittay/D.T. Meyers (Eds.), *Women and moral theory.* Totowa, NJ: Rowman & Littlefield 1987, 296–315.

9 Sher, G.: »Other voices, other rooms? Women's psychology and moral theory«, aus: E.F. Kittay & D.T. Meyers (Eds.), *Women and moral theory.* Totowa, NJ: Rowman & Littlefield 1987, 178–189.

10 Frankena, W.K.: »Wohlwollen und Gerechtigkeit«, aus: *Analytische Ethik. Eine Einführung.* München: Deutscher Taschenbuch Verlag 1972, ³1981, 62–71.

11 Jonas, H.: *Das Prinzip Verantwortung. Versuch einer Ethik für die technologische Zivilisation.* Frankfurt: Insel Verlag ⁴1985, 172–178.

12 Habermas, J.: »Gerechtigkeit und Solidarität«, aus: W. Edelstein/G. Nunner-Winkler (Hg.), *Zur Bestimmung der Moral. Philosophische und sozialwissenschaftliche Beiträge zur Moralforschung.* Frankfurt: Suhrkamp 1986, 291–318, hier: 303–318.

13 Singer, P.: »Arm und reich«, aus: *Praktische Ethik*. Stuttgart: Reclam, 2. revidierte und erweiterte Auflage 1994, Auszüge aus Kap. 8, 215–247. (Original: *Practical ethics*. Cambridge: Cambridge University Press 1979).

14 Heyd, D.: »The Autonomy of the Individual«, aus: Heyd, D., *Supererogation. Its status in ethical theory*. Cambridge: Cambridge University Press 1982, 172–183.

15 Hill, T.E. Jr.: »The importance of autonomy«, aus: E.F. Kittay/D.T. Meyers (Eds.), *Women and moral theory*, Totowa, NJ: Rowman & Littlefield 1987, 129–138.

16 Hoff Sommers, C.: »Filial morality«. In E.F. Kittay/D.T. Meyers (Eds.), *Women and moral theory*, Totowa, NJ: Rowman & Littlefield 1987, 69–84.

17 Kant, I.: »Über ein vermeintliches Recht, aus Menschenliebe zu lügen«, aus: K. Vorländer (Hg.), *Immanuel Kant: Kleinere Schriften zur Geschichtsphilosophie, Ethik und Politik*. Hamburg: Felix Meiner, 201–206.

18 Gert, B.: »Über die Zulässigkeit von Ausnahmen«, aus: Gert, B. *Die moralischen Regeln. Eine neue rationale Begründung der Moral*, Frankfurt: Suhrkamp [6]1988, 134–136.

19 Hampshire, S.: »Public and private morality«, aus: Hampshire, S., *Morality and conflict*. Oxford: Basil Blackwell 1983, 101–125.

Sachregister

Personenregister